맑 스 박 사 학 위 논 문

데모크리토스와 에피쿠로스 자연철학의 차이

크리티컬 컬렉션 02

데모크리토스와 에피쿠로스 자연철학의 차이

Über die Differenz der demokritischen und epikureischen Naturphilosophie

발행일 초판1쇄 2001년 6월 5일 초판6쇄 2019년 4월 15일
지은이 칼 맑스 | **옮긴이** 고병권
펴낸이 유재건 | **펴낸곳** (주)그린비출판사 | **주소** 서울시 마포구 와우산로 180, 4층
주간 임유진 | **편집** 신효섭, 홍민기 | **마케팅** 유하나
디자인 권희원 | **경영관리** 유수진 | **물류·유통** 유재영
전화 02-702-2717 | **팩스** 02-702-2717 | **이메일** editor@greenbee.co.kr | **신고번호** 제2017-000094호

ISBN 978-89-7682-919-1 03100

책값은 뒤표지에 있습니다. 잘못 만들어진 책은 구입처에서 바꿔 드립니다.

철학과 예술이 있는 삶 **그린비출판사**

맑 스　박 사　학 위　논 문

데모크리토스와 에피쿠로스 자연철학의 차이

칼 맑스 지음

고병권 옮김

gB
그린비

역자 서문

Vorwort

이십대 젊은이의 피끓는 철학을 이해하는 건 회색빛 늙은 미네르바에겐 불가능한 일이다. 사상에는 제 온도가 있어서 그것을 느끼지 못하는 사람에겐 제대로 이해되지 않는 법이다. 이 책은 자신의 행복한 삶을 위해서라면 그 누구와도 싸울 준비가 되어 있는 자유정신의 소유자들에게 적합하다. 어떤 강력한 도관(導管)으로도 가두어 둘 수 없는 욕망의 흐름을 가진 사람들, 동일한 반복을 강제하는 권위적 명령 앞에서도 웃음 지으며 탈주선을 타는 사람들, 그들이 이 책에 가장 적합한 독자들이다. 교실에 갇혀 있는 학생들이건, 공장에 갇혀 있는 노동자들이건, 가정에 갇혀 있는 여성들이건 새로운 사회를 꿈꾸며 탈주를 시도하는 순간, 그들은 클리나멘(clinamen)을 시작한 원자들이 된다.

1841년 봄, 박사 학위 논문으로 이 글을 제출했을 때 맑스의 나이는 스물셋이었다. 그는 자신의 논문 주제를 고대 원자론자들인 데모크리토스Democritus와 에피쿠로스Epicurus의 자연철학의 차이를 규명하는 것으로 잡았다. 특히 그는 쾌락주의자로 알려진 헬레니즘 시대의 철학자 에피쿠로스에게 주목했다. 프로이센이라는 낡은 종교적 왕국에서 절대적 자유를 꿈꾸던 청년이, 저물어가던 고대 그리스의 끝자락에서 자유의 강력한 옹호자로 나섰던 에피쿠로스에게 관심을 가진 것은 이상한 일이 아니다. 더구나 그가 헤겔Hegel에 심취해 있었다면 헤겔로부터 그 귀중한 철학적 '시민권'을 획득한 에피쿠로스 등의 철학을 그냥 지나칠 수는 없었을 것이다.

그러나 마주침이란 항상 새로운 사건이 시작되는 점이 아니던가. 맑스는 분명히 고대의 원자론자들을 만나기 위해 헤겔의 기차에 몸을 실었지만 그 과정에서 뜻밖의 인물, 바로 루크레티우스를 만난다. 맑스는 에피쿠로스의 이야기를 줄줄 읊어대는 이 로마 시인에게 완전히 매료되었다. 그는 기점에서 출발했으나 종점에서 내리지 않았다. 그는 루크레티우스를 따라서 헤겔의 기차에서 내려왔다. 비즈니스는 끝나고 여행이 시작된 것이다. 한때는 모든 세계가 헤겔의 기차 위에 실려 있던 것처럼 보였고, 모든 역사가 종착역을 향해 가는 중간역들에 불과해 보였다. 그러나 이제 기원과 목적에 관심을 갖는 것은 종교의 몫이고 관념론의 몫이다. 쥐떼처럼 마법의 피리소리를 따라간 어린아이가 아니라면 역사의 목적이 어떻고 우리 시대의 보편성이 어쩌고 하는 조잡한 피리소리로부터 벗어나야 한다. 헤겔로부터의 맑스의 탈선! 직선의 철로에서 벗어나는 첫번째 클리나멘! 교실 바깥에서 만난 사람을 따라가는 천진난만한 학생처럼 맑스는 새로운 사건에 뛰어들었다.

맑스가 경험한 새로운 사건의 의미는 미세한 클리나멘이 불러오는 소용돌이를 이해하는 과학자들, 흐름과 복잡성과 생성을 다루는 과학자들에게 잘 알려져 있다. 이들에 따르면 모든 사건들을 아우르는 철의 법칙은 없다. 그것은 조그만 나비의 날개짓으로도 무너질 수 있는 불완전한 건축물에 불과하다. 모든 반응이 하나의 평형점을 향해 가는 것 같고 모든 역사가 하나의 목적을 향해 가는 것 같지만 사실은 새로운 갈래치기(bifurcation)가 계속해서 일어난다. 프로이센의 입헌 군주도, 기독교의 천년왕국도, 소비에트 제국도, 자본주의 체제도 역사의 목적이 아니다. 단지 그것들은 잠시 응고되어 있는 원자들의 복합체일 뿐이다. 어디선가 작은 원자들 몇 개가 부딪혀 복합체 안에 작은 균열이 생기면 또 어떤 소용돌이가 그것들을 삼킬지 모른다.

소용돌이가 끝나면 원자들은 새로운 복합체를 구성하고, 이로부터 새로운 실존들이 탄생한다. 노동력의 흐름이 화폐의 흐름과 충돌해서 생긴 소용돌이만 해도 얼마나 많은 실존들을 탄생시켰는가. 어제까지 농노였던 농부는 오늘부터는 자본주의의 공민이다. 어제까지 장인이었던 수공업자는 오늘부터는 공장의 노동자가 된다. 어제까지 화폐의 탐욕자였던 상인은 오늘부터는 번듯한 자본가다. 이는 빗방울에 부서진 바위가 무기물이 되어 나무에 흡수되고, 태양에서 날아온 빛 알갱이가 엽록소와 부딪혀 동화작용을 일으키는 것과 다를 바 없다. 맑스? 그는 에피쿠로스와 루크레티우스를 만나고 나서 유물론자가 되었다.

이처럼 맑스의 유물론은 헤겔 변증법의 완성이나 단순한 전도에서 생긴 것이 아니라 헤겔로부터의 탈선, 다시 말해서 클리나멘으로 인해 발생한 사건의 결과물이다(이 점에서 우리는 '변증법적 유물론'이라는 말이 얼마나 어울리지 않는 조합인지 지적하지 않을 수 없다). 우리는 맑스가 그려나간 사건의 궤적 속에서 알튀세Althusser의 표현처럼 "독특한 유물론의 전통"(L'unique tradition matérialiste)을 발견한다. 이 유물론은 모든 초월적인 것들과 영원한 것들에 맞서 싸운다. 세계는 신의 뜻도 아니고 절대정신의 자기전개도 아니다. 이 독특한 유물론은 세계가 원자들의 조성과 해체에 따른 사건들의 집합일 뿐이라고 주장한다. 사람들을 어떤 필연적인 목적 속에 예속시키는 것은 종교나 미신들이 하는 짓이다. 그 필연의 목적이 아무리 종교나 미신을 욕하는 과학적 사회주의자들에 의해 수행되었다고 해도 그 또한 종교나 미신인 것은 마찬가지다. 키에르케고르Kierkegaard가 사회주의 운동에 대해 "정치적인 운동처럼 보이지만 사실은 종교 운동"이라 말했듯이, 역사를 과학이라는 이름으로 필연화하려 했던 시도는 무신론일 때조차도 지나치게 종교적이다.

이 책에서는 맑스가 말하는 낡은 유물론과 새로운 유물론의 차이가 날카롭게 드러난다. 데모크리토스와 에피쿠로스의 차이가 바로 그것이다. 데모크리토스는 세계의 과학적 진리라 할 만한 원자라는 보석을 찾아 세계의 절반을 여행한 사람이다. 심지어 어떤 전언에 따르면 원자를 찾아 나서는 이성의 날카로운 직관에 방해된다는 이유로 스스로 시력을 제거했던 사람이다. 그는 세상을 설명해 줄 보편적이고 객관적인 표현을 찾기 위해 모든 생을 바쳤다. 그러나 에피쿠로스는 원자론자이면서도 원자에 관심을 두지 않았던 사람이다. 그는 원자를 찾는 것이 바보짓이라는 것을 알고 있었다. 원자란 실존을 구성하는 것일 뿐 그 자체로 실존하지는 않는 것이었기 때문이다. 그에게 중요한 것은 원자들의 조성과 해체의 운동이었다. 그에게 원자론이란 원자를 찾아 나서는 과학이 아니라 원자들의 조성과 해체를 만들어내는 실천론이었다(맑스의 결론, 에피쿠로스의 원자론은 "원자론 자체를 해체하고 있다"). 멀리 갈 것도 없이 그는 자신의 정원에서 원자들의 새로운 조성을 만들어내고 있었다. 코뮨의 구성! 그의 정원에는 자유인들과 노예, 어린이와 매춘부가 함께 들끓었다. 사람들은 온갖 변태적 상상을 덧붙이며 그를 쾌락주의자로 매도했지만, 사실 그는 삶을 새롭게 만들 수 있는 원자들의 조성체를 끊임없이 구성하고 있었다. 그 조성체 안에서 노예는 더 이상 노예가 아니었고, 매춘부는 더 이상 매춘부가 아니었다. 새로운 조성에 들어가는 순간 이전 사회 속에서 부여된 그들의 실존은 새롭게 돌변한다. 이들은 모두 자유로운 개인들이 되었다.

코뮨주의! 맑스는 그것을 분명히 직감했을 것이다. 나중에 그가 자유로운 개인들의 자발적 공동체라고 표현했던 그 놀라운 조성의 가능성을 그는 분명히 보았을 것이다. 그러나 그는 먼저 원자들의 나쁜 조성과 대결해야 했다. 원자들의 유동적인 흐름을 응고시키는 나쁜 배치를 바꾸어야만 했다. 맑스가 플루타르크Plutarch를 비판하는 부록의 주석에서 "신이란 나쁜 배치일 뿐"이라고 말한 것은 훌륭한 지적이다. 그러한 원자들의 배치에서는 신이 백 번 죽는다 해도 또 다른 신이 되살아나게 마련이다. 국가와 자본, 그것은 분명히 나쁜 배치다. 그러나 우리 모두가 알고 있듯이 맑스는 그러한 배치를 깨뜨릴 "떠들썩한 전투"의 가능성을 보았고, "세계를 내적으로 찢어낼 수 있는 힘들"을 보았다. 그가 찾아낸 프롤레타리아트가 그러한 조성을 해체하는 이질적인 힘의 이름이다.

확실히 『데모크리토스와 에피쿠로스 자연철학의 차이』는 맑스의 유물론이 나아가는 놀라운 길들을 암시하고 있다. 미신화되어 있던 자연학 때문에 비자연학적인 용어들을 써야 했던 에피쿠로스 자연철학의 운명처럼 이 시기 맑스의 많은 용어들이 관념론을 닮은 것은 사실이다. 그러나 우리는 이 책을 통해 그의 독특한 유물론의 여행이 이미 시작되었음을 알 수 있다. 그리고 그가 찾아낸 독특한 유물론의 전통이 오늘날의 우리에게 전하는 메시지를 분명히 이해할 수 있다. 지금 이 순간에도 생성의 욕망을 분출하고 있는 모든 탈주자들에게, 원자들의 나쁜 배치를 깨뜨리고자 클리나멘하는 원자들에게 축복 있으라. 암울한 "죽음의 행렬과 장례의 비가(悲歌) 속에서도 항상 갓난아이의 울음은 울려 퍼지리니."

끝으로 이 책이 나올 수 있도록 도와준 모든 우연한 마주침들에 감사를 표하고 싶다. "맑스를 읽자"(Read Marx)는 강의가 열렸던 서울사회과학연구소(강의를 준비하는 과정에서 나는 이 책을 우연히 접했다), 그리고 봉천동에 있던 연구소를 찾아왔다가 역자와 마주치게 된 그린비의 유재건 사장님과 그린비에 들어와 이 책의 편집을 맡게 된 현경이, 일본어를 잘 못하는 남편 때문에 일본어 교열에 시간을 다 빼앗긴 아내 영주, 그리고 서울 한복판에서 들끓고 있는 원자들의 공동체 '수유연구실+연구공간 너머'. 이 모든 마주침이 베풀어 준 즐거움에 감사한다. 독자들에게 발사된 이 원자 덩어리도 그런 기쁨을 갖기를 기대한다.

2001년 4월

옮긴이 고병권

일러두기

1. 번역은 *KARL MARX FRIEDRICH ENGELS WERKE*, ERGÄNZUNGSBAND(Dietz Verlag Berlin, 1981)를 기본으로 하고, 영역본인 *KARL MARX FREDERICK ENGELS COLLECTED WORKS*, VOL. 1.(Progress Publishers, 1975)와 일역본인 『マルクスエンゲルス全集』 40巻 (大月書店, 1975)을 참조했다.

2. 참고로 논문 제1부의 4장과 5장은 유실되어 있다(4장의 경우에는 주석만이 남아 있다). 그리고 부록으로 첨부되어 있는 「에피쿠로스 신학에 대한 플루타르크의 논쟁에 대한 비판」과 논문 뒤에 실린 「에피쿠로스 철학」에 관한 일곱 권의 노트들도 일부 유실된 상태다.

3. 맑스는 논문과 노트 곳곳에서 그리스어로 된 텍스트들을 원어 그대로 인용하고 있다. 그리스어의 우리말 해석은 『전집』의 독어본과 영역본, 일역본을 참조했으며, 에피쿠로스와 루크레티우스 글이 직접 인용될 때는 에피쿠로스에 대한 국역본(『쾌락』, 문학과 지성사, 1998)과 루크레티우스에 대한 영역본(*On the Nature of Universe*, Clarendon Press, 1997)도 참조했다.

4. 옮기는 과정에서 그 뜻을 분명히 할 필요가 있는 단어나 어구는 독일어를 써서 괄호 안에 표기했다. 원서에서 맑스가 그리스어나 라틴어를 쓴 부분은 다음의 두 가지 방식으로 처리했다. 먼저 인용문인 경우에는 그리스어나 라틴어를 그대로 표기한 다음 그 뜻을 각주에 제시했으며, 인용문이 아닌 단어나 어구인 경우에는 '소포스(sophos)' 처럼 영문자를 이용해 소리나는 대로 표기한 다음 그 뜻을 각주에 제시했다.

5. 맑스가 간단히 표현한 것을 보충해야 할 필요가 있거나 문장을 매끄럽게 하기 위해서 역자가 특정한 단어를 첨가시키거나 우리식 표현으로 다시 바꾼 경우에는 〔 〕를 사용했다. 예) D.〔iogenes〕 L.〔aeritius〕, "〔당연히〕 그렇게 되어야 했다."

6. 맑스가 직접 단 주석은 본문 내용에 그대로 반복되는 경우가 많아 후주로 처리했으며, MEW 편집자가 단 주석은 각주로 처리했고, 역자가 단 주석은 각주로 처리하되 역자주임을 밝혔다.

친애하는 아버지와도 같은 친구
트리에르의
추밀원 참사관
루드비히 폰 베스트팔렌에게
저자가
자식 같은 사랑의 표시로
이 글들을 바칩니다

이 보잘 것 없는 소책자의 머리에 당신의 소중한 이름을 적은 것에 대하여 **친애하는 아버지와도 같은 친구**인 당신께 용서를 빕니다. 저는 너무 조바심이 나서 당신께 제 사랑의 작은 증거를 드릴 다른 기회를 기다리지 못하겠습니다.

이데아(Idea)를 의심하는 모든 이들에게 나와 같은 행운이 있기를. 시대의 모든 진보를 열정과 진리의 신중함을 가지고서 반기며, 밝게 빛나는 이상주의(Idealismus)—이것만이 세계의 모든 정신을 나타나게 하는 참된 말을 알고 있습니다—를 깊이 확신시키면서 퇴행하는 유령들의 깊은 그림자 이전으로 때로는 시대의 암울한 흐린 하늘 이전으로 물러서지 않고, 오히려 신과 같은 에너지와 남성적인 대담한 눈빛으로 모든 변모를 꿰뚫고서 세계의 심장에서 불타는 천상을 보는, 젊은이와 같은 힘을 가지고 있는 노인을 존경할 수 있는 그러한 행운이 있기를. **아버지와도 같은 친구**인 당신은 제게 이상주의가 공상이 아니라 진리라는 것에 대한 항상 살아 있는 **명백한 증명**(argumentum ad oculos)입니다.

당신의 신체적 건강을 제가 빌 필요는 없습니다. 정신이야말로 당신이 자신을 내맡기는, 마법에 통달한 위대한 의사입니다.*

---

* 본래 이 단락은 다음과 같았다. "제가 당신께 보내는 이 사랑의 전달자를 따라서 머지 않아 찾아 뵙고, 다시 당신 곁에서 그 그림 같은 산들과 숲들을 거닐고 싶습니다. 당신의 신체적 건강을 제가 빌 필요는 없습니다. 정신과 자연이야말로 당신이 당신 자신을 내맡기는, 마법에 통달한 위대한 의사입니다." 이 쪽의 왼쪽 여백에는 다음과 같은 말이 쓰여져 있다. "이 헌사는 큰 활자로 인쇄되어야 한다."

데모크리토스와 에피쿠로스 자연철학의 차이 • 차례

제1부 데모크리토스와 에피쿠로스 자연철학의 일반적 차이

제2부 데모크리토스와 에피쿠로스 자연철학의 세부적 차이

부록 에피쿠로스 신학에 대한 플루타르크의 논쟁에 대한 비판

노트 에피쿠로스 철학 노트

저자 서문

Vorrede

이 논문이 박사논문의 목적으로 쓰여진 것이 아니었다면, 이 논문의 형식은 한편으로는 더 엄밀하고 과학적인 것이 되었을 것이고, 다른 한편으로는 많은 논의들에서 덜 현학적인 것이 되었을 것이다. 그럼에도 불구하고 나는 이 형식으로 출판사에 보내야만 하는 외적인 이유를 가지고 있다. 더욱이 나는 지금까지 그리스 철학사에서 풀리지 않았던 문제들을 이 논문에서 풀었다고 믿고 있다.

전문가들은 이 논문의 주제에 대해 이용할 수 있는 조금의 선행적인 연구들도 없다는 것을 알고 있다. 키케로Cicero와 플루타르크Plutarch가 재잘거린 것을 오늘날까지 반복해서 재잘거리고 있다. 가쌍디Gassendi는 교부(Kirchenväter)와 실현된 비이성의 시대인 중세의 전 기간이 부과한 파문으로부터 에피쿠로스를 해방시켰지만, 그의 저술[1]에서 단지 하나의 흥미로운 계기를 제시한 것에 지나지 않았다. 그는 자신의 카톨릭적 양심과 이교적 지식을 화해시키고 에피쿠로스와 교회를 화해시키고자 했으나 확실히 그 노력은 헛된 것이었다. 그것은 마치 그리스적 라이스(Lais)의 밝고 생생한 신체에 기독교의 성직자의 옷(Nonnenkittel)을 걸치고자 하는 것과 같다. 가쌍

---

1. 맑스가 여기서 말하고 있는 책은 1649년에 리용(Lyon)에서 출판된 가쌍디의 책이다. *Animadversiones in decimum librum Diogenis Laertii, qui est de vita, moribus et placitis Epicuri*.

디는 우리에게 에피쿠로스 철학에 대해 가르칠 수 있기는커녕 오히려 에피쿠로스로부터 철학을 배운다.

이 논문은 내가 에피쿠로스, 스토아, 회의주의 등 일단의 철학들이 전체 그리스적 사유와 맺는 관계를 세부적으로 다루게 될 더 큰 저작을 위한 선행적인 것으로 간주되어야 할 것이다.[2] 형식 등에서 보이는 이 논문의 불충분한 점들은 이후 저작에서는 사라질 것이다.

확실히 **헤겔**은 위에서 언급된 체계들의 보편성을 올바르게 규정했다; 그러나 경탄하리만큼 위대하고 대담한 그의 철학사에 대한 계획 ― 철학사는 일반적으로 이것에 의해서만 시작될 수 있는데 ― 아래서는 한편으로는 개개의(einzelne) 체계들에 들어가는 것이 불가능했고, 다른 한편으로는 그가 특히(par excellence) 사변적(spekulativ)이라고 부른 것에 대한 그 자신의 견해 때문에 방해를 받아서 이 거대한 사상가도 그리스 철학사와 그리스 정신 일반에 대해서 이런 체계들이 갖는 높은 의의를 인식하지 못했던 것이다. 이 체계들은 진정한 그리스 철학사에 대한 열쇠다. 그리스적 삶과 이 체계들과의 연계에 대한 더 깊이 있는 시사는 내 친구 쾨펜Köppen이 쓴 『프리드리히 대왕과 그의 적대자』*Friedrich der Große und seine Widersacher*에서 발견될 수 있다.[3]

에피쿠로스 신학에 대한 플루타르크의 논쟁(Polemik)에 대한 비판을 부록으로 덧붙인 것은 이 논쟁이 개별적인 것이기 때문이 아니라, 하나의 종(espèce, 경향)을 대표하기 때문이다. 그러한 종[경향]은 철학에 대한 신학적 지성(Verstandes, 오성)의 관계를 그 자체로 가장 두드러지게 나타낸다.

---

2. 여기서 밝힌 맑스의 계획, 즉 에피쿠로스와 스토아 그리고 회의주의 철학에 대한 큰 저작을 저술하겠다는 계획은 실행되지 못했다.
3. 칼 프리드리히 쾨펜Carl Friedrich Köppen은 자신의 책 39쪽에서 다음과 같이 말하고 있다. "에피쿠로스주의, 스토아주의 그리고 회의주의는 고대 유기체의 신경근육(Nervenmuskel)이며 내장체계(Eingeweidesysteme)라고 할 수 있다. 고대의 아름다움과 인륜성이 그것들의 직접적이고 자연스러운 통일을 제약하고(bedingte), 그 자체[유기체]가 죽을 때는 붕괴한다[통일은 깨진다]."

그 비판에서는[4] 무엇보다도 플루타르크가 철학을 종교의 포럼으로 가지고 왔을 때 그의 입장(Standpunkt)이 갖는 오류를 건드리지 않은 채로 두었다. 이 점에 대해서는 모든 논증을 대신해서 데이비드 흄David Hume의 구절을 인용하는 것으로 충분할 것이다:

> "철학을 모든 경우마다 자신이 내린 결론에 대해 변명하도록 만들고, 철학 자신을 불쾌하게 생각하는 모든 예술과 과학에 대해 자기 변호를 하지 않으면 안 되게 만드는 것은, 그 **최고의 권위(souveränes Ansehen)**가 모든 곳에서 인정되어야만 하는 철학에 대한 모욕이다. **그것은 왕에게 그의 신하에 대한 대역죄를 묻는(beschuldigt) 것이라고 하겠다.**"[5]

세계를 정복하려고 하는 절대적으로 자유로운 심장 안에서 단 한 방울의 피라도 고동치는 한, 철학은 에피쿠로스와 함께 자신의 반대자들에게 다음과 같이 계속해서 외칠 것이다:

> **'Ἀσεβὴς δέ, οὐχ ὁ τοὺς τῶν πολλῶν θεοὺς ἀναιρῶν, ἀλλ' ὁ τὰς τῶν πολλῶν δόξας θεοῖς προσάπτων.**[6]

철학은 그것을 비밀로 하지 않는다. 프로메테우스의 고백:

---

4. 'In dieser Kritik' 이라고 쓰여 있던 것을 맑스가 'In der Kritik' 이라고 수정했다.
5. 모든 강조는 맑스가 한 것이다. 그리고 이 단락은 데이빗 흄의 『인간본성론』*A Treatise of Human Nature*(1739)의 독역본에서 인용한 것이다. "영어로 된 데이빗 흄의 인간본성에 관하여[의 번역]와 이 저작의 비평에 대한 비판적 시도에 대해서는 루드비히 하인리히 야콥Ludwig Heinrich Jakob의 책" (『인간 지성에 관하여』*Über den menschlichen Verstand*, 할레(Halle), 1790, 485쪽).
6. "불경한 사람(Gottlos)은 대중(Menge)에 의해 숭배되는 신들을 부정하는 사람이 아니라, 대중의 생각을 신들에게 덮어씌우는 사람이다." (이것은 메노이케우스에게 보내는 에피쿠로스의 편지에서 따온 것이다. Diogenes Laertius, X)

ἁπλῷ λόγῳ, τοὺς πάντας ἐχθαίρω θεούς[7]

이것은 최고의 신성으로서 인간의 자기의식(Selbstbewußtsein)을 인정하지 않는 천상과 지상의 모든 신들에 대한 철학 자신의 고백이며 선언이다. 어떤 것도 그것[자기의식]과 나란히 존재할 수 없다.

그러나 명백히 악화된 철학의 시민적 지위에 대해서 기뻐하는 3월의 토끼들(Märzhasen)에게 그것은 다시 프로메테우스가 신들의 심부름꾼인 헤르메스(Hermes)에 답했던 것처럼 이렇게 답할 것이다:

τῆς σῆς λατρείας τὴν ἐμὴν δυσπραξίαν,
σαφῶς ἐπίστασ', οὐκ ἂν ἀλλάξαιμ' ἐγώ.
κρεῖσσον γὰρ οἶμαι τῇδε λατρεύειν πέτρᾳ
ἢ πατρὶ φῦναι Ζηνὶ πιστὸν ἄγγελον.[8]

프로메테우스는 철학의 달력에서 가장 고귀한 성자(Heilige)이자 순교자(Märtyrer)다.

베를린, 1841년 3월

---

7. "간단히 말해 [내 선행을 부당하게 악으로 갚는] 모든 신을 나는 증오한다."(아이스킬로스 Aeschylus의 『프로메테우스』*Prometheus*, 975행.)

8. 하지만 잘 알아두게. 나는 내 이 불행을
자네 종살이와는 결코 바꾸고 싶지 않네.
이 바위에 종살이 하는 편이 제우스의 충실한
사자 노릇을 하는 것보다 더 낫기도 하겠소!
(아이스킬로스의 『프로메테우스』, 966~969행)
[천병희의 번역(『그리스 비극 걸작선』, 2010, 숲, 159쪽)을 따름. 이 번역본을 보면 전체 4행의 인용구에서 위의 두 줄은 프로메테우스의 말이며, 아래 두 줄은 헤르메스의 말이다.—역자주]

▶ 묶여 있는 프로메테우스

1843년에 있었던 「라인 신문」의 정간을 풍자한 그림. 당시 신문 편집자였던 맑스는 프로메테우스처럼 인쇄기에 묶여 있고, 독수리는 프로이센 군주를 나타내는 왕관을 쓰고 있다.

저자 서문 - 새로운 구상[1]

Vorrede - Neur Entwurf

내가 출판을 허락한 이 논문은 오래 전 작품으로, 에피쿠로스 학파와 스토아 학파, 그리고 회의주의 학파의 철학에 대한 전체적인 서술을 위해 우선적으로 각자의 〔올바른〕 위치를 정해주려 했던 것이다.[2] 하지만 지금 나는 매우 다른 정치적이고 철학적인 작업을 수행하기 위해서 이 전체적 서술 작업을 생각할 수 없게 되었다.[3]

바로 지금 사람들이 에피쿠로스 학파와 스토아 학파, 그리고 회의주의 학파의 체계를 이해할 수 있는 때가 도래하고 있다. 그것은 자기의식의 철학자들(Philosophen des Selbstbewußtseins)이다. 이 논문은 이 과제가 지금까지 어떻게 해결되어 왔던가를 적어도 분명하게 보여주고 있다.

---

1. 이 서문은 1841년에서 1842년으로 넘어가는 시기에 쓰여졌다. "루드비히 폰 베스트팔렌"에게 보낸 헌사나 1841년 3월에 쓴 첫번째 서문을 보건대 맑스는 박사논문을 출판하려 했던 것 같다. 그러나 출판은 이루어지지 않았는데, 그 이유는 맑스가 학위를 받고 졸업을 서두르려 했기 때문이 아닌가 싶다. 이 서문에 드러나는 것처럼 맑스는 다시 출판 계획을 세웠지만, 이 계획 역시 어떤 이유에서인지는 알 수 없지만 성사되지 못했다.
2. 초고에는 다음과 같은 내용이 지워져 있다. "모든 철학의 전체적인 서술을 완성한다고 하는 나의 직접적인 관심은 정치적이고 철학적인 작업 때문에 당분간 방해받을 것 같다. 언제 다시 이 주제로 돌아올지는 알 수 없지만, 그렇다고 해도 나는 만족한다."
3. 초고에는 다음과 같은 내용이 지워져 있다. "에피쿠로스 학파, 스토아 학파, 그리고 회의주의 학파, 말하자면 모든 자기의식의 철학들은 지금까지 철학자들에 의해서 비사변적인(unspekulativ) 것으로 경시되어 왔고, 철학사를 기술하는 학(學)의 교사들에 의해서도 마찬가지로,…로서."

QUOD
FELIX FAUSTUMQUE ESSE IUBEAT
SUMMUM NUMEN
AUCTORITATE
HUIC LITTERARUM UNIVERSITATI
AB

FERDINANDO I

IMPERATORE ROMANO GERMANICO
ANNO MDLVII CONCESSA
CLEMENTISSIMIS AUSPICIIS
SERENISSIMORUM
MAGNI DUCIS ET DUCUM SAXONIAE
NUTRITORUM ACADEMIAE IENENSIS
MUNIFICENTISSIMORUM
RECTORE ACADEMIAE MAGNIFICENTISSIMO
AUGUSTO ET POTENTISSIMO PRINCIPE AC DOMINO

CAROLO FRIDERICO

MAGNO DUCE SAXONIAE VIMARIENSIUM ATQUE ISENACENSIUM PRINCIPE LANDGRAVIO THURINGIAE
MARCHIONE MISNIAE PRINCIPALI DIGNITATE COMITE HENNEBERGAE
DYNASTA BLANKENHAYNII NEOSTADII AC TAUTENBURGI
PRORECTORE ACADEMIAE MAGNIFICO
VIRO PERILLUSTRI ATQUE AMPLISSIMO

ERNESTO REINHOLDO

PHILOSOPHIAE DOCTORE ARTIUMQUE LIBERALIUM MAGISTRO
MAGNI DUCIS SAXONIAE VIMARIENSIS ET ISENACENSIS A CONSILIIS AULAE INTIMIS PHILOSOPHIAE PROFESSORE PUBLICO ORDINARIO
DECANO ORDINIS PHILOSOPHORUM ET BRABEUTA
MAXIME SPECTABILI
VIRO PERILLUSTRI ATQUE EXCELLENTISSIMO

CAROLO FRIDERICO BACHMANNO

PHILOSOPHIAE DOCTORE
SERENISSIMI DUCIS SAX. ALTENBURGENSIS A CONSILIIS AULAE INTIMIS MORALIUM ET POLITICES PROFESSORE PUBLICO ORDINARIO INSTITUTORUM MAGNIDUCALIUM MINERALOGICI DIRECTORE INSTITUTI HISTORICI PARISIENSIS SOCIETATUM CAESAREAE PETROPOLITANAE MINERALOGICAE REGIAE DRESDENSIS MINERALOGICAE POLYTECHNICAE PARISIENSIS ARTIUM ET SCIENTIARUM PUBLICAE APUD TRAIECTINOS ARTIUM ET LITTERARUM CANDAVIENSIS SCIENTIARUM ET ARTIUM ANTVERPIENSIS MEDICORUM ET PHYSICORUM BRUXELLENSIS INVESTIGANDAE NATURAE PHILADELPHIENSIS IN AMERICA SEPTENTRIONALI ET LATINAE IENENSIS ALIARUMQUE SOCIO
ORDO PHILOSOPHORUM
VIRO PRAENOBILISSIMO ATQUE DOCTISSIMO

CAROLO HENRICO MARX

TREVIRENSI
DOCTORIS PHILOSOPHIAE HONORES
DIGNITATEM IURA ET PRIVILEGIA
INGENII DOCTRINAE ET VIRTUTIS SPECTATAE INSIGNIA ET ORNAMENTA
DETULIT
DELATA
PUBLICO HOC DIPLOMATE
CUI IMPRESSUM EST SIGNUM ORDINIS PHILOSOPHORUM
PROMULGAVIT
IENAE DIE XV M. APRILIS A. MDCCCXLI

TYPIS SCHRANII

맑스 박사 학위 인증서

칼 프리드리히 바흐만에게 보내는 편지

Brief an Carl Friedrich Bachmann in Jena

베를린, 쉬첸스트라스(Schützenstraße), 68번지

1841년 4월 6일

존경하는 선생님

박사 학위 제출 논문인 「데모크리토스와 에피쿠로스 자연철학의 차이」를 보냅니다. 지원 양식(litterae petitoriae)과 이력서(curriculum vitae), 그리고 본 대학과 베를린 대학의 수학 증명서, 끝으로 수수료 12프리드리히스도르(Friedrichsdor, 옛 프로이센 금화)도 함께 동봉했습니다. 아울러 죄송스러운 부탁이 한 가지 있습니다. 만일 제 논문이 교수들에게 만족스럽다고 평가되었다면 박사 학위 수여를 가능한 한 빨리 서둘러 주셨으면 합니다. 제가 베를린에 몇 주 머무를 수 없을 뿐만 아니라, 다른 외부 사정상 베를린을 떠나기 전에 학위를 받는 것이 좋을 것 같아 그렇습니다. 그리고 제출한 수학 증명서는 원본이므로 심사가 끝난 후 다시 돌려주셨으면 합니다.*

선생님께 큰 경의를 표하며, 당신의 충직한

칼 하인리히 맑스.

* 예나 대학의 명부에 따르면 독일어와 라틴어로 제출된 맑스의 논문은 1841년 4월 13일, No. 26으로 기록되어 있다. 그리고 같은 날 철학부 학장이었던 바흐만과 심사에 참여한 교수들은 맑스의 논문을 아주 높이 평가하는 추천사를 쓰고 거기에 서명했다. 맑스는 4월 15일에 철학 박사 학위와 그 증서를 받았다.

오스카 L. B. 볼프에게 보내는 편지

Brief an Oskar Ludwig Bernhard Wolff in Jena

베를린, 쉬첸스트라스(Schützenstraße), 68번지
1841년 4월 7일

존경하는 교수님

제 청을 들어주신 호의에 진심으로 감사를 드리며, 철학과에 이제 막 제 학위 논문과 부속 서류들을 보냈음을 알려드립니다. 존경하는 선생님의 고마운 제안대로 제 학위 증서 송부를 서둘러 주시길 부탁드립니다. 지금까지 너무나 많은 부탁들을 드려온 데다 제 논문까지 직접 보내드려 선생님을 성가시게 하는 것은 아닌지 죄송스러울 따름입니다.

선생님께 진심어린 감사와 존경을 표하며, 당신의 충직한,
칼 하인리히 맑스.

칼 맑스의 논문에 대한 추천사

Empfehlungsbrief

페네란데Venerande 선생님, 그리고 그라비시미Gravissimi 선생님

박사 학위 논문을 제출한 트리에르 출신 칼 하인리히 맑스는 아주 유능한 학생입니다. 그는 ①원서(첨부 문서 a), ②본 대학과 베를린 대학에서의 수강 내역서(첨부 문서 b와 c), 우리는 그 안에 기록되어 있는 학칙 위반들은 문제 삼지 않아도 된다고 생각합니다. ③라틴어로 된 원서, 이력서, 「데모크리토스와 에피쿠로스 자연철학의 차이」의 인쇄본, 라틴어로 된 저자 증명(첨부 문서 d), ④수수료 12프리드리히스도르를 보내왔습니다. 남은 돈은 학생에게 돌려줄 예정입니다. 제출된 논문을 보시면 이 학생이 얼마나 총명하고 뛰어난 통찰력을 지녔는지, 그리고 얼마나 박식한지 아실 겁니다. 제가 이 학생을 정말 유능하다고 생각한 이유도 거기에 있습니다. 그의 독일어 편지를 보면 박사 학위만을 원하는 게 분명하므로, 라틴어 편지에서 말하고 있는 석사 학위는 학과의 규칙을 잘 알지 못하는 데서 온 실수 같습니다. 아마도 그는 두 학위를 함께 받는 것으로 생각했던 모양입니다. 이 점을 설명하는 것만으로도 충분히 그를 납득시킬 수 있을 것입니다. 선생님들의 현명한 결정을 바라며, 이만 줄이겠습니다.

학장 칼 프리드리히 바흐만,

1841년 4월 13일, 예나.

Ordinis philosophorum Decane maxime spectablilis

Luden/F. Hand/E. Reinhold/D bereiner/J.F. Fries/Goettling/Schulze

Karl

제1부

데모크리토스와 에피쿠로스 자연철학의

일반적 차이

Marx

논문의 대상

I Gegenstand der Abhandlung

그리스 철학은 훌륭한 비극에서는 일어나서는 안 될 것, 즉 예기치 못했던 단조로운 종말[1]을 맞았던 것 같다. 그리스 철학사에 있어 마케도니아의 알렉산더라 할 수 있는 아리스토텔레스와 함께[2] 그리스 철학의 객관적 역사는 끝난 것처럼 보이며, 남성적이고 강건했던 스토아 학파(Stoikern)조차도 스파르타인들이 자신들의 사원에서 이루었던 일, 즉 아테네[3]가 도망가지 못하도록 헤라클레스가 그녀를 묶어두었던 일을 이루지는 못했다.[4]

에피쿠로스와 스토아, 그리고 회의주의 학파(Skeptiker)는 그들의 강력했던 전제들(Prämissen)[5] 과는 아무런 관계도 없는 부적당한 부록 정도로 간주되었다. 에피쿠로스 철학은 데모크리토스 자연학과 키레네 학파(kyrenaischer) 도덕론(Moral)의 절충적인 혼합체(synkretisches

---

1. "종말"(Schluß)이라는 단어 뒤에 "일관성 없는[지리멸렬한] 결말"(ein inkohärentes Finale)이라는 말이 있었으나 맑스에 의해 지워졌다.
2. 본래는 "(아리스토텔레스) 후에"(Nach)였던 것을 맑스가 "함께"(Mit)로 고쳤다.
3. "미네르바"(Minerva)라고 쓰여 있던 것을 맑스가 "아테네"로 고쳤다.
4. "그리스에서 철학의 객관적 역사는 끝난 것처럼 보이고, 남성적이고 강했던 스토아 학파마저도 성공하지는 못했다"는 문장은 본래 다음과 같이 쓰여져 있었다. "미네르바의 부엉이의 날개는 가라앉은 것처럼 보이고, 남성적이고 강했던 스토아 학파마저도 성공할 수 없었던 것으로 보인다."
5. "전생"(Antezedentien)이었던 것을 맑스가 "전제"(Prämissen)로 고쳤다.

Aggregat)로, 스토아 학파는 자연에 대한 헤라클레이토스적 관점과 견유주의적 - 윤리적(kynisch - sittlicher) 세계관에 아리스토텔레스적 논리가 조금 가미된 결합체(Verbindung)로 간주된다. 끝으로 회의주의는 이 도그마주의들에 대항하는 필요악으로 여겨진다. 사람들은 이 철학들을 일면적이고 편향적인 절충주의(Eklektizismus)로 간주하면서, 무의식적으로 그것들을 알렉산드리아 철학과 결합시켰다. 마지막으로 알렉산드리아 철학은 완전히 몽상과 착란——기껏해야 의도의 보편성만이 인정될 뿐인 혼란——으로 간주되었다.

모든 인간들이 탄생과 성장과 소멸이라는 철의 순환을 통과해야만 한다는 것은 확실히 평범한 진리다.[6] 따라서 그리스 철학이 아리스토텔레스에게서 그 정점을 이룬 후 시들어 간 것은 놀랄 일이 아니다. 그러나 영웅의 죽음은 팽창한 개구리 배가 터지는 것이 아니라 해가 〔서서히〕 저무는 것과 같았다.

그 경우 : 사실 모든 것들이 그 아래 포함될 수 있는 탄생과 성장과 소멸이라는 매우 보편적이고 모호한 표상들(Vorstellungen)로는 아무것도 이해할 수 없다. 죽음〔소멸〕 자체는 생〔삶〕 안에서 미리 준비되는 것이다 ; 따라서 그것의 형태는 생의 형태와 같은 특유의 고유성(Eigentmlichkeit) 안에서 이해되어야만 할 것이다.

끝으로 우리가 역사를 일견할 때 에피쿠로스주의, 스토아주의, 회의주의를 특별한 현상으로 볼 수는 없을까? 그것들이 로마 정신의 원형들은 아닐까? 그 형태는 그리스에서 로마로 흘러들어간 것이 아닐까? 그것들의 본질은 개성으로 가득 차 있고, 강렬하고 영원한 것이어서 근대 세계 자체가 그들의 정신적 시민권을 인정해야만 하는 것은 아닐까?

나는 이 체계들의 역사적 중요성을 상기시키기 위해 이상의 것들을 강조해 둔다 ; 그러나 여기서 다루고자 하는 것은 이 체계들이 문화

---

6. 본래는 "거부할 수 없는 것"(nicht abzulehnen)이라고 되어 있던 것을 맑스가 수정했다.

일반에 있어서 갖는 보편적 의의가 아니라 이 체계들과 고대 그리스 철학이 갖는 관계이다.

이 관계가 우리로 하여금 그리스 철학이 절충적인 체계를 가진 두 개의 상이한 그룹, 즉 에피쿠로스 · 스토아 · 회의주의 학파로 묶이는 그룹과 알렉산드리아적 사유라고 불리는 그룹과 함께 끝나는 것인지에 대해 알아보도록 요구하는 것은 아닐까? 총체성(Totalität)으로까지 확장된 플라톤 철학과 아리스토텔레스 철학 이후에 나온 새로운 체계들이 이들의 풍부한 지적 형태(Geistesgestalt)에 의존하지 않고, 오히려 이들을 훨씬 거슬러올라가 가장 소박한 학파들 — 자연학에 있어서는 자연철학자들, 윤리학에 있어서는 소크라테스 학파 — 에 의존한다는 사실은 매우 주목할 만한 것이 아닐까? 더욱이 아리스토텔레스 이후에 나온 체계들이 자신의 기초(Fundamente)를 이미 다 끝나버린 과거에서 발견한다는 것은 어디에 근거를 두고 있는 것일까? 데모크리토스와 키레네 학파(Kyrenaikern) 그리고 헤라클레이토스와 견유주의 학파(Kynikern)를 하나로 묶을 수 있다면 그 근거는 무엇일까? 에피쿠로스 학파, 스토아 학파, 회의주의 학파에는 자기의식(Selbstbewußtseins)의 모든 계기들이 완전하게 — 단 각각의 계기들은 특수한 실존(Existenz)으로 — 나타나는 것이 우연일까? 총괄해서 볼 때[7] 이 체계들이 자기의식의 완전한 구성(Konstruktion)을 형성하는 것은 우연일까? 마지막으로, 그리스 철학이 일곱 명의 현인들 안에서 신비롭게 시작했던 어떤 성격, 말하자면 그리스 철학의 중심으로서 철학의 조물주(Demiurg)였던 소크라테스에게 체화되었던 성격 — 나는 그것을 현자들(sophos, 소포스)의 성격이라고 말한다 — 이 위에서 언급한 체계들에 있어서 참된 학문의 현실성(Wirklichkeit)으로 주장되었던 것은 우연일까?

---

7. "총괄해서 볼 때"(zusammengenommen) 뒤에 "흡사"(gleichsam)라는 말이 있었으나 맑스에 의해 지워졌다.

비록 그리스 철학의 내용(Inhalt)에 있어서는 예전의 체계들이 더 흥미롭고 중요할지 몰라도, 그리스 철학의 성격, 즉 주관적(subjektive) 형식(Form)에 있어서는 아리스토텔레스 이후의 여러 체계들, 특히 에피쿠로스 학파와 스토아 학파, 회의주의 학파들이 훨씬 흥미롭고 중요해 보인다. 그러나 철학적 체계들의 정신적 담지자인 주관적 형식은 여러 체계들에 대한 형이상학적 규정들 위에서 지금까지 완전히 망각되어왔다.

에피쿠로스와 스토아, 회의주의 철학 전체에 대한 고찰과 〔이들이〕 그 이전 및 그 이후의 그리스 사유와 맺는 총체적 관계에 대한 상세한 고찰은 미루어 두고자 한다. 여기서는 하나의 예로서 그리고 한 측면에서만, 즉 보다 이전의 사유와의 관계(Beziehung)라고 하는 측면에서만 위에서 언급한 논점을 전개하는 것으로 충분할 것이다.

그러한 예로서 나는 에피쿠로스의 자연철학과 데모크리토스의 자연철학의 관계를 선택하였다. 나는 그것이 논술의 가장 적절한 실마리라고는 생각지 않는다. 왜냐하면 한편으로는 데모크리토스와 에피쿠로스의 자연학을 동일시하고 데모크리토스에 대한 에피쿠로스의 변형을 자의적인 착상에 불과하다고 생각하는 오래되고 익숙한 편견 때문이고, 다른 한편으로는 개개의 것(Einzeln)에 관한 한 어쩔 수 없이 세부적으로 자세히 들어갈 수밖에 없기 때문이다. 그러나 그러한 편견은 철학의 역사만큼이나 오래된 것이고, 그들의 차이는 현미경을 통해서나 발견될 수 있을 정도로 깊이 숨겨져 있었기 때문에, 그 둘 사이의 관련에도 불구하고 데모크리토스와 에피쿠로스 자연학 사이의 하나의 본질적인 차이, 가장 미세한 곳까지 관통하는 그 차이가 증명될 수 있다면 그것은 매우 값진 일이 될 것이다. 작은 것 안에서 증명될 수 있는 것은 더 큰 차원의 관계들이 포착되는 곳에서는 더욱 쉽게 보여질 수 있지만, 반대로 아주 일반적인 고찰로부터 〔시작할 때는〕 그 결과를 개개의 것들에서 확증할 수 있을지 불투명한 것이다.

데모크리토스와 에피쿠로스 자연학의 관계에 대한 판단들

II Urteile über das Verhältnis der demokritischen und epikureischen Physik

나의 견해가 이전의 일반적인 견해들과 관계하는 방식은 데모크리토스 자연철학과 에피쿠로스 자연철학의 관계에 대한 고대 사상가들의 의견을 잠시 살펴봄으로써 분명해질 것이다.

스토아 학파인 포시도니오스Posidonius와 니콜라우스Nikolaus 그리고 소티온Sotion은 에피쿠로스가 데모크리토스의 원자론과 아리스티포스Aristipp의 즐거움(Vergnügen)에 대한 가르침을 자신의 것으로 주장했다고 비난한다.[1)] 아카데미 학파인 코타Cotta는 키케로Cicero의 저작 속에서 다음과 같이 묻는다. "도대체 에피쿠로스의 자연학 중에 데모크리토스[1]의 것이 아닌 게 있습니까? 사실 그가 몇몇 세부사항들을 변경하기는 했지만 대부분은 데모크리토스를 따라한 것에 불과합니다."[2)] 키케로 자신 역시 비슷한 말을 한다.

> "그가 가장 뽐내는 자연학에서 에피쿠로스는 완전한 문외한이었다. 그가 내세운 자연학의 대부분은 데모크리토스의 것들이다. 그는 그것들을 변형시키고 발전시키려 했지만 결과는 데모크리토스로부터 벗어났을 뿐 아니라 더 나쁘게 되었고 망쳐졌을 뿐이다."[3)]

---

1. "에피쿠로스"라고 썼던 것을 맑스가 "데모크리토스"로 바로 잡았다.

그러나 에피쿠로스가 데모크리토스를 비방했다는 많은 사상가들의 비난에도 불구하고, 플루타르크Plutarch에 따르면 에피쿠로스[2]는 레온테우스Leonteus에 맞서 데모크리토스를[3] 칭송했다고 한다. 그가 데모크리토스를 칭송한 이유는 후자[4] 〔데모크리토스〕가 자신보다 먼저 진실한 가르침을 밝혀냈고, 또한 자연의 원리들을 먼저 발견했다는 것 때문이었다.[4)] 플루타르크의 저작 『철학자들의 교리들에 관하여』*De placitis philosophorum*에서는 에피쿠로스가 데모크리토스적 방식으로 철학을 한 사람으로 불리고 있다.[5)] 플루타르크는 『콜로테스』*Kolotes*에서 한 걸음 더 나아간다. 그는 에피쿠로스를 데모크리토스, 엠페도클레스Empedokles, 파르메니데스Parmenides, 플라톤, 소크라테스, 스틸포 등의 계열, 그리고 키레네와 아카데미 학파의 학자들과 비교하면서, "에피쿠로스는 그리스 철학의 모든 오류를 가지고 있어서 진리를 이해하지 못했다"는 것을 증명하고자 한다.[6)] 마찬가지로 논문[5] 「에피쿠로스를 따르면 행복하게 살 수 없다는 것에 대한 증명」*De eo, quod secundum Epicurum non beate vivi possit*도 에피쿠로스에 대한 악의적 비난으로 가득찼다.

이러한 고대 작가들의 비우호적인 견해는 교부들(Kirchenvätern)에게도 유지되었다. 나는 주석에서 클레멘스 알렉산드리누스Clemens Alexandrinus의 한 구절을 인용하고자 한다.[7)] 에피쿠로스에 대해 넌지시 말하고 있는 이 교부를 특별히 중요하게 언급하는 이유는, 그가 사도 바울이 철학 일반에 대해 말했던 경고를 신의 섭리와 같은 것에 대해서는 어떤 환상조차 가지지 않았던 에피쿠로스 철학에 대한 경고로 재해석하기 때문이다.[8)] 그러나 에피쿠로스에게 표절 혐의를 두는 것이 얼마나 일반적인 경향이었던가는 섹스투스 엠피리쿠스Sextus

2. "그(에피쿠로스)"라고 썼던 것을 맑스가 "에피쿠로스"라고 고친 것이다.
3. "그를" 이라고 되어 있던 것을 "데모크리토스를"로 맑스가 수정했다.
4. "그"(er)라고 되어 있던 것을 맑스가 수정한 것이다.
5. 논문 앞에 "그의"(seine)라는 말이 있었으나 맑스가 "die"〔정관사〕로 수정하였다.

Empricus에게서 가장 두드러지게 나타나는데, 그는 호메로스Homer와 에피카르모스Epicharmus의 매우 부적절한 문장들을 에피쿠로스 철학의 주요한 전거로 각인시키려 했다.[9] 최근의 작가들 역시 자연철학에 관한 한 에피쿠로스는 데모크리토스의 표절자에 불과하다고 본다는 것은 잘 알려진 사실이다. 다음 라이프니츠의 진술은 그들의 이러한 생각을 일반적으로 대변한다.

> "Nous ne savons presque de ce grand homme"(Democirte), "que ce qu'Epicure en a emprunte, qui n'était pas capable d'en prendre toujours le meilleur"[10)] [6]

그리하여 키케로가 에피쿠로스는 데모크리토스적 원칙들을 악화시켰다고 말하면서도, 최소한 그것을 개선시킬 의도와 데모크리토스 철학의 결점들을 볼 눈은 가졌다고 했다면 ; 그리고 플루타르크가 비일관성과[11)] 예정된 악화 경향을 에피쿠로스의 탓으로 돌리고 그의 의도 자체를 의심했다면, 라이프니츠는 에피쿠로스가 데모크리토스를 정확히 발췌할 능력조차 없었다고 말한 것이다.

그러나 에피쿠로스가 그의 자연학을 데모크리토스로부터 빌려왔다고 보는 점에서는 모두 일치한다.

---

6. 우리는 이 위대한 사람(데모크리토스)을 항상 최고의 것을 취할 능력이 없었던 에피쿠로스가 그에게서 빌어온 것을 통해서만 알 수 있을 뿐이다.

데모크리토스와 에피쿠로스 자연철학의 동일성에 대한 난점들

III Schwierigkeiten hinsichtlich der Identität demokritischer und epikureischer Naturphilosophie

역사적 증언들을 제외하고서도 데모크리토스와 에피쿠로스 자연학의 동일성을 말하는 것들은 많다. 원리들 — 원자와 허공 — 은 논할 여지없이 동일하다. 단지 개별적인 규정들에서만 자의적이고 비본질적인 차이가 지배하고 있는 것처럼 보인다.

그러나 기이하고 풀리지 않는 수수께끼가 남아 있다. 두 철학자들은 정확히 같은 학문을 같은 방식으로 가르친다. 그러나 — 정말 모순되게도! — 이들은 이 학문의 진리성과 확실성 및 그 적용, 그리고 사상(Gedanken)과 현실(Wirklichkeit)의 관계 일반 등 모든 점에서 정면으로 대립하고 있다. 나는 그들이 정면으로 대립한다고 말했는데, 이제 그것을 증명해 보이고자 한다.

A. 인간 지식의 진리성과 확실성에 대한 데모크리토스의 견해는 확인하기 어려운 듯 하다. 모순적인 문장들이 여러 곳에서 보이며, 문장의 문제를 넘어 그의 관점 자체가 모순되기도 한다. 가장 최근의 작가인 트렌델렌부르크Trendelenburg는 아리스토텔레스의 『영혼론』에 대한 논평에서 아리스토텔레스 자신은 그러한 모순을 몰랐다고 했지만 이는 사실이 아니다. 아리스토텔레스의 『영혼론』*Psychologie*[1]에는 다음과 같은 내용이 있다 : "데모크리토스는 현상은 참된〔실재적인〕 것

1. "자연학"(Physiologie)이라고 되어 있던 것을 맑스가 수정했다.

(Wahre)이기 때문에 영혼과 지성이 하나의 동일한 것이라고 보았다."[1)] 그러나 그의 『형이상학』*Metaphysik*에는 이것과는 정반대인 다음의 내용이 있다 : "데모크리토스는 진리가 없으며 혹 있다 하더라도 우리에게 은폐되어 있다고 주장한다."[2)] 이러한 아리스토텔레스의 문구들은 모순되지 않는가? 만약 현상이 참된 것이라면, 어떻게 참된 것이 숨겨져 있다고 할 수 있는가? 은폐(Verborgenheit)란 현상과 진리〔실재〕가 분리될 때 시작된다.[2] 그러나 디오게네스 라에르티오스는 사람들이 데모크리토스를 회의주의 학파에 속하는 것으로 생각했다는 사실을 전하고 있다. 그의 말을 인용해 본다 : "진리에 대해서 우리는 아무 것도 알지 못한다. 왜냐하면 진리는 샘의 깊은 바닥에 있기 때문이다."[3)] 비슷한 언급이 섹스투스 엠피리쿠스에게서도 발견된다.[4)]

이 회의주의적이고 불확실하며 내적으로 자기모순적인 데모크리토스의 견해는 원자들과 감각적인 현상 세계와의 관계가 규정되는 방식에서도 전개된다.

한편으로 감각적 현상(Erscheinung, 나타남)은 원자들 자체에는 속하지 않는다. 감각적 현상은 객관적 현상(objektive Erscheinung)이기보다는 주관적 가상(subjektive Schein)이다. "진정한 원리들은 원자들과 허공이며, 그밖의 다른 모든 것들은 〔자기만의〕 의견과 가상에 불과하다."[5)] "차갑다거나 뜨겁다는 것은 단지 의견을 따르는 것일 뿐이고, 참된 실재(wahrhaften)에는 원자들과 허공이 있을 뿐이다."[6)] 따라서 실제로는 다수의 원자들로부터 단일체(eins)가 나온다기보다는 "〔각각의 것이〕 원자의 결합(Verbindung)을 통해 단일체로 되는 것처럼 **보인다**."[7)] 그래서 원리들은 이성을 통해서만 볼 수 있는데, 그 이유는 이것들이 감각적 눈으로 접근하기에는 너무 작기 때문이다. 이런 이유로 그것들은 심지어 **이념들(이데아, Ideen)**로 불리기도 한다.[8)] 그러나 다른 한편으로는 감각적 현상만이 유일하게 참된 대상이고, **아이스테시스**

---

2. 이 문장과 그 앞 문장은 맑스에 의해 삽입된 것이다.

(aisthesis)[3]가 **프로네시스(phronesis)**[4]이다. 이 참된 실재(Wahre)는 변동하는 불안전한 현상들(Phänomen)이다. 그러나 현상들이 참된 실재라고 말하는 것은 모순이다.[9] 그래서 때로는 한 측면이, 때로는 다른 측면이 주관적인 것과 객관적인 것으로 만들어진다. 그리하여 모순〔의 양쪽 항〕은 두 개의 세계로 나누어진 채 유지되는 것처럼 보인다. 결과적으로, 데모크리토스는 감각적 현실(Wirklichkeit)을 주관적 가상으로 만든다 ; 그러나 이 이율배반은 객관의 세계로부터 추방당하여 그 자신의 자기의식 안에 실존하게 된다. 그런데 여기서 원자의 개념과 감각적 직관은 적대적으로 충돌한다.

그래서 데모크리토스는 이율배반에서 벗어나지 못했다. 여기서는 아직 이율배반을 설명하지는 않겠다. 다만 그런 모순이 있다는 것을 알아두는 것으로 충분하다.

이제 에피쿠로스의 말을 들어보자.

에피쿠로스는 **현자는 회의적(skeptisch)으로 행동하지 않고 정설적(dogmatisch)**[5]**으로 행동한다**고 말한다.[10] 그렇다. 진정으로 확신을 가지고 무언가를 알고 있다는 것이 다른 사람들에 비해 현자가 우월한 점이다.[11] "모든 감각들은 진리의 전달자다."[12] 『규범론』*Kanon*에서 그는 다음과 같이 말했다. "**감각적 지각을 부정할 수 있는 것은 아무것도 없다** ; 동종(同種)의 것〔감각〕은 동종의 것을 동등한 타당성 때문에 부정하지 못하고, 또 이종(異種)의 것도 이종의 것을 부정할 수 없는데 왜냐하면 그것들은 동일한 것에 대한 판단을 내릴 수 없기 때문이다〔두 감각이 판단하는 대상이 같지 않기 때문이다〕. 그리고 개념 역시 부정할

---

3. 감각적 지각(Sinneswahrnehmung).
4. 이성(Vernunft).
5. 'dogmatisch'를 '독단주의'로 옮기는 것이 부적절한 이유는 에피쿠로스야말로 독단주의를 배격하는 사람이기 때문이다. 여기서는 회의주의자에 반대되는 의미 정도로 이해하는 것이 좋겠다. 어색한 일본식 표현이지만, '자기 주장을 분명하게 적극적으로 개진하는' 이란 뜻으로 '정설적' 이라는 말로 옮겼다. – 역자주

수 없는데, 왜냐하면 그것 역시 감각적 지각에 의존하고 있기 때문이다."[13] **데모크리토스**가 **감각의 세계**를 **주관적인 가상**으로 만든 반면에 **에피쿠로스**는 그것을 **객관적 현상(Erscheinung)**으로 본다. 그리고 그는 이 점에 있어서 의식적으로 자신을 〔데모크리토스와〕 구별짓는다 ; 왜냐하면 그는 〔데모크리토스와〕 동일한 원리를 공유하기는 하지만 감각적 성질들을 **단지 그렇게 생각되어지는 것 즉 단순한 개인적 견해**라고 할 수는 없다고 주장하고 있기 때문이다.[14] 그래서 에피쿠로스의 〔진리〕 기준은 감각적 지각이고, 그것에는 객관적 현상이 조응하고 있다 : 따라서 우리는 키케로가 들으면 어깨를 으쓱할 수밖에 없는 다음과 같은 결론만을 정확한 것으로 간주할 수 있다.

> "데모크리토스는 과학적이며 기하학에 정통한 사람이므로 그에게 태양은 큰 것으로 보인다. 반면에 에피쿠로스에게 태양은 2피트 정도의 크기로 보일 것이다. 그는 크기란 보이는 것만큼이라고 생각했기 때문이다."[15]

B. 학문의 확실성과 그 대상들의 진리에 대한 데모크리토스와 에피쿠로스의 **이론적 판단의 차이는 이 두 사람의 상이한 학문적 에네르기(Energie)와 실천(Praxis)** 안에서 현실화된다.

데모크리토스에게 원리는 현상으로 나타나지 않고 현실성과 실존을 갖지 못한 채로 있지만, 반대로 그는 실재적인 내용으로 가득찬 세계로서 감각적 지각의 세계를 맞은 편에 가지고 있었다. 〔그에게〕 이 세계는 주관적 가상인데, 그 이유는 그것이 원리로부터 떨어져나와 자신의 독립적인 현실 안에 남겨져 있기 때문이다. 그러나 이 세계는 동시에 고유한 실재적 대상을 자신의 가치와 의미로서 가지고 있다. 그리하여 데모크리토스는 경험적 관찰로 뛰어든다. 철학에 만족할 수 없었던 그는 실증적 지식의 품 안으로 자신을 내던진다. 우리는 일찍이 키케로가 그를 '박식한 사람' (vir eruditus)이라고 부른 것을 안다. 그는 자연학, 윤리학, 수학 및 백과사전적 과목들, 그리고 모든 예술에 정통했다.[16] 디오게네스 라에르티오스가 보여주는 저서목록에도 그의 박식함은 잘 나타난다.[17] 그러나 그의 박식의 특성이란 **널리 돌아다니고 수집하고 외부를 조사하는 것이므로**, 우리는 견문과 관찰을 위해 세계의 절반을 헤매고 다니는 데모크리토스를 보게 된다.

> 그는 자랑스럽게 말한다. "나는 동시대인들 중 이 지구의 가장 많은 곳을 다녀보았고 가장 외진 곳까지 모두 조사해 보았다. 나는 가장 많은 풍토와 땅들을 경험했고 가장 박식한 인간들을 만나보았으며, 증명을 수반하는 선의 작도(Linienkomposition)에 있어서는 아무도, 심지어 이집트의 아르세페도납텐(Arsepedonapten)[6]이라 불리는 이들도 나를 능가하지 못한다."[18]

데메트리우스Demetrius가 『호모니모이스』*homonymois*[7]에서 그리고 안티스테네스Antisthenes가 『디아도카이스』*diadochais*[8]에서 말한 바에 따르면 데모크리토스는 기하학을 배우기 위해 이집트 성직자들과 페르시아의 칼데아인들을 찾았으며 홍해까지 갔었다고 말했다. 어떤 이들은 그가 인도의 고행 승려들을 만나고 에티오피아에까지[19] 방문했다고 주장한다. 그를 잠시도 쉴 수 없게 한 것은 한편으로는 **학문에 대한 열정**이겠지만, 동시에 다른 한편으로 그를 그토록 멀리 여행하게 한 것은 **진리에 대한 불만, 다시 말해서 철학적 지식에 대한 불만족**이었다. 그가 진리로 생각한 지식에는 내용이 없었고, 내용이 있는 지식에는 진리가 없었다. 그것은 하나의 우화일 수 있지만, 그것이 그의 본질의 모순을 드러내기 때문에 고대인들의 일화로서 하나의 참된 우화라고 할 수 있다.

데모크리토스는 감각적인 시력이 **정신의 날카로움**을 가리지 않도

---

6. 토지측량자를 가리키는 말이다. – 역자주
7. 『동일한 이름』 ; 동일한 이름(gleichnamige)의 작가와 학자에 대한 저작을 말함.
8. 『계승』 ; 철학 학파들과 그 대표자들의 계승(Aufeinanderfolge)에 관한 저작을 말함.

록 **자신의 눈을** 멀게 만들었다.[20] 키케로가 말했듯이 바로 그가 세계의 절반[9]을 방랑한 사람이다. 그러나 그는 자신이 찾던 것을 발견하지 못했다.

에피쿠로스에게서는 정반대의 모습이 보인다.

에피쿠로스는 **철학 안에서 만족**과 **지복**(至福)을 누렸다.

> 그는 다음과 같이 말했다. "너는 그것〔철학〕으로 인해 진정한 자유가 너의 몫이 되게끔 철학에 종사해야 한다. 철학에 자신을 내던지고 종속시킨 이는 기다릴 필요없이 즉시 해방된다. 철학에 종사하는 것 자체가 자유이기 때문이다."[21] 그래서 그는 다음과 같이 가르친다. "철학하기를 주저해야 할 만큼의 어린이도 없고 철학으로부터 떠나야 할 만큼의 늙은이도 없다. 누구도 자신의 영혼의 건강을 지키는 데 너무 이르거나 늦을 수는 없기 때문이다. 그리고 철학하기에 너무 이르다거나 늦었다고 말하는 이는 행복하기 위한 나이가 아직 안 되었다거나 이미 지났다고 말하는 이와 똑같다."[22]

데모크리토스가 철학에 만족하지 못하여 자신을 경험적 지식의 품에 내던진 반면, **에피쿠로스는 실증적인 여러 학문을 경멸했는데**, 그 이유는 그것들이 〔지혜의〕 **참된 완성**에는 아무런 기여도 못한다고 생각했기 때문이다.[23] 그는 **과학의 적**, 문법을 경멸하는 자로 불렸다.[24] 심지어 그는 무지하다는 비난을 듣기도 했다. "그러나" 키케로는 에피쿠로스 학파 중 한 사람의 말을 빌려 에피쿠로스 학파에 대해 다음과 같이 말한다. "교양이 없고 무지한 사람은 에피쿠로스가 아니라 오히려 아이 시절에 모르면 창피했을 그런 것을 나이를 먹어서도 여전히 암송해야 한다고 믿는 사람이다."[25] 데모크리토스가 배움을 위해 이집트의 목자와 페르시아의 칼데아인들, 인도의 고행 승려를 찾은 반면 에피쿠로

---

9. "전체 무한성"(ganze Unendlichkeit)이라고 되어 있던 것을 맑스가 "세계의 절반"(halbe Welt)으로 수정했다.

스는 스승을 갖지 않았던 점, 그 자신이 독학자(Autodidakt)였던 점을 자랑스러워 했다.[26] 세네카에 따르면, 에피쿠로스는 세상에는 진리를 위해 어떤 도움도 없이 투쟁하는 사람들이 있다고 말했다. 이러한 사람들 중의 하나로서 그 자신이 그 길을 헤쳐나갔다. 그리고 그가 가장 칭찬하는 자는 독학자들이었다. 그렇지 못한 다른 사람들은 이류일 뿐이다.[27] 데모크리토스가 스스로 온 세계를 헤매고 다닌 반면 에피쿠로스는 아테네에 있는 자신의 정원을 두세 번 떠나 이오니아를 여행했는데, 그마저도 연구를 위한 것이기보다는 친구를 방문하기 위한 것이었다.[28] 끝으로 데모크리토스는 지식 획득에 절망하고 스스로의 눈을 가려버리고 말지만, 에피쿠로스는 다가오는 죽음의 시간을 느끼며 따뜻한 목욕을 하고 순수한 와인 한 잔을 들면서 그의 친구들에게 철학에 충실할 것을 당부한다.[29]

C. 위에서 전개된 차이들을 두 철학자의 우연적인 개별성으로 돌려서는 안 된다. 그들은 서로 상반되는 두 개의 방향을 체화하고 있을 뿐이다. 위에서 이론적 의식의 차이로 표현된 것을 우리는 실천적(praktischen) 에네르기의 차이로 본다.

끝으로 우리는 **사유의 존재에 대한 관계와 그것들의 상호관계**를 표현하는 **반성형식(Reflexionsform)**을 고찰할 것이다. 철학자는 그가 세계와 사유에 대하여 부여하는 일반적인 상호관계 안에서는, 실재(realen) 세계에 대해 자신의 특수한 의식이 관계하는 방식으로만 자신을 객관화한다.

이제 데모크리토스는 현실에 대한 반성 형식으로 **필연성**을 사용한다.[30] 아리스토텔레스는 데모크리토스가 모든 것을 필연성에 돌렸다고 말한다.[31] 디오게네스 라에르티오스는 모든 것을 생겨나게 하는 원자의 소용돌이(Wirbel)를 데모크리토스적 필연성이라고 적고 있다.[32] 이에 관해 『철학자들의 교리들에 관하여』*De placitis philosophorum*의 저자는 더 만족할 만한 설명을 제시한다.

> "데모크리토스에 따르면 필연성이란 운명이자 법이며 섭리이자 세계의 창조자다. 그러나 이 필연성의 실체(Substanz)는 질료의 반대유형(Antitypie)이고, 운동(Bewegung)이고, 충격(Schlag)이다."[33)]

위의 설명과 비슷한 진술이 스토배우스Stobäus의 『자연학 선집』*Physischen Eklogen*[34)]과 유세비우스Eusebius의 『복음의 준비』*Praeparatio evangelica* 제6권에서도 발견된다. 스토배우스의 『윤리학 선집』*Ethischen Eklogen*에는 데모크리토스에 대한 다음의 문장들이 들어 있는데,[36)] 이것은 유세비우스의 14번째 책에서도 정확히 되풀이 되는 것이다[37)] : 인간은 스스로 우연이라는 허상(Scheinbild)을 만들어 내는 경향이 있다——이것은 그들 자신의 혼돈(Ratlosigkeit)의 표명이라고 할 수 있는데, 그 이유는 **우연(Zufall)은 건강한 사유와는 양립할 수 없는 것이기 때문이다.** 비슷한 방식으로 심플리키오스Simplicius는 아리스토텔레스가 우연을 지양한 고대의 가르침이라고 말한 단락을 데모크리토스에 대한 것이라고 해석하였다.[38)]

에피쿠로스는 이와 반대[10]다.

> "몇몇 사람들이 만물의 지배자(Allherrscherin)로 받아들이는[11] **필연성이란 존재하지 않으며**, 오히려 어떤 것은 **우연적으로 생겨나고**, 어떤 것은 우리의 **자의에 의존하고 있다**. 필연이란 확신될 수 없으며, 반대로 우연은 불안정한 것이다. 자연학자들의 에이마르메네(heimarmene)[12]에 노예가 되느니 차라리 신들에 관한 신화를 따르는 것이 낫다. 왜냐하면 후자[신화를 따르는 것]는 신들을 숭배함으로써 [운명을 피하고 싶다는] 염원이 이뤄지길 바라는 희

---

10. "우리는 [에피쿠로스에게서 이와] 반대되는 것을 듣는다"라고 쓰여 있던 것을 맑스가 수정했다.
11. "제시하는"(aufgeführt)으로 되어 있던 것을 맑스가 "받아들이는"(eingeführt)으로 수정했다.
12. 운명지워진 것, 숙명적인 것.

망이라도 남지만, 전자〔자연학자들이 주장하는 숙명적인 것〕에는 냉혹한 필연성만이 있기 때문이다. 그러나 대중적 믿음으로 받아들여져야만 하는 것은 **신이 아니라 우연**이다."[39] "필연성 안에 사는 것은 하나의 불행이지 필연은 아니다. 자유를 향한 짧고 쉬운 수많은 길들이 열려 있다. 그리하여 누구도 삶 안에 붙어있을 수 없음을 신에게 감사하자. 필연성 자체를 제어하는 것이 우리에게는 허용된다."[40]

키케로에 의하면 에피쿠로스주의자 벨레유스Vellejus는 스토아 철학에 대해서 비슷한 것을 말하고 있다.

"늙고 무지한 여자에게서처럼, 모든 것이 운명에 따라 일어나는 것처럼 보이는 곳에서 우리는 철학에 대해 어떻게 생각해야 할까? …… 에피쿠로스에 의해 우리는 구제되었으며, 자유롭게 되었다."[41]

그리하여 에피쿠로스는 어떤 필연성의 개념도 인정하지 않기 위해 〔이것이냐, 저것이냐 식의〕 **선언(選言) 판단(disjunktive Urteil)**조차 거부한다.[42]

사실 데모크리토스도 우연의 개념을 쓴 것으로 주장되기도 하지만, 이와 관련된 심플리키오스의 두 문장은[43] 의심스러운 것이다. 왜냐하면 그 문장들은 데모크리토스가 우연의 범주를 사용했다는 것이 아니라, 심플리키오스가 결과적으로 그 범주를 데모크리토스에게 짝지워 주었다는 것을 명백하게 보여주고 있기 때문이다. 그는 다음과 같이 말한다 : "데모크리토스는 세계 창조에 대해 일반적인 어떤 근거(Grund, 원인)도 말하지 않았다. 따라서 우연을 그 근거라고 **본 것 같다**." 여기서 중요한 것은 **내용의 규정(Inhaltsbestimmung)**이 아니라 데모크리토스가 **의식적으로 사용한 형식(Form)**이다. 유세비우스가 데모크리토스에 대해 말해주는 것에서도 사정은 비슷하다. 데모크리토스는 한편으로는 우연을 보편적이고 신적인 것으로 여겨 모든 것이 우연에 의해 생긴다고 했지만, 다른 한편으로는 우연을 인간 생활과 경험적 자연에서 멀리하고 우연을 말하는 사람들을 어리석게 여기며 비난하였다.[44)]

우리는 여기서 한편으로 그리스도교의 주교(Bischofs) **디오니시오스** Dionysius의 결론을 강제하고자 하는 열망을 볼 뿐이고, 다른 한편으로 보편적인 것과 신적인 것이 시작되는 곳에서는 데모크리토스적 필연의 개념이 우연과 더 이상 차이가 나지 않는다는 것을 보게 된다.

그리하여 데모크리토스가 필연의 개념을, 에피쿠로스가 우연의 개념을 사용한다는 것과 그들이 서로의 관점을 논쟁적으로 거부한다는 사실은 역사적으로 확실하다.

이러한 차이의 주요한 결과는 개별적인 자연 현상에 대한 설명 방식에서 명백히 드러난다.

필연성은 유한한 자연 안에서 **상대적 필연성, 결정론**으로 나타난다. 상대적 필연성은 **실재적 가능성(Möglichkeit)**으로부터만 연역될 수 있다. 다시 말해 그것은 제약(Bedingungen, 조건)과 이유(Ursachen), 근거(Gründen)들의 주위에서 연역되는 것으로, 상대적 필연성은 이것들을 통해서만 자신을 드러낸다. 실재적 가능성은[13] 상대적 필연성의 전개다. 그리고 이것이 데모크리토스에 의해 사용되었음을 발견한다. 심플리키오스로부터 몇 문장을 인용해보자.

만약 누군가가 목이 말라 물을 마시고 기분이 좋아졌다면, 데모크리토스는 그 원인을 우연이 아니라 목마름이라고 할 것이다. 왜냐하면 그가 비록 세계 창조와 관련하여 우연의 개념을 쓰고 있긴 하지만, 우연은 어떠한 개별적 사건의 원인도 될 수 없으며 오히려 다른 원인들로 거슬러 올라가야 한다고 주장하기 때문이다. 따라서 예컨대, 땅을 파는 것은 보물 발견의 원인이고 성장은 올리브 나무의 원인이 된다.[45)]

데모크리토스가 자연의 관찰에 대한 각 설명 방식에 대해서 보여주는 열정과 진지함, 그리고 토대를 놓는 것에 부여하는 중요성은 다음

---

13. 여기에 "흡사"(gleichsam)라는 말이 있었으나 맑스에 의해 지워졌다.

과 같은 그의 고백 속에 솔직하게[14] 표현되고 있다.

> "나는 페르시아의 왕관을 얻기보다 하나의 새로운 인과관계(Ätiologie)를 발견하고 싶다." [46)]

다시 한번, 에피쿠로스는 데모크리토스와 직접적으로 대립한다. 그에게 있어 우연은 단지 가능성의 가치밖에 없는 현실성일 뿐이다. **추상적 가능성은 실재적인 가능성의 직접적 대척점(Antipode)**이다. 후자〔실재적 가능성〕는 지성(Verstand, 오성)이 그렇듯이 날카로운 경계 안에 구속되는 반면 전자〔추상적 가능성〕는 환상(Phantasie)이 그렇듯이 어디에도 구속되지 않는다. 실재적 가능성은 그 대상(Objekt)의 필연성과 현실성을 기초지으려 하지만, 추상적 가능성은 설명되는 대상이 아니라 설명하는 주체에 관심을 갖는다. 대상(Gegenstand)은 단지 가능한 것, 사유될 수 있는 것으로 존재할 뿐이다. 추상적으로 가능한 것, 사유될 수 있는 것은 사유하는 주체에게 어떤 장애나 한계가 되지 않으며, 어떤 걸림돌도 아니다. 여기서 관심은 대상으로서의 대상에는 미치지 않기 때문에 이 가능성이 과연 현실적인지의 여부는 중요하지 않다.

그래서 에피쿠로스는 개별적인 자연 현상들의 설명에 대해서도 매우 무관심한 태도를 유지하였다.

나중에 살펴 볼 퓌토클레스Pytokles에게 보낸 편지에서 이것은 더 명백해진다. 그러나 여기서는 이전의 자연학자들의 의견에 대한 에피쿠로스의 관계에 주목하는 것만으로 충분하다. 『철학자들의 교리들에 관하여』*De placitis philosophorum*의 저자와 스토배우스가 별(星)의 실체, 태양의 크기와 형상 혹은 이와 유사한 문제들과 관련된 다른 견해를 말할 때 항상 거론되는 사람이 에피쿠로스다. 그는 여러 견해 가

---

14. "솔직하게"(naiv)라는 말 뒤에는 "auch"가 있었다. 말하자면 "다음과 같은 고백 속에서도 표현된다"였던 것을 맑스가 지운 것이다.

운데 어느 것도 거부하지 않으며 모든 의견이 **옳을 수도** 있다고 본다. 그는 **가능성**에 주목한다.[47] 그뿐만이 아니다. 에피쿠로스는 〔데모크리토스처럼〕 지성〔합리〕적으로 규정해가는 설명 방식, 확실히 그것 때문에 일면적인 ──실재적 가능성으로부터 출발해 나간다는── 설명 방식에 대해서조차 논쟁을 펼치고 있다.

따라서 세네카는 그의 『자연학 논집』*Quaestiones naturales*에서 다음과 같이 말한다 : 에피쿠로스는 이 모든 원인들이 가능하다고 본다. 그리고는 거기에 덧붙여 몇몇의 다른 설명을 시도한다. 그는 수많은 원인들 중 하나만이 작용한다고 주장하는 이들을 **비난하는데**, 어림짐작으로부터만 나오는 것을 명백하다고 판단하는 것은 무모하기 때문이다.[48]

우리는 대상들의 실재 근거(Realgründe)를 조사하는 데 있어 아무런 관심도 없음을 알 수 있다. 문제가 되는 것은 설명하는 주체의 차분함이다. 모든 가능한 것들은 가능한 것들로 인정──이는 추상적 가능성의 성격에 상응하는 것이다──되므로, 분명히 **존재의 우연은 사유의 우연으로 옮겨진다**. 에피쿠로스가 부여하는 단 하나의 규칙(Regel)인 '설명이 감각적 지각에 **모순되어서는 안 된다**'는 것은 자명한 것이다. 왜냐하면 추상적으로 가능한 것(Abstrakt - Mögliche)은 정확히 모순으로부터 자유로운 존재 안에 있는 것이고 따라서 모순은 피해져야만 하기 때문이다.[49] 마지막으로 에피쿠로스는 자신의 방식이 오직 **자기의식의 아타락시아(Ataraxie)를 목표로 하는 것이지, 자연에 대한 즉자 혹은 대자적 인식을 목표로 하는 것은 아니라고 밝혔다.**[50]

이 점에 있어 더 이상 에피쿠로스와 데모크리토스가 얼마나 달랐던가를 밝힐 필요는 없을 것이다.

그래서 우리는 이 두 사람이 한 걸음씩 나아갈 때마다 서로 상반됨을 알 수 있다. 한 명이 회의주의자(Skeptiker)라면 다른 한 명은 정설가(Dogmatiker)고, 한 명이 감각의 세계를 주관적 가상으로 본다면 다른 이는 객관적 현상〔나타남〕으로 본다. 감각의 세계를 주관적 가상으로 본 이〔데모크리토스〕는 경험적 자연과학과 실증적 지식에 몰두했으며, 실험을 행하고, 도처에서 배우고, 먼 곳까지 돌아다니고 관찰하면서 배운 것들에 대한 불안을 나타났다. 현상 세계를 실재적인 것으로 보았던 다른 이〔에피쿠로스〕는 경험을 비웃었다. 그 자신 안에서 만족된 사유의 평온함과 내적 원리로부터(ex principio interno) 지식을 획득하는 자립성이 그에게는 체화되어 있었다. 이 모순은 더 고차적인 것이 된다. 감각적 자연을 주관적 가상으로 보는 **회의주의자이자 경험주의자**는 그것을 **필연**의 관점에서 파악하여 사물의 실재적인 실존을 이해하고 설명하고자 한다. 다른 한편, 현상을 실재적인 것으로 여기는 **철학자이자 정설가(定說家)**는 모든 곳에서 **우연**만을 보며, 그의 설명 방식은 오히려 자연의 모든 객관적 실재성(Realität)을 지양하는 경향을 띤다. 이 대립들에는 어떤 전도(轉倒)가 있는 듯 하다.

모든 점에서 대립하고 있는 이 두 사람이 하나의 동일한 가르침을 신봉한다는 것은 생각하기 힘든 일이다. 그럼에도 불구하고 그들은 서로 연결되어 있는 것으로 보인다. 그들의 관계를 일반적으로 이해하는 것이 다음 장의 과제다.[15]

15. 목차에 있는 IV장과 V장은 현재의 사본에는 포함되어 있지 않다.

1부 칼 맑스의 주(註)

Anmerkungen

II 데모크리토스와 에피쿠로스 자연학의 관계에 대한 판단들

[1] **Diogenes Laertius**, x, 4. 스토아 학파인 포시도니우스의 제자들과 니콜라우스와 소티온은 …… 그〔에피쿠로스〕가 원자론에서는 데모크리토스를, 즐거움에 대해서는 아리스토푸스의 가르침을 자신의 것으로 했다고 〔주장했다〕.

[2] **Cicero**, *Über die Natur der Götter und Über*, I, 6. 26. 에피쿠로스의 자연학에 데모크리토스의 것이 아닌 게 있습니까? 사실 그가 몇몇 세부 사항들을 변경하기는 했지만 … 대부분은 데모크리토스를 따라한 것에 불과합니다 ….

[3] **Ders.** *Vom höchsten Gut und Übel*, I, 6. 그가 변경시킨 것은 더 악화되었고, 〔변경시키지 않고〕 따르는 것들은 전적으로 데모크리토스에게 속한다.

Ebd. …… 그가 가장 뽐내는 자연학에서 **에피쿠로스는 완전한 문외한이었다**. 그 대부분의 것들은 데모크리토스의 것들이다. 그는 원래의 것을 **개선시키고자 했던** 곳에서는 그것을 **악화시켰고**, …… 데모크리토스를 따르는 곳에서는 오류를 범하지 않았다.

[4] **Plutarch**, 〔Gegen〕 *Kolotes* (hrsg. von Xylander). S. 1108. 〔……〕 레온테우스는 …… 다음과 같이 주장한다. …… 에피쿠로스는 데모크리토스를 앎에 대한 올바른 접근에 그보다 먼저 도달했다고 존경했다. …… 왜냐하면 데모크리토스는 자연철학의 원리들을 처음으로 발견했기 때문이다. Vgl. *ebd*. S. 1111.

[5] **(Ders)**. *Über die Lehrsätze der Philosophen*, V, 235. Tauchnitz-Ausg. 네오클레스(Neokles)의 아들이며 아테네에서 온 에피쿠로스는 데모크리토스를 따라 철학했던 사람이며……

6) **Ders**. *Kolotes*, S. 1111, 1112, 1114, 1115, 1119, 1120 ff.

7) **Clemens Alexandrinus**, *Teppiche*, VI, S. 629. Kölner Ausg. 에피쿠로스 또한 그의 주요한 원칙들을 데모크리토스로부터 훔쳐왔다.

8) **Ders**. S. 295. [……] "그리스도의 뒤를 따르지 않고, 사람들의 가르침을 따르거나 세계의 원리를 따라 철학과 허망한 기만들로 자신을 망치지 않도록 조심할지어다." 모든 철학에 그러한 낙인을 찍은 것이 아니라, 바울이 「사도행전」에서 언급한, 신의 섭리를 부정하고 [쾌락을 신성시하는] 에피쿠로스 학파와 …… 요소들에 영예를 부여하고, 그것들에 대한 근본 작용인을 상정하지 않는, 창조주에 대해 어떤 안목도 갖지 못한 철학들을 낙인 찍은 것이다.

9) **Sextus Empiricus**, *Gegen die Mathematiker* (Genfer Ausg.) [S. 54] 에피쿠로스가 그의 최고의 가르침들을 시들에서 베껴왔다는 사실이 간파되었다. 그의 쾌락(Lust)의 정점에 대한 정의——모든 고통스러운 것의 제거——는 다음의 시구에서 베낀 것이다.

"먹고 마시는 욕망이 충족된 후에"

그리고 죽음에 대하여, "그것은 우리에게 아무것도 아니다"라고 한 것은 에피카르무스(Epicharmus)가 다음과 같이 말했을 때 이미 지적한 것이다.

"죽는 것 혹은 죽은 상태는 내게 대단한 게 아니다."

또 그는 죽은 육체는 어떤 감정도 가질 수 없다는 개념을 호메로스로부터 훔쳐온다.

"그가 격노하여 욕하면서 때린 것은 말 못하는 흙덩어리에 불과한 것이었다."

10) *Brief von Leibniz an Des Maizeaux*, enthaltend [einige] Erläuterungen zur Erkärung etc. [In Sämtliche Werke.] S. 66[67]. Bd. 2. Hrsg. von Deutens.

11) **Plutarch**, *Kolotes*, S. 1111. 그리하여 데모크리토스는 그의 원리들로부터 나오는 결과들을 인정해서가 아니라 이러한 결과들을 끌어내는 원리들을 세웠다는 이유로 비난받았다 …… 만약 "말하지 않는다"는 것이 "그것을 그렇게 인정하지 않는다"는 것을 의미하는 것이라면 그는 자신에게 익숙한 실천을 따르고 있는 것이다. 그리하여 그[에피쿠로스]는 신의 섭리없이 지내면서도 우리에게 신앙심을 남겨주었다고 말한다. 그는 쾌락을 위해 친구들을 선택하면서

도 그들을 위해 최대의 고통을 떠맡는다고 말한다. 그리고 그는 자신이 무한한 우주를 정립했다고 말하면서도 "위"와 "아래"를 결코 없애지 않는다.

III 데모크리토스와 에피쿠로스 자연철학의 동일성에 대한 난점들

1) **Aristoteles**, *Über die Seele*, I. S. 8. (Hrsg. von Trendelenburg.) 그〔데모크리토스〕는 현상은 실재적인 것(das Wahre)이기 때문에, 영혼과 지성도 하나의 동일한 것으로 본다.

2) **Ders**. *Metaphysik*, 〔III bzw.〕 IV, 5. 그래서 여하튼 이것이야말로 데모크리토스가 우리에게 진리가 없거나 있더라도 최소한 우리에게 은폐되어 있다고 얘기한 이유다. 그리고 일반적으로 그들〔이들 사상가들〕은 감각적 지각-변화 가능한 감각적 지각을 앎(Einsicht)이라고 생각했기 때문에, 우리에게 감각적 지각을 제공하는 현상은 진실(wahre)이라고 보았다. 이러한 이유에서 엠페도클레스와 데모크리토스 양자를 포함하여 다른 이들도 그러한 사고의 희생자라고 말할 수 있다. 엠페도클레스는 우리가 조건을 바꿀 때, 우리의 앎도 변한다고 말했던 것이다.

이 구절에는 〔아리스토텔레스의〕 『형이상학』*Metaphysik* 자체의 모순이 표현되고 있다.[1]

3) **Diogenes Laertius**, IX, 72. 그들은 크세노파네스Xenophanes뿐 아니라 엘레아(Eleate)의 제논Zeno, 데모크리토스 등이 모두 회의주의를 따른다는 것을 발견한다. …… 데모크리토스는 〔이렇게 말했다.〕 "진리에 대해서 우리는 아무 것도 알지 못한다. 왜냐하면 진리는 샘의 깊은 바닥에 있기 때문이다."

4) Vgl. **Ritters**, *Geschichte der alten Philosophie*, I. T. S. 579ff. 〔2. verb. Aufl., 1836. S. 619ff.〕

5) **Diogenes Laertius**, IX, 〔43～〕44. 그〔데모크리토스〕의 의견은 다음과 같다 : 진

---

1. 이 문장은 맑스가 페이지의 왼쪽 여백에 참조(Verweis)할 것과 함께 적어둔 것이다.

정한 원리들은 원자들과 허공이며, 그 밖의 다른 모든 것은 의견과 가상에 불과하다.

6) Ders. *ebd.* 72. 데모크리토스는 질을 부정하며 다음과 같이 말한다 : 차갑다거나 뜨겁다는 것은 단지 의견을 따르는 것일 뿐이고, 실재에 있어서는 원자들과 허공이 있을 뿐이다

7) Simplicius, *in den Scholien zu Aristoteles* (gesammelt von Brandis) S. 488. [……] 그럼에도 불구하고 여전히 그[데모크리토스]는 둘이나 그 이상이 하나가 된다는 것은 우스운 일이라고 말하고 있어서, 실제로는 다수로부터 하나의 존재가 형성됨을 허용하지 않는다.

S. 514 [……] 그래서 그들[데모크리토스와 레우키포스]은 하나가 여럿이 될 수도 없고 다수가 진정한 불가분의 하나가 될 수도 없으며, 오히려 원자들의 결합을 통하여 각각의 것이 통일체로 생성되는 것처럼 보인다고 말했다.

8) Plutarch, *Kolotes*, S. 1111. [……] 원자, 그것은 그[데모크리토스]가 "이데아들"(Ideen)이라고 부른 것이다.

9) Vgl. Aristoteles, a. a. O.

10) Diogenes Laertius, X, 121. [……] 그[현자]는 회의주의적(skeptisch) 입장이 아니라 정설적(dogmatisch ; 독단주의적) 입장을 취할 것이다.

11) Plutarch, Kolotes, S. 1117. 왜냐하면 현자를 제외하고는 누구도 어떤 것에 대한 확신을 갖지 못한다는 것이 에피쿠로스의 교의 중 하나이기 때문이다.

12) Cicero, *Über die Natur der Götter*, I, 25. [……] 그(에피쿠로스)는 "**모든 감각들은 진리의 전달자다**"라고 말했다.

Vgl. Ders. *Vom höchsten Gut und Übel*, I, 7.

(Plutarch) *Über die Lehrsätze der Philosophen*, IV. S. 287. 에피쿠로스는 모든 감각(Empfindung)과 상상(Einbildung)을 참된 것으로 간주한다.

13) Diogenes Laertius, X, 31. 『규범론』*Kanon*에서 에피쿠로스는 진리의 기준은 감각적 지각, 선(先)개념(Prolepseis), 정동(Affekte)이라고 말했다. …… 32. 감각들을 부정하거나 틀렸다고 입증할 수 있는 것은 아무 것도 없다 : 동일한 감각적 지각은 그 동일한 가치(Giltigkeit) 때문에 동일한 것을 부정하지 못하고, 다른 감각적 지각은 같음에 대해 판단하지 못하므로 다른 것을 부정할 수

없고, 개념은 감각적 지각에 의존하므로 역시 감각들을 부정할 수 없기 때문이다.

14) **Plutarch**, *Kolotes*, a. a. O. 그〔콜로테스〕는 색이 의견에 따른다는 것〔혹은 관습적으로 만들어진다는 것〕, 감미로운 맛도 의견에 따른다는 것, 복합물도 의견에 따른다는 것, 〔그리고 실재에 있어서는 허공과〕 원자〔만이 있을 뿐이다는 것〕 등의 데모크리토스의 주장이 감각적 지각이라고 하는 것을 공격하는 것이라고 말했다. …… 내가 이것을 부정할 수는 없지만, 또한 이 관점이 형태와 무게는 원자로부터 분리될 수 없다는 에피쿠로스의 이론과 불가분의 관계에 있다고 단언할 수 있다. 그렇다면 데모크리토스는 무엇을 말하고 있는가? 실체들(Substanzen)은 수적으로 무한하고 나누어질 수도 파괴될 수도 없으며, 질(Qualität)과 감각(Empfindung, 감정)을 갖지 않고 허공 속으로 흩어진다 ; 그것들이 서로 가까워지거나 함께 만나게 될 때, 그 결합물은 물이나 불 혹은 식물 혹은 인간의 상으로 나타나지만, 실제로 모든 것은 이데아들이라고 불릴 수 있는 원자들이며, 그 외의 다른 것이 아니다. 무로부터는 아무것도 형성될 수 없고, 〔존재자들 : Seienden〕로부터도 아무것도 형성될 수 없는데, 그것은 원자는 너무 견고하여 영향을 받거나 변화될 수 없기 때문이다. 이로부터 색은 색을 갖지 않는 것에서 나오기 때문에〔원자에는 색이 없다고 생각했으므로〕, 색이란 없는 것이라고 할 수 있고, 자연〔본성〕이나 영혼도 질들이 없는 것으로부터 나오기 때문에 없는 것이라고 말할 수 있다. … 그래서 데모크리토스는 이 원리들로부터 나오는 결과들을 받아들였다는 이유 때문이 아니라 이런 결론들로 이끄는 원리들을 기초했다는 이유로 비난받아야 될 것이다. … 에피쿠로스 역시 동일한 첫째 원리들을 정초했음에도 불구하고 그는 결코 색이나 다른 질들이 단지 의견으로 주어진 것〔고안된 것〕이라고 말하지 않았다.

15) **Cicero**, *Vom hösten Gut und Übel*, I, 6. 데모크리토스는 정통한 기하학자이므로 그에게 태양은 큰 것으로 보인다. 반면에 에피쿠로스는 크기란 보이는 것만큼이라고 말하므로 그에게 태양은 2피트 정도의 크기로 보일 것이다. 왜냐하면 그는 크기란 정확히 보이는 것만큼이라고 말하기 때문이다. Vgl. (Plutarch) *Über die Lehrsätze der Philosophen*, II, S. 265.

16) **Diogenes Laertius**, XI, 37. 그〔데모크리토스〕는 자연학과 윤리학뿐만 아니라

수학과 일반적인 교양(Bildung)에 들어가는 것들에도 능통했으며 예술에 있어서도 상당한 전문가였다.

17) **Vgl. Diogenes Laertius**, 〔IX,〕 §46〔-49〕.

18) **Eusebius**, *Vorbereitung auf das Evangelium*, X, S. 472. 그〔데모크리토스〕는 자랑스럽게 말한다. "나는 동시대인들 중 이 지구의 가장 많은 곳을 다녀 보았고 가장 외진 곳까지 모두 조사해 보았다. 나는 가장 많은 풍토와 땅들을 경험했고 가장 박식한 인간들을 만나보았으며, 증명을 수반하는 선의 작도에 있어서는 아무도, 심지어 내가 여든 살 경에 그들의 손님이었던〔방문했던〕 이집트의 아르세페도납텐(Arsepedonapten)이라 불리는 이들도 나를 능가하지 못한다." 그는 바빌론과 페르시아, 그리고 자신이 사제들에게 배움을 얻었던 이집트까지 여행을 했기 때문이다.

19) **Diogenes Laertius**, IX, 35. 데모크리토스는 『동일한 이름』*homonymois*과 『계승』*diadochais*에서 자신이 기하학을 배우기 위해 이집트 성직자들과 페르시아의 칼데아인들을 찾았으며 홍해까지 갔었다고 말했다. 어떤 이들은 그가 인도의 고행 승려들을 만나고 에티오피아에까지 갔다고 한다.

20) **Cicero**, *Tuskulanische Gespräche*, V, 39. 데모크리토스가 시력을 잃었을 때, …….그리고 이 사람은 본다는 것(Ansicht)은 영혼의 날카로운 직관력을 방해하는 것일 뿐이라고 믿었다. 다른 이들이 그들의 발 아래 있는 것도 발견하지 못하는 반면 자신은 자신을 방해하는 어떤 경계도 없는 무한 영역을 자유로이 다닌다고 믿었다.

Ders. *Vom hösten Gut und Übel*, V, 27. 〔……〕 데모크리토스는 …… 스스로 시력을 제거했다고들 한다 ; 그것은 정신이 〔시각 때문에〕 혼미스러워지는 것을 최대한 막기 위해서였음이 틀림없다.

21) **Lucius Annaeus Seneca**, *Werke*, II, Brief 8. S. 24, (Amsterdamer, Ausg. 1672.) 나는 여전히 에피쿠로스를 높이 평가한다. "너는 철학으로 인해 진정한 자유가 네 몫이 되게끔 철학에 종사해야 한다. 철학에 자신을 내던지는 이는 기다릴 필요없이 즉시 해방된다. 철학에 종사하는 것 자체가 자유이기 때문이다."

22) **Diogenes Laertius**, X, 122. "철학하기를 주저해야 할 만큼의 어린아이도 없

고 철학으로부터 떠나야 할 만큼의 늙은이도 없다. 누구도 자신의 영혼의 건강을 지키는 데 너무 이르거나 늦을 수는 없기 때문이다. 그리고 철학하기에 너무 이르다거나 늦었다고 말하는 이는 행복하기 위한 나이가 아직 안 되었다거나 이미 지났다고 말하는 이와 똑같다. 그러므로 늙은이나 젊은이 모두 지혜를 구해야 한다. 늙은이는 나이를 먹어가며 지나간 일들에 감사하면서 축복 속에서 젊게 되도록, 젊은이는 자신이 젊다 해도—늙은이도 마찬가진데—미래의 일에 대한 두려움을 가지지 않기 위해서 … **Vgl. Clemens Alexandrinus**, IX, S. 501.

23) **Sextus Empiricus**, *Gegen die Mathematiker*, S. 1. 에피쿠로스와 퓌론(Pyrrho) 학파가 과학의 대표자에 대해 반대한 점에서는 공통적이었지만 그 입장은 서로 달랐다. 에피쿠로스는 소위 과학들이 지혜의 참된 완성에는 아무런 기여도 못한다고 생각했다.

24) **Ders**. S. 11. 〔……〕 비록 그가 예술과 과학 대표자들〔교수들〕에 대한 지독한 적대자인 것처럼 보이기는 해도, 우리는 에피쿠로스를 빼놓을 수 없다.

Ders., S. 54 …… 문법에 대한 경멸자(Verächter) 퓌론과 에피쿠로스 ……

Vgl. Plutarch, *Beweis, daß man nach Epikur nicht glücklich leben kann*, S. 1094.

25) **Cicero**, *Vom hösten Gut und Übel*, I, 21. 그러나 교양이 없었던 사람은 에피쿠로스가 아니라 아이 시절에 모른다면 창피했을 그런 것을 늙은이들도 여전히 암송해야 한다고 믿는 무지한 이들이었다.

26) **Diogenes Laertius**, X, 13. 아폴로도루스Apollodor는 그가 쓴 『연대기』*Chronik*에서 우리의 철학자〔에피쿠로스〕가 뤼시파네스Lysiphanes와 프락시파네스Praxiphanes의 학생이었다고 말한다. 그러나 유리디쿠스Eurydikus에게 보낸 그의 편지에서는 에피쿠로스가 자신의 학생이었다고 말한다.

Cicero, *Über die Natur der Götter*, I, 26. 그래서 그〔에피쿠로스〕는 자신이 선생을 가져보지 않았던 것을 자랑했다. 내 입장에서 보자면 그가 그렇게 주장하지 않았다 하더라도 충분히 그러하다고 믿는다.

27) **Seneca**, Brief. 52. S. 〔176 u.〕 177. 에피쿠로스는 어떤 이들은 누구의 도움도 받지 않고 자신들의 흔적을 남기며 진리를 향한 길을 개척한다고 말했다. 그

리고 그는 그들이 스스로를 앞서나가도록 단련해왔고 그 충동(Antrieb)이 그들 내부에서 나왔다는 점에서 특히 칭찬하였다. 그리고 그는 다시 한번 말한다. 외부의 도움이 필요한 이들이 있는데 이들은 누군가가 길을 이끌어주지 않는 이상 전진하지 못하며 그 길을 충실히 따를 뿐이다. 메트로도로스 Metrodor가 여기에 속한다고 할 수 있는데, 이런 유형의 인간도 뛰어나기는 하지만, 이류(zweiten Ranges)에 속할 뿐이다.

28) **Diogenes Laertius**, X, 10. 그리스가 매우 어려운 시기였음에도 불구하고 그는 평생을 그리스에서 지냈다. 그가 한두 번 이오니아로 떠났던 것은 친구를 방문하기 위한 것이었을 뿐이다. 실로 많은 곳에서 친구들이 그[에피쿠로스]를 찾아왔고 그와 함께 그의 정원에서 살았다. 이 말을 전한 것은 아폴로도루스인데, 그에 따르면 에피쿠로스는 자신의 정원을 80미나[고대 그리스 화폐 단위]에 샀다고 한다.

29) **Ders**. X, 15. 헤르미포스Hermippus에 따르면 그는 청동 욕조에 따뜻한 물을 채우고, 맑은 와인 한 잔을 마셨다. §16. 그는 자신의 친구들에게 그의 가르침을 기억하라고 당부한 뒤, 그렇게 숨을 거두었다고 한다.

30) **Cicero**, Vom Schicksal, 10. [……] 에피쿠로스는 숙명의 필연성을 피할 수 있다고 [믿었다]. …… 데모크리토스는 …… 모든 사건은 필연성에 의해 일어난다는 관점을 선호했다.

Cicero, *Über die Natur der Götter*, I, 25. [……] 그는 필연성으로부터 벗어나는 장치를 고안했는데, 이것은 분명히 데모크리토스로부터 벗어나는 것이었다.

Eusebius, *Vorbereitung auf das Evangelium*, I, S. 23f. 아브데라의 데모크리토스는 모든 것은—현재와 과거와 미래까지 포함하여—기억할 수 없는 태고적부터 언제나 필연성에 의해 결정되어왔다고 [생각했다].

31) **Aristotoles**, *Über die Entstehung der Tiere*, V, 8. 데모크리토스는 …… 자연의 모든 기능을 필연성의 문제로 환원한다.

32) **Diogenes Laertius**, IX, 45. 모든 일은 필연적으로 일어나며, 그[데모크리토스]가 필연성이라고 부른 소용돌이 운동은 모든 것의 창조의 근원이다.

33) (**Plutarch**) *Über die Lehrsätze der Philosophen*, I. S. 252. 파르메니데스

Parmenides와 데모크리토스는 모든 것들은 필연성에 의해 〔일어나며〕, 이것은 숙명이고, 정의(Recht)이며, 섭리이고, 세계 창조다고 〔말했다〕.

34) **Stobäus**, *Physische Eklogen*, I, 8. 파르메니데스와 데모크리토스는 모든 것은 필연성에 의해 〔생기며〕, 이것〔필연성〕은 숙명, 정의, 섭리 〔그리고 세계창조〕라고 〔말했다〕. 왜냐하면 그는 …… 어떤 것도 근거없이(grundlos, 원인없이) 발생하는 것은 없으며, 모든 것은 원인과 필연에 의해 생겨난다고 보았기 때문이다.

35) **Eusebius**, *Vorbereitung auf das Evangelium*, VI, S. 257. 〔……〕 숙명, …… 다른 사람〔데모크리토스〕에게 그것은 작은 신체들에 의존하는 것인데, 이 작은 신체들은 위아래로 오르내리고, 모였다가 흩어지고, 필연에 의해 서로 멀어졌다가 다시 뭉쳐지는 것이다.

36) **Stobäus**, *Ethische Eklogen*, II 〔4〕. 인간들은 스스로 우연의 환상을 만들어내는 경향이 있다. — 이것은 그들 자신의 혼돈의 표명이라고 할 수 있는데, 왜냐하면 우연(Zufall)은 건강한 사유와는 양립할 수 없는 것이기 때문이다 〔……〕

37) **Eusebius**, *Vorbereitung auf das Evangelium*, V, S. 782. 〔……〕 그리고 그〔데모크리토스〕는 우연을 보편적인 것〔우주〕과 신적인 것의 주인이자 통치자로 만들었다. 반면에 그는 인간적 삶에서는 그것을 멀리하였고, 그것을 주장하는 이들을 비난했다. 실제 그는 자신의 가르침의 첫 부분에서 다음과 같이 말한다: "사람들은 스스로 우연의 환상을 만들어내는 경향이 있다 …… 이것은 정신적 혼돈의 표명이라고 할 수 있는데, 그 이유는 우연은 건강한 사유와 함께하지 않기 때문이다 ; 그리고 사람들은 사유의 이 최악의 적이 그것을 이긴다고 말하거나, 완전히 건강한 사유를 제거하고 폐지함으로써 사유 대신에 우연을 받아들이기도 한다. 왜냐하면 그들은 사유를 축복으로 여기지 않고, 우연을 가장 지성적인 것으로 받아들이기 때문이다.

38) **Simplicius**, a. a. O. S. 351. "우연을 부정하는 고대의 가르침"이라는 표현은 데모크리토스를 언급하는 것처럼 보인다.

39) **Diogenes Laertius**, X, 133. 그〔에피쿠로스〕는 말하기를, 몇몇 사람들이 절대적 통치자로 받아들이는 숙명이란 존재하지 않으며, 오히려 어떤 것들은 우연

적이고 어떤 것은 우리의 자의적 의지에 달려있다고 했다. 필연이란 확신될 수 없으며, 반대로 우연은 불안정한 것이다. 그러나 우리의 의지는 자유롭다; 그것에 대해서는 비난할 수도 있으며 칭찬할 수도 있다. 134. 자연학자들이 주장하는 숙명성(Heimarmene)에 노예가 되느니 차라리 신들에 관한 신화를 따르는 것이 낫다. 왜냐하면 후자는 우리가 신들을 숭배한다면 〔운명을 피하고 싶다는〕 염원이 이뤄지길 바라는 희망이라도 남지만 전자에는 냉혹한 필연성만이 있기 때문이다. 그러나 대중적 믿음으로 받아들여져야만 하는 것은 신이 아니라 우연이다……

[40] **Seneca**, *Brief* 12. S. 42. "필연성 안에 사는 것은 하나의 불행이지 필연성 안에 사는 것이 하나의 필연은 아니다. 자유를 향한 짧고 쉬운 수많은 길들이 열려있다. 그리하여 누구도 삶 안에 붙어있을 수 없음을 신에게 감사하자. 필연성 자체를 제어하는 것이 허용된다" …… 라고 에피쿠로스는 말했다……

[41] **Cicero**, *Über die Natur der Götter*, I. 20. 늙고 무지한 여자에게서처럼, 모든 것이 운명에 따라 일어나는 것처럼 보이는 곳에서 우리는 철학에 대해 어떻게 생각해야 할까? …… 에피쿠로스에 의해 우리는 구제되었고 자유롭게 되었다.

[42] **Ders**. *ebd*. Kap. 25. 그〔에피쿠로스〕는 논리학자들과의 싸움에서도 동일한 대응을 했다. 그들이 "예 아니면 아니오(entweder ja oder nein)"와 같은 형태의 모든 선언(選言, disjunktive) 명제로 받아들이는 원칙은 둘 중 하나는 진리일 수밖에 없다는 것이다. 에피쿠로스는 그것에 큰 우려를 표하였다 ; "에피쿠로스는 내일 살아있거나 살아있지 못할 것이다"는 명제가 주어진다면 둘 중 하나는 필연적이 될 것이다. 그래서 그는 "예 아니면 아니오" 같은 선언 명제의 필연성을 부정했다.

[43] **Simplicius**, a. a. O. S. 351. 데모크리토스는 또한 다른 종류의 것이 전체로부터 분리되어 나온 것은 틀림없지만 어떤 근거와 방식으로 그렇게 되었는지는 알 수 없고 그것들은 자동적, 우연적으로 생겨난 것으로 보인다고 말한다.

Ders. a. a. O. S. 351. 〔……〕 그〔데모크리토스〕는 분명히 우연을 세계 창조의 설명에 적용하기 때문이다. 〔……〕

[44] **Vgl. Eusebius**, a. a. O. XIV. S. 〔781 u.〕 782. …… 그리고 이 사람〔데모크리

토스]은 헛되고 근거없이 원인을 찾아 헤매었는데, 이는 그가 공허한 원리와 잘못된 가정에서 출발하기 때문이며, 사물의 뿌리와 일반적 필연성을 보지 않고 비이성적인 〔그리고 어리석은〕 사건들에 대한 이해를 가장 위대한 지혜로 간주했기 때문이다. 〔……〕

45) **Simplicius**, a. a. O. S. 351. 〔……〕 누군가 목이 마를 때, 그가 시원한 물을 마시고 다시 기분이 좋아졌다면, 데모크리토스는 우연을 원인으로 받아들이지 않고 갈증을 원인이라고 생각하기 때문이다.

Ders. S. 351. 〔……〕 비록 그〔데모크리토스〕가 세계 창조와 관련하여 우연의 개념을 사용하는 것으로 보인다고 해도, 개별적 경우에서 우연은 어떤 것의 원인도 될 수 없으며 우리에게 다른 원인들로 거슬러 올라가야 한다는 것을 알려줄 뿐이라고 분명히 주장한다. 예를 들면 다음과 같다 : 귀중한 발견물의 원인은 발굴이며 올리브 나무의 원인은 심는 것(Dflanzen)[1]이다. 〔……〕

Vgl. *denselb*. a. a. O. S. 351. 〔……〕 그러나 개별적 경우에 그〔데모크리토스〕는 우연 안에 어떤 〔근거(Grund)〕도 없다고 말한다.

46) **Eusebius**, a. a. O. V. S. 781. 데모크리토스 자신은 페르시아의 왕관보다 하나의 새로운 인과관계에 대한 설명을 얻겠노라고 말했다. 〔……〕

47) (**Plutarch**), *Über die Lehrsätze der Philosophen*, II, S. 261. 에피쿠로스는 이 의견들(별들의 실체에 대한 철학자들의 의견) 중 어떤 것도 부정하지 않으며, 그것을 가능한 것(am Möglichen)으로 생각한다. **Ders**. a. a. O. S. 265. 에피쿠로스는 앞서 말한 모든 것이 가능하다고 다시 말했다.

Ders. *ebd*. 에피쿠로스는 앞서 말한 모든 것이 가능하다고 믿었다.

Stobäus, *Physische Eklogen*, I. S. 54. 에피쿠로스는 이 의견들 중 어떤 것도 부정하지 않고, 모두 가능한 것으로 생각했다.

48) **Seneca**, *Fragen der Natur*, 〔VI〕 20. S. 802. Bd. II. 에피쿠로스는 앞서 말한 모든 원인들이 가능하다고 말하며, 거기에 덧붙여 몇몇의 다른 설명을 시도한다. 그는 수많은 원인들 중 하나만이 작용한다고 주장하는 이들을 비난하는

---

1. 본문에서 맑스는 "성장"(Wachsen)으로 번역하고 있다. – 역자주

데, 어림짐작으로부터만 추론될 수 있는 것을 필연적인 것이라 판단하는 것은 억측이 될 것이기 때문이다.

49) **Vgl**. II. T[eil]. 5. Kap.

Diogenes Laertius, X, 88. 그러나 우리는 각 사물(Dings)의 현상을 관찰해야 할 뿐만 아니라 그와 연관된 것들을 설명해야 한다. 많은 방식들로 생겨난 일들은 우리 경험과 모순되지 않는다. …… 왜냐하면 이 모든 종류의 방식들이 가능하며, 이 규정들은 어떤 현상들을 통해서도 부정되지 않기 때문이다.

50) **Diogenes Laertius**, X, 80. 대상들에 대한 우리의 탐구가 자신의 아타락시아와 지복으로 끄는 한, 그것을 근거가 없다거나 충분하게 정확치 않은 것이라고 생각해서는 안 된다.

IV 데모크리토스와 에피쿠로스 자연철학의 일반적 원리상의 차이

Allgemeine prinzipielle Differenz zwischen demokritischer und epikureischer Naturphilosophie

1) 플루타르크는 마리우스Marius에 대한 전기에서 이 도덕적인 유파의 방식이 모든 이론적이고 실천적인 이타성을 어떻게 파괴하는지 그 소름끼치는 역사적 예를 보여준다. 심브리인들(Cimbern)의 끔찍한 몰락을 묘사하면서, 그는 시체들이 너무 많아서 마실리아인들(Massilians)[1]이 그들의 과수원에 시체들로 거름을 줄 수 있을 정도였으며, 그런 후 비가 내렸고, 그 해는 포도주와 과일이 가장 잘된 해였다고 말한다. 그들의 비극적 파멸과 관련해서 이 고상한 역사가에게는 어떤 유(類)의 반성이 일어났는가? 플루타르크는 신이 마실리아[마르세이유]의 속물들에게 풍성한 과일을 수확하게 하기 위해서 우대하며 명예가 드높은 한 민족 전체를 멸망

1. 마실리아 사람들(Massilians)은 마실리아(지금의 마르세이유)라는 도시의 시민들이다. 마실리아는 기원전 600년 경에 그리스 식민지로 세워졌다. 골(Gaul) 지방과 북부 이탈리아를 침입한 독일 심브리족과 벌인 마리우스 전투는 기원전 101년에 베르첼리(Vercelli) 근처에서 벌어졌다.

시켜 부패시킨 것을, 신이 한 것이라면 도덕적인 것이라고 보여주고 있다. 그래서 한 민족이 거름으로 변하는 것조차도 망상을 도덕적으로 만족시킬 절호의 기회로 생각할 뿐인 것이다.

2) 또 헤겔과 관련해서, 그의 제자들이 그의 체계에 대한 이런저런 규정들을 〔현실과의〕 적합〔적응〕 등을 향한 그의 욕망으로 설명했을 때〔체계에 대한 규정 뒤에는 적응을 향한 욕망이 숨겨져 있다고 설명했을 때〕, 다시 한마디로 말하면 그것을 **도덕성**의 관점에서 설명했을 때, 이는 그들의 무지를 드러낸 것일 뿐이다. 그들은 불과 얼마 전에 자신들이 헤겔의 모든 일면성(Einseitigkeiten)에 열광적으로 경도되었던 사실—이는 그들이 그들 자신의 저술들을 통해서 분명히 볼 수 있는 것이다—을 잊은 것이다.

그들이 실제로 완성된 것으로서 받아들인 학문에 대해 크게 감명을 받아서 순진하고 무비판적인 신뢰를 가지고 그것에 자신들을 내던졌다면〔자신들이 무비판적으로 그것을 완전히 믿었다면〕: 스승의 통찰 뒤에 숨겨진 의도 때문에 스승을 비난하려는 그들의 시도란 얼마나 비열한(gewissenlos) 짓인가! 스승에게 학문은 〔그들과는 달리〕 물려 받은 〔기존의〕 어떤 것이 아니라 이루어 가고 있는 어떤 것이었으며, 스승 자신의 가장 고유한 정신적인 심장의 피가 말단에 이르기까지 고동쳤던 것이다! 〔이와 달리〕 그 제자들은 오히려 마치 이전에는 진지하지 않았던 것처럼 자신들을 의심한다. 헤겔과 그의 체계와의 관계가 직접적이고 실체적이었던 것과 달리 그 제자들의 것은 단지 반성된 것일 뿐인데도, 이 사실을 망각하고서 그 제자들은 자신들이 헤겔에게 돌린 형식(Form) 아래서 이전의 상황(Zustand)과 대결한다.

어떤 철학자가 이러저러한 〔현실과의〕적합을 위해 눈에 보이는 이러저러한 비일관성(Inkonsequenz)〔의 잘못〕을 범한다는 사실은 생각해볼 만한 문제다 ; 그 자신도 이것을 의식하고 있을지도 모른다. 그러나 그가 의식하지 못하고 있는 것은 바로 이러한 여러 가지 명백한(scheinbaren) 적합의 가능성이 자신의 원리 자체의 어떤 불충분함(Unzulänglichkeit)이나 불충분한 이해(Fassung) 속에 그의 가장 내적인 뿌리를 가지고 있다는 것이다. 따라서 어떤 철학자가 실제로 〔현실과〕 적합했다고 한다면,

그의 제자들은 스승이 **외향의 의식**이라고 하는 형식을 가지고 있었던 것을 스승의 **내적인 본질적 의식**으로부터 설명하지 않으면 안 된다. 이런 식으로 양심의 진보로서 나타나는 것은 동시에 지식(Wissen)의 진보이다. 철학자의 특수한 양심은 의심되는 것이 아니라, 그의 본질적인 의식의 형식(Bewußtseinsform)이 구성되고, 일정한 형태와 의의로 고양되어, 이것에 의해 초월되는 것이다.

나는 헤겔 학파의 다수에서 나타나고 있는 이런 비철학적 흐름을 규율에서 자유로 이행하는 데 항상 수반되는 현상으로 생각한다.

일단 그 자체로 자유롭게 된 이론적 정신이 실천적인 에네르기로 된다는 것, 그리고 **의지로** 아멘테스(Amenthes)의 저승(Schattenreich)에서 걸어나와 이 현세적이고 정신없이 현존하는 현실에 대해 몸을 돌리는 것은 심리학적 법칙이다(그러나 철학적 관점에서 중요한 것은 이 측면을 표면에 내세우는 것이다. 왜냐하면 이러한 전화轉化의 규정된 방식으로부터 우리는 이 철학의 내재적인 규정과 세계사적인 성격을 역으로 추론할 수 있기 때문이다. 여기서 우리는 철학의 이력curriculum vitae이 단적으로 주관적 요점에까지 집약되어 있는 것을 본다). 그러나 철학의 **실천**은 그 자체로 **이론적**이다. 개별적 실존을 본질에서 측정하고, 특수한 현실을 이데아[이념]에서 측정하는 것은 **비판**이다. 그러나 철학의 이러한 직접적인 실현(Realisierung)은 그것의 가장 내적인 본질에서 모순을 수반하고, 이러한 철학의 본질은 현상 안에서 형태를 취하며 그 위에 자신의 봉인(Siegel)을 찍는다.

철학이 의지로서 자신을 현상계에 대립시킬 때 : 체계는 하나의 추상적인 총체성으로 낮아진다. 다시 말해서 체계는 세계의 한 측면으로 [낮아지게] 되며, 이 체계에는 다른 일면이 대립한다. 세계와 철학의 관계는 반성관계다. 자신을 실현시키려는 충동(Trieb)에 고무되어, 체계는 다른 것에 대한 긴장관계에 들어간다. 내적인 자기만족(Selbstgen gsamkeit)과 완성(Abrundung)은 깨어진다. 내적인 빛이었던 것(was innerliches Licht war)은 외부로 향하는 소모적 불꽃이 되었다. 그것은 다음과 같은 결과를 낳았다 : 즉 세계의 철학적 생성(PhilosophischWerden, 철학적으로 되어감)은 동시에 철학의 세계적 생성(철학이 세속적으로 되어감, Weltlich-Werden)이며, 그것〔철학〕의 실현은 동시에 그것의 상실이라는 것, 그리고 철학이 외부에서 대립하며 투쟁하고 승리하고자 하는 것〔외부에서 자신과 적대적인 관계에 있는 것〕은 바로 자신의 내적인 결함(Mangel)이라는 것, 그리고 바로 그 투쟁에서 철학 자신은 그것이 손상들(Schäden)로 만족해서 맞서 싸웠던 바로 그 손상들로 떨어지고 만다는 것, 그리고 철학은 그 손상에 빠짐으로써 비로소 그 손상을 극복할 수 있다는 것 등. 철학이 적대하고 있는 것, 철학이 싸우는 것이야말로 바로 철학이라는 것, 그리고 단지 전도된 요소들을 동반하고 있을 뿐이라는 것〔을 의미한다〕.

이것은 우리가 이 사태(Sache)를 **순수하게 객관적으로** 철학의 직접적인 실현으로서 생각할 때의 한 측면이다. 그러나 사태는 또한 **주관적인 (subjektiv) 측면**을 갖는데, 이 주관적 측면은 그것의 다른 형식에 지나지 않는다. 이것은 현실화되는 **철학적 체계**가 자신의 정신적인 담지자들, 다시 말해서 그것의 철학적 진보를 나타내 주는 개별적인 자기의식들과 **맺는 관계**이다. 이 관계 즉 철학 자체의 실현 안에서 세계와 대립하는 이 관계로부터 이러한 개별적 자기의식들은 언제나 **양날의 요구 (zweischneidige Forderung)**를 함께 갖는다. 한쪽 끝은 세계를 향해서 겨누어지고, 다른쪽 끝은 철학 자체를 향해서 겨누어진다. 왜냐하면 자신 안에서는 사태(Sache)에 대한 전도된 관계로 나타나는 것이 이러한 개별적인 자기의식들 안에서는 이중적인 것으로, 즉 서로 모순되는 요구와 행동으로 나타나기 때문이다. 비철학(Unphilosophie)으로부터 그것들〔자기의식들〕이 세계를 해방시키는 것은 동시에 자신들을 일정한 체계로 족쇄 채우고 있던 철학으로부터 그들 자신을 해방시키는 것이 된다. 그것들〔자기의식들〕 자체는 먼저 행위(Akt)와 전개의 직접적인 에너르기 안에서 파악될 뿐이어서, 아직 이론적인 점에서는 그 체계를 초극하지 못하고 있다. 따라서 그것들은 체계의 조형적인(plastischen) 자기동일성(Sich - selbst - Gleichheit)과의 모순만을 감지할 뿐이며, 체계에 적대적으로 되어감으로써 단지 그 체계의 개별적인 계기들을 실현하는

데 불과하다는 사실을 알지 못한다.

철학적 자기 의식의 이러한 이중성은 결국 극단적으로 대립하는 이중의 흐름으로 나타난다. 한 쪽은 우리가 일반적으로 부르는 **자유주의적** 분파(liberale Partei)로 철학의 개념과 원리를 주요 규정으로 고집하며, 다른 한 쪽은 그것의 **비개념(Nichtbegriff)**, 즉 실재성의 계기를 주요 규정으로 고집한다. 후자가 바로 **실증〔적극〕 철학(positive Philosophie)**이다.[2] 전자의 활동은 비판이며, 따라서 정확히 철학의 '자기 외부를 향한 선회'(Sich-nach-außen-Wenden)이다; 후자의 활동은 철학하려는 시도이며, 따라서 철학의 '자기 내부를 향한 선회'(In-sich-Wenden)이다. 후자가 철학에 결함(Mangel)이 내재하고 있다는 사실을 아는 반면 전자는 그것이 철학적으로 만들어져야만 했던 세계의 결함이라고 파악한다. 이 각각의 분파들은 정확히 타자가 원하는 것, 하지만 자신이 원하지 않는 것을 행하고 있다. 그러나 전자는 자신의 내적인 모순에도 불구하고 일반적인 원리와 자신의 목적(Zweck)을 모두 의식하고 있다. 후자에게는 정신착란(Verrücktheit)이라 불러도 좋을 전도(Verkehrtheit)가 나타난다. 내용에 관해서: 자유주의 분파는 실제 진보를 이루는데 그것은 자유주의 분파만이 개념의 분파이기 때문이다. 반면에 실증〔적극〕 철학은 그 형식이 의미와 모순되는 요구들과 경향들을 초래할 뿐이다.

첫번째에서 철학과 세계의 전도된 관계이며 적대적 분리(Diremtion)로

2. 여기서 맑스는 1830년대 후반~1840년대 초반 사이에 벌어진 상이한 독일 철학 흐름들간의 투쟁에 대해 언급하고 있다. "자유주의 분파"는 청년 헤겔파를 가리킨다. 청년 헤겔파에서 가장 선진적인 인물들(루드비히 포이에르바하 Ludwig Feurbach, 브루노 바우어 Bruno Bauer, 아르놀드 루게 Arnold Ruge)은 무신론과 정치적 급진주의의 입장을 취했다. 헤겔 좌파의 이러한 전개에 대해서 보수적인 독일 철학자들은 이른바 실증 철학의 깃발 아래 단결하게 되었다. 이러한 종교적이고 신비적인 흐름(크리스티안 헤르만 바이쎄 Christian Hermann Weisse, 임마누엘 헤르만 피히테 주니어 Immanuel Hermann Fichte Junior, 프란츠 크사베르 폰 바아더 Franz Xaver von Baader, 안톤 귄터 Anton Günter 등)은 우파 입장에서 헤겔 철학을 비판하였다. "실증 철학자들"은 신적인 계시가 "실증적인"〔적극적인〕 지식의 유일한 근원이라고 말함으로써 철학을 종교에 보조적인 것으로 만들었다. 그들은 합리적인 인식을 자신의 근원으로 삼는 모든 철학에 대해서는 "부정적〔소극적〕"(negative)이라고 부른다." -역자주

서 나타나는 것은 두번째에서는 자신 안에서의 개별적인 자기의식의 분리가 되고, 마침내는 철학의 외적인 분리와 이중성으로, 두 개의 적대적인 철학적 방향들(Richtungen)로 나타난다.

이밖에도 많은 종속적이고 투덜대는 개성없는(individualit tsloser) 무리들(Gestaltungen)이 존재한다는 것은 말할 필요도 없다. 이들 중 어떤 무리들은 과거의 철학적 거인 뒤에 자신을 위치시킨다. 그러나 사자의 가죽을 쓴 나귀는 금방 들통난다 ; 어제 오늘의 마네킨(Mannequin)의 애처로운 목소리는 수백 년을 통해 울리는 웅대한 목소리 ── 가령 아리스토텔레스의 목소리 뒤에서 홀로 달갑지 않은 음성을 내면서 ── 와 희극적인 대조를 이루고 있다. 이는 마치 벙어리가 거대한 크기의 확성기를 이용해 목소리를 내려 하는 것처럼, 혹은 마치 이중의 안경을 쓴 몇몇의 릴리퍼트 사람들(Liliputaner)[3]이 거인의(des[4] Riesen) 후부(posterius)의 아주 작은 장소(Minimum) 위에 서서 자신이 보고 있는 지점(punctum visus)이 제공하는 놀랍고도 새로운 전망을 세계에 알리고, 요동치는 심장에서가 아니라 자신이 서 있는 견고하고 단단한 구역 속에서 세계를 지탱하는 아르키메데스의 점〔pou stou, 푸 스토〕이 발견되었다고 설명하는 것처럼 자신을 우스꽝스럽게 만든다. 이렇게 해서 머리카락 철학자, 손톱 철학자, 발가락 철학자, 배설물 철학자(Exkrementenphilosophen)들과 그 밖에 저 스웨덴보리Swedenborg[5]의 신비적인 속물들 속에서 한층 악한 임무를 대표하지 않으면 안 되었던 철학자들이 생겨난 것이다. 그러나 모든 이 작은 연체동물들(Schleimtierchen)은 본질적으로 위에서 언급한 두 방향〔흐름〕들에 속한다고 하겠다. 이 방향들 자체에 대해서는 나는 다른 곳에서 이러한 발전이 자신을 드러내는 특수한 역사적 계기들 뿐만 아니라 그것들의 관계, 즉 부분적으로는 상호간의 관계,

3. 조나단 스위프트Jonathan Swift의 소설 『걸리버 여행기』에 나오는 소인국〔릴리퍼트〕의 사람들 – 역자주

4. 'eins' 로 되어 있던 것을 맑스가 'des' 로 고쳤다.

5. 스웨덴보리(1688~1772). 스웨덴의 종교적 신비 철학자. – 역자주

부분적으로는 헤겔 철학에 대해 갖는 관계를 충분히 설명할 것이다.

3) **Diogenes Laertius**, IX, 44. 무(Nichts)로부터는 아무 것도 생겨나지 않으며, 아무 것도 사라지지 않는다. (데모크리토스).

Ders. X. 38. 우선, 무로부터는 아무 것도 생겨나지 않는다. 왜냐하면 그렇지 않은 경우에는 모든 것이 모든 것으로부터 〔씨앗도 없이〕 임의로 생겨날 것이기 때문이다 …… 39. 또한 사라지는 것(Vergehende)이 파괴되어 존재하지 않게 된다면 모든 것들은 〔요소들마저〕 소멸되어 사라지게 될 것이다. 〔따라서 이것은 불합리하다〕 더욱이 사물들의 총합은 항상 지금과 같으며 영원히 그렇게 남아 있을 것이다. 왜냐하면 변화를 일으킬 어떤 것도 외부에서 들어올 수 없기 때문이다. (에피쿠로스).

4) **Aristoteles**, *Physik*, I, 4. 왜냐하면 생성하는 모든 것들은 존재자들(Seienden)이나 비존재자들(Nichtseienden)로부터 생겨나는 것이기 때문이다. 그러나 비존재자들로부터는 어떤 생성도 불가능하다. 이것에 대해서는 모든 학자들이 공유하고 있다. 〔……〕

5) **Themistius**, *Scholien zu Aristoteles* (gesammelt von Brandis), Folioblatt 42, S. 383. 무 속에서는 아무런 구별(Unterschied)도 없듯이, 허공 속에서도 아무런 구별이 없다. 왜냐하면 허공은 비존재이며 결여된 어떤 것이기 때문이라고 그〔데모크리토스〕가 말했다.

6) **Aristoteles**, *Metaphysik*, I, 4. 레우키포스와 그의 동료 데모크리토스는 요소들은 가득찬 것과 텅 빈 것들이며, 전자는 존재하는 것이고 후자는 비존재하는 것이라고 말했다 : 가득차고 신체적인 것은 존재하는 것〔존재자〕으로, 허공과 텅 빈 것은 비존재하는 것〔비존재자〕으로 보았다. 이는 그들이 신체적인 것은 허공과 다름없이 존재하므로 존재자는 비존재자와 다름없이 존재한다고 말한 이유이다.

7) **Simplicius**[6], a. a. O. S. 326. 〔……〕 데모크리토스 또한 가득찬 것과 허공이 〔있다고 말했으며〕, 전자는 존재자이고 후자는 비존재자라고 했다. 〔……〕

Themistius[7], a. a. O. S. 383. 왜냐하면 허공은 비존재하는 것이고 결여된 것이기 때문이라고 데모크리토스가 말했다.

8) **Simplicius**, a. a. O. S. 488. 데모크리토스는 무수히 많은 작은 존재들로 구성

된 영원한 것(Ewigen)의 본성〔자연〕을 믿었다 ; 그는 그것들이 있을 수 있는 무한한 크기의 장소를 할당했다 ; 이 장소를 허공, 무, 무한자로 불렀고, 전자〔무수한 작은 존재들〕를 단단한 것(Feste), 존재자로 불렀다.

9) **Vergl. Simplicius**, a. a. O. S. 514. 일자와 다수(das Eine und das Viele)[8]

10) **Diogenes Laertius**, a. a. O. §40. 만약 우리가 허공, 공간, 감지할 수 없는 본성〔자연〕이라고 부르는 것이 존재하지 않는다면〔……〕

Stobäus, *Physische Eklogen*, I, S. 39. 에피쿠로스는 갖가지 이름들을 사용했다 : 허공, 장소, 공간.

11) **Stobäus**, *Physische Eklogen*, I, S. 27. 그것은 원자라고 불리는데, 가장 작은 것이기 때문은 아니다 ……

12) **Simplicius**, a. a. O. S. 405. 〔……〕 신체들이 분할 불가능한 부분들로 구성되어 있으며, 신체들은 분할 불가능한 부분들에 이르기까지 계속해서 분할 될 수 있다는 것은 무한한 분할가능성을 부정하는 사람들에 의해서 주장되었다. 왜냐하면 무한한 분할은 우리에게 불가능하며 따라서 그러한 무한한 분할은 도달할 수 없는 것이라고 확신되기 때문이다. 레우키포스와 데모크리토스가 일차적 신체의 분할 불가능성의 원인으로 무감함(Unempfindlichkeit)[9]을 고려했을 뿐 아니라 그것들의 미세함(Kleinheit), 부분들을 가지고 있지 않음 등도 고려했다는 사실을 도외시하고, 에피쿠로스는 이후에 그것들에게 부분이 없다는 사실은 생각하지 않은 채, 〔단지〕 무감함 때문에 분할 불가능한 것이라고 말했다. 아리스토텔레스는 반복해서 데모크리토스와 레우키포스의 의견을 비판적으로 고찰했는데, 아마도 이 비판들 때문에 〔아리스토텔레스〕 이후에 살았던 에피쿠로스 ── 그는 일차적 신체들에 대한 데모크리토스와 레우키포스의 견해에 동조했는데 ── 는 그것들이 무감한 것들이라고 주장했을 것이다.

13) **Aristoteles**, *Vom Werden und Vergehen*, I, 2. 보편적으로 인정된 사실을

---

6. 수고에는 테미스티우스(Themist.)로 되어 있다.
7. 수고에는 "같은 책"(Id.)으로 되어 있다.
8. 글자 그대로를 인용한 것은 아니다.
9. 원어는 아파테이아(Apatheia), 즉 원자는 자기 외부에 있는 어떤 것에 의해서도 영향을 받지 않는다는 것. – 영역자

조망할 수 없는 이유는 경험의 부족 때문이다. 따라서 자연 현상들 안에 거주하는 사람들은 점차적으로 〔경험이 쌓여감에 따라〕 고도의 광범위한 연관들을 밝힐 수 있는 그러한 원리들을 정립해 간다. 반면에 추상적인 토론에만 몰입해서 사실들에 주의를 기울이지 않는 사람들은 적은 관찰에 기초해서 쉽게 독단적으로 된다. 이로부터 우리는 자연학적(naturwissenschaftliche, 과학적〕 고찰과 이론적(theoretische, 변증법적〕 고찰이 서로 얼마나 다른지를 알 수 있게 된다. 플라톤주의자들은 더 이상 분할할 수 없는 〔원자적〕 크기가 존재함에 틀림없다고 주장했는데, 그 까닭은 만약 그렇지 않을 경우에 이데아적인 삼각형이 여러 형태(vielgestaltig)를 가질 것이기 때문이다. 반면에 데모크리토스는 적절한 주장을 자연학으로부터 도출했다고 하겠다.

14) **Diogenes Laertius**, IX, 〔Kap.〕 7, 〔Sekt.〕 8 〔.§40〕. 아리스토크세누스 Aristoxenus는 자신의 『역사적 기록』*historischen Aufzeichnung*에서 플라톤은 그 자신이 모을 수 있는 모든 데모크리토스의 저작들을 불태우려 했으며, 이것을 피타고라스주의자들인 아미클라스Amyklas와 클리니아스Kleinias가 제지했는데, 그것은 이미 그 책들이 널리 유통되었다는 이유에서였다고 적고 있다. 이것은 거의 모든 초기 철학자들에 대해 언급하고 있는 플라톤이 데모크리토스에 대해서는 한 번도 언급하지 않았다는 것, 심지어 그에 대한 논박이 필요할 때조차 언급하지 않았다는 사실로 볼 때도 명백하다. 플라톤은 자신이 최고의 철학자(besten)와 맞서야만 한다는 사실을 알았기 때문이다 〔……〕.

Karl

제2부

데모크리토스와 에피쿠로스 자연철학의 세부적 차이

Marx

직선으로부터의 원자의 편위

I Die Deklination des Atoms von der geraden Linie

에피쿠로스는 허공에서 이뤄지는 원자들의 **삼중의** 운동을 가정했다.[1)] 첫번째는 **직선으로 낙하하는 운동**이고, 두번째는 원자가 **직선에서 벗어나면서 생기는 운동**이며, 세번째는 많은 원자들의 **충돌(Repulsion, 반발)**을 통해 정립되는 운동이다. 첫번째와 세번째 운동에 대해서는 데모크리토스와 에피쿠로스 모두 받아들였다. 그러므로 직선으로부터의 원자의 편위(Deklination)가 이 두 사람의 차이인 셈이다.[2)]

이 편위[1] 운동은 간혹 농담의 주제가 되기도 했다. 이 주제를 다룸에 있어 키케로Cicero는 어느 누구보다도 끈기가 있었다. 그의 글 중에서는 특히 아래와 같은 내용이 있다.

> "에피쿠로스는 원자들이 무게로 인해 아래로 직선 운동을 하며, 이 운동은 물체(Körper)의 자연스런 운동이라고 주장했다. 그러나 곧 그에게는 만약 모든 원자들이 위에서 아래로만 움직인다면 어떤 원자도 다른 원자와 만날 수 없을 것이라는 생각이 떠올랐다. 그래서 에피쿠로스는 거짓말을 했다. 그는 원자가 아주 작은 이탈을 만들어낼 것이라고 말했는데, 물론 이것은 완전히 불가능한 것이다. 이것으로부터 원자들 간에 서로 복합체, 조합체, 응집 등이 생겨나고, 이로부터 세계와 세계의 모든 부분들, 그리고 그 내용

1. 처음엔 "마지막"(letzte)이라고 쓰여졌으나 맑스에 의해 수정되었다.

물이 생겨난다. 〔그러나〕 이 모든 것들은 미숙한 창안물이다. 게다가 그는 자신이 원하는 것조차 이루지 못하였다."[3)]

우리는 키케로의 『신의 본성에 관하여』*Über die Natur der Götter*의 제1권에서 또 다른 설명을 발견할 수 있다.

"에피쿠로스는 만약 원자들이 그 무게에 의해 아래로만 움직인다면 그 운동은 확정적이며 필연적으로 될 것이므로 어떤 것도 우리의 지배 아래 있지 않게 될 것이라고 보았다. 그래서 그는 이러한 필연성으로부터 벗어날 수 있는 수단을 창안했는데, 이것은 데모크리토스에게는 없는 것이었다. 그는 원자들이 무게와 중력으로 인해 아래로 운동함에도 불구하고 아주 작은 이탈을 만들어낸다고 말했다. 이러한 주장을 펴는 것은 자신이 말하고 싶은 것을 변명하지 못한 것보다도 수치스러운 일이다."[4)]

피에르 베일Pierre Bayle도 비슷한 견해를 표명했다.

"Avant lui" (c.-à-d. Epicure) "on n'avait admis dans les atomes que le mouvement de pesanteur, et celui de réflecxion. [……] Epicure supposa que même au milieu du vide, les atomes déclinaient un peu de la ligne droite, et de là venait la liberté, disait-il …… Remarquons en passant que ce ne fut [pas] le seul motif qui le porta à inventer ce mouvement de déclinaison, il le fit servir aussi à expliquer la rencontre des atomes;car il vit bien qu'en supposant qu'ils se mouvaient [tous] avec une égale vitesse par des lignes droites qui tendaient toutes de haut en bas, il ne ferait jamais comprendre qu'ils eussent pu se rencontrer, et qu'ainsi la production du monde aurait été impossible. Il fallut donc [……] qu'ils s'écartaient de la ligne droite"[5) 2]

나는 현재로서는 이러한 고찰들의 타당성을 문제삼지 않는다. 다만 에피쿠로스에 대한 가장 최근의 비평가인 쇼바하Schaubach가 아래와 같이 말했을 때, 그가 키케로를 오해했다는 점은 누구나 인정할 것이다.

> "원자들은 모두 중력에 의해 아래로 떨어져서 자연적 원인들 때문에 평행하게 움직인다. 그러나 원자들은 상호 충돌을 통해 다른 운동, 키케로에 따르면(『신의 본성에 관하여』 제1권, xxv [, 69]) 우연적 원인들에 의한 사선 운동을 영원으로부터 획득하고 있는 것이 된다."[6)]

우선 인용된 단락에서 키케로는 첫째로 충돌을 사선 운동[편위 운동][3]의 이유로 보지 않았으며, 오히려 사선 운동을 충돌의 원인으로 보고 있다. 둘째로 그는 우연적 원인들에 대해 말하지 않고 오히려 반대로 어떤 원인들도 언급되지 않았다며 에피쿠로스를 비판하였다. 사선 운동의 원인으로 충돌과 우연적 원인들을 동시에 가정하는 것은 즉자적으로나 대자적으로 모순되는 것이라고 할 수 있다. 그렇게 되면 사람들은 기껏해야 충돌의 우연적 원인들에 대해 말할 수 있을 뿐이고, 사선 운동의 우연적 원인에 대해서는 말할 수 없는 것이다.

---

2. "그 이전에는"(즉 에피쿠로스) "원자에 대해서 단지 무게의 운동[낙하]과 반발의 운동만이 인정되었다 …… 에피쿠로스는 허공 중에서조차 원자들이 직선에서 미세하게 편위한다고 가정하였는데, 그는 이로부터 자유가 생겨난다고 말하였다 …… 내친 김에 이것이 그로 하여금 편위 운동을 창안하도록 만든 유일한 동기는 아니라는 점을 언급해야겠다. 그는 편위 운동을 [자유를 설명하는 것 외에도] 원자들의 만남을 설명하는 데도 이용하였다. 그는 원자들이 [모두] 직선으로 아래를 향해 같은 속도로 움직인다면, 그것들이 서로 만나는 것을 설명할 수가 없고, 그렇게 되면 세계의 창조는 불가능하다는 점을 확실히 알았기 때문이다. 그래서 원자들이 직선에서 편위를 일으키는 것이 필요했다."
3. '사선 운동'이라고 말했지만, 맑스의 다음 내용들을 참조할 때 그 운동은 직선 운동이 아니라 곡선 운동이다. 직선으로 날아가던 원자가 방향을 틀 때 생기는 최소한의 곡률이 편위라고 할 수 있다. – 역자주

그밖에 키케로와 베일의 고찰에는 강조해야 할 어떤 독특한 점이 있다. 그들은 에피쿠로스에게 하나가 다른 하나를 무화시키는 동기들을 떠맡겼다. 즉 에피쿠로스가 한 번은 충돌을 설명하기 위해, 다른 한 번은 자유를 설명하기 위해 원자들의 편위를 가정했다는 것이다. 그러나 편위 없이는 원자들이 만나지 **않는다고** 하면 자유에 대한 설명으로서 편위는 불필요한 것이다. 왜냐하면 우리가 **루크레티우스**[7]에게서 보는 것처럼 자유의 반대는 원자들의 결정론적이고 강제된 만남으로 시작하기 때문이다. 하지만 원자들이 편위 **없이도** 만난다면 편위는 충돌을 설명하는 데 있어서도 불필요한 것이 된다. 키케로나 베일에서처럼 나는 이러한 모순이 원자의 직선으로부터의 편위의 원인들을 피상적이고 조각난 채로 이해했을 때 생겨난다고 주장한다. 우리는 에피쿠로스의 자연학을 이해했던 고대인들 중 유일한 사람인 루크레티우스에게서 더 심오한 해설을 발견할 수 있다.

이제 우리는 편위 자체를 고려해야 한다.

점이 선 안에서 부정〔지양〕되는 것과 마찬가지로 낙하하는 모든 물체는 그것이 그리는 직선 안에서 부정된다. 물체의 특수한 질은 여기서는 전혀 문제되지 않는다. 사과도 떨어질 때는 쇳조각과 마찬가지로 수직선을 그린다. 우리가 낙하 운동에 관심을 가지는 한 모든 물체는 단지 움직이는 점일 뿐이며, 그것도 자율성이 없는 점이다. 그 점은 어떤 현존재—그것이 그리는 직선— 안에서 자신의 개별성(Einzelheit)을 잃는다. 그래서 아리스토텔레스가 피타고라스주의자들에게 반대하여 다음과 같이 말한 것은 정당하다. "당신들은 선들의 운동을 면이라 하고 점들의 운동을 선이라고 말한다. 그러면 모나드(Monad)들의 운동 또한 선이 될 것이다."[8] 이로부터 나온 결과는—그것들이 일정한 운동 중에 있기 때문에[9]—모나드들이나 원자들 모두 직선 안에서는 실존하지 않게 되며 사라지게 된다는 것이다. 그 이유는 원자가 직선으로 떨어지는 어떤 것으로만 고려되는 한에서는 그 고체성〔사과든 쇳조각이든〕은 나타나지도 않기 때문이다. 우선 허공이 공간적으로 비어 있는 것으로 생각된다면 그때 원자는 **추상적 공간의 직접적 부정**이고 따라서 **공간적 점**이 된다. 공간의 상호 외재(外在)에 맞서 자신을 주장하는 고체성, 내포성은 마치 현실적인 자연 속에서 시간이 그런 것처럼 그 전영역에 걸쳐서 공간을 부정하는 원리에 의해서만 〔원자에〕 부가될 수 있다. 더욱이 이 자체가 허용되지 않는다면, 그 운동이 직선인 한에서 원자는 공간에 의해서만 규정되고 상대적 현존재(Dasein)로 허락되어 원자의 현존재는 순수하게 질료적인 실존이 된다. 그러나 우리는 원자 개념에 포함되어 있는 한 계기는 모든 상대성에 대한 부정, 다른 현존재에 대한 모든 관계의 부정이라는 순수한 형식임을 본 바 있다. 동시에 우리는 에피쿠로스가 비록 서로 모순되는 것임에도 원자 개념에 내재하고 있는 두 계기〔질료성과 형식성, 비자립성과 자립성〕를 객관화했다는 점을 주목했다.

그렇다면 어떻게 에피쿠로스는 원자의 순수한 형식 규정, 다른 것들에 의해 규정되는 어떤 현존재도 부정하는 순수한 개별성이라는 개념을 현실화할 수 있을까?

그는 직접적 존재의 영역에서 움직이고 있기 때문에 모든 규정들은 직접적이다. 따라서 적대되는 규정들은 직접적인 여러 현실로서 서로 대립되어 있다.

그러나 원자와 대립하는 **상대적 실존**, 다시 말해서 **그것이 부정해야만 하는 현존재**는 **직선**이다. 이 운동의 직접적인 부정은 **하나의 다른 운동**, 바로 공간적으로 자기 자신을 표상하는 **직선으로부터의 편위**인 것이다.

원자는 순수하게 자립적인 물체 혹은 천체처럼 절대적인 자립성으로 인식되는 물체다. 그렇기 때문에 원자는 천체처럼 직선으로 움직이지 않고 사선으로(schrägen Linien, 편위하는 곡선) 움직인다. 낙하 운동은 자립적이지 못한 운동이다.

그래서 만약 에피쿠로스가 직선을 따르는 원자 운동의 관점에서 그것의 질료성을 표상했다면, 직선으로부터의 편위에 있어서는 원자의 형식 규정을 실현하고 있다. 그런데 이 반대되는 규정들은 직접적으로 적대하는 운동으로 표상된다.

그래서 **루크레티우스**가 편위를 **숙명(fati foedera)**[10]을 깨뜨리는 것이라고 주장했을 때 그는 옳았다. 그가 이것을 곧바로 의식에 적용하고 있듯이 원자에 관해서도 다음과 같이 말할 수 있다. 즉 편위라는 것은 맞서 싸우고 저항할 수 있는 〔원자〕 가슴 속에 있는 어떤 것이라고.[11]

그러나 키케로는 다음과 같이 에피쿠로스를 비난했다.

> "그는 자신이 꾸며낸 목표에조차 도달하지 못하였다. 왜냐하면 모든 원자들이 편위를 하게 되면 그들 중 어떤 것들도 결합하지 못하게 되거나 혹은 어떤 것들은 편위를 하고 다른 것들은 그 운동에 의해 직선으로 움직일 것이기 때문이다. 그래서 원자들 가운데 어떤 것이 직선으로 움직이고 어떤 것이 사선으로 움직일지를 사전에 명확히 규정해야만 할 것이다."[12]

원자 개념에 고유한 두 가지 계기들이 직접적으로 서로 다른 운동으로 표상되고, 또한 서로 다른 개체들에 할당되어야만 한다는 점에서 이러한 반대는 정당성을 갖는다—하나의 비일관성, 그러나 이것도 일관된 것이다. 왜냐하면 원자의 영역은 직접성이기 때문이다.

에피쿠로스는 이런 내재적인 모순을 잘 느끼고 있었다. 그래서 그는 편위를 감각으로는 지각할 수 없는 것으로 표현했다. 그것〔편위〕은

Nec regione loci certa, nec tempore certo[13][4, 5]

하게 일어난다. 그것은 최소한의 공간에서 일어난다.[14]

---

4. 시간이나 장소를 고정시킬 수 없게 (Lucretius, *De rerum natura*, II, 294).
5. 이는 단순한 우연성을 의미하는 것과는 다르다. 단지 지각할 수 있는 시간보다 빠르고 지각할 수 있는 공간보다 작다는 것을 의미할 뿐이다. 참고로 들뢰즈Deleuze는 클리나멘에 대해서 그것이 우연성의 문제가 아니며, "단순히 비규정적인 것이기보다는 지정할 수 없음"(not indeterminate, but unassignable)이라고 표현했다(G. Deleuze, *Logique du sens*, 이정우 옮김, 『의미의 논리』, 한길사, 2000, 428쪽). – 역자주

더욱이 키케로[15]는, 그리고 플루타르크에 의하면 몇몇 고대 저자들[16]은 에피쿠로스가 원자의 편위를 **원인없이** 일어나는 것으로 말했다고 비난했다. 키케로는 자연학자에게 어떤 것도 이보다 더 불명예스럽지는 않다고 말했다.[17] 그러나 우선 키케로가 원했던 자연적 원인은 원자의 편위를 그것이 벗어나고자 했던 결정론의 영역으로 다시 돌려 보내게 될 것이다. 다음으로 **원자들은 편위의 규정 안에 정립되기 전에는 결코 완성될 수 없다.** 이러한 규정의 원인에 대해 묻는 것은 원자를 하나의 원리로 만드는 원인에 대해 묻는 것을 의미한다. 이것은 원자가 모든 것의 원인이고 그 자체의 원인을 갖지는 않는다고 생각하는 사람에게는 분명히 아무런 의미없는 물음이다.

끝으로 **베일**[18]은 에피쿠로스가 정신적 원리 대신에 편위의 개념을 고안해냈다고 비난한다. 그의 주장은 데모크리토스가 원자에 정신적인 원리를 부여했다고 말한 **아우구스티누스**[19]의 권위에 의해 지지를 받는 것인데, 이 아우구스티누스의 권위란 아리스토텔레스와 그밖의 다른 고대인들과는 대조적으로 아무런 가치도 없는 것이다. 이러한 "원자들의 영혼"으로는 단지 하나의 단어만이 얻어질 뿐이지만 반면 편위에는 원자의 실재적 영혼, 추상적 개별성(Einzelheit)의 개념이 표상되어 있는 것이다.

우리는 직선으로부터의 원자의 편위가 초래한 결과를 고려하기 이전에 오늘날까지 완전히 간과되어온 지극히 중요한 계기를 강조하지 않을 수 없다.

직선으로부터의 원자의 편위는 에피쿠로스 자연학에서 우발적으로 생겨난 규정이 아니다. 그것이 표현하는 법칙은 오히려 에피쿠로스 철학 전체를 관통하고 있는 말할 것도 없이 자명한 것이지만, 이 법칙 발현의 규정성은 그 법칙이 적용되는 영역에 의존하여 있다.

사실상 추상적 개별성이 그것의 개념, 그것의 형식 규정, 순수한 대자적 존재, 직접적인 현존으로부터의 자율, 모든 상대성이 지양되어져 있는 존재를 확증할 수 있는 것은 그것[추상적 개별성]이 **그것에 대**

립하는 현존재를 사상(捨象)할 때만 가능하다. 왜냐하면 현존재를 진정으로 극복하기 위해서는 추상적 개별성은 그것을 관념화하지 않으면 안 되는데, 보편성만이 이것을 이룰 수 있기 때문이다.

그래서 원자가 그 상대적 실존인 직선을 사상(捨象)하고 그것으로부터 벗어나는 것에 의해 해방되는 것처럼, 에피쿠로스 철학 전체는 추상적 개별성의 개념, 즉 자립성과 타자에 대한 모든 관계의 부정이 그 〔개념의〕 실존 안에 표상되어야만 하는 곳에서 제한적인 현존재로부터 벗어난다.

그래서 행위의 목적은 추상화고, 고통과 혼란에서 벗어나는 것이며, 아타락시아 안에서 발견된다.[20] 따라서 선(善)은 악(惡)으로부터의 탈주고[21] 쾌(快)는 고통으로부터 벗어나는 것이다.[22] 끝으로 추상적 개별성이 최고의 자유와 자율성 안에서 그것의 총체성 안에서 출현하는 곳에서는, 모든 현존재들로부터 벗어나는 현존재가 나온다. **이러한 이유로 신은 세계로부터 벗어나 그것에 관여하지 않는다.** 신은 세계의 바깥에 있게 된다.[23]

에피쿠로스의 이러한 신들은 간혹 웃음거리가 되었는데, 이 신들은 인간처럼 현실 세계의 중간 세계(intermundia)[6]에 거주하고, 신체가 아니라 유사신체(Quasikörper)를 가졌으며, 피가 아니라 유사피(Quasiblut)를 가졌다.[24] 그리고 행복한 평화에 만족하고 어떤 기원에도 귀기울이지 않으며, 우리와 세계에 대해서 무관심하고, 미와 위엄, 그리고 뛰어난 본성 때문에 자신들을 자랑스러워 하고 어떤 것도 더 얻고자 하지 않는다.

그러나 이 신들은 에피쿠로스의 공상물이 아니다. 그들은 실존했다. **그들은 그리스 예술의 조형적 신들이다.** **로마인**이었던 **키케로**가 그들에 대해 비웃었던 것은 정당하지만[25] **그리스인**이었던 **플루타르크**가 신들에 관한 이러한 설명이 공포와 미신을 없애는 것임에도 불구하고,

---

6. 세계들 사이의 공간.

그것이 신들의 기쁨이나 은혜(Gunst)를 제공해 주지 못하고 오히려 우리가 히르카니언 물고기에 대해 맺는 관계 — 우리는 그런 것에서 손해도 이익도 기대할 수 없다 — 를 신들에 대해 가지게 하고 있다고 말했을 때, 그는 그리스적 사고 방식을 완전히 잊어버린 것이다.[26] 이론적인 고요함[7]은 그리스 신들의 주요한 특징들 중 하나이다. **아리스토텔레스**가 다음과 같이 말했듯이.

> "최선의 존재는 그 자체가 자신의 목적이므로 아무런 행위의 필요성도 느끼지 않는다."[27]

이제 우리는 원자의 편위로부터 직접 따라나오는 **결과**를 고찰한다. 편위 안에서 원자는 그것이 특수한 현존재로서 다른 현존재에 의해 규정되지만, 모든 운동과 관계를 부정한다는 것이 표현되어 있다. 이것은 원자가 원자에 대립하는 현존재를 사상한 그런 현존재로부터 멀어지는 방식으로 표상된다. 그러나 이 안에 포함된 것, 다시 말해서 〔원자의〕 **타자에 대한 모든 관계의 부정은 실현**되어야 하고, **적극적으로 정립되어야** 한다. 이것은 **자신과 관계를 맺는 현존재가 자기 자신에 다름아닌**, 그래서 〔자신과 관계하는 현존재〕 또한 원자인 경우에만, 게다가 — 그것 자체는 직접적으로 규정되기 때문에 — **다수의 원자들**이 되는 경우에만 가능하다.[8] 그래서 **다수 원자들의 충돌은 루크레티우스가 편위를 그렇게 불렀던 것처럼 원자 법칙(lex atomi)의 필연적인 실현**이다. 그러나 여기서는 각각의 규정이 하나의 특수한 현존재로 정립되기 때문에 충돌은 앞서의 두 운동에 세번째 것으로 덧붙여진다. 루크레티우스

---

7. 아래에 있는 아리스토텔레스의 말처럼 그 자체가 목적인 신은 어떤 행위의 필요성도 느끼지 않으므로 그대로 가만히 있다는 의미. – 역자주

8. 원리(법칙) 차원에서 원자는 동일해야 하지만, 직접적으로는 다수로 존재해야만 한다는 이야기다. 이것에 대해서는 '원리로서의 원자'와 '요소로서의 원자'에 관한 3장의 논의를 참조하라. – 역자주

가 원자들이 편위를 하지 않는다면 어떤 충돌이나 마주침도 일어나지 않을 것이고 세계는 결코 창조되지 못했을 것이라고 말한 것은 옳았다.[28] 왜냐하면 **원자들은 자기 자신의 유일한 대상이고 그들 자신과만 관계**하기 때문이다. 공간적으로 표현하자면, 다른 것에 관계되어 있는 것과 동일한 원자의 어떤 상대적인 실존도 부정됨으로 해서 그것들〔원자들〕이 서로 **마주칠** 수 있기 때문이다. 이 상대적 실존은 우리가 보아온 대로 원자들의 본원적 운동, 즉 직선으로 낙하하는 운동이다. 그래서 원자들은 직선으로부터의 편위의 힘에 의해서만 만나게 된다. 이는 단순한 질료적 파편화와는 아무런 상관도 없다.[29]

실제로는 다음과 같다. 직접적으로 존재하는 개별성은 바로 그 자신인 타자와 관계하는 한에서 단지 개념적으로 실현될 뿐이다. 타자가 직접적 실존의 형식으로 그것과 대립할 때조차도 그것은 바로 자기 자신이라고 할 수 있다. 그래서 인간은 자기 자신과 관계하는 타자가 다른 실존이 아닌 바로 개별적인 인간 자신일 때—이것이 정신(Geist)이 아닌 경우에도— 비로소 자연의 산물이기를 그치는 것이다. 그러나 인간이 인간으로서 그의 유일한 현실적인 객체가 되기 위해서는 인간은 그의 상대적 현존재, 즉 욕망과 단순한 본성의 힘(Macht)을 분쇄해야만 했다. **충돌〔반발〕은 자기의식의 첫번째 형식이다.** 그래서 자신을 직접적-존재자(Unmittelbar-Seiendes)로서, 추상적-개체(Abstrakt-Einzeles)로서 인식하는 것은 그러한 자기의식에 상응한다.

그래서 충돌 안에서 원자의 개념은 현실화된다. 그에 따르면 원자는 추상적 형식이다. 그러나 반대 측면도 못지 않다. 그에 따르면 원자는 추상적 질료이다. 왜냐하면 원자가 관계하는 것은 바로 원자이지만 다른 원자이기 때문이다. 그러나 **내가 직접적-타자(Unmittelbar-Andern)에 취한 태도를 내 자신에게 취한다면 나의 태도는 질료적인 것이다.** 이것이 지각될 수 있는 최고도의 외면성이다. 원자들의 충돌 안에서 직선으로 낙하하도록 위치지워진 그들의 물질성과 편위 안에서 정립된 원자의 형식 규정은 종합적으로 통일된다.

에피쿠로스에게는 원자 개념의 실현이었던 것이 데모크리토스에게는 대조적으로 강제된 운동, 맹목적 필연성의 행위로 변형된다. 우리는 이미 위에서 데모크리토스가 원자들의 충돌과 충돌로부터 생기는 소용돌이(dine, 디네)를 필연성의 실체로 생각한다는 것을 살펴본 바 있다. 그래서 그는 충돌 속에서 단지 질료적 측면 즉 파편화와 변화만을 보았고, 다른 것에 대한 모든 관계가 부정되고 운동이 자기규정으로 정립되는 이념적(ideelle, 관념적) 측면은 보지 못했다. 이는 다음과 같은 사실, 즉 데모크리토스가 아주 감각적으로, 여러 조각들로 나뉘어진 금(金)처럼 하나의 동일한 물체가 허공에 의해 많은 부분들로 나누어진다고 생각했다는 것을 보여준다.[30] 그래서 그는 원자의 개념으로서의 일자(das Eins)를 좀처럼 인식할 수 없었던 것이다.

아리스토텔레스가 데모크리토스에 반대해서 말한 다음 내용은 올바르다.

> "그래서 가장 일차적인 물체들[원자들]이 항상 허공과 무한자 안에서 움직인다고 주장한 레우키포스Leukipp와 데모크리토스는 이것이 어떤 운동인지, 그리고 그것들에게 본성적인 운동은 무엇인지에 대해 말해야 한다. 왜냐하면 원소들 각자가 강제적으로 다른 것에 의해 운동한다면 그것들은 또한 그 강제된 운동 외부에 본성적 운동을 가져야 한다는 것이 여전히 필연적이기 때문이다. 그리고 이 최초의 운동은 강제된 것이 아니라 본성적인 것이어야 한다. 그렇지 않다면 이 과정은 무한히 계속될 것이다."[31)][9]

에피쿠로스의 원자의 편위는 원자의 영역의 내적 구조 전체를 바

9. 아리스토텔레스의 제1의 원인. 한 운동이 다른 운동에 의해 강제된 것이라면 우리는 다시 그 운동의 원인이 되는 운동을 찾게 된다. 따라서 최초의 운동은 그 자신은 강제된 것이 아니라 자기 원인으로 그렇게 되어야 한다. 그렇지 않다면 그 인과적 연쇄는 무한히 계속되어 운동은 일어날 수 없기 때문이다. 운동이 있다면 그 최초의 원인은 본성적이어야 한다. – 역자주

꾼 것이다. 그것을 통해서 형식 규정은 타당하게 되었고, 원자 개념 안에 있는 내적 모순은 실현되었기 때문이다. 그래서 비록 감각적 형식 안에서만이기는 하지만 에피쿠로스는 충돌의 핵심을 포착한 첫번째 사람이다. 반면에 데모크리토스는 단지 그것의 질료적 실존에 대해서만 알았던 것이다.

우리는 에피쿠로스에 의해 적용된 충돌의 구체적인 형식들도[10, 11] 발견할 수 있다. 정치적 영역에서는 **계약**[32)] **사회적 영역에서는 우정**[33)] 이 최고의 선으로 칭찬된 것이다.[12]

---

10. "…도"(auch) 뒤 "구체적인"(konkretere) 앞에 "더 높은"(die höhern)이라는 말이 맑스에 의해 지워졌다.
11. 아마 "더욱 구체적인"이라는 뜻이었던 것 같다. – 역자주
12. 이 절은 맑스에 의해 초고에 첨가되었다.

원자의 질들

II Die Qualitäten des Atoms

원자가 특질(Eigenschaften)을 갖는다는 것은 원자의 개념에 모순된다. 그 까닭은 에피쿠로스가 말했듯이 모든 특질은 가변적이지만 원자란 변화하지 않는 것이기 때문이다.[1] 그럼에도 불구하고 원자들이 특질을 갖는다는 것은 **필연적인 귀결**이다. 왜냐하면 감각적 공간에 의해 분리되는 많은 충돌[반발]하는 **원자들은 직접적으로 서로 구분**되어야 하고, **자신들의 순수한 본질로부터**도 구분되어야만 하기 때문에, 다시 말해서 질들(Qualitäten)을 가져야만 하기 때문이다.

그래서 나는 **슈나이더 Schneider**와 **뉘른베르거 Nürnberger**의 주장, 즉 "에피쿠로스는 원자들에 질을 부여하지 않았으며, 헤로도토스 Herodotus에게 보내는 편지의 44절과 54절은 디오게네스 라에르티오스 Diogenes Laertius에 의해 삽입된 것이다"는 주장을 아래 분석에서 고려하지 않을 것이다. 만약 이들의 주장이 사실이라고 해도 어떻게 우리가 에피쿠로스에 대해 말하고 있는 루크레티우스, 플루타르크, 그리고 그밖의 많은 다른 저자들의 증언을 무효화할 수 있단 말인가? 더욱이 디오게네스 라에르티오스는 원자의 질들을 두 개의 절에서만 말하는 것이 아니라 42, 43, 44, 54, 55, 56, 57, 58, 59, 그리고 61절 등 모두 열 개의 절에서 말하고 있다. 위에서 말한 비평가들[슈나이더와 뉘른베르거 등]이 들고 있는 근거들, 즉 "그들[에피쿠로스 학파]은 원자의 질들과 원자의 개념을 어떻게 조화시킬 수 있을지 알지 못했다"는 주장에 대한 근거들은 매우 빈약하다. **스피노자**는 무지는 어떤 논증도 아니라고 말했다〔무지가 증명하는 것은 아무것도 없다〕.[1, 2] 누군가 자신이 이해하지 못한 고대학자들의 문구들을 지워버린다면, 우리는 얼마나 빨리 **백지상태(tabula rasa)**로 돌변할 것인가!

질들을 통해 원자는 자신의 개념과 모순되는 실존을 획득한다. 그것은 **자신의 본질과는 구별되는 외화된(entäußertes) 현존재**라고 할 수 있다. 에피쿠로스가 흥미를 가진 것은 이러한 모순이었다. 그래서 그는 하나의 특질을 가정하고 원자의 질료적 본성이라는 결과를 이끌어내자마자 동시에 그 자체의 영역에서 다시 이 특질을 부정하고 대신 원자의 개념을 유효하게 만드는 규정을 반대 가정하게 된다. 그는 모든 특질들을 **그 자체와 모순되는 방식으로 규정했다.** 이와 달리 데모크리토스는 어디에서도 특질들을 원자 자체와 관련해서 고려하지 않았고 그 안에 내재한 개념과 실존 사이의 모순을 객관화하지도 못했다. 그보다 그의 모든 관심은 특질로부터 형성되는 구체적 본성과 관련하여 질들을 표상하는 것에 있었다. 〔그러나〕 그에게 그것〔특질〕들은 현상적인 다양성을 설명하기 위한 가설들일 뿐 원자의 개념과는 어떤 관계도 없었다.

우리 주장을 입증하기 위해서는 무엇보다도 먼저 서로 모순되어 보이는 출전들을 밝히는 것이 필요하다. 우리는 〔플루타르크의〕 『철학자들의 교리들에 관하여』*De placitis philosophorum*에서 아래와 같은 내용을 읽을 수 있다.

> "에피쿠로스는 원자들이 세 개의 질들, 즉 크기(Größe), 모양(Gestalt), 무게(Schwere)를 갖는다고 주장했다. 데모크리토스는 단지 두 개의 질, 즉 크기와 모양만을 말했다. 에피쿠로스는 세번째 질로 무게를 덧붙인 것이다."[2)]

---

1. B. Spinoza, 『에티카』, 제1부, 명제 36, 부록.
2. 원문은 다음과 같다. "이처럼 그들은 계속하여 원인의 원인을 물어서 끝내는 신의 의지, 곧 무지의 피난처로 도피할 때까지 그렇게 끊임없이 물을 것이다" (국역, 강영계 옮김, 『에티카』, 서광사, 1990, 60쪽). – 역자주

유세비우스Eusebius의 『복음의 준비』*Praeparatio evangelica*에서도 같은 절이 똑같이 반복된다.[3]

그것은 **심플리키오스Simplicius**[4]와 **필로포노스Philoponus**[5]의 증언에 의해서도 확인되는데, 이들에 따르면 데모크리토스는 원자들에 단지 크기와 모양의 차이만을 부여했다. 아리스토텔레스는 직접적으로 반대되는 입장을 취했는데, 『생성과 소멸에 관하여』*De generatione et corruptione*에서 그는 데모크리토스의 원자에 무게의 차이를 〔특질로〕 부여했다.[6] 다른 절(『천체에 관하여』*De coelo*, 제1권)에서 아리스토텔레스는 데모크리토스가 원자들에 무게를 부여했는지〔무게를 원자들의 질로서 생각했는지〕 여부에 대해서는 규정하지 않은 채로 남겨두었다. 그는 아래와 같이 말했다.

> "그래서 모든 물체가 무게〔무거움〕를 가진다면 절대적으로 가벼울 수는 없다. 그리고 모든 것들이 가벼움(Leichtigkeit)을 갖는다면 어떤 것도 무거울 수 없을 것이다〔무게를 가질 수 없을 것이다〕."[7]

리터Ritter는 그의 『고대 철학사』*Geschichte der alten Philosophie*에서 아리스토텔레스의 권위를 빌어 플루타르크와 유세비우스, 스토배우스 등의 주장을 거부한다.[8] 그는 심플리키오스와 필로포노스의 증언을 고려하지 않는다.

이제 이러한 절들이 정말로 그렇게 모순적인지 알아보자. 앞서 인용된 절에서 아리스토텔레스는 원자의 질들에 대해 분명하게(ex professo) 말하지는 않았다. 이와 달리 그의 『형이상학』*Metaphysics* 제7권에는 다음과 같은 내용이 있다.

> "데모크리토스는 원자들 사이에 세 가지 구별〔차이〕이 있다고 생각했다. 왜냐하면 기본적인 물체는 질료(Materie) 관점에서는 하나이고 동일하지만, 모양을 의미하는 리스모스(rhymos), 위치를 의미하는 트로페(trope), 배열

을 의미하는 디아티게(diathige)에서 차이가 나기 때문이다." [9)]

이 절로부터 즉각적으로 많은 것들이 도출될 수 있다.[3] 무게는 데모크리토스가 말하는 원자의 특질로 언급되지 않았다. 허공에 의해 서로 분리된 질료의 조각들은 특수한 형식들을 가져야만 하고, 이 형식들은 공간을 관찰하는 것으로부터 외적으로 완전히 취해진다. 이것은 아리스토텔레스의 다음과 같은 언급에서 더 분명하게 나타난다.

"레우키포스와 그의 동료 데모크리토스는 가득찬 것과 허공을 요소들로 생각했다. …… 이것들이 질료로서 존재하는 것의 기반이다. 질들의 원리로 희박함과 조밀함을 가정하면서, 〔실체 이외의〕 다른 모든 것들을 변용들(Affektionen)로 산출할 수 있는 오직 유일한 근본적 실체를 생각하는 사람들처럼, 마찬가지 방식으로 레우키포스와 데모크리토스는 원자의 차이들이 다른 것들의 원인이라고 가르쳤다. 왜냐하면 기초를 이루는 존재는 단지 리스모스, 디아티게, 트로페에 의해서만 구별되기 때문이다. …… A와 N은 모양에서 다르고, AN과 NA는 배열에서 다르며, Z와 N은 위치〔위상〕에서 다르다." [10)]

이상으로부터 데모크리토스가 원자의 특질들을 현상계에서의 차이들의 형성(Bildung)과 관련해서만 고려했지, 원자 자체와 관련해서 고려하지는 않았다는 것이 자명하다. 더 나아가 데모크리토스가 무게를 원자들의 본질적인 특질로 뽑지 않았다는 것도 알 수 있다. 모든 물체적인 것들은 무게를 갖기 때문에 그는 무게를 당연한 것으로 받아들였다. 마찬가지로 그에 따르면 크기조차 근본적인 질은 아니었다. 그것은 이미 원자들에게 형상과 함께 주어진 우발적(akzidentelle) 규정이

---

3. 다음의 문장이 맑스에 의해 지워졌다. "데모크리토스는 원자의 질들과 원자의 개념 사이에 〈구별Unterschied〉 모순(Widerspruch)을 정립하지 못했다."

었다. 그 이상 어떤 것도 모양과 위치와 배열 안에는 담길 수 없기 때문에 형상들의 다양성만이 데모크리토스에게 관심 대상이 되었다. 에피쿠로스가 제시한 것은 크기(Größe)와 모양(Gestalt)과 무게(Schwere)로서, 이것들은 원자가 그 자체로 갖는 차이들이다. 〔이에 비해〕 모양과 위치, 배열은 원자가 다른 것과 관계해서 갖는 차이들이다. 데모크리토스에게서 우리는 단지 현상계를 설명하기 위한 가설적 규정들을 발견할 수 있을 뿐이지만, 에피쿠로스에게는 원리 자체의 결과들을 얻을 수 있다. 그래서 우리는 원자의 특질들에 대한 에피쿠로스의 규정들을 세부적으로 고찰할 생각이다.

우선 원자들은 **크기(Größe)**를 갖는다.[11] 그러나 다시 크기 역시 부정된다. 말하자면 그것들이 **모든 크기**를 갖는 것은 아니고[12] 크기에 있어 **얼마간의** 변이들만이 허용되어야 한다.[13] 실제로 큰 것에 대한 부정, 즉 작은 것(das Klein)이 그것들의 크기가 될 것이지만[14] 또한 극소의 것(das Minimum)이라고 할 수는 없다. 왜냐하면 이것이 순수한 공간적 규정이기는 하지만 무한히 작다면 모순을 표현하게 되기 때문이다.[15] [4] 그래서 **로시니우스Rosinius**는 에피쿠로스의 단편들에 대한 그의 노트에서 한 절을 오역했고, 다른 절은 완전히 무시했다. 그는 이렇게 말했다.

> "Hujusmodi autem tenuitatem atomorum incredibili parvitate parvitate arguebat Epicurus, utpote quas nulla magnitudine praeditas ajebat, teste Laertio, X, 44." [16] [5]

---

4. 모든 크기를 갖는다면 우리가 볼 수 있는 원자들이 발견될 것이고, 크기가 없다면 그것들이 아무리 모여도 어떤 크기도 만들어내지 못할 것이다. – 역자주
5. "이런 방식으로 에피쿠로스는 원자의 미세함을 믿을 수 없으리 만치 작은 것으로 밝히려 했다. 그는 원자는 어떤 크기도 갖지 않는다고 말했던 Laertius, X, 44를 근거로 들고 있다."

이제 나는 **유세비우스**가 말한 다음의 사실, 즉 에피쿠로스가 원자들에 무한히 작다는 성질을 부여한 첫번째 사람이고[17] 반면에 데모크리토스는 가장 큰 원자—**스토배우스**는 세계만큼 크다고 했다[18]—를 생각했다는 그 사실에 별관심을 갖지 않을 것이다.

한편으로 이것은 아리스토텔레스의 증언[19]과 모순되며, 다른 한편으로는 유세비우스, 혹은 그보다는 유세비우스가 인용한 알렉산드르의 주교 **디오니시오스 Dionysius**가 그 자신과 모순된 것이라고 하겠다. 왜냐하면 우리는 같은 책에서 데모크리토스가 분할 불가능한 자연의 원리들로 이성을 통해 지각할 수 있는(anschaubare) 물체들을 가정했다는 사실을 읽을 수 있기 때문이다.[20] 최소한 다음과 같은 사실, 즉 데모크리토스가 그 모순을 인식하지 못했고 그것에 별관심을 갖지 않았던 반면 에피쿠로스는 그것을 주요한 관심사로 삼았다는 것은 분명하다.

에피쿠로스 원자들의 **두번째** 특질은 모양(Gestalt, 형태)이다.[21] 그러나 이 규정 또한 원자의 개념에 모순되고 그 반대 규정이 정립되지 않으면 안 된다. 추상적 개별성은 추상적-자기-동등성(Abstrakt-sich-Gleiche)이고 따라서 모양이 없다. 그래서 원자들의 모양에서의 차이들은 규정될 수 없다.[22] 비록 그것들이 절대적으로 무한하지는 않다고 하더라도…[23] 차라리 원자들이 서로 차이를 갖는 것은 명확하고 한정적인 수의 모양에 의해서다.[24] 이로부터 원자들만큼 많은 수의 다른 형상들이 있지 않다는 것이 분명해지는데[25] 데모크리토스는 이와 달리 무한한 수의 형상들이 있다고 생각했다.[26]만약 모든 원자가 특정한 모양을 갖는다면 무한한 크기의 원자가 있어야만 할 것이다.[27][6] 왜냐하면 그것들은 라이프니츠의 모나드들처럼 무한한 차이, 모든 다른 것들로부터의 차이를 자신 안에(an sich) 갖게 될 것이기 때문이다. 이런 이유

6. 한 원자는 어떤 원자와는 이 점에서 다르고, 다른 원자와는 저 점에서 다르고, 또 다른 원자와는……, 이런 식으로 무한히 계속된다면, 처음의 그 원자는 무한 특질들[다른 무한한 원자들과 구별되는 특질들]을 갖지 않으면 안 된다. 따라서 그 특질들을 다 포함하기 위해서는 무한한 크기가 되고 만다. – 역자주

로 어떤 두 가지 것도 동일하지 않으며, 같은 모양의 무한한 원자들이 있다는 라이프니츠의 주장[28)]은 전도된다. 이에 따라 또 다시 분명하게 모양의 규정이 부정된다. 왜냐하면 다른 것과 더 이상 차이가 나지 않는 모양은 모양이 아니기 때문이다.[7]

끝으로[8] 에피쿠로스가 **무게**를 **세번째** 질로 고려한 것이 가장 중요하다.[29)] 왜냐하면 질료는 원자의 주규정(Hauptbestimmung)을 형성하는 이상적〔관념적〕 개별성을 중력의 중심에서 갖기 때문이다. 그래서 일단 원자가 표상의 영역으로 들어오면 그것들은 틀림없이 무게를 가져야만 한다.

그러나 무게 역시 원자의 개념에 직접적으로 모순된다. 왜냐하면 무게는 질료 바깥에 위치한 이상적 점으로서의 질료의 개별성이기 때문이다. 그러나 원자는 그 자체로 이러한 개별성, 말하자면 개별적 실존으로서 표상된 중력의 중심이다. 무게는 에피쿠로스에게는 **차별적인 (verschiedenes) 중량(Gewicht)**으로 실존하며, 원자들은 천체들처럼 그들 스스로 **중력의 실체적인 중심들**이다. 이것이 구체적인 것에 적용되면, 노년의 브룩커 Brucker가 그토록 놀랐고[30)] 루크레티우스가 확인시켜주는[31)] 사실, 바로 지구는 모든 것들이 향해야할 어떤 중심도 가지고 있지 않으며, 어떤 대척점(Antipode)도 없다는 사실을 얻게 해준다. 더욱이 무게는 다른 것과 구별되는 바로 그 원자에게만 속하고, 외화되고 특질이 부여되므로, 무게의 규정이 멈추는(fortfällt) 곳은 원자들이 서로 차이나는 곳이라기보다는 차라리 허공과 관련된 곳이라고 말할 수 있다. 질량(Masse)과 형식(Form)에서 다를지라도 원자들은 허공에서는 같은 속도로 움직인다.[32)] 그래서 에피쿠로스는 무게를 충돌과 그 결과로 나타나는 조성들(Kompositionen)과 관련해서만 적용했다. 이

---

7. 맑스는 다음과 같은 문장을 지웠다. "그래서 에피쿠로스는 여기서 다시 모순을 객관화한 반면 데모크리토스는 단지 물질적 측면만을 고려하여 더 심층적 결정 안에서 원리의 어떤 결과도 보여주지 못했다".

8. "끝으로"라는 말은 맑스에 의해서 첨가되어 있다.

는 원자들의 집적체들(die Konglomerationen)만이 무게를 부여받고, 원자들 자체는 무게를 부여받지 못한다는 주장[9]으로 연결된다.[33)]

가쌍디 Gassendi는 이미[10] 에피쿠로스를 칭찬하였는데, 그것은 에피쿠로스가 순수하게 이성에 인도되어 경험적으로 다음과 같은 사실, 즉 무게와 질량에서 매우 다르다고 하더라도 모든 물체들이 위에서 아래로 낙하할 때 같은 속도를 갖는다는 사실을 보여주고자 했다는 점 때문이었다.[34)] [11]

그래서 원자들의 특질들에 대한 고려는 우리를 편위에 대한 고려에서와 동일한 결과, 즉 에피쿠로스는 본질과 실존 사이에서 원자 개념이 갖는 모순을 객관화했고, 그래서 원자에 대한 과학(die Wissenschaft der Atomistik)을 제공했다는 것에 도달하게 한다. 반대로 데모크리토스에게서는 반대로 원리 자체의 어떤 실현도 없었다. 그는 단지 물질적 측면에 집착했고, 경험적 관찰을 위한 가설들을 제공했을 뿐이었다.

---

9. 맑스는 이 뒤에 다음과 같은 단어들을 지웠다. "그것들이 이것의 원인으로서 고려될 수 있는"(sie als Ursache dieser zu betrachten und zu).

10. "이미"(schon)라는 말은 맑스에 의해 첨가되었다.

11. 맑스는 다음의 문장을 지웠다. "우리는 이러한 칭찬에 에피쿠로스의 원리의 설명을 더했다."

아토모이 아르케와 아토마 스토이케이아[1]

III ῎Ατομοι ἀρχαί und ἄτομα στοιχεῖα

쇼바하 Schaubach는 우리가 이미 앞에서 언급했던 적이 있는, 에피쿠로스의 천문학적 개념들에 대한 그의 논고에서 다음과 같은 주장을 펼쳤다.

"아리스토텔레스뿐 아니라 에피쿠로스도[2] 시초들(Anfänge ; 원리들, atomoi archai, Diogenes Laertius, X, 41)과 요소들(Elementen ; atoma stoicheia, Diogenes Laertius, X, 86)을 구분했다. 전자는 이성을 통해서만 인식할 수 있는 원자들이고, 공간을 점유하지 않는다.[1)] 이것들이 원자라고 불리는 것은 가장 작은 물체〔신체〕들이기 때문이 아니라 그것들이 공간에서 분할 불가능하기 때문이다. 이러한 개념들에 따라 에피쿠로스가 원자에 어떤 공간적 특질들도 부여하지 않았다고 생각할 수도 있을 것이다.[2)] 그러나 헤로도토스에게 보내는 편지에서(Diogenese Laeritus, X, 44, 54[3]) 그는 원자에 무게뿐 아니라 크기와 모양 또한 부여했다. …… 그래서 나는 이 원자들을 제2종(die zeweiten Gattung)에 속하는 것으로 생각하는데, 이 원자들은 전자〔제1종의 원자. 분할 불가능한 원리로서의 원자〕로부터 발전되어 나온 것이

---

1. **atomoi archai** : 분할 불가능한 원리(unteilbar Prinzipien), 시초(Anfänge), 원소(Grundstoffe). / **atoma stoicheia** : 분할 불가능한 요소(Elemente).
2. 맑스에 의해서 '아리스토텔레스'와 '에피쿠로스'가 강조됨.
3. 사본에는 45.

지만 여전히 물체들의 기본 입자들(Elementarteilchen)로서 간주될 수 있는 것들이다."[3)]

이제 쇼바하가 디오게네스 라에르티오스로부터 인용한 절들을 좀 더 면밀하게 들여다보자. 그것은 다음과 같다.

Οἶον, ὅτι τὸ πᾶν, σῶμα καὶ ἀναφὴς φύσις ἐστίν' ἤ ὅτι ἄτομα στοιχεῖα, καὶ πάντα τὰ τοιαῦτα 〔……〕[4]

여기서 에피쿠로스는 편지를 써서 퓌토클레스Pythocles에게 다음의 사실, 즉 천문 대기 현상에 대한 가르침이 자연학에서의 다른 모든 교의들(Doktrinen)── 예를 들면 모든 것은 물체와 허공이라는 것, 그리고 분할 불가능한 원소(Grundstoff)들이 있다는 것── 과 다르다는 사실을 가르쳤다. 여기서 〔에피쿠로스〕가 제2종의 원자들에 관해 이야기하고 있다고 간주할 만한 어떤 근거도 없다는 것은 명백하다.[5] '전체〔우주〕는 신체들과 비신체적인 자연들로 구성된다' 는 것과 '분할 불가능한 요소들이 있다' 는 것 사이의 구별이 소마(soma)[6]와 아토마 스토이케이아(atoma stoicheia) 사이의 차이를 가정하는 것처럼 보이므로, 우리는 소마가 아토마 스토이케이아와 대조되는 제1종의 원자라고 말할지도 모른다. 그러나 절대로 그렇게 생각해선 안 된다. 소마는 신체적인 것(Körperlichen, 물체)을 의미하는데, 아소마톤(asomaton)[5)] [7]이라 불리는 허공과 대조된다. 그래서 소마라는 말은 조성체(die zesammengesetzten Körper)뿐 아니라 원자들까지 포함한다. 예를 들

4. 예를 들어 전체〔우주〕가 물체〔신체〕들과 비신체적인 자연으로 구성되거나 혹은 분할 불가능한 요소들이 있다는 것, 그리고 그와 같은 것들〔……〕.

5. 여기서 맑스는 다음의 문장을 지웠다. "그 절(ἀρχὴ δὲ τούτων οὐκ ἔστιν, αἰτίων τῶν ἀτόμων οὐσῶν)[4)]〔왜냐하면 원자가 원인이므로 어떤 시초도 없기 때문이다〕로부터 올바른 결론이든, 부당한 결론이든 동등하게 다음과 같은 결론, 즉 에피쿠로스가 제3종의 원자인 아토마 아이티아(atoma aitia)를 가정했다는 결론도 도출할 수 있는 것이다."

6. 신체, 질료, 신체적인 것.

7. 비신체적인 것.

어 헤로도토스에게 보내는 편지에서 우리는 다음의 내용을 볼 수 있다.

> Tὸ πᾶν ἐστι τὸ σῶμα …… εἰ μὴ ἦν, ὃ xενὸν xαὶ χῶραν xαὶ ἀναφῆ φύσιν ὀνομζομεν …… Tῶν σωμάτων τὰ μέν ἐστι συγxρίσεις, τὰ δ'ἐξ ὧν αἱ συγxρσίεις πεποίηνται. Taῦτα δέ ἐστιν ἄτομα xαὶ ἀμετάβλητα ὭCτε τὰς ἀρχὰς, ἀτόμους ἀναγxαῖον εἶναι σωμάτων φύσεις.[(6)][8]

그래서 에피쿠로스는 인용된 절에서 처음에는 허공인 것과 구별되는 의미에서 일반적으로 신체적인 것[물체]에 대해 말했고, 그 다음에는 신체적인 것[물체]들 중에서 특별하게 원자에 대해 말한 것이다.[9]

쇼바하는 증명을 위해 아리스토텔레스를 끌어들였지만, 그 역시도 증명해 주는 게 아무것도 없다. 스토아 학파가 부분적으로 주장했던[7)] 아르케와 스토이케이온[10] 사이의 차이는 실제로 아리스토텔레스한테도 발견되지만[8)] 그럼에도 불구하고 그[아리스토텔레스]는 두 표현의 동일성을 가정했다.[9)] 그는 심지어 명시적으로 스토이케이온을 주로 원자를 나타내는 것으로 가르치기조차 했다.[10)] 레우키포스와 데모크리토스도 πλῆρες xαὶ[11]를 스토이케이온이라고 불렀다.[11)]

루크레티우스와 디오게네스 라에르티오스에 의해 인용된 에피쿠로스의 편지, 그리고 플루타르크의 『콜로테스』*Kolotes*[12)]에서, 또 섹스투스 엠피리쿠스[13)]에게서 특질들은 원자들 자체에 부여되었는데, 그 때문에 그것들[특질들]은 자기 자신을 지양하는 것으로 규정되었다.

---

8. 모든 것은 **물체[신체]들**이다. …… 만약 우리가 **허공**, 공간, 비신체적 자연이라고 부르는 것이 존재하지 않는다면…… 물체[신체]들 중에 어떤 것은 복합체이고, 다른 것들은 복합체를 구성하는 것들인데, 이 복합체를 구성하는 것들은 분할 불가능하고 불변한다. …… 결과적으로 이 원소들은 필연적으로 분할 불가능한 물체적 자연이다.
9. 여기서 맑스는 다음 문장을 지웠다. "여기서 아토마 스토케이아(atoma stocheia)는 제일 나중에 인용된 절에서 아르케라고 말하고 있는 아토모이 퓌세이스(atomoi physeis)(분할 불가능한 자연들)와 다른 의미가 아니다."
10. 아르케 : 제1원리, 시초. / 스토이케이온 : 요소.
11. 가득찬 것과 허공.

오직 이성(Vernunft)을 통해서만 지각 가능한 물체들이 공간적 질을 가질 수 있다는 것이 이율배반(Antinomie)으로 생각된다면, 공간적 질들 자체가 지성(Verstand, 오성)을 통해서만 지각될 수 있다는 것은 훨씬 큰 이율배반이다.[14)]

끝으로 쇼바하는 자신의 견해를 더욱 뒷받침하기 위해 스토배우스로부터 다음의 절〔『자연학 선집』*Eclog. phys.* I, 17, p. 33, 1~3 = I, 14, lf p. 142W.〕을 인용한다. Ἐπίκουρος …· τὰ [⋯] πρῶτα(sc. σώματα) δὲ ἁπλᾶ, τὰ δὲ ἐξ ἐκείνων συγκρίματα πάντα βάρος ἔχειν.[12]

스토배우스로부터 인용한 이 절에, **아토마 스토이케이아**가 특수한 종류의 원자라고 언급된 다음의 절들을 덧붙일 수 있을 것이다. 즉 (플루타르크의) 『철학자들의 교리들에 관하여』*De placit. philosoph.*, I, 246과 249, 그리고 스토배우스, 『자연학 선집』*Physiche Eklogen*, I, p. 5.[15)] 하지만 이 절들에는 본래의 원자들이 크기나 모양, 무게 없이 존재한다는 사실이 결코 주장된 바 없다. 오히려 오직 무게에 의해서만 **아토모이 아르케**와 **아토마 스토이케이아**가 구별된다고 말하고 있다. 그러나 우리는 이미 앞의 장에서 무게가 충돌과 그로부터 나오는 집적체들과 관련해서만 적용된다는 사실을 살펴본 바 있다.

아토마 스토이케이아의 창안으로는 아무것도 얻지 못한다. **아토모이 아르케**로부터 **아토마 스토이케이아**로 나아가는 것은 그것들에 직접적으로 특질들을 부여하는 것과 마찬가지로 어렵다. 그렇다고 내가 모든 차이를 전적으로 부정하는 건 아니다. 나는 단지 서로 다른 고정된 두 종류의 원자들이 있다는 주장을 부정하는 것이다. 오히려 그것들은 하나이고 동일한 종류에 대한 다른 규정들이라고 해야 할 것이다.[13]

이 차이를 논의하기 전에 나는 에피쿠로스에게 전형적인 하나의 방식을 환기시키고 싶다. 그는 한 개념의 서로 다른 규정들을 서로 다

---

12. 에피쿠로스는 일차적(ursprünglich, 근본적) (신체들)은 단순해야만 하고, 그것들로 구성되는 복합적인 신체들이 무게를 가져야만 한다고 (말했다).

른 독립적인 실존들로 다루곤 했다. 그의 원리가 원자인 것과 꼭 마찬가지로 그의 인식 방법 자체도 원자론적이었다. 전개의 모든 계기는 그의 손에 걸리면 곧바로 빈 공간에 의해 관계로부터 분리된 하나의 고정된 실재(Wirklichkeit)로 전화했다. 모든 규정은 고립화된 개별성의 형식으로 생각되었다.

이 방식은 다음의 예를 통해서 분명해질 수 있을 것이다.

아페이론[apeiron, 무한자] (혹은 키케로의 번역에 따르면 **디 인피니티오die infinitio)**은 에피쿠로스에 의해 간혹 특수한 자연[실재]인 것처럼 사용된다. 그리고 우리가 **스토이케이아**를 고정된 근본적 실체로 묘사하고 있음을 발견하게 되는 똑같은 절에서 우리는 또한 아페이론이 독립적인 어떤 것으로 변했음을 발견하게 된다.[16]

에피쿠로스 자신의 정의에 따르면 무한한 것은 특수한 실체도 아니고 원자들과 허공의 바깥에 위치한 어떤 것도 아니며, 차라리 허공[14]의 우발적 규정이라고 할 수 있다. 사실상 우리는 **아페이론**에 대한 세 가지 의미를 발견할 수 있다.

첫째, 에피쿠로스에게 **아페이론**은 원자들과 허공에 공통적인 질을 표현하는 것이다. 이런 의미에서 그것은 전체의 무한성을 의미한다. 그

---

13. 맑스는 아르케와 스토케이아, 즉 원리와 요소들의 관계를 원리(일자)와 그것을 내포한 채(implication) 전개하고 있는(explication) 다수의 관계로 파악하고 있다. 원자를 [구성의] 원리라고 말할 때와 [구성의] 요소라고 말할 때, 우리는 그 두 가지를 구분할 수 있어야 하지만 그것이 또한 동일한 것의 다른 표현임을 알아야 한다. 참고로 「에피쿠로스 철학에 대한 첫번째 노트」에서 맑스는 이 문제에 대해 다음과 같이 말하고 있다. "다수의 원자들이 있는데, 그 각각은 자신 안에 다수에 대한 차이를 가지고 있으므로, 하나의 원자는 그 자체로 다수적이라고 할 수 있다. 그러나 동시에 그것은 원자의 규정 안에 있으므로 다수성은 그 안에서 필연적이며 내재적인 일자(Eines)이다 ; 그것이 존재하기 때문에 그것은 그렇게 존재한다[원자가 존재한다면, 원자는 그렇게 존재할 수밖에 없다]. 그러나 세계와 관련하여 왜 원자가 단일한 원리에서 다수성으로 자신을 전개하는지에 대해서는 아직 설명되지 않은 채로 남아 있다". – 역자주
14. 일본어판에서도 지적되고 있는 바이지만 'desselben' 은 'derselben' 의 오식으로 보이기 때문에 '허공' 이 아니라 '원자와 허공' 이 맞는 것 같다. – 역자주

것이 전체의 무한성을 의미하는 것은 원자들의 무한한 다수성과 허공의 무한한 크기 때문이다.17)

둘째, **아페이리아(apeiria)**[15]는 원자들의 다수성이다. 따라서 허공에 대립하게 되는 것은 원자가 아니라 무한히 많은 원자들이다.18)

마지막으로 우리가 데모크리토스로부터 에피쿠로스에 관한 하나의 결론을 끌어온다면, 아페이론은 정확히 반대쪽, 즉 무제한적인(unbegrenzte) 허공을 의미할 수도 있다. 이 무제한적 허공은 그 자체로 규정되고, 자신을 통하여 제한된 원자의 반대쪽에 위치한다.19)

〔아페이론에 관한〕 이 모든 의미들 속에서 ── 그리고 이것들〔아페이론에 관한 세 가지 의미들〕이 유일하고, 더구나 원자론에 가능한 유일한 것들이다 ── 무한한 것은 원자들과 허공의 단순한 규정이다. 그럼에도 불구하고 그것〔무한성〕은 자립화되어 하나의 특수한 실존이 되고, 그렇게(so)[16] 하나의 특수한 자연(실재)으로서 무한한 것에 의해 그 규정성이 표현되는 원리들〔원자와 허공〕과 병립된다.[17, 18]

그래서 설령 에피쿠로스 자신이 하나의 규정, 즉 원자가 독립적이고 본래적인 종류로서 스토이케이온으로 되는 규정을 확립했다고 하더라도(그런데 이것은 다른 전거(Quelle)에 대한 어떤 전거의 역사적 우월성에 의해 판단할 수 있는 문제는 아니다), 혹은 설령 에피쿠로스의 제자였던 메트로도로스Metrodorus[19]가 상이한 규정을 상이한 실존으로 바꾼

---

15. 무한성. – 역자주
16. 맑스가 "sogar"를 "so"로 고쳤다.
17. 맑스는 다음과 같은 문장을 지웠다. "이 예는 설득력이 있다(überzeugend)."
18. 무한한 것〔아페이론〕은 독립된 원리가 아니라 원자와 허공에 공통적인 질에 불과한 것이지만, 이것이 마치 독립적인 원리인 것처럼 다른 원리들과 대등하게 나란히 정립되어 있음을 말하고 있는 것이다. – 역자주
19. 사실 여기서 말하는 메트로도로스는 에피쿠로스의 제자였던 람사코스(Lampsakos)의 메트로도로스가 아니라 키오스(Chios)의 메트로도로스로, 스토배우스가 부정확하게(ungenau) 에피쿠로스의 스승이라고 소개한 사람이다(*MEW*, Dietz Verlag Berlin, 1981, 제1권, p. 666 참조). – 역자주

첫번째 사람이었다고 해도[20] 우리는 개별화된 계기들이 자립화되는 것(Verselbst ndigung)을 원자론적 의식의 주관적인 습관(Weise)으로 돌려야만 한다. 다른 규정들에 실존 형식을 부여하는 것이 그것들의 차이를 파악하게 해주지는 않는다.

데모크리토스에게는 원자가 단지 스토이케이온 즉 물질적 기체(基體, Substrats)를 의미할 뿐이었다. 아르케로서의 원자와 스토이케이온으로서의 원자 다시 말해 원리로서의 원자와 기초로서의 원자를 구분한 것은 바로 에피쿠로스였다. 그 〔구분의〕 중요성은 아래에서 분명해질 것이다.

원자 개념에 내재하는 실존과 본질 사이의 모순, 질료와 형식 사이의 모순은 일단 개별 원자에 성질이 부여되면 개별적 원자 자체로 정립된다. 질을 통하여 원자는 자신의 개념으로부터 소외되지만 동시에 그것의 구성(Konstruktion) 안에서 완성된다. 현상계가 출현하는 것은 질이 부여된 원자들의 충돌과 그와 연관된 집적체로부터다.

본질계(der Welt des Wesens)로부터 현상계로 이행하면서 원자 개념 안에 있는 모순은 가장 첨예한 실현에 도달하게 된다. 왜냐하면 개념적으로 원자는 자연의 절대적이고 본질적인 형식이기 때문이다. **이 절대적 형식은 이제 절대적 질료, 현상계의 형식없는(formlosen) 기체(Substrat)로 하강한다.**

사실상 원자들은 자연의 실체로서[21] 모든 것들은 그것에서 출현하고, 또 그것으로 분해된다.[22] 그러나 현상계의 계속되는 무화(無化, Vernichtung ; 모든 것들이 언젠가는 사라진다는 것)는 아무런 결과에도 도달하지 못한다. 새로운 현상들이 형성된다. 그러나 원자 자체는 항상 침전물(Bodensatz)로서 바닥에 남아 있다.[23] 그래서 원자가 순수한 개념으로 고려되는 한, 텅빈 공간 즉 무화된〔무상한〕 자연이 그것의 실존이다. 그것이 현실로 나아가는 한에서, 다양한 관계들의 세계에 대한 담지자로서, 〔원자는〕 그것에 무관심하고 외부적인 형식으로만 실존하는 물질적〔질료적인〕 토대(Basis)로 가라앉는다. 이것은 필연적인 귀결인데, 왜냐하면 추상적으로 개별적이고 완전한 것으로 전제되고 있는 원자가 자기 자신을 저 다양한 것들을 이상화〔관념화〕하고 지배하는 권력으로 나타낼(betätigen sich) 수는 없기 때문이다.

추상적 개별성은 현존재 안에서의(im Dasein) 자유가 아니라 현존재로부터의(vom Dasein) 자유다. 그것은 현존재의 빛 안에서 빛날 수 없다. 추상적 개별성이 자신의 성격을 상실하고 물질적으로 되는 것은 이 곳에서다. 그래서 원자는 현상(Erscheinung)의 대낮 속으로 들어가지 않으며[24)] 그곳으로 들어갈 때 물질적 토대〔기초〕로 가라앉는다.[20] 원자로서의 원자는 단지 허공에 실존할 뿐이다. 그래서 자연의 죽음은 그것의 불멸의 실체가 된다. 루크레티우스는 이것을 다음과 같이 정확하게 말했다.

Mortalem vitam mors 〔……〕 immortalis ademit[21, 22]

그러나 에피쿠로스가 모순을 그 최고점에서 파악하고 객관화했으며, 그래서 **스토이케이온**으로서 현상의 토대가 되는 원자와 허공에서 **아르케**로 실존하는 원자를 구분했다는 그 사실이 에피쿠로스를 단지 하나의 계기를 객관화하는 데 그쳤던 데모크리토스로부터 철학적으로 구별하는 점이다. 이것은 본질의 세계 안에서, 원자들과 허공의 영역 안에서 데모크리토스로부터 에피쿠로스를 구별시켜주는 같은 차이이

---

20. 원자는 그 자체로 현상하지 않는다. 원자는 항상 어떤 것으로도 될 수 있는 절대적 질료로서, 현상하는 것의 토대가 된다. 원자는 현상하는 현존을 구성하는 것이지 그 자체로 현존하는 것이 아니다. – 역자주
21. 불멸의 죽음이 자신의 멸하는 삶을 주장할 때 (*De rerum natura*, III, 869).
22. 맑스는 『철학의 빈곤』에서 프루동의 형이상학적 태도를 비판하면서 "불사의 사"(mors immortalis)에 대해 말한 바 있다. 이 점에서 원자론은 모든 불멸의 것들이 자신의 죽음을 고할 수밖에 없음, 다시 말해서 영원히 불변한 채로 있는 것은 없다는 것을 보여준다는 점에서 불변의 영원한 진리를 찾는 형이상학에 대한 가장 근본적인 적대자다. (강민철 · 김진영 역, 『철학의 빈곤』, 아침, 1988, 115쪽 참조) – 역자주

기도 하다. 그런데 질들을 가진 원자만이 완전한 것이기 때문에, 즉 현상계는 완성되고 자신의 개념으로부터 소외된 원자로부터만 출현할 수 있기 때문에, 에피쿠로스는 질들을 가진 원자만이 비로소 **스토이케이온**이 되거나 혹은 **아토몬 스토이케이온(atomon stoicheion)**은 질들을 부여받는다고 말함으로써 이것을 표현했던 것이다.

시간

IV Die Zeit

원자에 있어 질료는 순수한 자기 관계로서 모든 가변성과 상대성을 면제받기 때문에 그로부터 즉각적으로 다음과 같은 사실 즉 시간은 원자의 개념, 본질의 세계로부터 배제되어야 한다는 사실이 따라나온다. 왜냐하면 질료는 그 안에서 시간적 계기가 추상되는 한에서만 영원하며 자율적이기 때문이다. 이 점에 대해서는 데모크리토스와 에피쿠로스 모두 동의했다. 그러나 그들은 원자들의 세계로부터 떨어져 나온 시간이 어떻게 규정되고 어디로 옮겨지는지(verlegt), 그 방법(Art)과 방식(Weise)에서 서로 달랐다.

데모크리토스의 경우 시간은 그 체계에 어떤 중요성이나 필연성도 갖지 못했다. 그는 시간을 지양하기 위해서만 시간을 설명했다. **아리스토텔레스**[1]와 **심플리키오스**[2]가 지적했듯이, 시간은 원자들로부터 발생(Entstehen)과 소멸(Vergehen) 즉 시간적인 것(das Zeitliche)을 멀리 떼놓기 위해서 영원한 것으로 규정되었다. 시간 그 자체는 모든 것이 기원(Ursprung), 시작(Anfang)의 계기를 가질 필요가 없다는 증거(Beweis)를 제공한다.

여기에서는 좀더 심오한 것을 인식해야 한다. 실체의 자율성을 파악하지 못하는 공상적인 지성(Verstand, 오성)은 실체의 시간적 생성(Werden)에 대해 묻는다. 〔데모크리토스는〕 실체를 시간적인 것으로 만들면 동시에 시간 또한 실체적인 것으로 만들었다는 사실, 그래서 〔시간] 자체의 개념이 부정된다는 사실을 파악하지 못했다. 왜냐하면 절대적으로 된 시간은 더 이상 시간적인 게 아니기 때문이다.

다른 쪽에서 볼 때 이 해법은 불만족스럽다. 본질의 세계에서 배제된 시간은 철학하는 주체의 자기의식으로 옮겨가지만 세계 자체와는 어떤 접촉도 하지 못하기 때문이다.

에피쿠로스는 완전히 달랐다. 본질의 세계로부터 배제된 **시간이** 그에게는 **현상의 절대적 형식(absoluten Form)**이 되었다. 말하자면 시간은 사건의 사건(accidens des accidens, 속성의 속성[1])으로 규정된다. 사건은 일반적으로 실체의 변화(Veränderung, 변이)다. 사건의 사건은 자신 안에서 반성하는 것으로서의 변화(Veränderung), 즉 변동(Wechsel)으로서의 변동(Wechsel)이라고 할 수 있다. 현상계의 이 순수한 형식이 시간이다.[3)]

조성(Zusammensetzung)이 단지 구체적 자연의 수동적 형식이라면, 시간은 그것의 능동적 형식이다. 내가 조성을 그것의 현존재라는 견지에서 고려한다면 원자는 그 뒤에 허공 안에, 상상(Einbildung) 안에 실존하게 될 것이다. 내가 원자를 그것의 개념의 견지에서 고려한다면, 조성은 전혀 실존하지 않거나 혹은 주관적 표상(Vorstellung) 안에서만 실존하게 될 것이다. 왜냐하면 조성은 자율적이고, 자기 폐쇄적인(sich verschlossenen), 마치 서로에 대해 무관심해진 것 같은 원자들이 서로에 대해 아무런 상관도 없는, 그런 식의 관계이기 때문이다. 그러나 이와 반대로 시간, 즉 유한한 것의 변동(Wechsel)은 그것이 변동으로서 정립되어진 것에 의해, 현상을 본질로 환원하는(züruckführt) 것 같이 현상을 본질로부터 분리하여, 현상을 현상으로 정립한 현실적 형식이다. 조성은 원자와 원자들로부터 출현하는 자연의 물질성과 원자

---

1. 'accidens'는 독일어로 'Akzidens'(노트에서는 Akzidenzien)로 표기되고 있는데, 속성을 뜻하면서 우발적인 사건을 뜻하기도 한다. 여기서는 맑스가 시간을 '사건'(Ereignis)과 관계해서 설명하고 있으므로 '사건'이라는 번역어를 택했다. – 역자주

들의 물질성만을 표현할 뿐이다. 이와 반대로 시간이 현상의 세계에 존재하는 모습은 원자의 개념이 본질의 세계에 존재하는 모습과 마찬가지다. 즉 모든 규정된 현존들의 대자 존재(Fürsichsein)로의 추상과 파괴, 그리고 환원이 바로 그것이다.

이러한 고찰의 결과로 다음과 같은 결과들을 도출할 수 있다. **첫째**, 에피쿠로스는 질료와 형식의 모순을 현상적 자연(erscheinenden Natur)의 특징으로 만들었는데, 이 현상적 자연은 본질적 자연, 즉 원자의 반대 이미지(Gegenbild)가 된다. 이것은 현상의 수동적 형식인 공간에 대해 현상의 능동적 형식인 시간이 대립되어 있음으로 해서 발생한다. **둘째**, 에피쿠로스는 현상으로서의 현상, 다시 말해서 본질의 소외——본질은 현실 안에서 소외로서 자신을 나타낸다——로서의 현상을 파악한 첫번째 사람이었다. 반면에 현상적 자연의 유일한 형식으로서 조성을 생각한 데모크리토스에게 현상은 그것이 현상인 바(daß sie Erscheinung ist)를, 다시 말해서 본질과는 다른 어떤 것을 보여주지 못하였다. 그래서 현상을 그 실존의 견지에서 고려할 때 본질은 완전히 그것과 뒤섞이고 만다. 그리고 현상을 그 개념의 견지에서 고려할 때 본질은 완전히 실존으로부터 분리되게 되고, 그래서 그것은 주관적 가상(Schein)으로 내려가게 되며, 조성은 그 본질적 기초에 대해서 무관심하게 질료적으로 행동하게 된다. 반면에 시간은, 영원히 현상을 태우고 그것에 예속(Abhängigkeit)과 비본질(Wesenlosigkeit)이라는 소인(Stempel)을 찍는 본질의 불(Feuer)이다. **마지막으로** 에피쿠로스에 따르면 시간은 변동으로서의 변동이고, 현상의 자기 안에서의 반성이기 때문에 정당하게 현상적 자연은 객관적인 것으로 정립되고, 또 정당하게 감각적 지각(sinnliche Wahrnehmung)은 비록 그것의 토대인 원자가 이성을 통해서만 인식된다 하더라도 구체적 자연의 실재적인 판단기준(Kriterium)이 된다.

실제로 시간은 감각적 지각의 추상적 형식이기 때문에 에피쿠로스의 원자론적 인식에 따르면 시간은 특수하게 실존하는 자연으로서 자연 안에 붙박혀진 필연성이다. 감각적 세계의 변화로서의 변화, 변동으로서의 변동이라고 하는 시간의 개념을 구성하는 현상의 자기 안에서의 반성은 의식적 감성(Sinnlichkeit) 안에서 각각의 실존을 갖는다. 따라서 **인간의 감성은 체화된(verkörperte) 시간이고, 감각적 세계의 실존하는 자기 안에서의 반성이다.**

이것이 에피쿠로스의 시간 개념에 대한 정의로부터 직접적으로 도출된 것처럼, 이것은 또한 매우 명확하게 세부적으로 증명될 수 있다. 에피쿠로스가 헤로도토스에게 보내는 편지에서[4)] 시간은 감각들에 의해 지각된 물체〔신체〕들의 우발적 사건들(Akzidenzien)이 우발적 사건들로 생각될 때 나타나는 것으로 정의된다. 여기서 자신 안에서 반성된 감각적 지각(Sinnenperzeption)은 시간의 근원이고 시간 자체이다. 그래서 시간은 유비(Analogie)로 규정될 수도 없고, 사건에 대해서 뭔가 다른 것을 말할 수도 없다. 그것은 차라리 에나르기(Enargie)[2] 자체에 굳건히 달라붙는다. 왜냐하면 자신 안에서 반성된 감각적 지각은 시간 자체이고, 그것을 넘어설 수는 없기 때문이다.

이와 달리 **루크레티우스와 섹스투스 엠피리쿠스, 스토배우스**에게는[5)] 사건의 사건(accidens des accidens), 자신 안에서 반성된 변화가 시간으로 정의된다. 그래서 감각적 지각 안에서의 우발적 사건들의 반성과 우발적 사건 자신들 안에서의 반성은 하나의 동일한 것으로 정립된다.

시간과 감각의 이런 연계(Zusammenhang) 때문에, 데모크리토스에게도 발견되는 에이돌라(eidola)[3, 4]가 훨씬 일관된 지위를 얻게 된다.

에이돌라는 자연적 물체들(Naturkörper)의 형식인데, 이것은 표면들로서 마치 자연 물체로부터 거죽이 벗겨지듯이 분리되어 현상 속으

---

2. 직접적인 감각적 사실. – 역자주
3. 모사(Abbilder).
4. 시뮬라크르(simulacre), 영어판 편집자는 '이미지들'(Images)이라고 번역. – 역자주

로 옮겨진다.[6] 사물들의 이러한 형식들은 자신들로부터 계속해서 흘러나와 감각들을 통과하고, 사물들은 정확히 이런 방식을 통하여 나타나게 된다(erscheinen, 현상한다). 그래서 자연을 들을 때 그 자체를 듣는 것이고, 냄새 맡을 때 그 자체를 냄새 맡는 것이며, 그것을 볼 때 그 자체를 보는 것이다.[7] 그러므로 인간적 감각은 자연 과정이 그 안에서 초점 안에 있는 것처럼 반사되고, 현상의 빛을 향해 타오르는 매개체(Medium)라고 할 수 있다.

데모크리토스에게 현상은 단지 주관적인 것이므로 이러한 이야기는 비일관된 것이었지만, 에피쿠로스에게는 감각이 그 자체로 현상계의 반성이고, 체현된 시간이기 때문에 〔일관된〕 필연적인 귀결이었다.

마지막으로 감각과 시간의 연계는 **사물들의 시간성(Zeitlichkeit)과 사물들의 감각들에 대한 현상(Erscheinung)이 내적으로는 하나로 정립된다**는 식으로 보여졌다. 왜냐하면 정확히 말해서 물체〔신체〕들은 자신들이 감각 기관들에 현상된 것에 의해 사라지기 때문이다.[8] 실제로 **에이돌라**는 물체들로부터 자신을 지속적으로 분리시키고 감각들에 흘러들어가면서, 또 자신들 외부에 다른 본성으로서 자신들의 감성(Sinnlichkeit)을 가지며, 그래서 자신들에게로 되돌아가지 않음으로써 다시 말해 분리(Diremption)로부터 되돌아가지 않음으로써, 분해되고 사라진다.

따라서 원자가 추상적이고 개별적인 자기의식의 자연적 형식에 다름 아니듯이, 감각적 자연은 대상화되고(vergegenständlichte), 경험적이며, 개별적인 자기의식일 뿐이다. 그리고 이것은 감각적인 자기의식이다. 그래서 추상적인 이성이 원자들의 세계 안에서 유일한 판단기준이듯이 감각들이 구체적 자연 안에서는 유일한 판단기준인 것이다.

천문 대기 현상

V Die Meteore

데모크리토스의 천문학적 견해들이 그의 시대로 볼 때는 뛰어난 것일지도 모르지만, 그것들로부터는 어떤 철학적 관심사도 끌어낼 수 없다. 그것들은 경험적 성찰의 영역을 넘어서지도 못했을 뿐 아니라 원자론과 더 분명한 어떤 내적 연관도 갖고 있지 못했다.

이와는 대조적으로 천체들(Himmelskörpern)과 그것에 연관된 과정들(Prozessen) 즉 **천문 대기 현상(Meteore)**——**에피쿠로스**는 이 한 표현 안에 천체와 그것에 관련된 과정을 모두 포함시켰다——에 대한 에피쿠로스의 이론은 데모크리토스의 견해와 대립될 뿐 아니라 그리스 철학의 견해와도 대립적 위치에 서 있었다. 천체들에 대한 숭배는 모든 그리스 철학자들이 행하는 예배였다. 천체들의 체계는 참된 이성의, 소박하고 자연에 의해 규정되어진, 최초의 실존이다. 그리스의 자기의식은 〔천체들과〕 동일한 지위를 정신(Geist)의 영역 안에 가지고 있었다. 그것은 정신적 태양계(Sonnensystem)였다. 그래서 그리스 철학자들은 천체들 안에서 그들의 고유한 정신을 숭상했다.

하늘에 대해 최초로 자연학적 설명을 하고, 소크라테스와는 다른 의미에서 〔자연학적〕 방식으로 그것〔하늘〕을 땅으로 끌어내렸던 **아낙사고라스 Anaxagoras**는 자신이 태어난 목적을 묻는 질문에 다음과 같이 대답했다 : εἰς θεωρίαν ἡλίου καὶ σελήνης καὶ οὐρανοῦ.[1)1] **크세노파네스Xenophanes**는 하늘을 쳐다보고 다음과 같이 말했다 : 일자

(Das Eine)는 신이다.[2)] 천체들에 대해 **피타고라스주의자들, 플라톤, 아리스토텔레스** 등이 보여준 종교적 태도는 잘 알려진 사실이다.

에피쿠로스는 모든 그리스인들의 의견에 반대했다.

아리스토텔레스는 다음과 같이 말했다〔이 단락의 내용은 모두 아리스토텔레스의 주장이다〕. 개념이 현상들에 대한 증거로 보이거나, 현상들이 개념에 대한 증거로 보이는 일이 자주 일어난다. 그래서 야만인들이건 그리스인들(Hellenen)이건 사람들은 모두 신에 대한 표상을 가지며, 신적인 것에 최고의 자리를 부여한다. 신의 현존재를 믿는 모든 사람들은 확실히 불멸의 것(das Unsterbliche)을 불멸의 것에 연결시킨다. 왜냐하면 그렇지 않은 것이 불가능하기 때문이다〔불멸의 것을 가멸적인(sterblich) 것과 연결시킬 수는 없기 때문이다〕. 그래서 신적인 것이 ― 마치 그것이 실제로 있는 것처럼 ― 존재한다면, 천체들의 실체에 대한 우리의 주장도 옳다고 할 수 있다.[2] 이것은 감각적 지각과도 일치하여 인간들의 확신을 지지하고 있다. 왜냐하면 흘러간 모든 시간 동안 사람들에게 전해 내려오는 기억에 따라 하늘 전체, 아니 그 일부분도 변화하는 것은 없는 것처럼 보이기 때문이다. 이름조차 과거로부터 오늘날에 이르기까지 이어져 내려오는 것처럼 보인다. 옛날 사람들도 우리가 말하는 것과 동일한 명칭으로 그것들〔천체들〕을 불렀기 때문이다. 한 번 두 번이 아니라 무한히 많은 횟수의 시간 동안 똑같은 견해들이 우리에게 전해 내려왔다. 제1의 물체(erste Körper)는 흙과 불, 공기, 물의 바깥에 있는 다른 어떤 것이기 때문에, 테인 에(thein aei)[3]라는 말로부터 가장 높은 곳 "에테르"(Äther)라고 불렀고, 별칭으로 영원한 시간이라는 말이 주어졌다.[3)] 고대인들은 하늘과 가장 높은 곳을 신

---

1. 해와 달과 하늘을 관찰하기 위해서.
2. 아리스토텔레스가 보기에 사람들은 개념이 있으면 그에 따르는 현상이 있다고 생각한다. 그래서 사람들은 신적인 개념에 상응하는 신적 존재를 믿어왔으며, 우리의 감각적 지각에 상응하는 신적 존재가 천체라고 생각했다는 것이다. – 역자주
3. 영원히 돌다.

들에게 부여했는데, 이유는 그것만이 불멸하기 때문이었다. 오늘날의 학설은 그것이 파괴될 수 없는 것이며, 발생하지도 않고, 어떤 죽을 만한 재앙에도 영향받지 않는다는 것을 증명한다. 동시에 이런 식으로만 우리 개념들은 신에 관한 예언(Wahrsagung)과 일치한다.[4)] 그러나 하나의 하늘[4]이 있다는 것은 명백하다. 천체들이 신들이고, 신적인 것이 모든 자연을 감싸고 있다는 생각은 조상들과 고대인들로부터 내려오고, 후세들에게는 신화의 형식으로 살아남아 있다. 다른 것들은 법과 생활에 유용한 것으로서 대중들의 믿음에 신화적 형식으로 덧붙여진다. 그래서 신화들은 신들을 인간이나 다른 생명체들과 닮게 만들며, 그와 연관된 친근한 것들(Verwandtes)을 〔신에 관해〕 꾸며낸다. 만약 누군가가 그것으로부터 나머지 것을 분리해 최초의 것만을, 즉 제1의 실체들이 신들이라고 하는 자신의 믿음〔신앙〕만을 견지한다면 그는 그 제1의 실체들을 신적인 것으로 말한 셈이라고 간주하지 않을 수 없다. 따라서 온갖 종류의 예술과 철학이 이러저러한 방식으로 만들어지고 다시 사라진 후, 이러한 견해들이 유물들(Reliquien)처럼 오늘날 우리에게 전해내려온 것이라고 생각해야만 한다.[5)]

이와는 반대로 **에피쿠로스**는 다음과 같이 말했다.

이 모든 것에 우리는 다음과 같은 사실을 덧붙여 생각해야만 한다. 인간 영혼의 가장 큰 혼란은 천체를 지복(至福, Seligkeit)의 상태에 있는 불멸의 것으로 생각하면서도 이와 상충되게 그것〔천체〕이 바람〔소망〕과 행위를 가진다고 생각하고[5] 신화에 따라 의심을 하는 것에서 생겨난다.[6)] 천문 대기 현상들에 관하여 우리는 〔천체의〕 운동과 위치, 서로 가리고〔일식과 월식〕, 떠오르고, 지는 것〔천체가 뜨고 지는 것〕 등의 현상들이 일자(Einer)가 지배하고 명령하거나 명령해왔기 때문에 발생

4. 맑스가 einer der 〔Himmel〕을 ein 〔Himmel〕로 수정.

5. 따로 무언가를 원하고 있다거나, 갑자기 어떤 행위를 해야 할 필요가 생겼다는 것도 지복의 존재와는 어울리지 않는다. 지복의 존재는 그 자체가 목적이므로 별도의 바람이나 행위를 필요로 하지 않는다. – 역자주

한 것이 아니며, 일자는 지복과 함께 불멸성(Unzerstörbarkeit)을 가지고 있다고 생각해야만 한다. 왜냐하면 행위들은 복과 일치를 이루지 못하고 약함과 공포, 필요〔결핍〕와 긴밀히 연관된 원인들에서 기인하여 발생하기 때문이다.[6] 또한 지복을 가진 어떤 불 같은 물체〔천체〕가 임의로 이러한 운동들을 행한다고 생각할 수도 없다. 사람들이 이것에 동의하지 않는다면 이 모순 자체는 사람들의 영혼 안에서 가장 큰 혼란을 만들어낼 것이다.[7)]

아리스토텔레스는 그런 까닭에 천체는 아틀라스Atlas—πρὸς ἑσπέρους τόπους ἕστηκε κίον' οὐρανοῦ τε καὶ χθονὸς ὤμοιν ἐρείδων (Aeschyl. Prometh. v. 348 sqq.)[7]—의 떠받침을 필요로 한다고 믿었던 고대인들을 책망한 적이 있다.[8)][8] 하지만 에피쿠로스는 인간이 하늘을 필요로 한다고 믿는 사람을 비난했다. 그는 하늘을 지탱하고 있는 아틀라스에서 인간의 우둔함과 미신을 발견했다. 우둔함과 미신 역시 타이탄들(Titanen)이다.

퓌토클레스Pythocles에게 보내는 에피쿠로스의 편지는, 윤리적 개념들로 편지를 마치고 있는 마지막 절을 제외하고는 온통 천체들의 이론을 다루고 있다. 그런데 윤리적 잠언들(sittliche Maximen)이 천문대기 현상에 대한 가르침에 덧붙여진 것은 적절하다.[9] 왜냐하면 에피쿠로스에게 이 이론은 양심과 관련된 문제이기 때문이다. 그래서 우리의 고찰은 주로 퓌토클레스에게 보내는 이 편지에 기반할 것이다. 우리는 에피쿠로스 자신이 퓌토클레스에게 보내는 편지에서 언급한 바 있는

---

6. 행위의 필요성은 그 자신의 불완전함에서 나오는 것이므로〔무언가 불완전한 것이 있으므로 행위를 해야 될 필요성이 생긴다〕, 축복과 파괴불가능함을 가진 절대적 존재와는 상충하는 것이다. – 역자주

7. "하늘과 땅의 기둥들을 그의 어깨로 지탱하면서 거기 서 있다" (이 문장은 맑스가 라틴어 번역 'Axem humero torquet stellis fulgentibus aptam' 을 대신해 그리스어로 삽입한 것이다).

8. 처음에는 "비난하다"(vorgeworfen hat)였으나 맑스가 "고대인들을 책망하다"(getadelt hat)로 정정했다.

9. 맑스는 "우연적이지 않게"(nicht zufällig)를 "적절하게"(passend)로 고쳤다.

헤로도토스에게 보내는 편지를 여기에 보충할 것이다.[9)]

첫째로 다른 자연과학들에서와 마찬가지로 천문 대기 현상에 대한 인식(Erkenntnis)──그것이 전체로 취해지든, 부분으로 취해지든──에서는 아타락시아(Ataraxie)와 확고한 신념(feste Zuversicht) 이외에 다른 어떤 목적을 얻을 수 있다고 생각해서는 안 된다.[10)] 우리의 삶에 필요한 것은 이데올로기나 공허한 가정들이 아니라, 우리가 혼동없이 살아가는 것이다. 가장 중요한 것(Hauptsächlichsten)의 토대를 탐구하는 것이 자연학(Physiologie)의 일이 듯, 여기에서도 행복은 천문 대기 현상에 대한 〔올바른〕 인식에 놓여 있다. 즉자적으로 그리고 대자적으로 천체들이 뜨고 지는 것, 〔그것들의〕 위치와 일·월식 등에 관한 이론은 행복을 위한 어떤 특별한 이유들을 담고 있지는 않다[10]; 오직 공포만이 그 본성과 주요 원인들(Hauptsachen)에 대한 이해를 결여한 채로 이 현상들을 보는 사람들을 사로잡는다.[11)] 여기까지는 천문 대기 현상에 관한 이론이 다른 과학들에 대해 갖는 〔특별한〕 **우위성(Vorrang)**을 부정했을 뿐이다. 천문 대기 현상에 관한 이론은 다른 과학 이론들과 같은 수준에 위치하고 있다고 하겠다.

그러나 천문 대기 현상에 관한 이론은 또한 윤리학의 방법이나 다른 자연학적 문제들과 비교해볼 때 **고유한 차이점을 갖는다**. 자연학적 문제들이란 예를 들면 분할 불가능한 요소들의 실존 같은 것으로, 여기에는 어떤 현상에 단 하나의 설명만이 조응한다. 그러나 이것이 천문 대기 현상에는 해당되지 않는다〔어떤 현상에 단 하나의 설명만이 있는 게 아니다〕.[12)] 천문 대기 현상의 기원은 단일한 원인을 갖지 않으며, 그 현상에 상응하는 본질의 범주도 하나 이상이다. 왜냐하면 자연학은 공허한 공리들(Axiomen)과 법칙들(Gesetzen)로는 추구될 수 없기 때문이

10. 천체를 우리가 감각할 수 있는 신과 같은 개념으로 보면서 천체에 관한 이론에 특별한 지위를 부여하려는 태도에 대해 에피쿠로스가 비판한 것이다. 천체에 관한 올바른 이해 역시 다른 과학과 마찬가지로 아타락시아 외에 다른 목적을 갖지 않으므로 여기에 행복의 특별한 토대가 있다고 믿을 필요는 없다. – 역자주

다.[13] 천문 대기 현상은 **하플로스(haplos** ; 단순하게, 절대적으로)가 아니라, **폴라코스(pollachos** ; 다양한 방식으로)하게 설명되어야 한다는 주장이 계속해서 반복되었다. 이는 또한 해와 달이 뜨고 지는 것[14] 달이 차고 기우는 것[15] 달의 얼굴 모습[16] 낮과 밤의 길이의 변화[17] 그리고 다른 천체 현상들에 대해서도 마찬가지다.

그렇다면 어떻게 설명될 수 있는가?

어떤 설명도 충분하다. 단 신화만은 멀리 하지 않으면 안 된다. 우리가 현상들을 관찰하고 그것들로부터 볼 수 없는 것〔원자와 허공, 혹은 천문 대기 현상〕을 추론한다면 그것을 멀리할 수 있을 것이다.[18] 우리는 현상과 감각적 지각에 착목해야 한다. 그래서 유추가 적용되어야만 한다. 항상 다른 사람들을 가장 당혹하게 하는 천문 대기 현상과 그밖의 것들이 끊임없이 발생하는 다양한 원인들을 보여줌으로써 우리는 공포를 몰아내고 그것으로부터 자유롭게 될 수 있다.[19]

수많은 설명들과 가능성들이 우리 정신을 고요하게 만들고 불안(Angst)의 원인들을 제거해야 할 뿐만 아니라, 동시에 천체들 안에서의 단일성(Einheit)과 항상 자기 동일적이고 절대적인 법칙을 부정해야만 한다. 이 천체들은 어떤 때는 이런 방식으로, 다른 때는 저런 방식으로 움직일 수 있다. 이런 법칙없는(gesetzlose) 가능성(Möglichkeit)이 천체들의 현실성이 갖는 특징이다. 천체들 안에 있는 모든 것들은 영원하지도 못하며 안정적이지도 않다.[20] **설명들의 다수성은 동시에 대상의 단일성도 지양해야 한다.**

그래서 아리스토텔레스가 천체들이 항상 같은 방식으로 움직인다고 생각해서 다른 그리스 철학자들과 마찬가지로 그것들이 영원하고 불멸적이라고 생각했고, 중력에 종속되지 않는 그것들만의 더 높은 구성요소들을 갖는다고 생각한 반면에, **에피쿠로스**는 정반대 주장을 했다. 그는 천문 대기 현상의 이론이 모든 것들은 복수의 그리고 통제되지 않는 방식으로 일어나며, 모든 것들은 한정할 수 없이 많은 원인들의 중첩에 의해 설명된다는 점에서 다른 모든 자연학적 학설들과 특별하게 구분된다고 생각했다. 당연히 분노와 격정에 차서 그는 반대되는 의견을 거부했고, 다른 모든 것들을 배제하고 오직 하나의 설명 방법을 고집하는 사람들, 천문 대기 현상 안에서 유일한 것 그래서 영원하고 신적인 어떤 것을 받아들이는 사람들은 근거없는 설명이나 점성가들의 조잡한 기술로 전락할 것이라고 단언하였다. 그들은 자연학의 한계를 넘어서서 신화의 품에 안긴 사람들이다. 그들은 불가능한 것을 얻고자 헛되이 노력한다. 그러나 그들은 단 한 번도 아타락시아 자체가 어디서 위험에 처하게 되는지를 알지 못한다. 〔에피쿠로스는〕 그들의 수다(Geschwätz)를 경멸한다.[21] 우리는 다음과 같은 선입견, 즉 이런 주제들에 대한 연구가 단지 우리 자신의 아타락시아와 행복만을 향한다면 그것이 철저하고 엄밀하게 수행될 수 없을 것이라는 선입견을 버려야만 한다.[22] 이와 반대로 〔에피쿠로스에게는〕 아타락시아를 방해하고 위험을 야기하는 어떤 것도 파괴되지 않고 영원한 자연에 속할 수는 없다는 것이 절대적 법칙이다.[23]

그래서 에피쿠로스는 다음과 같은 결론을 내렸다 : **천체들의 영원성은 자기의식의 아타락시아를 방해할 것이므로, 그것들이 영원하지 않다는 것은 필연적이고 엄격한(stringente) 귀결이다.**

그렇다면 우리는 어떻게 에피쿠로스의 독특한 견해를 이해할 수 있을까?

에피쿠로스 철학에 대해 집필한 모든 저자들은 이 가르침이 나머지 자연학, 원자론에 일관되지 못한 것이라고 말했다. 그들은 스토아학파(Stoiker), 회의주의 학파(Aberglauben), 점성술(Astrologie) 등에 대한 〔에피쿠로스의〕 투쟁을 그 충분한 이유로 들고 있다.

우리는 이미 에피쿠로스 자신이 천문 대기 현상의 이론에 적용시킨 방법을 나머지 자연학에 적용된 방법과 구분했다는 것을 보았다. 그러나 그의 원리에 대한 어떤 규정에서 이 구분의 필연성이 발견될 수 있을까? 어떻게 이런 생각이 그에게 떠올랐을까?

〔그런데〕 그는 점성술에 반대해서 싸웠을 뿐 아니라, 하늘의 체계

의 영원한 법칙과 합리성, 〔그러한 영원성을 주장하는〕 천문학 자체와도 대결하였다. 끝으로 스토아 학파에 대한 반대가 설명해 주는 것은 없다. 그들의 미신과 전체적 견해는 〔데모크리토스에 의해〕 천체들이 원자들의 우발적인 복합체들이고, 천체들의 과정이 원자들의 우발적 운동이라는 것이 선언되었을 때 이미 논박되었던 것이다. 천체들의 영원한 본성은 그와 동시에 파기되었다—이것은 데모크리토스가 이 전제들로부터 도출하는 데 만족했던 하나의 결과이다.[24] 물론 천체의 현존재 자체도 그것에 의해 지양〔폐기〕되었다.[25] 그래서 원자론자들은 새로운 방법(Methode)을 필요로 하지 않았던 것이다.[11]

이것이 〔에피쿠로스를 이해함에 있어 겪는〕 어려움의 전부는 아니다. 훨씬 더 수수께끼로 가득찬(rätselvollere) 이율배반(Antinomie)[12]이 나타난다.

원자는 자율성(Ständigkeit)과 개별성(Einzelheit)의 형식 안에 있는 질료(Materie)로, 말하자면 표상된 무게다. 그런데 천체들은 무게의 최고의 실현이다. 천체 안에서 원자의 〔운동의〕 전개(Entwickelung)를 구성하는 형식과 질료, 개념과 실존 사이의 모든 이율배반들은 해소되며, 그것들 안에서 요구되는 모든 규정들은 실현된다. 천체들은 영원하고 불변한다. 그것들은 밖이 아니라 자신들 안에 중력의 중심을 갖는다. 천체들의 유일한 행위는 운동이고, 허공에 의해서만 분리되며, 직선으로부터 편위하고, 반발(Repulsion)과 견인(Attraktion)의 체계를 형성하는데, 이는 동시에 자기 자신의 자율성을 보존하고, 마침내는 자신들의 현상의 형식으로서 자기 자신으로부터 시간을 생산하면서 이루어진다. 그래서 **천체들은 현실적으로 된 원자들이다.** 천체들 안에서 질료

---

11. 여기에 다음과 같은 문장이 있으면 이해가 더 쉬울 것 같다. "그렇다면 도대체 에피쿠로스가 천문 대기 현상에 다른 방법을 사용한 까닭은 무엇이며, 그것은 에피쿠로스 주장의 일관성을 깨뜨리지 않고도 주장될 수 있는 것일까?" – 역자주
12. 이 이율배반에 붙여진 관계구 '사람이 지금까지 예감한 적이 없는'(die man bisher nicht geahnt hat)이 맑스에 의해 삭제되었다.

는 그 자체로 개별성을 부여받는다. 여기서 에피쿠로스는 그의 원리의 최고도의 실존(die höchste Existenz), 그의 체계의 최고의 정점을 보았음에 틀림없다. 그는 자연에 불멸의 토대를 제공하기 위해 원자를 가정했다고 말했다. 그는 질료의 실체적 개별성에 관심을 가졌다. 그러나 〔그에게는 모순이 있다. 즉〕 그는 자연의 실재성(Realität) — 왜냐하면 그는 기계적인 자연 이외의 자연을 알지 못했기 때문에 — 을, 〔그리고〕 자립적이고 파괴될 수 없는 질료를 천체 안에서 발견했는데, 사실 천체의 영원성과 불멸성이야말로 대중들의 믿음〔신앙〕과 철학의 판단, 감각의 증거로 증명되는 것이다 : 〔그러나 다른 한편〕 그의 유일한 노력은 천체를 현세적인 가변성〔덧없이 변화함〕으로 끌어내리는 것이었다. 그는 개별성의 점〔계기〕을 자기 안에 담고 있는 자연을 숭배하는 자들에 대하여 격렬하게 반대하였다. 이것이 그의 가장 위대한 모순이다.

에피쿠로스는 여기서 그의 이전 범주들이 붕괴되는 것과 그의 이론의 방법[13]이 다르게 되었음을 느꼈다. 이것을 느끼고(fühlt), 의식적으로 표현하고 있다는 사실이야말로 그의 체계의 **가장 심오한 인식**이며, 가장 철저한 귀결이다.

우리는 에피쿠로스 자연철학 전체가 어떻게 본질과 실존, 형식과 질료 사이의 모순에 의해 지배되고 있는지를 자세히 살펴본 바 있다. 그러나 **이 모순은 천체들 안에서 해소되었고, 갈등의 계기들은 화해되었다.** 천체 체계(zölestischen System)에서 질료는 자기 안에 형식을 받아들이고, 개별성을 수용했으며, 자신의 자율성에 도달하였다. 그러나 그것〔자율성에 도달한 질료〕은 **이 지점에서 추상적 자기의식의 긍정이기를 멈춘다.** 원자들의 세계에서 형식은 현상의 세계에서처럼 질료에 맞서 투쟁하였다 ; 한 규정은 다른 규정을 지양하고〔형식의 규정과 질료의 규정은 서로를 지양하고〕, 정확히 **이 모순 안에서 추상적-개별적(abstrakt-**

13. "그의 방법의 이론"(Theorie seiner Methode)을 맑스가 "그의 이론의 방법"(Methode seiner Theorie)으로 고쳤다.

einzelne) 자기의식은 자신의 본성〔자연〕이 대상화됨을 느꼈다. 질료의 형태 안에서 추상적 질료에 맞서 투쟁한 추상적 형식은 이러한 **자기의식 그 자체**였다. 그러나 이제 질료가 그 자체로 형식과 화해하고 자율적으로 됐을 경우, 개별적인 자기의식은 자신의 번데기(Verpuppung)로부터 나와서 자신을 진정한 원리로 선언하게 되는데, 〔그렇게 되면 이번에는〕 자율적으로 된 자연에 적대하게 된다.

이 모든 것은 다른 관점에서 다음과 같은 방식으로 표현될 수 있다. 자신 안에 개별성과 형식을 받아들인 질료는 천체들의 경우처럼 **추상적 개별성이기를 멈추었다. 그것은 구체적인 개별성, 〔혹은〕 보편성(Allgemeinheit)**이 되었다. 그래서 천문 대기 현상에서는 추상적 – 개별적 자기의식과 대립하여(entgegen) 빛나고 있는 것은 물질적으로(sachliche)된 그것의 반박——다시 말해 실존과 자연이 된 보편적인 것——이다. 따라서 추상적 – 개별적 자기의식은 천문 대기 현상 안에서 자신의 불구대천(不俱戴天)의 적(Feind)을 인식한다. 에피쿠로스가 그랬듯이 그것〔추상적 – 개별적 자기의식〕은 인간의 모든 불안과 혼란을 천문 대기 현상에 돌린다. 왜냐하면 추상적 – 개별적인 것의 불안과 해소(Auflösung)는 정확히 보편적인 것(Allgemeine)이기 때문이다.[14] 그래서 여기에서 에피쿠로스의 진정한 원리, 즉 추상적-개별적 자기의식은 더 이상 감추어질 수 없다. 그것은 자신의 은신처(Versteck)에서 나와 물질적 가식(Vermummung)으로부터 자유로워져서, 추상적 가능성——가능한 것(was möglich ist)은 또한 다르게도 될 수 있는 것이다.

---

14. 맑스의 박사 논문을 소개하고 있는 『칼 마르크스와 희랍철학』(김진 지음, 한국신학연구소, 1990)에서 저자는 이 부분을 다음과 같이 해석하고 있다. "인간의 모든 공포와 혼란이 천체에 돌려지는 이유는 추상적 개체가 자신의 공포를 해소함으로써 일반자가 되기 때문이다. 그리고 이 일반자는 다시 개체의 적이 된다. 따라서 천체에 속한 내적 결정론은 부정되며, 그것에 대한 다양한 설명 가능성을 인정하고 요청하는 데서 천체의 문제는 극복된다는 것이다. 이를 통해 자율적으로 된 자연의 실재는 무화(無化)되며, 감각적 자기 의식은 천체 속에서 자신을 느끼고, 그의 절대적 자유와 안전을 강화한다." (102쪽). – 역자주

가능한 것의 반대 또한 가능하다――을 따르는 설명(Erklärung)을 통해, 자율적으로된 자연의 현실성을 무화시키고자 한다. 따라서 천체들을 **하플로스(haplos** ; 단순하게, 절대적으로〕로, 다시 말해서 하나의 특정한 방식으로만 천체를 설명하는 사람들에 반대하는 논쟁이 나타난다 ; 왜냐하면 일자(das Eine)는 필연적인 것(das Notwendige)이고, 자기 안에서 자율적인 것(In-sich-Selbst ndige)이기 때문이다.

그래서 원자와 현상으로서 자연(Natur als Atom und Erscheinung)이 개별적인 자기의식과 그 모순을 표현하는 한 자기의식의 주관성(Subjecktivität)은 단지 질료 자체의 형식 아래서만 나타난다. 반면에 자연이 자율적으로 된 곳에서는 개별적인 자기의식은 자기 안에서 자기를 반성하며, 자율적인 형식으로 자신의 고유한 형태(Gestalt) 안에서 자연과 대립한다.

에피쿠로스의 원리가 현실적으로 된 곳에서, 그것〔원리〕은 그에게 현실적이기를 멈추었다고 처음부터 말할 수 있을 것이다. 왜냐하면 개별적인 자기의식이 실제적으로 자연의 규정성 아래 정립되거나 혹은 〔역으로〕 자연이 자기의식의 규정성 아래 정립된다면, 자기의식의 규정성, 다시 말해 그것의 실존은 멈추게 될 것이고, 다만 보편적인 것만이 자기로부터 자유로운 구별 안에서 동시에 자기의 긍정을 알 수 있기 때문이다.

그래서 **천문 대기 현상의 이론 안에서 에피쿠로스 자연철학의 영혼이 나타난다**. 개별적 자기의식의 아타락시아를 파괴하는 어떤 것도 영원하지 못하다. 천체들은 자신의 아타락시아와 평정을 파괴한다. 왜냐하면 그것들은 실존하고 있는 보편성이기 때문이고, 그것들 안에서 자연은 자율적으로 되기 때문이다.

그래서 에피쿠로스 철학의 원리는 **크리시포스Chrysippus**가 생각하는 것처럼 **아르케스트라토스Archestratus의 위학(胃學, Gastrologie)**이 아니라[26] 자기의식의 절대성과 자유이다. 설령 자기의식이 단지 개별성의 형식으로만 나타나있다 하더라도 말이다.

만약 추상적-개별적 자기의식이 절대적 원칙으로 정립된다면, 모든 진정하고 현실적인 과학(Wissenschaft)은 개별성이 사물들 자체의 본성 안에서 지배하지 않는 한에서 지양될 것이다. 그러나 그렇게 되면 또한 인간적 의식에 초월적으로 관련되고 그래서 상상적인 지성(Verstande)에 속하는 모든 것들이 붕괴한다. 이와 반대로 만약 추상적 보편성의 형식으로만 자기 자신을 아는 자기의식이 절대적 원리로 끌어올려지면, 미신들과 부자유한 신비주의로 문이 활짝 열리게 된다. 스토아 철학이 이것의 역사적 증거를 보여준다. 추상적-보편적 자기의식은 사물들 자체(Dingen selbst) 안에서 자기 자신을 긍정하고 하는 내적인 충동(Trieb)을 가지고 있지만, 〔추상적-보편적 자기의식의〕 자기 자신에 대한 긍정은 오직 그것들〔사물들〕을 부정함으로써만 이루어질 수 있다.

따라서 에피쿠로스는 그리스적 계몽의 가장 위대한 대표자이며, 루크레티우스의 다음과 같은 찬사를 들을 자격이 있다.[27)]

Humana ante oculos foede cum vita iaceret
In terris oppressa gravi sub religione
Quae caput a caeli regionibus ostendebat
Horribili super aspectu mortalibus instans,
Primum Graius homo mortalis tollere contra.
Est oculos ausus primusque obsistere contra,
Quem neque fama deum nec fulmina nec minitanti
Murmure compressit caelum·········
Quare religio pedibus subiecta vicissim
Obteritur, nos exaequat victoria caelo.[15, 16]

우리가 일반적인 내용을 다루는 부분〔제1부〕의 끝에서 보인 데모크리토스와 에피쿠로스 자연철학의 차이는 자연의 모든 영역에서 발전

될 수 있고 확증될 수 있다. 그래서 에피쿠로스에게 원자론은 그 모든 모순을 품으면서 자기의식의 자연과학으로서 철저하게 수행되었고 완성되었다. 추상적 개별성의 형식 아래서 이 자기의식은 절대적 원칙이다. 그래서 에피쿠로스는 원자론을 그 최종 결론으로 밀고갔는데, 그 최종 결론은 바로 원자론의 해체이며, 보편적인 것에 대한 의식적 반대(bewußter Gegensatz)이다. 반대로 **데모크리토스**에게 **원자**는 단지 경험적인 자연 탐구 일반의 보편적이고 객관적인 표현일 뿐이다. 그래서 그에게 원자는 순수하고 추상적인 범주, 경험의 역동적인(energische) 원리가 되지 못하고 그것의 결과인 하나의 가설로 남았을 뿐이다. 그러므로 그것이 실재적 자연 탐구를 규정하는 데 있어 더 이상의 어떤 역할도 하지 못하는 것처럼, 이 가설은 실현되지 못한 채로 남아 있게 된 것이다.

---

15. 인간의 삶이 모두의 눈 앞에서 기어가고
 종교의 엄청난 무게 때문에 땅으로 짓이겨지는데,
 종교가 하늘의 창공에서 얼굴을 내밀고, 그 무시무시한 표정을 지으며,
 인간을 공포스럽게 위협할 때
 대담한 어느 그리스인이 첫번째로 운명적 눈을
 그것에 대항하여 치켜뜨고 대항했네
 신들의 이야기도, 하늘의 번개나 천둥도
 그를 겁줄 수 없었네……
 그래서 종교가 이번에는 우리 발 아래로 던져졌고
 그 승리가 우리를 하늘과 대등하게 끌어올렸네.

16. 이 내용 번역에는 *MEW*(독어본)와 *CW*(영어본) 외에 루크레티우스의 *De rerum natura*의 영어번역본인 *On the Nature of the Universe*(tr. by Sir Ronald Melville), Clarendon Press, 1997을 함께 참조하였다. –역자주

2부 칼 맑스의 주(註)

Anmerkungen

I 직선으로부터의 원자의 편위

[1] Stobäus, *Physiche Eklogen*, I, S.33.

에피쿠로스는 원자들이 때로는 수직낙하 하고, 또 다른 때는 직선에서 편위를 일으키며, 위로 향하는 운동은 충돌과 되튀어오름(Rückstoß) 때문이라고 말했다.

Vgl. **Cicero**, *Vom höchsten Gut und Übel*, I, 6. (**Plutarch**) *Über die Lehrsätze der Philosophen*, [I.] S. 249. **Stobäus**, a. a. O. S. 40.

[2] **Cicero**, *Über die Natur der Götter* I, 26. 에피쿠로스 자연학 안에 데모크리토스의 것이 아닌 게 무엇이 있단 말인가? 설령 그가 어떤 변형, 가령 내가 방금 말한 원자들의 편위 같은 변형을 가했다고 하더라도 ……

[3] **Cicero**, *Vom höchsten Gut und Übel*, I, 6. …… 그[에피쿠로스]는 그 분할 불가능하고 견고한 물체들이 자신들의 무게에 의해 직선으로 낙하하게 될 것이라고 믿었다. 그는 이러한 운동이 모든 물체들의 자연스런 운동이라고 생각했다. 그런데 이 **명민한 사람**에게 모든 원자들이 아래로만 직선으로 낙하한다면 어떤 원자도 다른 원자와 만날 수 없을 것이라는 생각이 떠올랐다. 그래서 에피쿠로스는 거짓말을 했다. 그는 원자가 아주 작은 이탈을 만들어낼 것이라고 말했는데(그러나 이것은 완전히 불가능한 것이다) 이것으로부터 원자들 사이에 서로 복합체, 조합체, 응집 등이 생겨나고, 이로부터 세계와 세계의 모든 부분들, 그리고 그 내용물이 생겨난다.

[4] **Cicero**, *Über die Natur der Götter*, I, 25. …… 에피쿠로스는 만약 원자들이

그 무게에 의해 아래로만 움직인다면 그 운동은 규정될 것이고 필연적으로 될 것이므로 어떤 것도 우리의 지배 아래 있지 않게 될 것이라고 보았다 : 그래서 그는 이러한 필연성으로부터 벗어날 수 있는 수단을 창안했는데, 이 수단은 명백히 데모크리토스로부터 벗어나는 것이었다. 그는 원자들이 무게와 중력으로 인해 아래로 운동함에도 불구하고 아주 작은 이탈을 만들어낸다고 말했다. 이러한 주장을 펴는 것은 자신이 말하고 싶은 것을 변명하지 못한 것보다도 수치스러운 일이다. Vgl. Cicero, *Vom Schicksal*, 10.

5) **Bayle**, *Historisches und Kritisches Wörterbuch* s[iehe] Epikur.

6) **Schaubach**, "Über Epikur's astronomische Begriffe" im *Archiv für Philogie und Pädagogik*, von Seebode, Jahn und Klotz. Bd. V. H. IV. [1839] S. 549.

7) **Lucretius**, *Über die Natur der Dinge* II, 251 ff.

결국 모든 운동의 사슬(Kette)이 항상 서로 연결되어 있다면
새로운 것은 거역할 수 없는 방식으로(unweigerlich) 옛 것으로부터 나온다.
……… 그렇다면 나는 자유의지라는 것이 운명과 절연하여 어디서 나오는 것인지 묻는다.

8) **Aristoteles**, *Über die Seele*, I, 4, 16 〔~17〕. 우리는 움직이고 있는 하나의 모나드(Monad)를 어떻게 생각하면 좋을까? 모나드는 부분도 없이, 구별도 없이, 무엇에 의해, 그리고 어떻게 움직이는가? 만약 모나드가 운동 능력이 있고(bewegungsfähig), 잘 움직여질 수 있는 것이라면, 그것은 구별〔차이〕들을 포함하고 있어야만 한다. **더욱이 움직이는 선이 면을 산출하고, 움직이는 점이 선을 산출한다고 하므로, 모나드의 운동 또한 선이 되어야만 할 것이다.**

9) **Diogenes Laertius**, X, 43. 원자들은 끊임없이(steter) 운동하고 있다.

10) **Lucretius**, *Über die Natur der Dinge* II, 〔251.〕 253ff. …… 만약 …… 원자들이 편위를 일으키지 않고 그것을 통해 운명의 끈을 파괴할 새로운 운동을 시작하지 않는다면 그리고 무한한 인과의 사슬을 저지하지 않는다면……[1]

---

1. 루크레티우스 저작 안에 다음과 같은 내용이 연결되어 있다. "그렇다면 지상에 살아있는 피조물들이 가진 자유의지의 근원은 어디란 말인가" (255~256ff) – 역자주

11) **Ders**. a. a. O. 279f. …… 항상 우리의 가슴 안에는 이러한 힘에 맞서 싸우고 저항할 수 있는 어떤 것이 들어있다.

12) **Cicero**, *Vom höchsten Gut und Übel* I, 6. 〔……〕 그러나 그는 자신이 이야기를 꾸며낸 목적을 달성하지 못했다. 왜냐하면 모든 원자들이 편위를 한다면 어떤 것도 함께 만나지 못할 것이기 때문이다. 그렇지 않고 본성적 경향에 따라 어떤 것들은 편위를 하고 다른 것들은 편위를 하지 않는다고 해도 그것은 무엇보다도 원자들에 동등한 서로 다른 행위 영역, 즉 어떤 것들은 직선으로, 어떤 것들은 편위하는 운동을 할당하는 셈이 될 것이다. 〔……〕

13) **Lucretius**, a. a. O. 293.

14) **Cicero**, *Vom Schicksal* 10. …… 원자가 될 수 있는 한 가장 작은 공간에서 편위를 일으킬 때, 그〔에피쿠로스〕는 이것을 엘라키스톤(elachiston)[2]이라고 부른다.

15) **Ders**. ebd. 비록 아주 분명히는 아니지만, 사실상 그는 이러한 편위가 원인 없이 일어난다는 것을 고백해야만 했다.

16) **Plutarch**, *Über den Ursprung der Seele* VI (Bd. VI. S. 8 Stereotypausg.). 그들〔스토아파 사람들〕은 원자들이 약간 편위한다는 에피쿠로스의 생각에 동의하지 않았는데, 그것은 그〔에피쿠로스〕가 비존재자(Nichtseienden)로부터 원인이 없는(grundlose) 운동을 끌어들였기 때문이다.

17) **Cicero**, *Vom höchsten Gut und Übel* I, 6. …… 편위는 그 자체로 자의적인 허구다(그〔에피쿠로스〕는 원자들이 원인 없이 편위를 일으킨다고 말하였는데, 자연학자들에게는 **어떤 것이 원인 없이 일어난다고 주장하는 것만큼 불명예스러운 일은 없다**). 그는 또한 그 자신이 무게를 가진 모든 물체들의 자연스러운 운동이라고 말했던 것, 즉 수직으로 낙하하는 운동을 원자로부터 근거 없이 박탈하였다.

18) **Bayle**, a. a. O.

19) **Augustinus**, Brief 56.

20) **Diogenes Laertius**, X, 128. 우리의 모든 행동의 목적은 고통(Schmerz)이나

---

2. 가장 작은 것.

혼돈(Verwirrung)으로부터 자유로워지는 것이다.

21) **Plutarch**, *Beweis, daß man nach Epikur nicht glücklich leben kann*, S. 1091. 에피쿠로스의 생각은 그가 말할 때 다음과 유사하다. 즉 선(Guten)의 본질은 악으로부터의 탈주(Flucht)에서 나온다는 것이다.

22) **Clemens Alexandrius**, *Teppiche* II. S. 415. 에피쿠로스는 또한 고통의 제거가 쾌락(Lust)이라고 말했다.

23) **Seneca**, *Über die Wohltaten* IV 〔,4〕. S. 699. 〔Bd. I.〕 그래서 신이 어떤 은총(Gnaden)을 주지 않으며, 우리를 돌보거나 우리에 대해 근심하지 않고 세계에 대해 등을 돌린다. …… 그에게는 선한 행동이나 부당한 행동이 모두 마찬가지로 별관심의 대상이 아니다.

24) **Cicero**, *Über die Natur der Götter* I, 24. 당신은 말하기를 신은 어떤 신체를 가지고 있는 것이 아니라 유사신체(Quasikörper)를 가지고 있으며, 피를 가지고 있는 것이 아니라 유사피(Quasiblut)를 가지고 있다고 한다.

25) **Cicero**, *Über die Natur der Götter* I, 38. 너는 그것들을 누리기 위해 어떤 고기, 어떤 음료수, 어떤 다양한 음악과 꽃들, 어떤 촉감, 어떤 향기를 신에게 돌리려 하는가? …… 39. …… 그렇다면 인간에게 아무런 관심도 없고, 어떤 것에도 신경쓰지 않으며 아무것도 하지 않는 신이 당신은 왜 인간에 의해 숭배되어야 한다고 말하는가? "신은 현명한 자들의 숭배를 끌어내는 자기 자신의 뛰어나고 탁월한 본질을 가지고 있다." 그렇다면 어떻게 아무것도 하지 않아 왔고, 앞으로도 아무것도 하지 않을 것인, 자신의 즐거움(Vergnügen)에 기뻐하는 바로 그런 본질 안에서의 탁월함이 있을 수 있는가?

26) **Plutarch**, *Beweis, daß man nach Epikur nicht glücklich leben kann*, S. 〔1100 -〕 1101.

그들의 가르침(Lehre)은 …… 어떤 공포와 미신(Aberglauben)을 제거하지만, 신들의 기쁨과 은혜도 주지 못한다. 히르카니안 물고기에게 그렇듯이 오히려 그들은 신들처럼 우리에게 근심과 기쁨으로부터 멀리 떨어지라고 한다. 그런 관계에서 우리는 어떤 좋은 것(Nutzen)이든 나쁜 것(Schaden)이든 기대할 수 없을 것이다.

27) **Aristoteles**, *Über den Himmel*, II, 12.

28) **Lucretius**, *Über die Natur der Dinge*, II, 221 [.223] f.
만약 이것[편위]이 일어나지 않는다면, 그것들[원자들] 모두는 …… / 어떤 운동이나 충돌(Stoß)도 없을 것이다. / 그래서 자연은 어떤 것도 창조하지 못할 것이다.

29) **Lucretius**, *Über die Natur der Dinge* II, [284 –] 286 [.288]ff.
그래서 당신은 똑같은 일을 원자들에서도 인정해야만 한다. / 그것들의 충돌들(Stößen)과 무게들(Gewichte) 외에 / 그 안에서 힘을 얻을 수 있는 운동의 다른 원인이 있다. / ……………… 충돌을 한 모든 것들은 / 외적인 강제(Gewalt)를 통해 비슷하게 된다. 그러나 정신(Geist) 안에는 / 모든 행동들과 운동들을 통제하고 / 그것을 예속화하며 수동적으로 되도록 강제하는 어떤 필연성도 없다. / 이는 장소와 시간을 결정할 수 없게 하는 원자들의 미세한 편위 때문이다.

30) **Aristoteles**, *Über den Himmel* I, 7. 만약 모든 것들이 연속적이지 않고, 데모크리토스와 레우키포스가 말한대로, 허공에 의해 분리되어 있다면, 본성은 같지만 서로 여러 조각으로 분리된 금처럼, 모든 것들은 하나의 유일한(einzige) 운동을 가져야만 한다.

31) **Aristoteles**, *Über den Himmel* III, 2. 그래서 가장 일차적인 물체들이 허공과 무한성(Unendlichen) 안에서 영원한 운동을 하고 있다고 말한 레우키포스와 데모크리토스는 그 운동들의 방식(Art)과 그 신체들에 적합한(adäquate) 운동 종류에 대해서 답을 해야 할 것이다. 왜냐하면 설령 각각의 요소들이 다른 요소들에 의해 그렇게 운동하도록 강제된다고 해도, 각각의 것들은 그 강제적인 것(die gewaltsam)를 벗어나는 하나의 본성적 운동을 갖게 된다는 것 또한 필연적이기 때문이다. 그리고 이 첫번째의 운동은 강제적이지 않고 본성적인 것이어야 한다. 만약 첫번째의 본성적 운동이 없고, 선행 항이 계속해서 강제에 의해 운동되는 것이라면, 이런 식으로 나아가는 것은 무한히 계속될 것이다.

32) **Diogenes Laertius**, X, 150. 서로 계약들을 맺을 수 없어서 결국 해를 가할(schaden) 수도, 겪을 수도 없는 그러한 모든 생명체들에게는 정의(Recht)나 부정의(Unrecht)가 존재하지 않는다. 같은 목적의 상호적 계약을 체결할 수

없거나 할 의지가 없는 사람들(Völker) 역시 마찬가지다. 정의(Gerechtigkeit)란 그 자체로 존재자(Seindes)인 것은 아니며, 단지 상호적 교통(Verkehr) 속에 있는 것이고, 계약이 종결된 곳이라면 어디나 해를 가할 수도, 당할 수도 없다.

33) …………

〔주 32와 33은 맑스가 나중에 첨가한 것인데, 주 33은 그 표시만 해두었을 뿐 내용을 써넣지 않았다.〕

II 원자의 질들

1) **Diogenes Laertius**, X, 54. 모든 질들은 변화하지만 원자들은 변화하지 않는 것이기 때문이다. Lucretius, *Über die Natur der Dinge* II, 861 ff. 모든 것들은 원요소들(Urelemente, 원자들)로부터 떨어져 있어야 한다. / 만약 우리가 영원한 토대 위에 세계를 세우고자 한다면, / 전체(Gesamtheit)의 안전(Heil)을 보증할 그런 확실한 토대를 갖고자 한다면.

2) **(Plutarch)** *Über die Lehrsätze der Philosophen* 〔I. S. 235~236〕. 에피쿠로스는 …… 신체들이 세 가지 것들 즉 모양, 크기, 무게를 갖는다고 주장했다. (반면) 데모크리토스는 크기와 모양, 두가지만 취했다. 에피쿠로스는 세번째 것인 무게를 첨가시켰는데, 왜냐하면 신체들이 무게의 작용(Wirkung)을 통해서 운동하는 것이 필요하기 때문이다. …… Vgl. Sextus Empiricus, *Gegen die Mathematiker*, S. 420.

3) **Eusebius**, *Vorbereitung auf das Evangelium*, XIV. S. 749.

4) **Simplicius**, a. a. O. S. 362. …… 그〔데모크리토스〕가 그것들〔원자들〕에 크기와 모양에서의 차이를 부여했을 무렵 ……

5) **Philoponus**, ebd. …… 그리고 그〔데모크리토스〕는 모든 모양들에 물체의 독특한 공통의 본성을 부여했다. 이것의 부분들은 원자들인데, 원자들은 크기와 모양에서 서로 다르다. 원자들은 서로 다른 모양을 가질 뿐 아니라 어떤 것들은 더 크고, 어떤 것들은 더 작다.

6) **Aristoteles**, *Vom Werden und Vergehen*, I, 8. …… 그리고 그〔데모크리토스〕는 그것〔원자〕이 커질수록 무겁다고 말했다.

7) **Atristoteles**, *Über den Himmel*, I, 7. …… 우리가 말한대로 이것들은 동일한 운동을 가져야만 한다. …… 만약 모든 물체가 무게를 갖는다면 어떤 물체도 절대적으로 가볍게 되지 못할 것이다. 또 만약 모든 물체가 가벼움을 가진다면 어떤 무게도 갖지 못할 것이다. 뿐만 아니라 무거움 혹은 가벼움을 가지고 있는 것은 무엇이든지 모든 것의 끝(Ende)이나 중심점(Mittelpunkt)에 자신의 자리를 가질 것이다.

8) **Ritter**, *Geschichte der alten Philosophie*, I. T. S. 568. Anm. 2. 〔2. verb. Aufl., 1836. S. 602. Anm. 2.〕

9) **Aristoteles**, *Metaphysik*, VII(VIII), 2. 데모크리토스는 〔원자들의〕 세 가지 차이를 정립했다. 그는 기초가 되는 신체, 즉 질료는 하나의 동일한 것이지만 운동의 결과에 따라 모양, 방향에 따른 위치, 혹은 접촉에 따른 배열에서 다르다고 말했다.

10) **Aristoteles**, *Metaphysik*, I, 4. 레우키포스와 그의 동료인 데모크리토스는 요소(Elemente)는 가득찬 것과 허공인데, 전자는 존재자(Seiende)이고 후자는 비존재자(Nichtseinende)라고 말했다. 다시 말해서 가득차고 신체적인 것이 존재자이고, 텅 비어 있는 허공인 것이 비존재자인 셈이다. 그래서 그들은 신체적인 것은 허공만큼 실존하기 때문에 존재자는 비존재자만큼 실존한다고 말했다. 이것들이 질료로서의 존재의 기반이다. 질들의 원리로 희박함과 조밀함을 가정하면서, 다른 모든 것들을 자신의 변용들(Affektionen)로 산출할 수 있는 오직 유일한 근본적 실체를 생각하는 사람들처럼, 마찬가지 방식으로 레우키포스와 데모크리토스는 원자들의 차이들이 다른 것들의 원인이라고 가르쳤다. 그들은 이 차이들은 세 가지 즉 모양과 배열, 위치라고 말했다. 왜냐하면 차이는 단지 운동의 결과, 접촉, 방향 이 세 가지에서만 생기기 때문이다. 이러한 운동의 결과로부터 모양, 접촉으로부터 배열, 방향으로부터 위치가 나온다. 말하자면 그것들은 A와 N은 모양에서 다르고, AN과 NA는 배열에서 다르며, Z와 N은 위치(위상)에서 다른 것이다.

11) **Diogenes Laertius**. X, 44. …… 원자들은 모양과 **크기**, 무게를 제외하고는

어떤 질도 갖지 않는다. …… 또한 그것들은 모든 임의적(beliebige) **크기**를 갖는 것도 아니다. 최소한 어떤 원자도 감각적으로 지각된 적은 없다.

12) **Ders**. X, 56. 그러나 원자들에 모든 크기를 부여하는 것은 질들에 있어서의 차이에 필요한 것이 아니다. 그렇게 되었다면 이미 우리에게 확실히 보였을 것이다. 사람들은 이런 일이 어떻게 가능한지 알지 못하며, 원자가 어떻게 보일 수 있는지 생각할 수도 없다.

13) **Ders**. X, 55. 원자들이 모든 크기를 가질 수 있다고 생각해서는 안 되며, 어느 정도의 차이만이 인정되어야 한다.

14) **Ders**. X, 59. 이러한 유비(Analogie)에 따라 우리는 크기를 배제하면서 원자들이 크기를 갖지만 단지 작은 크기를 가질 뿐이라고 주장한다.

15) **Vgl**. Ders. X, 58. Stobäus, *Physische Eklogen*, I. S. 27.

16) **Epikurs**, Fragmente (*Über die Natur* II und XI) gesammelt von Rosini, hrsg. von Orelli. S. 26.

17) **Eusebius**, *Vorbereitung auf das Evangelium*, XIV. S. 773 (Pariser Ausg.). 그들은 다음과 같은 점, 즉 그 둘 중의 한 사람〔에피쿠로스〕은 원자들이 무한히 작아서 지각할 수 없다고 한 반면, 데모크리토스는 몇몇의 큰 원자들이 있다고 한 점에서 서로 달랐다.

18) **Stobäus**, *Physische Eklogen*, I, 17. 데모크리토스는 세계만큼 큰 원자가 가능하다고 말하기조차 했다. Vgl. (Plutarch) *Über die Lehrsätze der Philosophen*, I. s. 235f.

19) **Aristoteles**, *Vom Werden und Vergehen*, I, 8. …… 그것들의 미세함(Kleinheit) 때문에 연장(Ausdehnung, 크기)을 볼 수 없는 ……

20) **Eusebius**, *Vorbereitung auf das Evangelium*, XIV. S. 749. 데모크리토스는 …… 분할 불가능한 사물의 원리로서 …… 이성(Vernunft)을 통해 지각할 수 있는 물체들을 〔가정했다〕. Vgl. (Plutarch) *Über die Lehrsätze der Philosophen*, I. S. 235f.

21) **Diogenes Laertius**, X, 54. 더욱이 우리는 원자가 모양, 무게, 크기, 그리고 필연적으로 모양과 결합된 것을 제외하고는 현상계에 속하는 어떤 질들도 갖지 않는다고 생각해야만 한다.

22) **Ders**. X, 42. 게다가 원자들은 …… 그 모양에 있어서 규정할 수 없다〔무한히 다양하게 변화한다〕.

23) **Ders**. ebd. …… 그러나 그 차이가 절대적으로(absolut) 무한한(unendlich) 것은 아니고, 단지 규정할 수 없다(unbestimmbar)는 것이다.

24) **Lucretius**, II, 513f. …… 당신은 인정해야만 한다, 원소들(Urstoff)이 무한하게 차이나는 형식들(Formen)을 갖지는 않는다는 것을 ……

Eusebius, *Vorbereitung auf das Evangelium*, XIV. S. 749. 〔……〕 에피쿠로스는 원자들의 모양들이 한정되어 있으며, 무한하지는 않다고 〔말했다〕. **Vgl**. (**Plutarch**) *Über die Lehrsätze der Philosophen* a. a. O.

25) **Diogenes Laertius**, X, 42. 모양이 비슷한 원자들은 절대적으로 무한하다.

Lucretius, *Über die Natur der Dinge*, a. a. O. 525ff. …… 모양들의 다양성은 유한하기 때문에, 비슷한 모양들의 수는 무한해야만 한다. 그렇지 않으면 원소(Urstoff)의 합계가 유한하게 될 것인데, 그것에 대해서는 위에서 이미 그럴 수 없다고 증명했다.

26) **Aristoteles**, *Über den Himmel*, III, 4. 받아들이기 힘든 또 다른 견해, 예를 들어 레우키포스나 아데브라의 데모크리토스의 견해가 있다. …… 게다가 그들은 〔원자적〕 물체들이 모양에 있어서 차이가 나고, 모양들의 수는 무한하며, 단순한(einfach) 신체들 역시 무한하다고 말한다. 그러나 불에 공 모양(Kugelgestalt)을 부여하는 것을 제외하고는 다양한 요소들의 모양을 정확하게 설명할 수 없다. 공기나, 물 그리고 나머지 것들에 대해 ……

Philoponus, a. a. O. 그것들은 전적으로 다른 모양들을 가지진 않았다……

27) **Lucretius**, *Über die Natur der Dinge*, a. a. O. 479ff. 〔491～492, 495～497〕. 원자들은 유한한 수의 모양을 가지고 있다. 그렇지 않다면, 불가피하게 무한한 크기의 원자 또한 발견되어야 할 것이다. 원소(Stoff, 단일 원자)의 작은 공간 안에서 모양들의 큰 다양성은 생겨날 수 없다 …… 〔…………〕 만약 모양들을 변화시키고자 한다면 당신은 다른 부분들(Partkeln)을 더해야만 한다. 〔…………〕 따라서 새로운 모양은 크기 확대(Körpervergrößrung)를 가져온다. 따라서 우리의 원자들이 무한히 다른 모양을 가진다고 생각할 수 없다.

28) **Vgl**. Note 25.

29) **Diogenes Laertius**, X, 44 와 54.

30) **Brucker**, *Institutionen der Geschichte der Philosophie*. [lat. 1747.] S. 224.

31) **Lucretius**, *Über die Natur der Dinge*, I, 1051[f]. 오 멤미우스(Memmius)여, 모든 믿음 가운데 당신이 거부해야 할 한 가지는 (사람들이 말하는 것처럼) 모든 사물들이 세계의 중심(Mitte der Welt)을 향하도록 압력을 받고 있다는 것입니다.

32) **Diogenes Laertius**, X, 43. …… 허공이 영원한 시간 동안 그것이 가벼운 것이든, 무거운 것이든 동일한 운동을 가능하게 하므로, 원자들은 똑같은 속도로 움직인다. 61. 원자들이 허공을 아무런 저항도 없이 움직인다면, 그것들은 똑같은 속도로 움직여야만 한다. 그것들이 어떤 것과도 만나지 않는 한 큰 원자들이 작고 가벼운 원자들보다 빨리 움직일 수는 없으며, 작은 원자들도 큰 원자들보다 빨리 움직일 수 없다. 그래서 모든 것들은 어떤 것과도 부딪히지 않는 한 같은 크기의 통로를 가졌다고 할 수 있다[방해받지 않는 진공에서 모든 신체들은 부등한 무게에도 불구하고 같은 속도로 움직인다 – 영역본].

33) **Vergl**. Kap. 3

34) **Feuerbach**, *Geschichte d. neuern Philosophie*. [1833. 인용은] Gassendi, a. a. O. [S.] XXXIII, [Nr.] 7에서. 에피쿠로스가 비록 이 경험(Erfahrung, 실험)에 대해 생각지 않았다고 할지라도, 그는 이성에 의해 최근의 경험[실험]이 말해주는 원자에 대한 견해에 도달했던 것이다. 이 견해는 바로 무게(Gewicht)나 중량(Last)에서 다르다고 할지라도 모든 신체들은 그것들이 위에서 아래로 떨어질 때 같은 속도를 갖는다는 것이다. 그는 그것들이 아무리 크기나 무게에 있어 다르다고 할지라도 같은 속도로 움직인다는 생각을 가졌던 것이다.

III 원자적 아르케와 스토이케이아

1) 아메토카 케노우(ametocha kenou) [**Stobäus**, *Physische Ekologen*, I, S. 306]는 "어떤 공간도 채우지 않는다"는 의미가 아니라, "허공의 부분을 갖지 않는다"는 의미다 ; 이는 디오게네스 라에르티오스가 다른 곳에서 말한 바와도 같다 :

"비록 그것들이 부분들의 어떤 구별도 갖지 않지만." 우리는 이러한 표현을 (Plutarch), *Über die Lehrsätze der Philosophen*, I, S. 236 그리고 Simplicius, S. 405.에서도 마찬가지로 설명할 수 있다.

2) 이것 역시 잘못된 결론이다. 그 때문에 공간 안에서 나누어질 수 없는 것은 공간의 외부에, 혹은 공간적 관계 없이 존재할 수 없다.

3) Schaubach, a. a. O. S. [549 –] 550.

4) Diogenes Laertius, X, 44.[이 주는 편집자주 5번에서 맑스가 지운 문장 중에 인용한 절에 달려있던 주임]

5) Ders. X, 67. [············] **비신체적인 것(das Unkörperliche)**은 어떤 것도 표상하지 못한다 ; 그것의 표상은 허공(das Leere)이다[허공을 제외하고 자기 – 실존하는 것으로서 비신체적인 어떤 것을 인식하는 것은 불가능하다 – 영역본].

6) Ders. X, 39, 40 그리고 41.

7) Ders. VII, [Kap.] 1 [.§134]. 그들[스토아 학파]은 시초들[Anfängen, 원리들]과 요소들(Elemente) 사이의 차이를 주장했다 ; 왜냐하면 전자는 생산되지 않은 채로 그리고 파괴되지 않은 채로 존재하지만, 요소들은 세계의 대화재(Weltbrand)를 통해 파괴될 수 있기 때문이다.

8) Aristoteles, *Metaphysik*, IV [(V)], 1 u. 3.

9) Vgl. a. a. O.

10) Aristoteles, a. a. O. 3. 유사하게 사람들은 물체[신체]들의 요소(Elemente)를 신체들이 나누어지게 되는 최종적인 조각(letzte Teil)으로 [생각하고], 각각의 것은 더 이상 종류가 다른 것들로 나누어지지 않는 것이라고 말했다. ······ 그렇게 말했던 이유는 작고 간단하고, 나누어질 수 없는 것을 요소라고 부르기 때문이다.

11) Aristoteles, *Metaphysik*, I, 4.

12) Diogenes Laertius, X, 54.

Plutarch, *Kolotes*, S. 1110. [······] 이 견해는 모양과 무게가 원자로부터 분리 불가능하다는 그[에피쿠로스]의 확언(Aussage)처럼 에피쿠로스의 가르침으로부터 분리할 수 없는 것이다.

13) Sextus Empiricus, *Gegen die Mathematiker*, S. 420

[14] **Eusebius**, *Vorbereitung auf das Evangelium*, XIV. S. 773. [……] 에피쿠로스는 그것들[원자들]이 지각될 수(wahrnehmbar) 없다고 [생각했다]. …… S. 749. [……] 그러나 그것들[원자들]은 이성을 통해서 그 고유의(eigene) 모양을 나타낼 수 있다.

[15] (**Plutarch**) *Über die Lehrsätze der Philosophen*, I. S. 246. [……] 그 자신[에피쿠로스]이 네 가지 종류의 파괴될 수 없는[영원한] 실체들(Substanzen)이 있다고 생각했다. 그것은 바로 원자들, 허공들, 무한한 것(das Unendliche) 그리고 동종(同種)의(gleichartigen) 미립자들(Teilchen)이다. 이 마지막 것들은 호뫼오메리아(Homöomerien)와 요소들(Elemente)로 [불리워진다]. S. 249. 에피쿠로스는 물체들이 제한적인(unbegrenzt) 것이 아니며, 일차적인[기본적인] 물체들은 단순한(einfach) 것들이고, 이들로 구성되는 것들은 모두 무게를 가진다고 [생각했다].

Stobäus, *Physische Eklogen*, I. S. 52. 에피쿠로스의 스승인 메트로도로스 Metrodor는 원인들(Ursachen)은 원자들과 요소들이라고 [말했다]. S. 5. 에피쿠로스는 네 종류의 파괴될 수 없는 실체들이 있다고 [생각했다]. 그것들은 원자들과 허공, 무한한 것들과 동종의 미립자들이다. 이것들은 호뫼오메리아와 요소들이라고 불린다.

[16] **Vgl**. a. a. O.

[17] **Cicero**, *Vom höchsten Gut und Übel*, I, 6. [……] 그가 따르는 것은 원자들과 허공 …… 무한한 것 자체인데, 그들[에피쿠로스주의자들]은 이것을 아페이리아(apeiria)라고 부른다.

Diogenes Laertius, X, 41. 게다가 전체(das All)는 무한하다[모든 것들의 합은 무한하다 - 영역본]. …… 더욱이 전체는 물체[신체]들의 다수성(Vielheit)과 허공들의 크기(Größe)에서 무한하다.

[18] **Plutarch**, *Kolotes*, S. 1114. 생성(Werden)을 설명하기 위해 가정되는 원리들을 보라. 바로 무한성과 허공 ; 후자[허공]는 비활동적(inaktiv)이고, 느낄 수 없고(empfindunglos), 신체가 없는(körperlos) 것이다 ; 전자[무한성]는 질서와 이성이 없으며, 파악할 수 없고(nicht faßbar), 스스로 해체되고(auflösend) 흐트러지는(verwirrend) 것이다. 왜냐하면 그 다수(Menge)에 통제나 제한을

가할 수가 없기 때문이다.

19) **Simplicius**, a. a. O. S. 488.

20) (**Plutarch**) *Über die Lehrsätze der Philosophen*, [I.] S. 239. 그러나 메트로도로스는 …… 세계들의 수는 무한하다고 말하고, 이것은 원인들의 수가 무한하다는 사실에서 알 수 있다고 말했다. …… 그런데 원인들은 원자들이거나 요소들이다.

Stobäus, *Physische Eklogen*, I. S. 52. 에피쿠로스의 스승이었던 메트로도로스는 원인들이 원자들과 요소들이라고 [말했다].

21) **Lucretius**, *Über die Natur der Dinge*, I, 820f.

하늘과 땅, 바다와 강, 태양을 이루는 동일한 원소들(Stoffe)이
곡물들과 나무와 살아있는 존재들을 기초짓는다(begründen, 조성한다).

Diogenes Laertius, X, 39. 전체(das All, 총합계]는 지금과 같고 항상 같을 것이다. 그것을 변화시킬 어떤 것도 존재하지 않기 때문이다. 전체 바깥에는 그 안에 들어가서 변화를 시킬 수 있는 어떤 것도 없기 때문이다. …… 전체는 물체[신체]들이다[전체는 신체들로 구성되어있다 - 영역본]. …… 41. 모든 것이 무(Nichts)로 사라지지 않는다면, 이것들[전체를 구성하는 신체들]은 나누어지지 않으며 변화하지도 않는다 ; 이것들은 결합물(Verbindungen, 조성적 신체들)이 파괴될 때도 자신의 본성을 가지며, 어디서건 혹은 어떻게건 분해되지 않은 채로 남는다.

22) **Diogenes Laertius**, X, 73. …… 그리고 모든 것들은 분해되는데, 그 중 어떤 것들은 보다 빨리 움직이는 것이 되고, 다른 것들은 보다 느리게 움직이는 것이 된다 ; 그 근처에서 어떤 것들은 후자를 통해서, 다른 것들은 전자를 통해서 일어난다. 74. 그[에피쿠로스]가 세계를 그 부분들이 변할 수 있기 때문에 멸망할 수 있는 것으로 본 것은 분명하다.

Lucretius, V, 109f.

우리에게 세계가 끔찍한 붕괴(Einsturz)로 나아갈 수 있다는 것을
가르쳐줄 수 있는 것은 경험(Erlebnis)이라기보다는 이성(Vernunft)이다.

Ders. V. 374[ff.]

하늘에게도, 태양에게도, 대지에게도, 바다의 깊은 물에게도

죽음의 문은 닫혀 있지 않다.

오히려 그것〔죽음의 문〕은 거대하게 입을 벌린채로 있다.

23) **Simplicius**, a. a. O. S. 425.

24) **Lucretius**. II, 796.

…… 기본요소들(Grundelemente, 원자들)은 빛에 나타나지 않는다.*

Ⅳ 시간

1) **Aristoteles**, *Physik*, VIII, 1. 데모크리토스는 전체가 시초를 갖는 것은〔우주가 창조되었다는 주장〕 불가능하다고 생각했다. 왜냐하면 시간은 시초를 갖지 않기 때문이다.

2) **Simplicius**, a. a. O. S. 426. 데모크리토스는 시간은 영원한 것이라고 생각했다. 그는 모든 것들〔전체〕은 기원(Ursprung)을 갖지 않는다는 것을 보이려는 소망에서, 시간이 기원을 갖지 않는 것은 자명하다고 확신했다.

3) **Lucretius**, I, 460ff.

시간 〔역시〕 사물 없이 그 자체로 존재하지 않는다.[1] 〔…………〕

누구도 사물의 운동이나 평온한 고요(Ruhe)로부터 떨어져서

시간의 감각을 가질 수는 없다.

Ders. I, 480ff.

어떤 것도 그 자체로 물체〔신체〕처럼 있거나

허공과 같은 방식으로 있는 것을 〔사건 : 生起 Geschehnisse〕이라고 부를 수는 없다.

그보다 우리는 정확히 말해서 신체나 장소(Ort)에 매여 있는(gebunden)

---

* II권, 795~797을 보면 다음의 내용이 있다. "빛 없이는 아무런 색깔도 있을 수 없는데, 원자들은 빛에 나타나지 않기 때문에, 우리는 그것들에 어떤 색깔도 입힐 수 없다." – 역자주

1. 루크레티우스 책 영역판은 다음과 같이 번역되어 있다. "시간 역시 그 자체에 의해 존재하는 것은 아니고 사물들 자체로부터 나오는 감각이다" – 역자주

사건들(Ereignissen)이라고 부를 수 있다.

Sextus Empiricus, *Gegen die Mathematiker*, S. 420. 에피쿠로스는 시간을 사건들의 사건(Akzidens der Akzidenzien)이라고 불렀다.

Stobäus, *Physische Eklogen*, I. [S.] 19. [……] 에피쿠로스는 [시간을 두고 말하기를] 하나의 사건, 다시 말해서 운동들에 수반되는 사건(Begleiterin)이라 했다.

4) **Diogenes Laertius**, X, 72. 우리는 다음과 같은 점에 주의해야 한다 ; 우리는 시간을 다른 사물들에서 하듯이, 즉 우리에게 생겨나는 표상들(Vorstellungen)과 관계시키면서 그것의 기초가 되는 것(Zugrundeliegenden)을 찾는 방식으로 해서는 안 된다. 그보다는 작용(Wirksamkeit, 활동) 자체 —— 우리가 시간을 더 길다 혹은 더 짧다고 말할 수 있는 것은 이 개념 때문이다 —— 라는 개념과 결합시켜야 한다. 그리고 우리는 [시간에 대한] 더 나아보이는 새로운 개념을 도입할 필요가 없으며, 그에 관한 일상적 표현을 사용해야 한다. 또한 우리는 다른 어떤 것이 시간이라는 말에 고유한 어떤 동일한 본질을 가지고 있는 것처럼 기술할 필요도 없다(왜냐하면 어떤 사람들이 이렇게 하고 있기 때문이다). 오히려 우리는 [시간의 특성에] 결부해서, [시간을] 측정하는 그 기준을 중요하게 생각해야 할 것이다. 73. 왜냐하면 더 이상의 어떤 증거도 필요없이 단지 우리가 시간이 낮과 밤, 그리고 그것의 부분에 결합하고 있다(verbinden)는 것을 숙고(Überlegung)하기만 하면 되기 때문이다. 마찬가지로 그것[시간]은 정동(Affekt, 정서)이 일어나는 것과 그렇지 않는 것, 그리고 운동하는 것과 정지해 있는 것을 느끼는 것에서 생겨난다. 이 독특한 특징(Merkmal)으로서 우리는 시간이라는 것을 생각한다. 그[에피쿠로스]는 이것을 *Über die Natur*의 2권과 *Großen Epitome* 두 곳 모두에서 말했다.[2]

5) **Lucretius**, *Über die Natur der Dinge*, a. a. O.

Sextus Empiricus, *Gegen die Mathematiker*, S. 420 f. [……] 사건의 사건

2. 에피쿠로스의 「헤로도투스에게 보내는 편지」(국역: 오유석 옮김, 『쾌락』, 문학과 지성사, 1998, 79~80쪽)를 참조하라. 독일어, 영어, 국역이 약간씩 차이가 나므로 함께 참조하는 것이 좋겠다. – 역자주

〔…〕. 이런 이유로 에피쿠로스는 물체〔신체〕를 크기, 모양, 저항(Widerstand)과 무게의 조성체(Zusammensetzung)로 생각해야 한다고 말하기 때문에, 사람들로 하여금 실존하는 신체(existierenden Körper)를 비실존하는 것들로 구성된다고 생각하도록 강제한다. …… 그래서 시간이 현존하기(vorhanden) 위해서는 사건들이 존재해야만 하며 ; 사건들이 현존하기 위해서는 그 기초를 이루는(zugrund liegender) 상황(Umstand)이 존재해야만 했다. 그러나 기초를 이루는 상황이 현존하지 않는다면 시간 또한 현존할 수 없는 것이다. …… 그래서 이것이 시간이라면, 에피쿠로스는 그것〔시간〕의 사건들이 존재한다고 말했다. 그렇다면 에피쿠로스 식으로 보자면 시간 자체는 자신의 사건이 될 것이다. Vgl. **Stobäus**, a. a. O.

6) **Diogenes Laertius**, X, 46. 또한 고체(festen Körper)와 동일한 모양의 모사(Abdrücke)가 있는데, 그것은 매우 얇아서 우리가 알아볼 수 없을 정도다. …… 그러나 이 모사를 우리는 모상(Abbilder)[3]이라고 부른다. 〔……〕 48. …… 모상은 생각에서는 매우 빨리 생겨난다. …… 그래서 새로 들어와 재생산되는 것 때문에 〔흘러나가도 다른 원자들이 계속 그 자리를 메우기 때문에〕 감각은 알아차릴 수 없고, 고체에서 원자의 위치(Stellung)와 배열(Anordnung)은 유지된다. 〔……〕

Lucretius, IV, 34ff.

……………… 사물들의 상(Bilder) ………………

신체들의 표면으로부터 얇은 껍질(Häutchen) 같은 것이 벗겨져

곧장 공기 중의 이리저리로 흘러 날아간다.

Ders. IV, 49f.

사람들이 말하듯이 모상은 그것이 흘러나온 신체의

모양(Gestalt)과 형식(Form)을 닮았기 때문에……

---

3. 여기서 '모상'은 '에이돌라'(eidola)를 가리키는 것으로 '시뮬라크럼'(simulacrum)이라고 불리기도 한다. 에피쿠로스와 루크레티우스에 있어서 시뮬라크럼에 대한 분석으로는 G. Deleuze, tr. by M. Lester, *The Logic of Sense*, Columbia University Press, 1990. pp. 266~279을 참조. – 역자주

7) **Diogenes Laertius**, X, 49. 또한 우리는 어떤 것이 외부에서 들어올 때〔들어오기 때문에〕 우리가 그 형식을 보고 파악한다고 생각해야만 한다. 왜냐하면 〔그렇게 하지 않고서는〕 외부적 사물들은 자신의 본성을 전달하지 못할 것이기 때문이다 …… 그래서 사물들로부터, 색들로부터, 그리고 동일한 모양으로부터 모상이 적절한 크기로 우리의 시각을 뚫고 들어올 때 우리는 그것을 본다. …… 50. 그리고 이것으로 말미암아 그것들이 단일하면서도(einheitlichen) 연속적인(geschlossenen, 틈이 없는) 온전한 것의 외양(Erscheinung, 현상)을 가지며, 기초짓는 것(Zugrundeliegenden, 그것의 참된 대상)과의 일치를 유지한다. … 52. … 또 소리를 듣는 것은 음(Töne)이나 소리(Schall), 혹은 소음(Lärm)을 일으키는 것 혹은 음감(Gehörempfindung)을 생산하는 것에서 어떤 흐름들(Wehen)이 흘러나올 때 생겨난다. 그러나 이 흐름은 동질적인 부분들로 쪼개지는데, 동시에 이 부분들은 상호간의 어떤 일치를 유지하게 된다. …… 53. …… 또 우리는 소리를 듣는 것에서처럼, 어떤 입자들이 우리의 감각 기관(Sinnesorgan)을 자극하여 감각을 불러일으킬 정도의 적당한 크기를 가진 원자 무리(Atomegruppen)가 흘러나오지 않는다면 냄새를 맡는 것도 불가능할 것이다 …….

8) **Lucretius**, *Über die Natur der Dinge*, II, 1140〔f.〕.
원자들의 사라짐을 통해 구멍들(Löcher)이 남게 될 때
모든 것들의 죽음은 당연한 것이다.[4]

V 천문 대기 현상

1) **Diogenes Laertius**, II[1],〔Kap.〕3.〔§〕10.

2) **Aristoteles**, *Metaphysik*, I, 5.〔……〕 일자는 신이다.

3) **Aristoteles**, *Über den Himmel*, I, 3. 개념(Begriff)이 현상들(Phänomene)에

4. 계속되는 유출에 의해 모든 것들이 얇아질 때 / 죽음이 찾아오는 것은 당연하다. – 역자주

1. 초고에는 'I' 로 되어 있었으나, 'II' 가 맞다.

대한 증거로 보이거나(scheint), 현상들이 개념에 대한 증거로 보이는 일이 자주 일어난다. 그래서 야만인들(Barbaren)이건 그리스인들(Hellenen)이건 사람들은 모두 신에 대한 표상을 가지며, 신적인 것에 최고의 자리를 부여한다. 신의 현존재를 믿는 모든 사람들은 공공연하게(offenbar) 불멸의 것(das Unsterbliche)을 불멸의 것에 연결시킨다. 왜냐하면 그렇지 않은 것이 불가능하기 때문이다. 그래서 신적인 것이—마치 그것이 실제로 있는 것처럼—있다면, 천체들의 실체에 대한 우리의 주장도 옳다고 할 수 있다. 그러나 이것은 감각적 지각과도 일치하여 인간들의 확신을 지지하고 있다. 왜냐하면 흘러간 모든 시간 동안 사람들에게 전해 내려오는 기억에 따라 하늘에 있는 어떤 것도 전체적으로, 아니 그 일부분도 변화하지 않는 것처럼 보이기 때문이다. 이름조차 과거로부터 오늘날에 이르기까지 이어져 내려오는 것처럼 보인다. 옛날 사람들도 지금의 우리가 말하는 것과 동일한 명칭으로 천체들을 불렀기 때문이다. 한 번 두 번이 아니라 무한히 많은 횟수의 시간 동안 똑같은 견해들이 우리에게 전해 내려왔다. 제1의 물체는 흙과 불, 공기, 물의 바깥에 있는 다른 어떤 것이기 때문에 테인 에[2](thein aei)라는 사실로부터 가장 높은 곳을 뜻하는 "에테르"(Äther)라는 이름을 얻었고, 영원한 시간이라는 말이 별칭으로 주어졌다

4) **Ders**. *ebdo*. II, 1[3]. 고대인들은 하늘과 가장 높은 곳을 신들에게 부여했는데, 이유는 그것만이 불멸이라고 할 수 있기 때문이었다. 오늘날의 학설(Lehre)은 그것이 파괴될 수 없는 것이며, 발생하지도 않고, 어떤 죽을 만한 재앙들(Mißgeschickes)에도 영향받지 않는다는 것을 증명한다. …… 그래서 이것은 신의 영속(ewige Dauer)에 대한 이해의 목적에 부합(zweckmäßig)할 뿐 아니라 동시에 이런 방식으로만 우리 개념들은 신에 관한 예언과 일치한다.

5) **Aristoteles**, *Metaphysik*, XI (XII), 8. 그러나 하나의 하늘이 있다는 것은 명백하다. …… 천체들이 신들이고 신적인 것이 모든 자연을 감싸고 있다는 것은 조상들과 고대인들로부터 신화들의 형식으로 내려온 전통이다. 나머지는 법과

2. 영원히 움직인다.

3. 초고에는 'I, 3과 II, 3'으로 되어 있었으나 'II, 1'이 맞다.

생활에 유용한 것으로서 대중들의 믿음에 신화적 형식으로 덧붙여진 것이다. 그들은 신들을 인간이나 다른 생명체들에 닮게 만들고, 그와 연관된 것들(Zusammenhängendes)과 친근한 것들(Verwandt)을 꾸며낸다. 만약 누군가 그 것으로부터 나머지 것을 분리해서 최초의 것만을, 즉 제1의 실체들이 신들이라고 하는 자신의 믿음만을 견지한다면, 그는 제1의 실체들을 신적인 것으로 말한 셈이라고 하지 않을 수 없다. 따라서 온갖 종류의 예술과 철학이 이런저런 방식으로 만들어지고 다시 사라진 후, 이런 견해들이 유물들(Reliquien)처럼 오늘날 우리에게 전해 내려온다고 생각해야만 한다.

6) **Diogenes Laertius**, X, 81. 이 모든 것들에 다음과 같은 사실, 즉 인간 영혼(Seelen)의 가장 큰 혼란은 천체들을 지복의 상태에 있는 불멸의 것으로 생각하면서, …… 〔동시에〕 이러한 믿음과 서로 충돌하게도 〔천체들이〕 바람들(Wünsche)과 행위들을 가졌다고 생각해서, 〔……〕신화들에 따라서 의심하는 데서 생겨난다는 사실을 덧붙여야만 한다.

7) **Ders**. ebd. 76. 유성들에 관하여 우리는 그것의 운동(Bewegung)과 위치(Lage), 일식이나 월식(Eklipsis), 뜨고(Aufang), 지는 것(Niedergang) 등의 현상들이 일자(Einer)가 지배하고 명령하거나 명령해왔기 때문에 발생한 것은 아니며, 일자는 동시에 모든 지복(Seligkeit)과 파괴불가능성(Unzerstürbarkeit)을 함께 가지고 있다고 생각해야만 한다. 77. 왜냐하면 행위들은 복과 일치를 이루지 못하고 약함(Schwäche)과 공포(Furcht), 필요(Bedürfnis, 결핍)와 긴밀히 연관된 원인들에서 발생하기 때문이다. 또한 지복을 가진 어떤 불같은 물체들〔천체들〕이 임의로 이러한 운동들을 행한다고 생각할 수도 없다. 〔……〕사람들이 이것에 동의하지 않는다면 이 모순 자체는 사람들의 영혼 안에서 가장 큰 혼란을 만들어낼 것이다.

8) **Aristoteles**, *Über den Himmel*, II, 1. 우리는 세계가 아틀라스의 떠받침을 필요로 한다는 옛 사람들의 신화를 믿어서는 안된다〔……〕.

9) **Diogenes Laertius**, X, 85. 〔퓌토클레스〕네가 그것들을 기억에 새기고자 한다면, 즉시 내가 헤로도토스에게 보낸 개략적 글(Überblick)을 보아라.

10) **Ders**. ebd. 85. 첫째로 다른 자연과학들에서와 마찬가지로 천문 대기 현상에 대한 인식——그것이 전체로 취해지든, 부분으로 취해지든——으로부터는 아

타락시아(Ataraxie)와 굳은 확신 이외에 다른 어떤 목적을 얻을 수 있다고 생각해서는 안 된다.

Ders, ebd. 82. 아타락시아는 이 모든 것들〔모든 고통들〕로부터 자유로워지는 것, 그리고 완전하고(Ganze) 가장 중요한 것(Hauptsächlichste)을 〔계속〕 기억하는 것을 의미한다.

11) **Ders**. ebd. 87. 우리의 삶은 이데올로기나 공허한 가정들을 필요로 하지 않으며, 오히려 우리는 혼동없이 살아가야 한다.

Ebd. 78. 자연학(Physiologie)의 일이 가장 중요한 것(Hauptsächlichsten)의 토대를 탐구하는 것이 듯, 여기서도 행복은 천문 대기 현상에서 나온다.

Ebd. 79. 즉자적으로 그리고 대자적으로 천체들이 뜨고 지는 것, 〔그것들의〕 위치(Lage)와 일 · 월식(Eklipsis), 그리고 이와 비슷한 것들에 대한 인식에는 행복을 위한 어떤 것이 담겨 있지 않다 ; 이러한 현상들을 그 본성과 주요 원인들에 대한 이해를 결여한 채로 보는 사람들에게는 오직 공포(Schrecken)만이 있을 뿐이다. 그리고 〔어쩌면〕 이것을 미리 알고 있는 사람이 더 큰 공포를 느낄지도 모른다.

12) **Ders**. ebd. 86. 우리는 불가능한 것을 억지로 할 필요도 없고 윤리학에서와 같은 동일한 이론들을 사용할 필요도 없다. 그리고 우리가 다른 물리적 문제를 다룰 때의 명확함(Klärung)도 가질 수 없다. …… 예를 들면 신체들〔물체들〕과 비신체적인 본성으로 구성되는 모든 것, 혹은 분할 불가능한 요소들이 있다는 것, 거기서는 현상에 대한 하나의 설명이 상응한다는 것. 그러나 이것들은 천문 대기 현상에는 해당되지 않는다.

13) **Ders**. ebd. 86. 그것들의 기원은 단순한 원인을 갖지 않으며, 그 지각에 상응하는 본질의 범주도 하나 이상이다. 왜냐하면 자연학은 공허한 공리들(Axiomen)과 법칙들(Gesetzen)로는 추구될 수 없고, 오히려 현상들을 필요로 한다.

14) **Ders**. ebd. 92

15) **Ders**. ebd. 94.

16) **Ders**. ebd. 95 와 96.

17) **Ders**. ebd. 98.

18) **Ders**. ebd. 104. 그〔에피쿠로스〕는 천둥이 일어나는 몇 가지 방법(Art)과 방식(Weise)이 있다고 말했다. 단 신화(Mythos)만은 멀리해야 한다. 우리가 현상들을 관찰하고 그것들로부터 볼 수 없는 것을 추론한다면 그것을 멀리할 수 있을 것이다.

19) **Ders**. ebd. 80. 그래서 우리가 천문 대기 현상들에 관하여, 그리고 잘 알려지지 않은 것들에 대하여 탐구할 때는 그와 비슷한 것들이 우리 경험에서 일어난 방식들을 고려해야만 한다.

Ebd. 82. 그러나 아타락시아는 이 모든 문제들로부터 자유로워지는 것을 의미한다. … 우리는 현재의 감각적 지각이 일반적으로 인간에 속한 것인지, 아니면 어떤 개인에 특유한 것인지에 유의해야 하며, 진리의 기준들(Kriterium)로 제시된 가능한 모든 증거(Evidenz)들에 유의해야 한다. 왜냐하면 이것에 대해 생각할 때, 우리는 천문 대기 현상들과 간혹 발생해 사람들을 놀라게 하는 다른 나머지 것들을 설명하면서 그 원인을 올바르게 추적할 수 있고, 사람들에게 공포를 주거나 불안을 일으키는 근원을 없앨 수 있기 때문이다.

Ebd. 87. 우리가 경험하는 어떤 현상들은 하늘에서 일어난 것들을 해석하는 데 증거를 제공한다. 우리 자신이 경험하는 그러한 현상들은 왜 그것이 실제로 일어나는지를 알 수 있지만, 천문 대기 현상은 다양한 원인들에 기인할 수 있기 때문에 그것이 어떻게 일어나는지를 알 수 없다. 〔88.〕 하지만 우리는 각 현상들을 드러난 대로 관찰하고, 그 다양한 원인들이 우리 경험에서의 현상들과 모순되지 않는 방식으로 설명해야 한다.

20) **Ders**. ebd. 78. 더욱이 우리는 '여러 방식이 있다' 고, '가능한 〔모든〕 방식들이 있다' 고, 그리고 '어떻든 다르게 존재한다' 고 생각해야 한다. 〔……〕

Ebd. 86. 이것들은 발생의 단일한(einfache) 원인을 가지고 있지 않다. ……

Ebd. 87. 천문 대기 현상에서 일어나는 모든 것들은 다양한 방식으로 계속해서 일어난다. …… 우리가 그것들에 대해서 주장될 수 있는 것을 정당하게 이해할 때 ……

21) Ebd. 98. 하나의 설명만 받아들이는 사람들은 그 현상들(Phänomenen) 대해 자가당착에 빠져 버리고, 지식〔앎〕을 얻을 수 있는 방법에 대해서 완전히 오해한다.

Ebd. 113. 현상들에 몇 가지의 원인들이 가능할 때 하나의 원인만을 취하는 것은 미친 것이고, 모순된 것이다 ; 그러나 이것은 무분별한 점성술에 의해서 이루어지고 있는데, 이들은 어떤 현상에 대한 의미없는 설명을 할 뿐이며, 결코 신을 노고로부터 자유롭게 하지도 못한다.

Ebd. 97. 그것들이 움직이는 궤도의 규칙성은 우리 경험에서 일어나는 어떤 일상적인 것들과 같은 방식으로 설명해야 한다. 이것을 설명하기 위해서 신적인 본성을 끌어들여서는 안 되며, 신적 본성은 이러한 문제들로부터 초연해서 완전한 지복 속에 있어야 한다. 그렇지 않게 된다면 천문 대기 현상에 관한 탐구는 헛된 것이 될 것이다. 마치 가능한 방법을 고수하지 않는 사람들은 사건들은 한 가지 방식으로만 생겨난다고 생각해서 가능한 다른 것들을 거부하는 잘못을 범했듯이 …… 그것이 그들을 지각할 수 없는 영역으로 빠져들게 했고, 다른 것들로부터 단서를 취할 수 있는 것도 불가능하게 했다.

Ebd. 93. …… 점성술의 노예적인 기술(Kunststück)에 대한 근심없이 ……

Ebd. 87 …… 사람들은 자연학의 경계를 넘어서 신화의 품 속으로 내던져져 버린다.

Ebd. 80. 그래서 우리는 …… 천문 대기 현상들과 모든 알려지지 않은 것들의 원인을 탐구해야만 한다. …… 반면에 먼 곳에서 보이는 현상들의 경우, 한 가지 방식으로만 일어나는 것과 여러 가지 방식으로 일어나는 것을 구분하지 못하고, 어떤 조건에서 우리가 행복할 수 있는지도 알지 못하는 사람들이 있다. …… 그 같은 사람들에 대해서 우리는 경멸해야 한다.

22) Ders. ebd. 80. 우리는 다음과 같은 선입견, 즉 이런 주제들에 대한 연구가 단지 우리 자신의 아타락시아와 행복만을 향하면, 그것이 철저하고 엄밀하게 수행될 수 없지 않을까 하는 선입견을 버려야만 한다.

23) Ders. ebd. 78. …… 절대적인 규범(Norm)은 다음과 같은 것이다. 즉 아타락시아를 방해하고 위험을 야기하는 어떤 것도, 파괴되지 않고 영원한 자연에 속할 수는 없다는 것이다. 우리가 그러한 의식을 가져야만 한다는 것은 절대적 법칙이다.

24) Vergl. Aristoteles, *Über den Himmel*, I, 10.

25) Ders. *Ebendas.* (I, 10) 세계가 전에는 지금과 다른 방식으로 조건지워진 부

분들로 이루어졌고, 그것들이 항상적인 것이어서 다른 방식으로 될 수 없는 것이라면, 세계는 결코 생겨나지 않았을 것이다.

26) **Athenaeus**, *Gastmahl der Gelehrten*, III. 〔S.〕 104. 에피쿠로스의 가장 내적인 본질에 대한 날카로운 이해를 보여주었고, 에피쿠로스 철학의 핵심이 아르케스트라투스의 위학이라고 언급한 장한 크리시포스에 대해 사람들은 칭찬해야 한다〔……〕

27) **Lucretius**, *Über die Natur der Dinge*, I, 63〔~70. 79〕~80.

Karl

부록

Marx

부록 중 남아 있는 부분

Fragment Aus Dem Anhang

에피쿠로스 신학에 대한 플루타르크의 논쟁에 대한 비판

Kritik der plutarchischen Polemik gegen Epikurs Theologie

[II. 개인적 불멸]

[1. 종교적 봉건주의, 인민의 지옥]

다시 고찰은 영혼이 영원하다는 가르침에 대해서 부정하고 사악한 사람들(ton adikon kai poneron)이 맺는 관계, 그리고 보통의 대중들(pollon kai idiotion)이 맺는 관계, 끝으로 고귀하고 지적인 사람들(epieikon kai noun echonton)이 맺는 관계로 나누어진다(S. 1104 〔A.c. 25〕. l.c.). 이미 이러한 경직된 질적 구별 자체가 철학자로서 인간 영혼 일반의 본질적 관계를 고찰했던 에피쿠로스에 대해 플루타르크의 이해 수준이 얼마나 형편없는지를 보여준다.

그리고 나서 그는 부정한 사람들을 개선시키기 위한 수단으로 다시 공포를 도입하고, 감각적 의식에 대해 하계(下界)의 공포를 정당화한다. 이미 우리는 이러한 그의 반론을 고찰한 바 있다. 공포 때문에, 특히 사라질 수 없는 내적인 공포 때문에 인간은 동물로서 규정되지만, 동물이 어떤 방식으로 구속되어 있는지에 대해서는 별관심도 없다.

이제 대중들(polloi)의 견해로 옮겨가 보자. 비록 이 〔대중이라는〕 말에 포함되지 않는 사람들은 거의 없음이 결국에 드러나겠지만, 그리고 사실대로 말하자면 모든 사람들이, 나는 모든 인간들이라고 말하고 싶은데(deo legein pantas), 이 깃발에 충성을 맹세하고 있다고 말할 수 있지만.

하데스(Hades, 저승)에서 일어날 일에 대한 공포가 없는 대중들에게는 신화와 결합된 영원한 생명에 대한 희망, 그리고 모든 정념들 중 가장 오래되고 가장 강력한 존재하고자 하는 욕망이 즐거움과 행복을 만들어내고 유치한 공포를 극복하게 해준다. … 1104쪽〔B-C. c. 26〕. l.c. … 그래서 아이나 아내, 그리고 친구를 잃은 사람들은 누구나 그들이 완전히 사라지거나 사멸하거나 무로 돌아가는 것이 아니라, 비록 행복을 누리지는 못해도 어딘가에 존재하고 있고 살아남아 있을 것이라고 소망한다. 또 그들은 '죽음'이란 '우리를 떠나 어디론가 가는 것' 혹은 '사는 곳을 바꾸는 것'이라는 말, 그리고 죽음을 파괴나 소멸이 아니라 영혼이 거주하는 곳이 바뀌는 것으로 나타내는 모든 말들을 듣기 좋아한다. … 1104쪽〔C. c. 26〕. l.c. … '그는 죽어버렸다'라든가 '그는 살아있지 않다', 혹은 '그는 더 이상 존재하지 않는다' 같은 표현들은 그들의 마음을 혼란스럽게 만든다. …… 그러나 '우리 인간들은 한 번 태어나지 두 번 태어나지 않는다…'고 말하는 사람들은 그들에게 죽음을 각오하게 만드는 것이다. … 1104쪽 E.c. 26. 27. l.c. 왜냐하면 그들은 영원성과 비교해서 현재를 아주 짧은 순간으로, 심지어는 아무것도 아닌 것으로 평가절하 해서 그것을 향유하지도 않고 그냥 흘려보내 버리기 때문이다. 그들은 말하자면 용기를 잃고서 덕과 실천을 경시하고, 자기 자신들을 말할 가치도 없는, 일시적이고 아무런 고상한 목적도 없이 태어난 하루살이로 경멸한다. 왜냐하면 감각할 수 없는 것, 해체되어 버린 것, 감각을 가지고 있지 않은 것〔즉 죽음〕은 우리에게 아무것도 아니라고 하는 가르침은 죽음의 공포를 없애주기는커녕 오히려 그것에 대한 증명을 제공하기 때문이다. 왜냐하면 … 사유할 수도 느낄 수도 없는 것으로의 영혼의 해체를 우리의 본성은 두려워하기 때문이다. 에피쿠로스가 이것을 허공과 원자로의 분산으로 만들면서 불멸성에 대한 희망을 더욱 파괴해버렸다. 하지만 나는 대략 이렇게 말하고 싶다. 불멸성은 모든 인간들이 계속 존재(Sein)하고 사라지지 않을 수만 있다면, 기꺼이 케르베로스(Cerberus, 지옥을 지키는 개)에 의해 갈기갈기 찢겨질 준비가 되어 있고 〔밑바닥이〕 새는 항아리에 물을 나르려고도 하려는 바로 그런 것이다. 〔1104E-〕 1105쪽 〔A.c. 27〕. l.c.[1]

이것〔폴로이, 즉 대중들의 견해〕과 이전 단계〔부정한 사람들의 견해〕 사이에는 실제로 아무런 질적인 차이도 존재하지 않는다. 첫번째 단계에서 동물적 공포의 형태로 나타났던 것이 여기서는 인간적 공포의 형태로, 즉 감정의 형식으로 나타났을 뿐이다. 내용은 동일한 채로 남아 있다.

우리는 존재의 욕망이 가장 오래된 사랑이라고 들었다 ; 확실히 가장 추상적이고 따라서 가장 오래된 사랑은 자기애(自己愛), 즉 그의 특수한 존재에 대한 사랑이다. 하지만 그것은 사태를 지나치게 솔직히 고백한 것이다. 그래서 사태는 한 번 더 되돌려지고 감정의 가상 덕택에 고상한 광채를 그 주위에 두르게 되었다.

때문에 아내와 아이들을 잃은 사람은 그들이 완전히 사라지는 게 아니라, 비록 행복하진 않아도 어딘가에 존재하고 있을 것이라고 생각하게 된다. 오직 사랑만이 중요하다면 개인의 아내와 아이는 그 사람의 가슴 속에 가장 순수하게 남아 있을 것인데, 그것은 경험적인 실존의 존재 방식보다도 훨씬 높은 존재 방식이다. 그러나 사태는 다르다. 아내와 아이는 그들이 속한 그 개인이 경험적으로 실존하고 있을 때에 한에서만 경험적으로 실존한다. 따라서 그 개인이 아내와 아이가 어디에도 없다고 말하기보다는 그들이 불행한 조건에 있다고 하더라도 어딘

---

1. 맑스는 이 단락을 그리스어로 직접 인용하고 있다. 이 인용문은 에피쿠로스의 철학에 관한 세번째 노트에도 나와 있다. - 역자주

가에, 공간적인 감성 속에 있다고 믿고 싶어한다는 사실은 단지 그가 자신의 경험적인 실존에 대한 의식을 보존하기를 원한다는 것을 의미할 뿐이다. 사랑의 외투는 단지 그림자일 뿐이고, 적나라한(nude) 경험적 자아(Ich), 자기애 즉 그 가장 오래된 사랑이 핵심이다. 그것은 보다 구체적이고 보다 관념적인 어떤 형태로도 회춘(回春)하지 않는다.

플루타르크는 "변화"라는 명사가 "완전한 정지"(Aufhören)보다 더 기분 좋게 들린다고 생각했다. 그러나 그는 변화란 질적인 것이 아니며, 개별적 자아는 그 개별적 존재 안에서 존속할 것이므로, 그 변화라는 명사는 그것이 존재하는 바(was er ist)의 감각적인 표상일 뿐이며, 그 반대〔즉 불변성〕를 의미해야 한다고 보았다. 사태는 결코 변화하는 게 아니며, 단지 모호한(dunkeln) 장소에 놓여질 뿐이다. 공상적인 격차(phantastischer Ferne)의 삽입은 질적인 비약──모든 질적인 구분은 비약이다. 그러한 비약 없이는 어떤 관념성도 존재하지 않는다──을 은폐해야 했다.

또한 플루타르크는 생각하기를 이 의식……[2]

2. 부록 중 남아 있는 부분은 여기서 끝난다. 여기에 실린 내용들은 에피쿠로스의 철학에 대한 세번째 노트의 한 부분과 완전히 일치하고 있다.

부록의 남아 있는 주(註)

Anhang

에피쿠로스 신학에 대한 플루타르크의 논쟁에 대한 비판
Kritik der plutarchischen Polemik gegen Epikurs Theologie

I. 신에 대한 인간의 관계

1. 공포와 저 세계[피안]의 본질(jenseitige Wesen)

1) **Plutarch**, *Beweis, daß man nach Epikur nicht glücklich leben kann*, (Xylander 출판), 제II권, S. 1100. 〔…〕 쾌락에 관해서는 다음과 같은 것이 지적될 수 있다 …… (즉 에피쿠로스로부터)[1] : 그들의 가르침은 … 어떤 방식으로 공포와 미신을 제거한다 ; 그러나 그들은 신들로부터의 어떤 기쁨이나 즐거움도 우리에게 제공해 주지 못한다.

2) **Holbach**, *System der Natur*, (London, 1770), 제II부, S. 9. 그렇게 강력한 작인들(Agentien)에 대한 이념(Idea)은 공포에 대한 생각과 관련되어 있다 ; 그들의 이름은 항상 사람들에게 자신들과 선조의 불행을 떠오르게 한다 ; 오늘날 우리는 우리의 조상들이 수천년 동안 공포에 떨었다는 이유로 공포에 떨고 있다. 신성에 대한 관념은 항상 우리 안에서 기를 꺾는(bedrückende) 관념들을 불러일으킨다. …… 오늘날 우리의 공포와 가련한 생각들은 … 항상 우리가 자신의 이름을 들을 때마다 우리 마음 속에서 깨어난다. 〔…〕 Vergl. S. 79 인간이

---

1. 좀더 정확히 번역하자면 : 에피쿠로스의 가르침에 대하여 플루타르크 아리스토데모스 Aristodemus의 친구이자 플라톤주의적인 철학자들로부터.

도덕성을 그의 행위를 변화시키는 신의 곧은 도덕적 성격에 기초짓지 않을 때, 자신이 신에게 빚진 것을 알지 못할 뿐 아니라 그 자신이나 다른 사람에게 빚진 것도 알 수 없을 것이다. 따라서 초자연적인 본질이 있다는 것—이성이 침묵해야 하고, 인간이 행복해지기 위해서는 모든 것을 그에게 희생해야 하는 그런 본질이 있다는 것—을 인간에게 설득하는 것보다 위험한 것은 없다.

3) **Plutarch**, a. a. O. S. 1101. 그들은 신을 선한 사람들에게는 온화하고 사악한 사람들을 미워하는 지배자로 두려워한다. 이 두려움 때문에 그들은 나쁜 짓을 하지 않고 악행에서 해방된다. 그리고 그들은 자신에게서 아주 조용히 악덕(Böse)을 죽게 만들기 때문에, 그것을 자유롭게 하고 대담하게 행동해서 갑작스런 공포와 후회를 느끼는 사람들보다 덜 고통스럽다.

2. 숭배(Kultus)와 개인(Individiuum)

4) **Plutarch**, a. a. O. S. 1101. 〔…〕 그것〔영혼〕은 신을 가장 확고하게 믿고 생각하는 경우에 고통과 공포와 근심을 가장 잘 없애주며, 기쁨을 사랑하는 사물들 안에서의 농담과 웃음, 도취로까지 나아가게 한다. 〔……〕

5) **Plutarch**, a. a. O.

6) **Plutarch**, a. a. O. S. 1102. 축제에서 마음을 즐겁게 해주는 것은 풍부한 포도주나 좋은 고기가 아니라 온화한 신의 현전(gegenwärtig)과 일어난 일에 대한 자비로운 수용에 대한 선한 기대와 믿음인 것이다.

3. 섭리(Vorsehung)와 강등된 신(degradierte Gott)

7) **Plutarch**, a. a. O. S. 1102. 〔…〕 그들〔매우 훌륭하고 신을 가장 사랑하는 사람들〕이 신에 대해 다음과 같은 순수한 관념을 가지고 있으니, 그 기쁨이 얼마나 클 것인가 : 신이 모든 축복에 대한 우리의 안내자라는 것, 그리고 모든 고귀한 것들의 아버지라는 것, 그리고 나쁜 어떤 것에 대해서도 당하지 않는다는 것 등.

왜냐하면 그것은 그가 선하기 때문이며, 선한 어떤 것에서도 시기심이나 공포, 분노나 증오는 일어나지 않기 때문이다 ; 왜냐하면 마치 열이 차갑게 하는 것이 아니라 따뜻하게 하는 것이 듯, 선(善)도 결코 해를 끼치는 것이 아니기 때문이다. 본성상 노여움(Zorn)은 인자함(Gnade)으로부터, 분노(Grimm)는 선의(Wohlwollen)로부터 서로 멀리 떨어져 있으며, 적의(Feindseligkeit)와 반발하는 본질은 인간의 사랑(Menschenliebe)과 친절함으로부터 서로 멀리 떨어져 있는 것이다 ; 왜냐하면 한편이 덕과 힘에 속한다면 다른 한편은 악덕과 약함에 속하기 때문이다. 따라서 신적인 것은 노여움과 인자함을 함께 갖지 않는다. 분노하고 해를 끼치는 것이 아니라 인자하고 도움을 주는 것이 그의 본질이라고 해야 할 것이다. 〔…〕

8) **Ebd**. 당신들은 섭리를 부정하는 사람들에게 다른 어떤 처벌이 더 〔필요하다고 생각하는가?〕, 그들이 자신들로부터 그토록 큰 쾌락과 즐거움을 포기할 때도 충분히 처벌받지 않았다고 생각하는가?

9)[2] "**약한** 이성이란 어떤 객관적인 신을 인식하지 못하는 이성이 아니라, 객관적 신을 인식하기를 **원하는** 이성이다." Schelling, "독단주의(Dogmatismus)와 비판주의(Kriticismus)에 관한 철학적 편지", *Philosophische Schriften*, 제1권, Landschut, 1809, S. 127. 편지 II.

쉘링 Schelling씨는 자신의 첫번째 저작에 대한 생각을 다시 말하도록 충고를 받아야만 했을 것이다. 예를 들어 우리는 그의 저작인 『철학의 원리로서의 자신(das Ich)에 관하여』에서 다음과 같이 말했다 :

> 예를 들어 객관(Objekt)으로 규정되는 한에서 신을 "우리 인식의 **실재 근거**(Realgrund)로서" 생각해보자. 그렇게 되면 그는 대상인 한에서 **우리 인식의 영역** 안의 **자신**에게 속하고, 따라서 이 모든 영역이 매달리게 되는 궁극의 지점(letzte Punkt)이 될 수 없게 된다.[3]

2. 이 각주 9번은 나중에 맑스가 삽입한 것이다. 쉘링의 인용문 가운데 강조된 것은 대부분 맑스에 의해 그렇게 된 것이다.

끝으로 우리가 앞서 인용했던 그 저작의 마지막 말들(Schlußworte)로 쉘링씨를 기억하자 :

"**더 나은** 인류(Menschheit)에게 **정신들의 자유**를 알릴 **시간이 도래했다**. 그들이 자신들의 족쇄가 사라졌음에 대해 슬퍼하는 것을 더 이상 허용해서는 안 된다."[4] 129쪽.

1795년에 이미 시간이 도래했다면 1841년은 어떻게 된 것인가?[5]

이 경우에 대해 우리는 거의 악명 높은 테마, 즉 신의 현존에 관한 증명을 꺼낼 수 있을 것이다. 헤겔은 자신을 정당화하기 위해 이 모든 신학적 증명들을 거꾸로 돌렸다. 다시 말해서 이것들을 배척한 것이다. 변호사 자신이 그들을 죽임으로써만 유죄평결에서 구해줄 수 있다고 하면, 그 누가 의뢰인이 되겠는가? 예를 들어 헤겔은 신에 대한 세계로부터의 추론을 형태(Gestalt) 속에서 다음과 같이 해석했다: "우연한 것(das Zufällig)은 존재하지 **않으므로**, 신이나 절대자(das Absolute)는 존재한다."[6] 그러나 신학적인 증명은 정반대다 : "우연한 것은 참된 존재를 가지므로, 신은 존재한다." 신은 우연한 세계의 보증자이다. 이것으로 서로 반대되는 것이 주장되었다는 것 또한 분명하다.

신의 현존에 대한 증명은 어느 쪽이든 **공허한 동어반복**(hohle Tautologien)일 뿐이다. 존재론적(ontologische) 증명의 예를 들어보자. 이것은 단지 다음의 것을 의미할 뿐이다 : "나에 대해서 내가 실재로(realiter) 표상하는(vorstelle)

3. 모든 강조는 맑스가 한 것이다.
4. "더 나은"(bessern)을 제외하고 모든 강조는 맑스가 한 것이다.
5. 맑스가 인용한 쉘링의 두 개의 저작(『독단주의와 비판주의에 관한 철학적 편지』, 『철학의 원리로서의 자신』) 모두 1795년에 출판되었다.
6. 아마도 맑스는 헤겔의 『종교 철학 강의』 (베를린 대학에서 1829년 여름 세미나에 포함되어 있던 신의 현존재 증명에 대한 강의)를 말하는 것으로 보인다 : "우연한 것이 존재하기 때문이 아니라 그것이 하나의 비존재(Nichtsein), 단지 현상(Erscheinung)이고, 그것의 존재가 참된 현실성이 아니기 때문에, 절대적으로 필연적인 것(die absolute Notwendigkeit)이 존재하는 것이다 ; 이것[절대적 필연성]이 그것의 존재이고, 진리인 것이다."(『전집』, 16권, 슈트트가르트, 1928, 480쪽)

것은 나에 대한 실재적 표상이고," 나에게 작용하는 어떤 것이다. 이런 의미에서 **모든 신들**은——기독교적인 신뿐 아니라 이교도의 신들도—— 실재적인(reelle) 실존(Existenz)[7]을 갖는다. 고대의 몰록(Moloch)은 지배하지[8] 않았는가? 델포이의 아폴로는 그리스인들의 삶에 실재적인 힘(Macht)을 갖지 않았는가? 이 점에서 칸트의 비판[9]은 아무 것도 아니다. 만일 누군가 자신이 100탈러(Taler, 독일의 옛 3마르크 은화)를 가지고 있다고 표상한다면, 그리고 이 표상이 그에게는 자의적이고(beliebige) 주관적인 것이 아니라고 한다면, 그리고 자신이 그것을 믿는다면, 이 상상된(eingebildeten) 탈러들은 그에게 실재적인 백 탈러와 동일한 가치를 가진다. 가령 그는 모든 **인류가 자신의 신들에게 빚을 졌던 것과 마찬가지로,** 자신의 상상력에 대해 빚을 질 것이고, 그의 상상력이 **작동할 것이다**(wirken). 진실은 그 반대다. 칸트의 예는 존재론적 증명을 강화할 수 있었을 것이다. 실재적인 탈러들은 상상된 신[10]과 마찬가지로 실존하고 있다. 실재적인 탈러가 단지 인간의 보편적인 혹은 공통적인 표상 안에서 뿐이라면, 그것은 표상 안에서가 아닌 다른 어떤 실존을 갖는가? 종이돈을 종이의 이러한 사용이 알려지지 않은 나라에 가지고 온다면 모든 사람들은 당신의 주관적인 표상에 대해 비웃을 것이다. 다른 신들을 숭배하는 나라에 당신의 신과 함께 간다면, 사람들은 당신이 상상(Einbildungen, 공상)과 추상(Abstraktionen)에 시달리고 있다는 것을 보이려고 할 것이다. 그리고 그것은 정당한 것이다(Mit Recht). 벤더족 신(Wendengott)을 고대 그리스로 데리고 가려는 사람은 이 신의 비실존(Nichtexistenz)에 관한 증명을 발견하게 될 것이다. 왜냐하면 그리스인들에게 그는 실존하지 않기 때문이다. **어떤 특정한 국가가 이방[외국]에서 건너온 특정한 신들에 대해서 갖는 관계는 이성의 국**

7. "힘"(Macht)을 맑스가 "실존"(Existenz)으로 고쳤다.

8. "지배했다"(geherrscht) 뒤에 있던 "인간 희생물들이 바쳐졌던" 이라는 말이 삭제되었다. (몰록에게는 아이들을 제물로 바쳐야 했다 -역자)

9. 칸트의 비판은 "사색적 이성으로부터의 신의 존재에 대한 세 가지 증명", 다시 말해서 존재론적 증명, 우주론적 증명, 물리 신학적(physikotheologischen) 증명을 가리킨다. 『순수이성비판』(칸트 전집 3권, 베를린, 1922, 410~433쪽) 참조.

10. 'als'를 'die'로 고쳤다.

가가 신 일반에 대해서 갖는 관계이고, 그 국가[이성의 국가]는 신의 실존이 종언을 고하는 지역이다.[11]

그렇지 않다면 신의 현존에 관한 증명은 **본질적으로 인간적인 자기의식의 존재증명, 그것의 논리적 설명(Explikationen)에 대한 증명**일 뿐이다. 예를 들면 존재론적 증명의 경우. 사유하게 된 것에 따라 어떤 존재(Sein)가 직접적인가? 바로 자기의식이다.

이러한 의미에서 신의 현존(Dasein)에 대한 모든 증명들은 그의 **비현존(Nichtdasein)**에 대한 증명들인 셈이고 신에 관한 모든 표상들(Vorstellungen)에 대한 **반박들(Widerlegungen)**인 셈이다. 실재적인 증명은 반대로 되어야 한다: "자연이 나쁘게 배치되었으므로(eingerichtet) 신이 존재한다.", "비이성적 세계이므로 신이 존재한다", "사상(Gedanke)이 없으므로 신이 존재한다". **세계가 비이성적으로 나타나는 사람에게, 그래서 자신이 비이성적인 사람에게, 신이 존재하는 사람에게**, 이것들 외에 무엇을 말하겠는가? **아니면 비이성(Unvernunft)이 신의 현존이다.**

"[…] 당신들이 객관적인 신의 관념(Idee)을 전제한다면, 어떻게 당신들은 이성이 자신으로부터 스스로 산출하는 법칙에 대해서 이야기할 수 있는가, 자율성(Autonomie)은 절대적으로 자유로운 본질에만 속할 수 있는 것인데?" Schelling, l.c. S. 198. [편지 10].

"일반적으로 소통할 수 있는(mitteilbar) 원리들(Grundsätze)을 감추는 것은 인류에 대한 범죄(Verbrechen)다." S, 199.

---

11. "비실존을 증명하게 된다"(Nichtexistenz bewiesen wird)에서 "실존하기를 멈춘다[실존이 종언을 고한다]"(Existenz aufhört)로 바꾸었다.

Karl

노트

에피쿠로스, 스토아 그리고 회의주의

철학 노트

맑스는 노트들을 1839년에 작성했다. 노트들은 맑스가 이후에 쓰고자 했던 고대철학에 대한 저서를 위해 작성되었으며, 그의 박사논문에서 광범위하게 활용되고 있다. 노트들에는 고대 철학자들(주로 에피쿠로스 학파)의 라틴어나 그리스어 원문들이 길게 인용되고 있으며, 맑스 자신의 견해도 들어 있다. 노트는 모두 일곱 권으로 이루어져 있지만, 「에피쿠로스 철학」이라는 제목의 표지를 가진 것은 1권부터 4권, 그리고 7권 해서 모두 다섯 권이다. 노트 2, 3, 4권의 표지에는 '1839년 겨울 학기' 라고 쓰여 있다. 5권과 6권의 표지는 발견되지 않았다. 특히 5권은 몇 쪽 분량의 내용이 유실된 상태다. 6권의 마지막 쪽에는 헤겔의 『엔치클로페디』에서 발췌한 내용이 '헤겔의 자연철학의 계획' 이라는 제목으로 쓰여 있으나, 노트들의 주 내용과는 직접적 관련이 없어 노트들과 별도로 출판되었다.

에피쿠로스 철학 · 첫번째 노트

I Epikureische Philosophie · Erstes Heft

I. 디오게네스 라에르티오스Diogenes Laertius 제10권
가쌍디 P. Gassendi, 『디오게네스 라에르티오스 제10권 연구』*Bemerkungen zum zehnten Buch des Diogenes Laertius*, 리옹(Lyon), 1649.
제1권 안에 들어 있는 「디오게네스 라에르티오스 제10권」에서 발췌.

I. 디오게네스 라에르티오스, 제10권

에피쿠로스

[2] "[…] 그러나 데모크리토스의 작품을 대하게 되면서 [에피쿠로스는] 철학으로 향하게 되었다." 10쪽.

[4] (스토아 학파인 포시도니오스Posidonius와 니콜라우스Nikolaus 그리고 소티온Sotion도 『디오클레이아』*Diokleia*라는 제목의 책 12권에서 에피쿠로스를 비난했다)[1] "에피쿠로스는 데모크리토스의 원자에 대한 가르침과 아리스티포스Aristippus의 쾌락에 대한 가르침을 자신의 것인 양 제시했다." 11쪽.

[6] "나[에피쿠로스]는 먹을 때의 쾌락, [사랑의 기쁨,] 음악을 듣는 기쁨, 아름다운 모습을 보는 기쁨을 제외한다면 선이 무언지 알지 못한다." 12쪽.

[12] "그는 … 고대 철학자 아낙사고라스를 가장 좋아했다. 비록 가끔은 그에 반대하기도 했지만……" 16쪽.

---

1. 이 부분은 라틴어로 쓰여 있다.

[29] "그것〔에피쿠로스 철학〕은 세 부분으로 나뉜다 : 규범론(Kanonik)과 자연학(Physik), 윤리학(Ethik)." 25쪽.

Ⅰ. 규범론

[31] "에피쿠로스는 『규범론』에서 **감각과 선(先)개념**(Prolepseis) 그리고 우리의 **느낌들**이 진리의 **기준**이라고 단언한다 ; 에피쿠로스주의자들은 정신의 표상적인 직관도 진리의 기준으로 만들었다." 25～26쪽. "그 자신의 언급도… 『중요 가르침』*Hauptlehren*에서 발견된다." 26쪽.

I. "… 감각들은 참된 것이다. 모든 감각들은 … 합리적이지 않으며, 기억할 수도 없다. 왜냐하면 그것은 자기 원인을 갖지 않으며, 외부 원인을 갖는 것으로 간주되어 거기에 무엇을 더하거나 거기로부터 무엇을 빼내갈 수 없기 때문이다. 그리고 그것은 판단하지도 속이지도 않기 때문이다."

[31~32] "감각들을 논박할 수 있는 것은 아무것도 없다 : 한 감각은 다른 감각이나 그로부터 파생된 감각의 잘못을 입증할 수 없다. 양자는 똑같이 타당하기 때문이다(aequipollentiam) ; 또 한 감각은 동류의 것이 아닌 다른 감각을 논박할 수도 없다. 그것은 두 감각이 판단하는 대상이 같지 않기 때문이다; 우리는 모든 감각에 똑같은 주의를 기울이므로 한 감각으로 다른 감각을 논박할 수 없다 ; 또한 이성 역시 감각들을 논박할 수 없다. 이성은 감각에 의존하기 때문이다."

"그리고 감각들이 **실재**(Realität)라는 사실은 감각의 진리를 보증해 준다. 그러나 보는 **것과 듣는 것은 고통을 느끼는 것만큼이나 실재다. 참된 것과 실재인 것 사이에는 아무런 차이도 없다.**" 26쪽.

"따라서 우리가 미지의 것들에 대한 정보를 찾으려는 곳은 현상이다. 왜냐하면 우리의 **모든 개념**들은 약간의 추론을 이용한 **실제적인 접촉**(Inzidenz) **이나 유비**(Analogie), **유사**(Homogenität)**나 종합**(Synthese) **등을 통해 나오는** 것이기 때문이다." 26〔～27〕쪽.

"**그리고 꿈 속에 나타나거나 미친 사람에게 나타나는 대상들도 모두 참된**

것이다. 왜냐하면 그것들은 … 존재하지 않는 것들이 결코 할 수 없는 운동을 만들어내기 때문이다." 27쪽.

II. [33] "선개념이라는 말로 그들〔에피쿠로스주의자들〕이 의미하는 바는 일종의 표상 또는 올바른 견해 또는 정신 속에 있는 보편적 이념이었다 ; 즉 자주 나타나는 외부 대상에 대한 기억, 가령 이러저러한 것은 인간이다 ; 왜냐하면 인간은 말을 뱉자마자 감각이 이끄는 바 선인식을 통해 그 모습을 생각하기 때문이다. 그래서 각 술어로 지시된 대상은 자명해진다. 그리고 추구하는 것을 이전에 알지 못한다면, 우리는 그것을 추구할 수 없으며… 선개념이라는 방식으로 그 형식을 미리 알지 못한다면, 우리는 어떤 것의 이름을 부를 수도 없을 것이다. 이로부터 선개념들은 자명하다는 사실이 따라나온다. 의견에 지나지 않는 것조차 이전의 자명한 표상에 의존한다. 〔…〕 의견(Meinung) 역시 하나의 가정(Annahm)으로 불린다. 사람들은 무엇이 더해지거나 빼짐으로써, 자명하거나 그렇지 않은 것으로 확신되거나 혹은 반박됨으로써, 어떤 것은 참이 되고 어떤 것은 거짓이 된다고 말한다 ; 그리하여 '기대하는 것'(Abwartende)이 들어온다 ; 가령, 사람들은 무언가를 기대하고 나서 탑에 다가가 그것이 멀리 떨어져서 볼 때와 동일한지 여부를 확인한다." 27~28쪽.

"그들은 두 개의 감정(Affekte, 정동)이 있다고 믿는다 : 쾌락과 고통… 전자는 본성에 잘 맞는 것이고 후자는 적대적인 것이다 ; 이것들에 따라 우리가 무엇을 추구하기 위해 노력해야 하고 무엇은 피해야 하는지가 결정된다." 〔28~〕 29쪽.

"두 종류의 탐구가 있는데, 하나는 대상들(Gegenstände)에 대한 것이고, 다른 하나는 단지 단어(Wort)에 대한 것이다." 29쪽.

에피쿠로스, 메노이케우스Menoikeus에게 보내는 편지

[123] "먼저 신에 대한 공통 표상〔관념〕을 따라 신은 … 불멸하는 지복의 존재라고 믿어라. 그리고 그의 불멸성에 모순되거나 지복에 맞지 않는 것들을 신에게 돌리지 마라. …" 82쪽.

"신들은 틀림없이 존재한다. 왜냐하면 신들에 대한 표상이 명백하기 때문이다." ('신에 대한 공통 표상', consensus omnium, c[onsensus] gentium[2])[3], "그러나 신들은 대중들이 믿고 있는 것과 같은 식으로 존재하지는 않는데, 이는 대중들이 신들에 대해 형성한 표상들을 확고하게 주장하지 못하는 것을 보면 알 수 있다."

"불경스런 사람은 대중들에 의해 숭배되는 신을 거부하는 사람이 아니라, 신들에 대한 대중들의 표상에 귀기울이는 사람이다. **[124]** 왜냐하면 신들에 대해 대중들이 말하는 것은 참된 선개념들이 아니고 잘못된 추측들이기 때문이다 ; 그래서 대중들은 신들이 사악한 사람들에게 가장 큰 악을 내리고, 선한 사람들에게 가장 큰 복을 내린다고 믿는다. 왜냐하면 그들은 자신들이 선호하는 덕(德) 안에서 자신들과 비슷한 것들에 대해서는 우호적인 반면 그렇지 않은 것들에 대해서는 이질적인 것으로 생각하기 때문이다." 83쪽.

"그대 자신으로 하여금 죽음은 우리에게 아무것도 아니라는 것을 믿는 데 익숙해지도록 해라. 왜냐하면 좋거나 나쁜 모든 것은 감각에 기초하고 있는데, 죽음은 감각이 사라지는 것이기 때문이다."

"따라서 죽음은 우리에게 아무것도 아니라는 올바른 표상은 덧없는(vergängliche) 삶도 살 만한 가치가 있는 것으로 만든다. 그것은 삶에 무한한 시간을 줌으로써가 아니라 불멸성에 대한 갈망을 없애줌으로써 그렇게 만드는 것이다. **[125]** 왜냐하면 죽음이 아무런 공포도 주지 않는다는 사실을 완전히 깨달은 사람에게는 삶 역시 아무런 공포도 주지 않기 때문이다. 따라서 자신이 죽음을 두려워하는 이유가, 죽을 때 고통스럽기 때문이 아니라 죽음이 다가오는 것이 고통스럽기 때문이라고 말하는 사람은 정말로 어리석은 사람이다. 왜냐하면 그것이 현전할 때[도래했을 때] 아무런 괴로움도 주지 않는다면, [아직 오지 않은] 그것을 예상할 때의 괴로움이란 단지 상상된 것이라고 할 수 있기 때문이다. 모든 악들 중에서도 가장 공포를 주는 죽음은 우리에게는 아무 것도

---

2. 모두의 일치(Übereinstimmung), 민족들의 일치.
3. 맑스가 직접 써 넣은 것이다.

아니다. 왜냐하면 우리가 존재하고 있는 동안 죽음은 오지 않으며, 죽음이 오면 그 즉시 우리는 더 이상 존재하지 않기 때문이다. 따라서 살아있든 죽어있든 그것은 아무 것도 아니다. 왜냐하면 살아있는 사람은 죽지 않았고, 죽은 사람은 더 이상 존재하지 않기 때문이다." 83~84쪽.

[126] "젊은이들에게는 잘 살라고 하면서, 늙은이들에게는 잘 죽으라고 훈계하는 사람은 어리석다. 그것은 삶이 바람직한 것이기 때문만이 아니라 잘 살기 위해 노력하는 것이나 잘 죽기 위해 노력하는 것이 하나의 동일한 것이기 때문이기도 하다." 84쪽.

[127] "우리는 미래가 우리에게 의존하는 것도 아니며 그렇다고 우리에게 독립된 것도 아니라는 사실을 기억해야 한다. 그래서 우리는 그것을 확실히 존재할 어떤 것으로 기대해서도 안 되고, 그것을 확실히 존재하지 않을 어떤 것으로 간주해서 희망을 포기해서도 안 된다." 85쪽.

"…… 어떤 욕망들은 자연적(본성적)이고, 다른 욕망들은 공허한 것(헛된 것)이며, 자연적인 것들 중 어떤 것들은 필연적이고 어떤 것들은 단지 자연적이기만 하다. 그리고 필연적인 욕망들 중 어떤 것들은 행복을 위해 필요하고(불편한 몸을 자유롭게 만들려는 것처럼), 다른 어떤 것들은 삶 자체를 위해 필요하다." 85쪽.

[128] "이러한 것들에 대한 오류가 없는 고찰은 …… 신체의 건강과 영혼의 아타락시아(Ataraxie)로 이끈다. 왜냐하면 이것들이 행복한 삶의 목적이기 때문이다. 왜냐하면 우리의 모든 행위는 고통들이나 혼란들로부터 해방되기 위한 것이기 때문이다. 그리고 일단 우리가 이런 상태에 도달하면, 영혼의 모든 폭풍우는 가라앉는다. 왜냐하면 인간은 더 이상 자신에게 결여되어 있는 어떤 것이나 영혼과 신체의 안녕을 이루는 데 필요한 다른 어떤 것을 찾을 필요가 없기 때문이다. 우리는 쾌락의 부족으로 고통이 일어날 때 쾌락을 필요로 하지만, 아무런 고통도 느끼지 않는다면 더 이상 쾌락을 필요로 하지 않기 때문이다." 85쪽.

"이런 까닭에 우리는 쾌락이 행복한 삶의 시작이자 끝이라고 말하는 것이다. **[129]** 우리는 쾌락을 제일의 타고난 선으로 이해하고, 우리가 행하거나 행함을 피하는 모든 것을 쾌락으로부터 시작하며, 선한 모든 것을 판단하는 기준으로서 이 느낌이 기여하는 만큼 쾌락으로 되돌아간다." [85~]86쪽.

"그리고 쾌락이 우리의 제일의 타고난 선이라는 이유에서 우리가 모든 쾌락을 선택하는 것은 아니다. …"

"따라서 모든 쾌락은 본성상 우리에게 맞기 때문에 선이지만, 그렇다고 해서 모든 쾌락이 선택할 가치가 있는 것은 아니다; 이것은 모든 고통이 악이지만 그렇다고 해서 어떤 환경에서도 모든 고통을 피할 수 있는 것은 아닌 것과 마찬가지다. **[130]** 이 모든 문제는 이익과 손해를 생각해서 어떤 것에 더 가중치를 둠으로써 결정해야 한다. 왜냐하면 선인 것이 우리에게 악한 것으로 밝혀질 때가 있고, 반대로 악인 것이 선인 것으로 밝혀질 때가 있기 때문이다." 86쪽.

"또한 우리는 자기만족을 커다란 선으로 간주한다. 이는 항상 적은 것에 만족하기 위해서가 아니라, 풍부함이 부족할 때 ― 가장 적게 필요로 하는 사람이 사치를 가장 크게 향유하고, 자연적인 모든 것은 얻기 쉬운 반면에 헛되고 무가치한 것이 얻기 어렵다고 확신하면서 ― 적은 것으로도 만족하기 위해서다." 86쪽.

[131] "[…] 우리는 신체에 고통이 없고, 영혼에 혼란이 없는 것을 … 쾌락이라고 부른다. …" 87쪽.

[132] "이 모든 것들의 시작이자 최고의 선은 사려깊음(Vernunft, 이성)이다. 그래서 이것은 심지어 철학보다도 귀중한 것이다. 모든 덕들이 이것으로부터 나오며, 이것[이성]은 사려깊게, 훌륭하[고 바르]게 살지 않으면 즐겁게 살 수 없다는 점, 그리고 즐겁게 살지 않고서는 [사려깊게, 훌륭하게] 그리고 바르게 [살 수 없다는 점을] 가르쳐준다. 왜냐하면 덕들은 즐거운 생활과 긴밀히 연관되어 있고, 즐거운 생활은 그것들로부터 분리될 수 없기 때문이다." 88쪽.

[133] "신들에 대해 경건하고, 죽음에 대해 전혀 공포를 갖지 않으며, 자연의 목적에 비추어 생각하고, 최고의 선은 도달해서 얻기 쉬운 반면 가장 나쁜 악은 매우 짧은 동안만 지속되어 짧은 고통만을 일으킨다고 이해하고

있는 사람보다 더 뛰어난 사람이 네 생각에는 누가 있을 것 같으냐? 모든 사물들에 대한 지배자로서 몇몇 사람들에 의해 도입되어온 필연성은 지배자가 아니며, 어떤 것들은 우연에 달려 있고, 또 어떤 것들은 우리의 자의적인 의지에 달려있다고 그는 주장한다. 필연은 설득할 수 없으며, 우연은 불안정하다. 그러나 우리의 의지는 자유롭다 ; 그것은 비난과 그 반대〔칭찬〕를 함께 수반한다." 88쪽.

[134] "자연학자들이 부여하는 운명에 속박되는 것보다는 차라리 신들에 관한 신화를 받아들이는 편이 낫다. 왜냐하면 후자는 신들을 영예롭게 함으로써 자비를 구할 수 있다는 희망이라도 제공해주지만, 전자는 어찌할 수 없는 필연성을 내놓기 때문이다. **[135]** 그러나 그〔현자〕는 우연을 대중들이 믿는 신으로 받아들지 않고, …… 불확실한 것의 원인으로 받아들이지도 않는다. …… 그는 성과를 거두었지만(glücklich) 비이성적인 것보다는 성과를 거두지 못했더라도 이성적인(vernünftig) 것을 더 낫게 생각한다. 선한 판단을 환경들이 받쳐주어서 선한 결과로 이어지는 것이 더 나은 것은 물론이다." 〔88～〕 89쪽.

"〔…〕 너는 혼란되지 않고 사람들 사이에서 신처럼 살 수 있을 것이다. 잠시적인 것이 아닌 〔영원한〕 선(Güter) 속에 있는 사람은 가멸적 존재와는 다르기 때문이다." 89쪽.

"다른 저작들에서도 그〔에피쿠로스〕는 예언술(점(占)치는 것, Manik)에 대해 전면적으로 거부했다. … 예언술은 없으며, 설령 있다고 해도 일어난 일이 우리에게 달려있는 것은 아니다. …" 〔89쪽〕.

[136] "그는 쾌락에 대한 가르침에서 키레네 학파와는 달랐다. 그들은 정적인 상태(Ruhezustand)의 쾌락을 알지 못했으며, 오직 동적인 상태의 쾌락만을 알았다. 그러나 에피쿠로스는 이 두 가지를 인정했고, 신체의 쾌락뿐 아니라 정신의 쾌락도 인정했다. …… : '모든 고통으로부터의 해방과 아타락시아는 정적인 상태의 쾌락(Lust)에 대한 느낌이며, 즐거움(Vergnügen)과 기뻐함(Frohsein)은 동적인 상태에서 작동하는 것으로 보인다.' " 90쪽.

[137] "더욱이 그는 키레네 학파와는 이 점에서 다르다 : 그들〔키레네 학

파]은 **신체적인 고통은 정신적인 고통보다도 나쁘다고** 생각했다. … 반면에 그는 정신적인 고통도 더 나쁠 수 있다고 생각했는데, 그것은 신체가 현전하는 것에 의해서만 고통을 받는 반면에 정신은 현전하는 것은 물론이고, 이미 지나간 것, 그리고 다가오고 있는 것에 대해서도 고통을 받기 때문이다. 그래서 또한 정신의 쾌락이 더 클 수도 있다." 90쪽.

"쾌락이 목적이라는 것을 증명하면서 그는 생명체들은 태어나자마자 **본성적으로 그리고 까닭없이** 쾌락 속에서 자신의 만족을 찾고 고통을 거부한다는 사실을 예로 들었다. 그렇다면 우리는 본능적으로 고통을 멀리하는 것이다. …" [90~91쪽].

[138] "**그리고 덕들 또한 쾌락 때문에 선택된 것이지, 덕들 그 자체를 위해서 선택된 것은 아니다. … 그는 또 말하기를 나머지 모든 것들, 가령 인간적인 것들은 분리될 수 있지만, 덕만은 쾌락으로부터 분리될 수 없다고** 했다." 91쪽.

[중요 가르침]

[139] "축복받은 불멸의 존재는 **스스로 어떤 고통도 갖지 않으며, 다른 누구에게 고통을 일으키지도 않는다**; 그래서 그는 어떤 분노나 편애도 모르는데, **이것들[분노나 편애]은 약한 자에게나 있는 것이기 때문이다.**"

"**다른 저작들에서** 그는 신들은 **이성에 의해서만 보여질 수 있으며**, 수를 따라 규정되는 것이 아니라 유사성(Ähnlichkeit)(정확히 이러한 목적으로 만들어진 비슷한 상들의 지속적인 유입을 결과로서)을 **통해서 인간적인 모습으로** 나타난다고 말했다." 91~92쪽.

"**쾌락의 정점은 모든 고통의 제거이다.** 왜냐하면 **쾌락이** 지배하고 **그것이 지속되는 한에서는 어떤 고통이나 슬픔, 혹은 그 둘 모두가 없기 때문이다.**" 92쪽.

[140] "이성적이고 훌륭하게, 그리고 바르게 살지 않고서 즐겁게 사는 것은 불가능하며, **즐겁게 살지 않고서 이성적이고 훌륭하게, 그리고 바르게**

사는 것은 불가능하다." 92쪽.

[141] "어떤 쾌락도 그 자체로는 악이 아니다. 그러나 많은 경우 어떤 쾌락들을 만들어내는 것이 쾌락에 대한 여러 장애를 야기할 수도 있다." 93쪽.

[142] "만약 모든 쾌락들이 축적되고 시간이 지나면서 강화된다면, 이 강화된 것은 자연의 주요한 부분들과 마찬가지로 〔완전할 것이고〕[4], 쾌락의 감각들은 서로 다르지 않게 될 것이다." 93쪽.

[143] "만약 우주의 본질에 대해서 모르고, 신화가 말해주는 바에 따라 이해한다면, 가장 중요한 것들에 대한 두려움을 떨쳐버릴 수는 없을 것이다. 따라서 자연에 대한 연구없이 순수한 쾌락을 얻을 수는 없다." 93〔~94〕쪽.

[142] "만약 우리가 천문 대기 현상이나 죽음에 대해 이것들이 이런저런 식으로 우리에게 영향을 미치는 게 아닌가 하고 불안해 하지 않는다면, 그리고 만약에 고통과 욕망의 한계를 알 수 있게 된다면, 우리는 자연에 대해 연구할 필요가 없다." 93쪽.

[143] "우리가 천상의 것들이나 지하의 것들, 그리고 일반적으로 무한한 우주의 것들에 대해 불안해 하는 한, 다른 사람들로부터 안전을 확보하는 것은 별쓸모가 없다. 왜냐하면 사람들로부터의 안전은 한정된 시간 동안만 확보되는 것이기 때문이다." 94쪽.

"우리가 고요와 대중들로부터의 은거로부터 얻을 수 있는 동일한 안전이 〔필연적이지 않은 욕망들을 절제를 통해〕 없애버릴 수 있는 가능성을 통해서도 생겨나며, 〔필연적인 것들을〕 매우 단순하고 〔쉽게〕 얻는 것을 통해서도 생겨난다. 94쪽.

[144] "자연〔이 요구하는〕 부(富)는 제한되어 있고, 쉽게 얻을 수 있지만, 헛된 환상들에서 생겨나는 부유함은 그 한계가 무한하다." 94쪽.

"육신(Fleische)의 쾌락은 일단 결핍으로 인한 고통이 제거되면 더 이상 증가하지 않으며, 단지 변하기만 할 뿐이다." 94쪽.

"(기쁨에 관련된 것인 한에서의) 사유의 정점은〔정신의 쾌락이 갖는 한계는〕

---

4. 가쌍디의 라틴어 번역에서 첨가된 것이다.

쾌락을 주는 것들(과 이것에 관계되어 있는 것들) ——이것이 정신에 가장 큰 불안을 준다——을 계산하는 것에 있다." 94쪽.

[145] "만약 필요한 통찰로서 식별된다면, 무제한적인 시간은 제한적인 시간과 같은 쾌락을 준다〔무제한적인 시간이 제한적인 시간보다 더 큰 쾌락을 주는 것은 아니다〕." 95쪽.

"육체를 볼 때 우리는 쾌락에 한계가 있다는 것을 알 수 있지만, 무제한적인 시간에 대한 갈망은 그것들을 무한성 속으로 들어가게 만든다 ; 그러나 자신의 목표와 육신의 한계들을 분명히 하고 영원성에 대한 욕망들을 소멸시키는 정신은 우리에게 완전한 삶을 만들어준다. 그래서 우리는 더 이상 영원한 시간이 필요없다. 그리고 정신은 쾌락을 피하지 않으며, 삶에서 떠날 때조차 최고의 삶의 목표를 완성으로서 받아들인다〔최고의 삶을 산 것에 모자람이 없다고 생각한다〕.

[146] "우리는 우리 정신의 눈 이전에 우리의 모든 판단들에 대해 참조할 수 있는 인생의 목적을 가져야만 한다 ; 그렇지 않으면 모든 것이 혼란스럽고 불안한 것들로 가득차게 될 것이다." 95쪽.

"만약 당신이 모든 감각에 대항해서 싸운다면, 당신이 무언가에 대해 오류라고 말할 수 있는 어떤 기준도 갖지 못하게 될 것이다." 95쪽.

[148] "각각의 경우에 대해서 당신의 행동을 본성〔자연〕에 의해 제시된 목적에 비추어 보지 않고, 다른 어떤 것에 호소한다면 (어떤 것을 피하려고 하든지, 그것을 택하려고 노력하든지 간에), 당신의 행동들은 당신의 말들과 조화를 이루지 못할 것이다." 96쪽.

[149] "어떤 욕망들은 본성적〔자연적〕이면서 필연적이고, 다른 욕망들은 본성적〔이지만〕, 필연적인 것은 아니고, 또 다른 욕망들은 본성적이지도 필연적이지도 않고 헛된 공상으로부터 나온 것이다." 96쪽.

[148] "우리에게 공포는 영원하지도 오래 지속되지도 않는다는 확신을 주는 동일한 지식이, 우리의 제한된 생애 동안 우정을 안전하게 지키는 것이 가장 소중한 것이라는 사실도 알게 해준다." 97쪽.

다음에 오는 구절들은 정신적 자연, 즉 국가에 대한 에피쿠로스의 견해를 나타내준다. 계약(syntheke, 신테케)은 에피쿠로스에게 토대이고, 또한 결과적으로 목적의 심페론(sympheron), 즉 목적으로서의 유용성의 원리(Nützlichkeitsprinzip)이다.

[150] "자연적〔본성적〕 권리〔정의〕는 서로 해치거나 해침을 당하지 않게 하려는 유용성의 목적에서 맺어진 상호적인 협정이다." 97쪽.

"서로 해를 끼치거나 그것을 당하지 않기 위해 상호적인 계약을 맺지 않는 모든 생명체들에게는 정의(Recht)나 부정(Unrecht)이 존재하지 않는다. 이는 해를 끼치거나 그것을 당하지 않기 위한 계약을 맺을 수 없거나 그런 의지가 없는 사람들에게도 마찬가지다." 98쪽.

"정의는 그 자체로 존재하는 어떤 것이 아니다; 정의는 서로에게 해를 끼치거나 그것을 당하지 않도록 협정이 맺어진다면 어디서든지, 그리고 언제든지 존재하는 것이다." 98쪽.

[151] "부정은 그 자체로는 악이 아니며, 악은 법으로부터 감추어진 행동에 대해 〔법의 처벌을〕 두려워하는 것에 있다고 하겠다. … 왜냐하면 그〔법의 위반자〕가 죽을 때까지 발각되지 않은 채 있을 수 있는지는 불확실하기 때문이다." 98쪽.

"일반적으로 동일한 정의가 모든 것에 대해 타당하다(왜냐하면 그것은 상호적으로 유용한 것〔이득을 주는 것〕이기 때문이다) ; 그러나 나라의 특수한 조건들이나 다른 가능한 상황들의 총체를 생각하면 동일한 정의가 모든 것에 대해 타당하다고 할 수는 없다." 98쪽.

[152] "상호적인 욕구에 유용한 것으로 증명된 것, 정의라고 생각된 것은 동일한 것이 모두에 대해 타당했을 때 정의의 본질을 갖는다. 그런데 누군가 이것을 계약했지만, 상호적인 이득을 주지 않는 것으로 밝혀졌다면, 그것은 더 이상 정의의 본질을 갖지 않는다." 99쪽.

"그리고 정의 안에 포함된 유용함이 더 이상 존재하지 않지만, 얼마 동안 정의의 표상에 상응하고 있다면, 그것은 공허한 말들에 현혹되지 않고 많은 것들을 고려하는 사람들에게는 그럼에도 불구하고 그 시간 동안 정의로 남는다.” 99쪽.

[153] “만약 새로운 상황이 발생하지도 않았는데 정의라고 생각되었던 것이 실제로 정의의 표상에 상응하지 않는다면, 그것은 정의가 아니다; 그러나 새로운 상황이 발생해서 동일하게 타당한 정의가 더 이상 유용하지 않다면, 이것은 동료 시민들에게 상호 이익이 되었을 때는 정의였지만, 그렇지 못한 때부터는 정의가 아니다.” 99쪽.

[154] “외부 환경들로부터 자기 확신을 얻는 최선의 방법을 아는 사람은 가능한 것〔자신이 할 수 있는 것〕을 자신에게 낯설지 않은 것으로서 얻고, 가능하지 않은 것을 자신에게 낯선 것으로 생각한다.” 99쪽.

디오게네스 라에르티오스의 제10권 끝[5]

에피쿠로스, 헤로도토스Herodotus에게 보내는 편지

[37] “무엇보다도 … 우리는 말들이 나타내는 바를 이해해야만 한다. 그래야만 우리가 어떤 의견들이나 연구들, 문제들을 참조하고, 그것들을 판정할 수 있는 것을 가질 수 있게 된다. 또 그것을 통해서만, 모든 것들이 우리의 판단을 거치지 않은 채 무한성으로 빠져나가고 우리에게는 단지 공허한 말들만 남는 일을 막을 수 있다. **[38]** 만약 우리가 의견들이나 연구들, 문제들을 참조할 수 있는 어떤 것을 갖고자 한다면, 모든 단어의 본래적 의미가 알려져야만 하며, 더 이상의 어떤 증명도 필요로 하지 않아야 한다.” 30~31쪽.

아리스토텔레스가 『형이상학』에서 철학하는 언어에 관해 동일한 소견을 피력한 것은 의미심장하다. 고대철학자들 ── 회의주의 학파도 포함해서 ── 은 모두 의식의 제전제들(Voraussetzungen)에서 시작했

5. 수고에는 이 말들이 다음의 라틴어로 쓰여 있다. Finis libri decimi Diogenis Laertii.

으며, 확고한 발판(Haltes)을 필요로 했다. 이것〔확고한 발판〕은 보편적인 지식들 안에서 나타나는 것과 같은 표상들(Vorstellungen)에 의해 제공된다. 표상의 철학자로서 에피쿠로스는 이 점에서 가장 엄밀하며, 그래서 이 기초가 되는 조건들(Bedingungen, 제약들)에 대해 보다 상세히 규정하고 있다. 그는 또한 가장 일관된 사람이었으며, 회의주의 학파와 마찬가지로 고대철학을 완성했지만, 그것은 다른 측면에서였다.

[38] "더욱이 우리는 모든 것들을 감각적 지각에 기초해서, 그리고 단순히 눈 앞에 떠오른 것(Augenblickseingebungen)에 기초해서 관찰해야만 한다. 마음의 것이든, 다른 어떤 기준의 것이든, 예상되는 것이나 미지의 것을 특징지울 수 있는 어떤 것을 갖기 위해서는 현존하는 감정(Affekte, 정동)에 기초해야만 한다. 일단 이렇게 하고 나면, 이제 미지의 것들에 대한 숙고를 시작해야 한다." 31쪽.

"〔…〕 자연학자들의 공통된 견해는 비존재로부터 어떤 것이 생성되는 것은 불가능하다는 것이다〔…〕" 아리스토텔레스, 『자연학』*Physik*, 제1권, 4장. Commentar. Collegii Coimbric. 123 〔~125〕 쪽.

"〔…〕 어떤 의미에서는 비존재로부터 어떤 것이 생겨나지만, 다른 의미에서는 항상 존재하는 것으로부터만 생겨난다. 왜냐하면 잠재적으로는(potentiell) 존재하지만 현실적으로는(tatsächlich) 존재하지 않는 어떤 것이 먼저 있어야 한다는 사실을 생성은 필연적으로 내포하고 있기 때문이다 ; 이 어떤 것은 '존재' 로도 '비존재' 로도 불리는 것이다." 아리스토텔레스, 『생성과 소멸론』*De generatione et corruptione*, 제1권, 3장. Comment. Coll. Coimbr. 26쪽.

〔디오게네스 라에르티오스, X, 39〕 "〔…〕 우주는 항상 지금과 같으며, 앞으로도 영원히 그렇게 남아 있을 것이다." 31쪽.

"〔…〕 우주는 신체〔물체〕들과 허공으로 이루어져 있다." 〔32쪽〕.

[40] "〔…〕 신체들 중 어떤 것들은 조성적이고, 다른 것들은 이 조성적 신체를 이루는 요소들이다." 32쪽.

[41] "모든 것들이 무로 소멸되지 않으려면… 이것들〔요소들〕은 분할 불가능하고 변화하지 않아야 한다〔…〕." 〔32~〕 33쪽. "〔…〕우주는 무한하다. 왜냐하면 유한한 것은 한계를 갖고 있기 때문이다〔…〕." 33쪽. "〔…〕 우주는 신체들〔원자들을 가리킴〕의 다수와 허공의 크기로 인하여 무제한적이라고 할 수 있다." 33쪽. ("… 무한한 것은 분명히 유한한 것을 능가하며, 무화시킬 수 있다.…" 아리스토텔레스, 『자연학』, 제3권, 5장, K[ommentar des Kollegiums]. C[oimbra]. 487쪽)

〔디오게네스 라에르티오스, X, 42〕 "〔…〕 그것들〔원자들〕은… 그 형태에 있어 무수히 다양하다." 33〔~34〕쪽.

[43] "원자들은 영원히 운동한다." 34쪽.

[44] "이 모든 운동들은 출발점을 갖지 않는다. 왜냐하면 원자들과 허공 모두 영원히 존재하기 때문이다." 35쪽.

"〔…〕 원자들은 모양〔형태〕와 크기, 무게를 제외하고는 어떤 질도 갖지 않는다〔…〕." 35쪽. "…그것들이 어떤 크기나 다 갖는 것은 아니다 ; 어떤 원자도 우리가 볼 수 있을 정도는 아닌 것이다." 35쪽. 〔45〕 "〔…〕 무수한 세계들이 있다〔…〕." 35쪽. 〔46〕 "또 단단한 신체들과 같은 형태를 갖지만 우리가 지각할 수 있는 것보다도 훨씬 얇은 모사물들(Abdrücke)이 있다." 36쪽. "이 모사물들을 우리는 모상들(Abbilder, 시뮬라크르)이라고 부른다." 36쪽. 〔48〕 "이뿐만 아니라 … 모상들은 생각만큼이나 빨리 만들어진다. 왜냐하면 신체들의 표면에서 계속 흘러나오는 것을 알게 해주는 어떤 표시(Zeichen)도 볼 수 없기 때문이다. …" 37쪽.

"그리고 이러한 자연 현상들이 생길 수 있는 다른 방식들도 있다. 왜냐하면 우리가 우리 외부에서 만들어진 인상들(Eindrücke)을 참조하기 위해 어떻게든 명백한 것에 착목해보면, 그것들에는 감각들과 모순되는 것이 없기 때문이다." 38쪽.

[49] "외부로부터 어떤 것이 흘러들어올 때 우리가 그 형태〔모습〕를 보거나 포착한다고 생각해야만 한다." 38쪽.

[50] "판단〔의견 개입〕이 아닌(non judicata) 마음이나 감각적 지각을 통해

서 포착한 모든 인상(Eindruck, 영상)은 참된 것이다. 거짓과 오류는, 그것이 **확증되지 않거나 심지어 반증될 때, 생각이 덧붙여지는 것에 있다. 어떤 표상의 노력과 결합되지만, 오류를 만들어내는 특정한 이해를 갖게 되는 우리 안의 운동으로부터 이러한 의견 개입이 나타난다.**" 39쪽.

[51] "만약 우리가 〔어떤 표상의 노력과 결합되지만〕 특정한 이해를 갖는 우리 안의 어떤 운동을 경험하지만 않는다면 오류는 없을 것이다." 39쪽. "그것이 확증되지 않거나 반증될 때 거짓이 생겨나는 것은 어떤 표상의 노력〔과 결합되지만〕 특정한 이해를 갖는 〔내적인 운동〕을 통해서다 ; 하지만 그것이 확증되거나 반증되지 않는 것이라면 참이 될 것이다." 〔39～〕 40쪽.

[52] "이와 마찬가지로, 소리를 내는 대상으로부터 어떤 흐름이 만들어질 때 청각이 발생한다." 40쪽.

[53] "냄새에 관해서도 우리는 (내가 청각에 대해서 말했던 것과 마찬가지로) 생각해야만 한다. …" 41쪽.

[54] "그것들〔원자들〕에 내재하고 고유한, 위에서 말한 것들(크기, 형태, 무게)[6]을 의미하는, 모든 질들은 원자들이 변하지 않는 것과 마찬가지로 불변하는 것이다." 41쪽.

[55] "또 현상들과 모순되지 않기 위해서는, 원자들이 모든 크기를 갖는다는 생각을 버려야 한다 ; 그러나 어느 정도 다양한 크기는 인정되어야 한다. 왜냐하면 이렇게 했을 때, 느낌과 감각의 다양성을 더 잘 설명할 수 있기 때문이다." 〔42～〕 43쪽.

[56] "뿐만 아니라 우리는 제한된 신체에 무한한 수의 원자들, 모든 크기의 원자들이 있다고 생각해서는 안 된다〔…〕." 43쪽.

[60] "〔…〕 우리는 위쪽으로 무한히 올라가고, 아래로 무한히 내려가는 운동을 생각해야만 한다〔…〕." 45쪽.

44쪽의 끝 부분과 45쪽의 시작 부분을 보라. 거기에서는 엄밀히

6. 괄호 안에 있는 것은 맑스가 써 넣은 것이다.

말해서 원자적 원리가 지켜지지 않고 있고, 원자들 자체에 내적인 필연성이 놓여져 있다. 그것들〔원자들〕도 크기를 가지므로, 그것들보다 더 작은 무언가가 존재해야만 한다. 바로 원자들을 구성하는 부분들이다. 그러나 이것들은 필연적으로 코이노테스 에뉘파르코우사(koinotes enhyparchousa)[7]로 모두 고려된다〔즉 원자의 부분들은 내속된 공동성에 의해 필연적으로 합체된 것으로 고려된다〕. 그래서 이념성〔관념성〕이 원자들 자체 안으로 옮겨진다. 원자들에서 최소(Kleinste)는 표상의 최소가 아니지만, 유사한 것이다. 그러나 원자의 최소의 경우에는 어떤 규정적인 부분도 생각될 수 없다. 원자들에게 돌려진 필연성과 이념성은 단순히 그 자체로 허구적인 것이며, 우발적인 것이고, 외적인 것이다. 에피쿠로스 원자론의 원리는, 이념적이고 필연적인 것이란 자신에 의해 외적으로 표상되는 형식이므로 결국 원자의 형식으로 존재하는 데 지나지 않는다고 말한 것에 의해 비로소 표현된다. 에피쿠로스의 일관성은 여기까지도 미치고 있는 것이다.

[61] "원자들이 허공을 움직일 때, 어떤 저항도 만나지 않게 되면, 그것들은 같은 속도로 움직여야 한다." 46쪽.

필연성과 연관, 차이〔구별〕가 그 자체로 원자 안에 옮겨진다는 사실, 더 정확히 말해서 이념성〔관념성〕이 그 자신에 의해서 외적인 형식으로 존재하는 것일 뿐이라는 사실을 우리가 보았던 것처럼, 운동(motion)에서도 마찬가지 사실을 확인할 수 있다. 원자들의 운동이 조성적(kata tas sygkriseis) 신체들 즉 구체적인 신체들의 운동과 비교되자마자 운동은 필연적인 것으로 받아들여진다. 이러한 〔구체적인 신체들의〕 운동에 비해서 원자들의 운동은 원리상 절대적인 것이다. 다시 말하자면 그 안의 모든 경험적인 제약들은 부정되며, 그것〔원자의 운동〕

---

7. 내속된(bestehende) 공동성.

은 이념적〔관념적〕인 것으로 된다. 일반적으로 에피쿠로스 철학과 그것에 내재적인 변증법을 전개하면서 우리는 본질적으로 다음과 같은 사실을 놓치지 말아야 한다. 즉 원리는 표상된 것으로서, 구체적인 세계에 대한(gegen) 존재의 형식과 관계된 것이므로 절대자 그 자체에 있어서는 공허한(nichtigen) 형식으로서, 이러한 존재론적 규정들의 내적 본질인 변증법은 자기 자신을 다음과 같은 방식으로 드러낸다 : 즉 직접적인 것으로서 존재론적 규정들은 구체적인 세계와의 필연적인 충돌(Kollision)에 돌입하게 되어 그 구체적인 세계에 대한 특수한 관련 속에서, 존재론적 규정들이 이념성〔관념성〕의 허구적이고 자기 외적인 형식일 뿐이며, 전제된 것으로서가 아니라 구체적인 것의 이념성으로서 존재한다는 사실을 드러내는 방식이다. 따라서 그것의 규정들 자체는 즉자적으로 참된 것이 아니며, 〔오히려〕 자기지양적(aufhebende)이다. 표현되는 세계의 유일한 개념은 세계의 기반이 전제를 갖지 않는다(Voraussetzungslose)는 사실, 바로 무(Nichts)라는 사실이다. 에피쿠로스 철학은 그 소박함 때문에 중요하다. 그 소박함으로 인해 일관된 결론들이 근대적인 편견 없이 표현될 수 있었던 것이다.

[62] "**더욱이 복합적 신체의 경우 다른 신체보다 더 빠르다고 말해질 수 있는 것이 결코 아니다.**" 46쪽. "〔……〕 **그것들**〔**복합적 신체**〕**의 운동의 지속이 지각될 수 있을 때까지 원자들은 계속해서 충돌한다**고 말할 수 있을 뿐이다. 왜냐하면 볼 수 없는 것에 대한 우리의 추론——사색하는 동안의 시간 역시 운동의 연속성을 포함하고 있다——은 이 경우에 참된 것이 아니며, 단지 **실제로 지각된 것이나 사유의 인상에 의해서 이해되어진 것만이 참된 것이기 때문이다.**" 47쪽.

왜 감각적 확실성(Gewißheit)의 원리가 부정되고, 어떤 추상화하는 표상(Vorstellung)이 진리에 대한 기준으로 정립되는지 고찰해 보아야 한다.

[63] "[…] 영혼은 신체에 있는 미세한 부분들로 이루어져 있다. 이 부분들은 전체 신체(corpus)에 확산되어 있다(diffusum)." 47쪽.

여기서 다시 흥미를 끄는 것은 영혼이 신체에 적합하다는 것을 증명하기 위해, 불과 공기에 대한 영혼의 특유한[종차적인] 차이를 들고 있는 점이다. 여기서는 [불과 공기와의] 유비가 적용되면서 동시에 지양된다.[8] 이는 일반적으로 허구화하는(fingierenden) 의식의 방법이다; 그래서 모든 구체적 규정들은 붕괴되고 단지 단조로운 메아리가 전개(Entwicklung)의 자리를 대체할 뿐이다.

[63] "우리는 **영혼이 감각의 주요한 원인**이라는 것을 명심해야 한다. **[64]** 하지만 그것이 말한 대로 **신체의 나머지 부분**(übrige Körpermasse)**에 의해 감싸여** 있지 않다면 영혼은 감각의 원인이 되지 못할 것이다. **영혼으로 하여금 감각의 원인이 되는 것을 가능하게 해주는 신체의 나머지 부분** 자체는 영혼을 통해 이런 성질(Eigenschaft)을 **나누어** 갖는다(그러나 영혼이 가진 모든 것에 대해 그런 것은 아니다). **따라서** 영혼이 신체를 떠나면 더 이상 어떤 감각도 가질 수 없다. 왜냐하면 **신체 자체는 이러한 능력을 가지고 있지 않고, 그것과 동시에 출현한 다른 것[영혼]에** 대한 매개물로서 봉사하기 **때문**이다. **영혼은 어떤 감각이 만들어지는 즉시 특정한 자극(Erregung)에 상응하는 감각을 만들어내는 능력 덕분에** 자기 자신과 자기 자신에 인접해서 함께 느끼는(Mitempfindung) 신체의 나머지 부분에 각자의 몫[감각]을 제공할 수 있는 것이다." 48쪽.

우리는 원자들이 상호간에 추상적으로 파악된다면, 그저 일반적으로 표상된 것으로 존재하는(seiende) 데 지나지 않는다는 사실을 보아

---

8. 에피쿠로스는 영혼이 불이나 공기와 닮았다고 말하면서도 영혼을 구성하는 부분들은 공기나 열기보다 훨씬 미세해서 몸의 구조와 잘 조화될 수 있다고 말한다(국역: 『쾌락』, 문학과 지성사, 1998. 73~74쪽 참조). – 역자주

왔다. 그리고 구체적인 것과의 충돌을 통해 〔원자〕 자신의 허구화되고 모순들 속에서 뒤얽힌 이념성〔관념성〕을 전개하고 있을 뿐이라는 사실도 보아왔다. 또한 우리는 원자들이 관계의 일면으로 되면서, 다시 말해서 자기 안에 원리와 구체적인 세계를 가지고 있는 대상들(살아있고, 활기있으며, 유기적인 것들)을 다루게 되면서, 표상의 영역이 어떤 때는 자유로운 것으로, 다른 때는 이념적인 것의 현상으로 생각되고 있다는 사실을 알 수 있다. 따라서 표상의 자유는 단지 생각된 것(gedacht), 직접적인 것, 허구화된 것일 뿐이라는 사실을 알 수 있으며, 이것이 그 자체로 원자론적인 것의 참된 형식이라고 할 수 있다. 따라서 두 규정은 서로 바꿀 수 있는 것이며, 각각의 것은 서로 다른 것과 동일한 것으로 간주될 수 있다. 그러나 서로에 대해서도 ── 그것들이 고려될 수 있는 관점이라면 어떤 것에 대해서든 ── 동일한 규정들이 부여되어야 한다 ; 그러므로 해법은 가장 단순한 최초의 규정으로 다시 되돌아가는 것인데, 이 최초의 규정이란 표상의 영역(Reich)이 자유로운 것으로서 허구화되는 곳이다. 이러한 되돌아감(Rückfall)은 하나의 총체성에서, 다시 말해서 실제로 자기 안에 이념적인 것을 가지고 있으며 자신의 존재 안에서 그 자체로 이념적인 것이라 할 수 있는 표상된 것(Vorgestellten)에서 발생하기 때문에, 여기서 원자는 자신의 모순들의 총체성 속에서 현실적으로 있는 그대로(wie es wirklich ist) 정립된다 ; 동시에 이 모순들의 근거, 즉 자유로운 이념적인 것(Ideelle)으로서 표상을 파악하려는 열망, 하지만 오직 그것을 표상하는 동안에만 그렇게 파악하려는 열망이 나타난다. 그래서 절대적인 자의성(Willkür)의 원리가 여기에서 자신의 모든 결과들과 함께 나타난다. 가장 낮은 형식에서 이것은 그 자체로 이미 원자에게 일어나는 일이다. 다수의 원자들이 있는데, 그 각각은 자신 안에 다수에 대한 차이〔구별〕를 가지고 있으므로, 하나의 원자는 그 자체로 다수적이라고 할 수 있다. 그러나 동시에 그것은 원자의 규정 안에 있으므로 다수성은 원자에 있어서는〔원자 안에서는〕 필연적이며 내재적인 일자(Eines)이다 ; 원자는 그것이 존재한다는 이유에서 그런 것이다〔원자가 존재한다면, 원자는 그렇게 존재할 수밖에 없다〕. 그러나 세계와 관련하여 어떻게 원자가 하나의 원리에서 다수성으로 자신을 자유롭게 전개하는지에 대해서는 아직 설명되지 않은 채로 남아 있다. 따라서 해결되어야 하는 것이 가정되고 있는 셈이다. 다시 말하자면 원자 그 자체가 설명되어야만 하는 것이다. 그 경우에 이념성〔관념성〕의 구별은 비교를 통해서만 들어올 수 있다 ; 양 측면은 대자적으로 동일한 규정 안에 있으며, 이념성 자체는 다음의 사실들 안에서, 즉 많은 원자들이 외면적으로 결합한다는 것, 그리고 원자들이 이러한 조성〔결합〕의 원리들이라는 것 안에서 다시 정립된다. 따라서 이 조성의 원리는 본래 그 자체로 근거를 갖지 않은 채 조성된 것이라고 할 수 있다. 즉 설명(Erklärung)은 설명된 것(Erklärte) 자체고, 설명된 것은 허구를 행한 추상의 안개(Nebel) 속으로 멀리 던져져 버려진다. 앞에서 이미 말한 대로 이것은 총체성 속에서 유기적인 것이 고려될 때만 등장한다.

영혼 등이 소멸한다는 것, 그리고 그 현존(Dasein)이 우연한 혼합물〔의 형성〕에 기대고 있다는 것은 일반적으로 이 모든 표상들 — 가령, 영혼 등 — 의 우연성을 표현하고 있다는 점에 주목할 필요가 있다. 보통의 의식 속에서 어떤 필연성도 갖지 않는 이 표상들은 에피쿠로스에게는 주어진 어떤 것으로 보이는 우연적인 상황들(Zustände)로 실체화되고 있다. 그것의 필연성, 그것의 실존의 필연성은 증명되지 않을 뿐 아니라 증명할 수 있는 것으로 인정되지도 않았고, 단지 가능한 것(mögliche)으로만 알려질 수 있을 뿐이다. 이와 반대로 영속적인 것(Verharrende)이 있다면 그것은 표상의 자유로운 존재(Sein)로, 첫째로는 즉자적으로 존재하는(ansichseiende) 자유로운 것(Freie) 일반이고, 둘째로는 표상된 것의 자유(Freiheit)의 사상으로서의 거짓과 허구이며, 그 자체로 비일관된(inkonsequentes) 것이며, 환영이고, 기만이다. 영속적인 것은 오히려 내재하는 사상으로서의 영혼 등의 구체적인 규정에 대한 요구를 표현한다. 에피쿠로스의 영속적이며 위대한 점은 그가 표상들에 대한 상황들의 어떤 우선성도 주장하지 않았다는 사실, 그리고 그것들〔상황들〕을 구원하기 위한 어떤 노력도 하지 않았다는 사실에 있다. 에피쿠로스에게 철학의 원리는 세계와 사상을 사유할 수 있는 것으로서, 그리고 〔필연적인 것보다는〕 가능적인 것으로서 보여주는 것이다 ; 그의 증명과 그것을 진행하고 참조하는 원리는 다시 대자적으로 존재하는[9] 가능성 자체인데, 이것의 자연적 표현이 원자이며, 정신적 표현이 우연과 자의다. 어떻게 모든 규정들이 영혼과 신체 사이에서 교환될 수 있는지, 그리고 영혼과 신체들 중 어떤 것도 개념적으로 규정될 수 없다는 그런 나쁜 의미에서 어떻게 하나가 다른 하나와 동일할 수 있는지에 대해서는 좀더 면밀한 고찰을 필요로 한다. 48쪽 끝 부분에서 49쪽 처음 부분을 보라 : 에피쿠로스는 회의주의 학파보다 상위에 서 있는데, 그것은 상황들과 표상들을 무로 되돌리고 있다는 점뿐만 아니라 그것들의 수용(Aufnahme), 그것들에 대한 사유, 확고한 것(Festen)에서 시작한 그것들의 실존에 관한 추론들이 똑같이 단지 가능한 것이라는 점에서도 그렇다.

[67] "허공을 제외한다면 비신체적인 것이 자율적으로 존재한다는 생각은 불가능한 것이다(비신체적인 것은 표상을 사유하지 않는다 : 그것에 관한 표상은 허공 Leere과 텅 빈leer이다).[10] 그리고 허공은 영향을 미치지 않을 뿐만 아니라 받지도 않는다. 다만 그 존재로 인해 신체들이 운동할 수 있을 뿐이다." 49쪽. "영혼을 비신체적인 것이라고 말하는 사람들은 헛소리를 하는 것이다." 〔49～〕 50쪽.

50쪽과 51쪽의 첫 부분에 대해 연구해 볼 필요가 있는데, 그곳에서 에피쿠로스는 구체적인 신체의 규정들에 대해 말하고 있으며, 다음

9. "대자적으로 존재하는"(für sich seiende)이라는 말은 수고에서 지워진 것처럼 보인다.
10. 이것은 맑스가 독일어로 써 넣은 것이다.

과 같이 말하면서 원자론적 관점을 폐기하는 것처럼 보인다:

[69] "[…] 전체 신체가 일반적으로 그 모든 것들[속성들]로 자신의 고유한 본질을 보존한다는 것; 그러나 그것은 가령 조성적인 것이나 원자들이 덩어리를 형성하여 더 큰 복합체를 형성하는 것 같은 방식으로 그런 것이 아니고[11] … 말한 것처럼 단지 그 모든 것으로 고유한 본질을 보존하는 것일 뿐이다. 이 모든 것들은 특수한 고찰과 판단을 요구하는데[이것들을 고찰하고 판단하는 특수한 방식이 있다], 여기서 전체는 계속해서 분리된 것이 아니라 전체로서 고려되고 이해되어야 한다[속성들은 분리된 것으로서가 아니라 함께 있는 것으로 고려되어야 한다]. 이것들[속성들]을 떠올리면서 우리는 '신체'라고 기술하는 것이다." 50쪽, 51쪽

[70] "더욱이 신체들은 자주 자신에 고유하지 않은(nicht spezifische) 우발성들(Akzidenzien)을 만나는데, 그 가운데 일부는 물론 볼 수 없는 것이며, 비신체적인 것이다.[12] 따라서 가장 일상적인 방식으로 이 말을 사용함에 있어, 우리는 우발성이 전체 — 조성적인 전체로서 우리가 신체라고 부르는 것 — 의 본성을 가지고 있지도 않으며, 고유한 속성들(Qualitäten, 질들) — 이것들이 없는 신체는 생각할 수도 없다 — 의 본성과도 같지 않다는 것을 분명히 해야 한다." 51쪽.

[71] "[…] 우리는 그것들을 그것들이 나타나는 대로, 다시 말해서 신체의 우발적인 속성들(Attribute)로 간주해야만 한다. 그런데 그것들은 그 자체

---

11. 이 구절은 신체를 기술하는 모양이나 무게, 크기 등의 속성들에 대해서 에피쿠로스가 설명하고 있는 부분에 해당한다. 에피쿠로스는 여기서 전체 신체가 일반적으로 자신의 지속적인 존재를 이러한 속성들에 의존하고 있지만, 그 방식은 원자가 복합적 신체를 형성해서 존재하도록 해주는 것과는 다르다고 말하고 있다. – 역자주

12. 이 문장은 맑스가 인용한 인용문을 따라 옮긴 것인데, 에피쿠로스의 본래 문장과는 의미가 상이하다. 참고로 에피쿠로스에 대한 국역본에는 이렇게 옮겨져 있다. "우연적 속성[우발성]은 보이지 않는 존재가 아니며, 비물질적인 존재로 분류될 수도 없다"(국역본, 78쪽). – 역자주

로 신체에 부수적인 것들이 아니며, 독립적인 본질의 기능을 가지고 있지도 않다 ; 우리는 그것들을 자신들의 개별성을 나타나게 해주는 감각적 지각 같은 것으로 본다." 52쪽.

에피쿠로스는 반발(Repulsion)이 원자의 법칙, 즉 직선으로부터의 편위로 정립된다는 사실을 가장 명확하게 의식하고 있었다. 〔그가〕 이것을 마치 운동중에 있는 원자들은 오직 그렇게 해서만〔편위해서만〕 만날 수 있다는 식으로 피상적인 의미로 받아들이지 않았다는 점은 최소한 루크레티우스에 의해서도 밝혀지고 있다. 위에서 인용되었던 구절 뒤에 이런 구절이 있다 :

이러한 원자의 편위(clinamen atomi)가 없다면, 어떤 만남이나 충돌도 일어나지 않을 것이다(weder "offensus natus, nec plaga creata").

그러고 나서 그는 이렇게 말한다:

"결국 모든 운동들이 항상 연결되어 있다고 하면 / 새로 생겨나는 것들은 예전의 것들에서 정해진 질서를 따라서만 나올 수 있을 것이고 / 운명의 사슬을 끊어버릴 새로운 운동을 위해 / 원자들이 편위를 하지 않는다면 / 인과의 사슬은 영원하리니 / 자유〔의지〕의 근원은 ……" (『사물의 본성에 관하여』, 제2권, V. 251ff.)

여기에 클리나멘이 일으키는 운동과는 구별되는, 원자들이 만날 수 있는〔충돌할 수 있는〕 다른 운동이 있다. 더욱이 그것은 절대적으로 운명지워진 운동이고, 그래서 자기 자신(Selbst)의 지양(Aufheben)으로 규정되는 운동이다. 모든 규정은 자신의 현존을 직접적인 타자존재(Andersein) 안에서, 즉 지양된 존재 — 원자에 대해서는 직선 — 안에서 발견하게 된다. 오직 클리나멘으로부터만 자기적인 운동이, 다시 말해서 자기의 규정성을 자기 자신의 규정성으로만 갖는 관계〔자기 관계〕가 나타난다.[13]

루크레티우스는 이러한 생각을 에피쿠로스로부터 가져왔을 수도 있고 그렇지 않을 수도 있다. 이것은 대수로운 일이 아니다. 반발〔충돌〕의 전개에서 〔반발에 대한 고려를 통해〕 명확해진 것은 원자는 개념의 직접적인 형식으로서, 직접적인 몰개념성 안에서만 대상화된다는 것, 그리고 이와 동일한 것이 이러한 원리를 자신의 본질로 삼고 있는 철학적 의식에 대해서도 유효하다는 것이다.

동시에 이것은 내가 에피쿠로스의 것〔글〕에 대해 완전히 다른 배분〔평가〕을 한 것을 정당화시켜 줄 것이다.

---

13. 에피쿠로스를 오해한 사람들은 에피쿠로스가 충돌을 설명하기 위해 클리나멘을 집어넣었다고 주장했다. 그러나 맑스는 루크레티우스를 인용해서 클리나멘이 충돌을 설명하기 위해 도입된 것이 아님을 주장하고 있다. 오히려 클리나멘이 유발하는 충돌은 두 가지 충돌〔결정론적인 충돌과 클리나멘으로 인한 충돌〕 중의 한 가지일 뿐이다. 그리고 자유의 운동은 오직 클리나멘으로부터 온다고 말한다. – 역자주

에피쿠로스 철학 · 두번째 노트

II Epikureische Philosophie · Zweites Heft

I. 디오게네스 라에르티오스Diogenes Laertius, 제 **10**권

II. 섹스투스 엠피리쿠스Sextus Empiricus

III. 플루타르크Plutarch, 『에피쿠로스를 따르면 행복하게 살 수 없다는 것에 대한 증명』***Beweis, daß man nach Epikur nicht glücklich leben kann***

I. 디오게네스 라에르티오스, 제10권. 가쌍디 주석

에피쿠로스, 헤로도토스에게 보내는 편지. 계속

[72] "우리는 다른 것들을 탐구하는 방식으로, 다시 말해서 우리의 마음 속에 있는 선(先)개념을 참조하는 방식으로 시간을 탐구해서는 안된다 ; 우리는 시간이 길거나 짧다고 말하게 해주는 에나르기(Enargie)[1] 자체를 고려해야만 한다. … 우리는 시간에 대한 새로운 용어들을 선호할 것이 아니라 이미 사용하고 있는 것들을 택해야 할 것이다 ; 또한 시간 외에 다른 어떤 것을 세계의 고유한 의미와 동일한 본질을 갖는 것으로 기술해서도 안 된다 ; … 우리는 주로 우리 자신이 그것[시간]에 어떻게 연관되어 있는지, 그것에 고유한 것을 어떻게 측정할 것인지에 관심을 가져야 한다." **[73]** "왜냐하면 이것은 어떠한 증명도 요구하지 않고, 단지 우리가 낮과 밤들 그리고 그것의 부분들을 시간에 연계시키고 있다는 것, 마찬가지로 감각의 유무, 운동과 정지 또한

1. 명료하고 직접적인 감각적 사실.

연계시키고 있다는 것을 숙고해 보기만 하면 되기 때문이다. 바로 이것들의 고유한 속성이 정확히 우리가 시간이라고 부르는 것이라는 사실을 생각하면서 말이다." 52~53쪽.

"[…] 그리고 이 모든 것들은 다시 해체된다. […]" 53쪽.

"그 부분들이 변화하므로 세상 역시 변화할 수 있다는 것을 그[에피쿠로스]가 말했다는 것은 분명하다. 그는 이것을 다른 곳에서도 말했다." 53쪽.

[74] "더욱이 우리는 세계들이 필연적으로 하나의 동일한 모습을 가져야만 한다고 생각해선 안 된다. 그것들은 서로 다르다고 생각해야 한다." 53쪽.

"왜냐하면 생물들은 필연적으로 무한으로부터 분리되지도 않을 뿐 아니라 하늘로부터 떨어지지도 않기 때문이다. **[75]** … 우리는 [인간의] 본성 역시 매우 상이한 여러 측면에서 사물들(Dinge)의 가르침(Belehrung)과 강제(Zwang)를 따라야만 한다는 사실을, 그리고 사유는 그것이 자연으로부터 받은 것에 더 큰 정확성을 제공하고 새로운 발견을 보탠다는 사실을, 그리고 이것이 어떤 [사람의] 경우에는 더 빠르게 일어나고 다른 [사람의] 경우에는 더 느리게 일어난다는 것, 어떤 시기에는 좀더 적은 시간을 요하고, 다른 시기에는 좀더 많은 시간을 요한다는 사실을 파악해야 한다. [53~] 54쪽.

아르케 톤 오노마톤(archai ton onomaton)[2]에 대해서 논의하고 있는 54쪽 끝 부분과 55쪽의 시작 부분을 보자.

[76] "천체(Meteors)에 대해 보자면, 그것들의 운동과 위치, 일식과 월식, [뜨는 것과] 지는 것 등이 지복을 누리고 있는 누군가[신]가 통제하고 명하며, 명했기 때문에 일어나는 것이라고 생각해서는 안 된다."

(여기서 우리는 심플리키오스가 아낙사고라스에 대해서 세계를 질서지우는 누우스(nous)[3]에 관해 말하고 있는 것을 비교해야 한다.)

---

2. 명칭[기호]들의 유래(Herkunft der Bezeichnungen).

"… 불멸성(Unzerstörbarkeit)의 곁에서 **[77]** (행동과 염려, 분노와 호의는 지복에 합치되는 것이 아니고, 약함과 공포, 주변 사람에 대한 의존에서 온 것으로 이것들은 깊이 연관되어 있다.) 또한 우리는 **지복을 얻은 존재가 기꺼이 이러한 운동들을 할 것이라고** 생각해서도 안 된다. 왜냐하면 이것은 매우 성가신 일이며 (지복에)[4] **모순되는** 일이기도 하기 때문이다. 오히려 우리는 **그것의 모든 존귀함**(Erhabenheit)을 **주장함에 있어 그런 존귀함에 모순되지 않는 표현들을 사용해야** 할 것이다. 만약 우리가 여기에 동의하지 않는다면, **이러한 모순은 그 자체로 가장 큰 정신적 혼란을 만들어낼 것이다. 따라서 우리는 세계가 성립**(Entstehung)**될 때, 이러한 덩어리들**(Zusammenballungen)**의 최초의 끼여듦**(Eingliederung)**과 이러한 운동들의 강제성과 주기성이 함께 생겨났다고**[5] **생각해야만 한다.**" 55~56쪽.

한편으로는 자기의식(Selbstbewußtsein)의 자유를 주장하고, 다른 한편으로는 모든 결정(Determination)으로부터의 자유를 신에게 돌리기 위한 사유할 수 있는 원리(das Prinzip des Denkbaren)가 여기에 적용되고 있다.

[78] "〔…〕 **천문 대기 현상들**(**Meteors**)**에 대한 인식**에서 사람을 **행복하게 만드는 것은** … 특히 우리의 **천문 대기 현상들에서 관찰되는 자연 현상들이 어떤 종류인지**, 그리고 원칙적으로 그것들과 어떻든 동류의 것이 무엇인지에 대해 자연 현상들을 정확히 연구하는 것에 〔있다〕: 〔여기에는 '다양한 방식들로' 있을 수 있는 것들이 있다.〕 이러한 방식으로도 있을 수 있고, 다른 방식으로도 있을 수 있는 것들이 있다[6]; 그러나 **위험을 가져오거나 아타락시아를**

---

3. 정신, 이성.
4. '지복에' (zur Seligkeit)는 가쌍디의 라틴어 번역에 주석으로 첨가된 것이다.
5. 에피쿠로스의 편지에 대한 국역본에서 이 부분은 "원자들이 덩어리를 형성—이로써 세상이 생겨난다—할 때, 처음부터 소용돌이가 끼여들어서, 이러한 천체의 법칙들이 생겨났다"고 옮겨졌다. – 역자주

방해하는 일이 불멸하고 지복을 누리는 자연〔본성〕에게는 일어날 수 없다는 것은 절대적 규준(absolute Norm)이다. 의식은 이것이 절대적 법칙(ablsolutes Gesetz)이라는 것을 파악해야 한다." 56쪽.

더욱이 56쪽과 57쪽에서 에피쿠로스는 천체를 경탄하며 〔멍하게〕 바라보기만 하는 태도에 반대했다. 그것은 사람들을 구속하고 그들에게 공포를 불어넣기 때문이다 : 즉 그는 정신의 절대적 자유를 강조했던 것이다.

[80] " 〔…〕 우리는 그러한 대상들에 대한 연구가 철저하지 못하거나 충분히 섬세하지 못한 것이 아닌가 하는 선입견으로부터 거리를 두어야 한다. 왜냐하면 그것〔연구〕은 오직 우리 자신의 아타락시아와 축복을 목표로 하는 것이기 때문이다. 따라서 천체 현상들이나 우리에게 알려지지 않은 것들에 대해서는 이와 유사한 것들이 우리의 〔일상〕 경험에서 어떻게 일어나는지를 관찰하면서 탐구해야 한다." 57쪽.

[81] "이 모든 것뿐만 아니라 우리는 인간 정신에서의 가장 큰 혼란은 지복을 누리고 불멸하는 존재들(Wesen, 본질들)이 있다는 것과 함께 이 존재들이 그들의 속성과는 모순되는 욕구들(Wünsche)이나 행위들(Handlungen), 감정들(Affekte, 정동)을 가졌다는 믿음에서 생기며, 또한 인간들이 어느 정도 영원한 고통을 기대하거나 신화를 따라 의구심을 만들어내는 것에서 생긴다는 것을 알아야 한다(그리고 죽을 때는 아무런 감각도 없어지기 때문에, 감각들을 언젠가 잃지 않을까 하는 두려움 때문에 생겨난다). 그리고 그들이 올바른 개념들(Vorstellungen, 표상들)에 의해 인도되지 않아서 … 자신들의 공포에 한계를 짓지 않는다면, 자신들의 생각이 사실일 것이라고 했을 때와 동일한 고통, 혹

---

6. 맑스의 수고에는 이 세미콜론 뒤에 그리스어로 된 앞 문장에 대한 다음과 같은 라틴어 번역이 있었다. esse 〔…〕 id, quod pluribus modis fieri dicitur, et non uno modo necesse contingere ; et posse alio quoque modo se habere.

은 훨씬 더 큰 고통을 경험하게 될 것이다." **[82]** **"그러나 아타락시아란 이 모든 것들로부터 자신을 자유롭게 하는 것이다.** …" 〔57～〕 58쪽.

"따라서 우리는 우리에게 나타나고 감각되는 모든 것들에 대해, 그것이 일반적인 것과 관계하든 특수한 것과 관계하든 주의를 기울여야 하고, 각각의 **모든 기준에 주어진 모든 증거들에** 주의를 기울여야 한다." 58쪽.

에피쿠로스, 퓌토클레스 Pythokles에게 보내는 편지

에피쿠로스는 천문 대기 현상에 대한 논문의 첫 부분에서 그 목적이 인식(gnoseos)… 아타락시아, 확고한 신념을 갖는 것에 있다고 말했으며 그밖의 일에 대한 인식의 경우에도 그것을 반복해서 말했다. 〔X, 85〕. 그러나 또한 천체들에 대한 고찰은 다른 학문과는 본질적인 차이를 갖는다:

[86] "… 우리는 윤리학이나 자연학에서의 문제를 규명할 때와 **똑같은 이론을 모든 것에 적용해서는** 안 된다. 가령 **우주는 신체들**(Körpern)**과 비신체적인 것들**(unkörperlicher ; quod to kenon[7])**로 구성되어 있다"** 든지 "아니면 **분할 불가능한 요소 같은 것들이 있고,** 거기에는 현상들에 대한 **단 하나의 설명만이** 있을 뿐이다[8] 〔등과 같이 주장해서는 안 될 것이다〕. **왜냐하면 이러한 설명들은 천문 대기 현상들에 대해서는 적합하지 않기 때문이다. 그것들이 일어나게 되는 원인은 단일하지 않으며, 우리 감각에 부합하는 하나 이상의 본질적인 범주들**(Kategorie, 설명들)**을 갖는다."** 60쪽과 61쪽.

---

7. quod to kenon는 맑스가 단 주석으로 "이것은 허공이다"는 뜻.
8. 수고에서는 여기에 괄호를 쳐서 가쌍디의 다음과 같은 라틴어 번역문을 옮겨놓고 있다. quaecumque uno tantum modo rebus apparentibus congruunt.

감각의 너머에 있는 천체들에 도덕적이고 감각적인 세계와 동일한 정도의 명료함을 요구할 수 없다는 것은 에피쿠로스의 전체 표상의 방식에서 중요하다. 그것들〔천체들〕에 있어서 에피쿠로스의 이접[9] 이론은 실천적으로 적용된다. 즉 이것이냐 저것이냐는 없으므로 내적인 결정은 부정되며, 사유할 수 있는 것, 표상할 수 있는 것, 우발적인 것, 추상적인 동일성과 자유 등의 원리는 자신을 무규정적인 것(Bestimmunglos)으로 그대로 나타내는데, 그 이유는 정확히 그것에 외재하는 반성에 의해 규정되는 것이기 때문이다. 여기서 우리는 허구화하고 표상하는 의식의 방법이 단지 자신의 그림자와 싸우고 있을 뿐이라는 사실을 알 수 있다 ; 그림자인 것은 그것이 어떻게 보여지느냐〔보여지는 방법〕, 그리고 반영된 것이 어떻게 반사되어 자기 자신에게로 돌아가느냐 하는 것에 의존한다. 유기적인 것 자체를 실체화한 것으로서 고찰하는 경우에 원자론적 견해의 모순이 나타나게 되는 것처럼, 대상(Gegenstand) 자체가 감각적 확실성의 형식과 표상하는 지성〔오성〕의 형식 안으로 들어서는 곳에서, 철학하는 의식은 자신이 활동한 바를 고백한다. 〔전자, 즉 유기적인 것의 경우에는〕 **표상된 원리와 그 적용이 하나로 대상화된 것이 발견되**고, 이것에 의해 모순들은 실체화된 표상들이 자신의 항쟁으로 무장하는 것처럼 바로 여기 〔후자의 경우〕 즉 대상이 사람들의 머리 위에 걸려 있고, 대상이 자립성을 통해서 그리고 실존의 감각적인 독립성과 신비적인 거리두기〔원격〕를 통해서 의식을 선동하는 곳에서, 의식은 서둘러

---

9. 이접(disjuntio)을 보통은 배타택일적 판단(ausschließen Urteil), 즉 "이것이냐, 저것이냐"로 생각하지만, 에피쿠로스는 "이것도 … 저것도 … 그리고 저것도 …"의 방식으로 사용하고 있다. 즉 배타택일적인 것이 아니라 우리의 감각에 위배되는 설명이 아닌 한 모두 선택할 수 있는 다원적인 접근법이라고 할 수 있을 것이다. 이에 대한 명쾌한 설명은 외디푸스적 등록에서 나타나는 배타택일적이고 제한적이며 부정적인 이접의 방식과 분열자적인 등록에서 나타나는 무제한적이며, 포함적이고, 긍정적인 이접의 방식을 대조적으로 보여주는 들뢰즈Deleuze와 가타리Guattari의 책을 참조하라(*L'Anti-Oedipe*, 국역 : 최명관 옮김, 『앙띠 오이디푸스』, 민음사, 1994. 120~121쪽). – 역자주

서 자신의 활동과 행동을 고백하기 시작하고 자신이 행한 것을 바라본다. 다시 말해서 자신에 선재하는 표상들을 이해할 수 있는 것으로 만들고, 그것들이 자신의 소유물임을 입증하고자 한다 : 그리고 자신의 모든 행위가 금제(Bann)처럼 고대 전체를 속박했던 거리두기와의 투쟁에 지나지 않음을, 그리고 단지 가능성, 즉 우연 따위를 〔자신의〕 원칙으로 삼아 자신과 대상 사이에 〔하나의〕 동어반복을 세우려 했음을 인정한다. 이렇게 해서 철학하는 의식은 이 거리두기가 대상적으로 독립해서 천체로서 의식에 대립하자마자 이것〔앞서 말한 것〕을 고백하는 것이다. 의식은 그것이 어떻게 설명되는지에 무관심하다 ; 그것은 하나의 설명이 아니라 많은 설명이 있을 수 있다고, 다시 말해서 어떤 설명도 충분하다고 주장한다 ; 의식은 자신의 행동을 활동적인 허구라고 고백한다. 이러한 이유로 철학이 무전제적이지 않았던 고대에는 일반적으로 천문 대기 현상과 그에 관련된 학설은 그것〔의식〕이 자신의 결점을 보았던 〔하나의〕 이미지 — 아리스토텔레스 같은 사람조차 그랬다 — 였던 것이다. 에피쿠로스는 이것을 말했던 것이고, 이것이 그의 공적이며, 그의 견해와 그 전개에 따라 정합적으로 도출된 철의 결론이라고 할 것이다. 천문 대기 현상들은 감각적 지성에 저항하지만, 감각적 지성은 그 저항을 극복하고, 그것들에 관한 자신의 생각 외에 다른 것은 들으려 하지도 않는다.

[86] "자연은 공허한 공리들이나 법칙들을 따라서 연구되어서는 안 되며, 현상들에 의해 요구되는 것을 따라서 연구되어야 한다. … (삶은) 우리에게 혼동없이 살기를 〔요구한다〕." 61쪽.

결국 전제 자체가 공포를 일으킴으로써 현실적인 의식과 대립하는 곳에서는 더 이상 어떤 근본원리나 전제도 필요없다. 공포 속에서 표상은 소멸된다.

그래서 에피쿠로스는 다시 다음과 같은 명제를 주장한다. 마치 그

상태에서 자기 자신을 발견한 것처럼:

[87] "일단 그것이 현상들과 합치되는 **다양한 방식으로** 정합적으로 설명되고, 사람들이 믿을 **만하다고 생각한 것이** 주장된다면, 만사는 아무런 문제 없이 진행될 것이다. 그러나 만약 우리가 어떤 설명을 타당한 것으로 받아들이면서도, 똑같이 현상에 합치되는 다른 어떤 것은 거부한다면, 우리는 명백히 자연학(Physiologie)의 한도를 넘어선 것이며, 신화의 영역으로 들어서는 것이다." 61쪽.

이제 문제는 설명이 어떻게 배치되느냐 하는 것이다:

[87] "우리는 천문 대기 현상들의 과정에 대한 어떤 표지들을 〔일상의〕 경험 안에서 그와 동일한 방식으로 관찰되고 나타나는 과정들에서 얻을 수 있다. 왜냐하면 이것들은 다양한 방식으로 일어나기 때문이다. **[88]** 그러나 우리는 이들 각각을 나타나는 그대로 관찰해야 하며, 그것과 연관된 것은 무엇이든지 설명해야 한다. 이는 그것이 우리 경험에서와 마찬가지로 다양한 방식으로 일어날 수 있다는 사실과 모순되지 않는다." 61쪽.

에피쿠로스적 사고 방식에서는 그 자신의 목소리가 하늘의 천둥소리를 능가하고 그의 섬광이 하늘의 섬광을 압도해버리기 때문이다. 우리는 단조로운 반복으로부터 에피쿠로스가 자신의 새로운 설명 방법을 얼마나 중요하게 생각했는지, 그가 얼마나 초자연적인 것을 제거하는 데 열심이었는지, 그가 어떻게 항상 하나의 설명이 아니라 여러 개의 설명을 적용할 것 — 모든 것의 측면에서 이것에 대한 매우 사소한 예들을 제공하면서 — 을 주장했는지, 그리고 자연을 자유롭게 놔두는 동안 자신은 오직 의식의 자유에만 관심을 가졌다는 사실을 어떻게 그가 솔직하게 고백하는지 등을 알 수 있다. 설명에 요구되는 유일한 증명은 그것이 감각들과 경험, 그리고 현상들과 외관〔가상〕의 증거에 의해 안티마르티레이스타이(antimartireistai)[10]되지 않아야만 한다는 것이다. 왜냐하면 중요한 것은 단지 자연이 어떻게 나타나느냐의 문제이기 때문이다[감각이나 현상이 중요하다는 것]. 이러한 명제들이 반복된다.

태양과 달의 발생에 대하여:

[90] "왜냐하면 이것 또한 감각에 의해 이런 방식으로 제시되기 때문이다." 63쪽.

태양과 별들의 크기에 대하여:

[91] "[…] 감각들을 통해 지각하는 대로 … 우리는 여기서[지상에서] 그 현상들을 본다." 63쪽.

별들이 뜨고 지는 것에 대하여:

[92] "왜냐하면 어떤 현상도 이것에 반하는 증명을 하지 못하기 때문이다." 64쪽.

태양과 달의 회귀에 대하여:

[93] "왜냐하면 우리가 천문학자들의 보잘 것 없는 재주들에 대해 두려워하지 않고, 개개의 설명들에서 있을 법한 것들을 단단히 붙잡으며, 그것들 각각을 현상들에 부합하도록 할 수 있다면, 이와 관련된 모든 것들은 명백한 현상들[사실들]과 양립가능할 것이다." [64~] 65쪽.

---

10. 반증되다.

달이 기울고 차는 것에 대하여:

[94] "〔…〕 그리고 현상들이 우리 경험 안에서 이 문제에 관한 설명을 제시하는 어떤 방식에서건, 하나의 설명 방식에 매혹되어 다른 설명 방식들을 가볍게 거부하거나, 관찰 가능한 것을 보지 못하고, 관찰 불가능한 것을 보려고 하지 말아야 한다." 65쪽.

달의 표면에 대하여:

[95] "〔…〕 일반적으로 현상에 일치하는 것으로 생각되는 어떤 방식도 〔받아들일 수 있다〕." **[96]** "덧붙여 말하자면, 이것은 모든 천문 대기 현상들에 적용되어야 한다. 왜냐하면 만약 당신이 명백한 것에 대하여 싸운다면, 당신은 진정한 아타락시아를 결코 누릴 수 없기 때문이다." 66쪽.

특히 〔천체의〕 주기적 질서에 관한 단락에서 모든 신적이며 목적론적인 영향력이 배제되고 있음에 주목하자. 이 주기적 질서에 관한 단락에는 설명이 단지 의식의 자기 감지에 지나지 않으며, 사태적인 것(Sachliche)은 단지 과도한 믿음〔기만〕에 지나지 않는다는 사실이 분명하게 드러나 있다:

[97] "〔……〕 〔천문 대기 현상에서〕 어떤 것이 규칙적으로 일어나는 것은 우리의 경험에서 일어나는 일들의 규칙성과 마찬가지로 이해되어야 한다; 어떤 경우에도 이것에 대해 신적인 것이 들어와서는 안 되며, 신성은 이 모든 부담으로부터 자유로워져야 하고 완전한 지복(至福)의 상태에 있어야 한다. 그렇지 않을 경우 천문 대기 현상들의 발생에 관한 모든 이론은, 우리가 이미 몇몇의 이론가들에게서 보았듯이 무의미한 것이 되고 말 것이다. 이들 이론가들은 가능한 설명을 적용하지 않고, 오직 하나의 설명 방식이 있을 뿐이라고 믿으며 다른 모든 가능한 설명들을 배제하는데 몰두한다. 그래서 이들은

불가능한 것들〔일어날 수 없는, 혹은 알 수 없는 영역의 것들〕에 도달하며, **현상들을 표지로서 이해해야 하지만** 그렇게 하지 않고, 신에 대해서도 기뻐하지 않는다." 67쪽.

동일한 고찰들이 거의 그대로 반복되곤 한다:

[98] 밤과 낮의 길이 변화에 대하여 : meke nykton kai hemeron parallattonta.[11] 67쪽.

[98] 기후의 징조(episemasiai)에 대하여, 67쪽.

[99] 구름(nephe)의 생성에 대하여, 68쪽.

[100~101] 천둥(brontai)의 생성에 대하여, 번개(astrapai)의 생성에 대하여, 69쪽; **[103]** 그래서 그는 벼락(keraunos)에 대해서 다음과 같이 말했다:

[104] "벼락이 생길 수 있는 몇 가지 방식이 있다. **미신의 제거만이 필요한 유일 조건이다**; 미신은 우리가 **현상들을 따라서** 볼 수 없는 것에 대해 올바르게 추론할 때 제거될 수 있을 것이다." 70쪽.

(지진[seismoi, terrae motus]에 대한 많은 설명들을 예로 든 후에도 그는 다음과 같이 덧붙였다: **[106]** "**그러나 이밖에도** 〔지진을 발생할 수 있는〕 **많은 방식들이 있다.**" 71쪽)

혜성들에 대하여:

[112] "〔…〕 현상들에 부합하는 것을 〔새롭게〕 찾아낼 수만 있다면, 이런 일이 일어나는 다른 많은 방식들이 있을 수 있다." 75쪽.

---

11. '밤과 낮 길이의 변화에 대하여'를 본래의 그리스어로 다시 쓴 것이다.

항성들과 유성들에 대하여 :

[113] "현상들이 여러 원인들을 제시함에도 이러한 결과들에 대해 단 하나의 원인만을 주장하는 것은, 무의미한 점성술에 사로잡혀 **신을 수고로움에서 해방시키지 못하면서**, 어떤 현상들에 대해 아무런 근거나 들이대는 사람들의 미친 그리고 터무니 없는 짓이다." 76쪽.

그는 그러한 것들을 단일한 방식으로(simpliciter, haplos) 판단하는 사람들에 대해서도 비난했다.

[114] portentosum quidpiam coram multitudine ostentare affectare = "**그것은 군중들(Menge)에게 무언가를 해보려고 하는 사람들에**게 해당된다." 76쪽.

기후의 징조(episemasiai)와 관련하여 그는 동물들에게서 나타나는 기후의 징조——이것은 어느 정도 신과의 관계를 설정할 수 있는 것인데——에 대해 다음과 같이 말했다 :

[116] "비록 **그 능력이 아주 낮은** 생물이라 해도 그런 어리석음에 사로잡히지는 않을 것인데, 하물며 **완전한 행복을 누리는 존재**[신적인 존재]**가 그럴 리**[그런 수고로운 일을 하고 있을 리]**는 만무하기** 때문이다." 77쪽.

이로부터 우리는 무엇보다도 신적인 영향을 지키고자 했고, 영혼의 불멸성 등을 역설했으며, 그럼에도 에피쿠로스주의자이기를 원했던 피에르 가쌍디가 (예를 들어 다음을 보라. '에피쿠로스에 반대하여, 영혼은 불멸이다', 가쌍디, 디오게네스 라에르티오스, 10권(l. dec. Diog. Laert.), 549~602쪽, 혹은 '에피쿠로스에 반대하여, 세계의 창조자인 신은 존재한다', 706~725쪽, 혹은 '에피쿠로스에 반대하여, 신은 인간들에 대해 염려한다', 738~751쪽 등등. 다음의 책, 포이어바흐Feurbach, 『신철학의 역사』 *geschichte der neuern Philosophie*, 「피에르 가쌍디」, 127~150쪽과 비교해보라) 얼마나 에피쿠로스를 이해하지 못했는지 알 수 있으며, [사실상] 에피쿠로스에 대해 아무것도 가르쳐 주지 못한다는 것도 알 수 있게 된다. 가쌍디는 에피쿠로스에 대해 가르치기보다는 오히려 에피쿠로스로부터 가르치려고 노력한다. 그가 에피쿠로스의 철의 결론을 위반하는 것은 그 자신의 종교적 전제들과 다투지 않기 위해서이다. 이러한 투쟁은 가쌍디에게 중요한 의미를 갖는다. 마치 새로운 철학[신철학, 근대철학]은 낡은 철학[고대철학]이 몰락한 곳에서 부활한다는 것이 일반적인 현상이듯이 : 즉, 한편으로는 회의주의파가 그리스 철학의 조종(弔鐘)을 울린 것에 대해서 [근대철학은] 데카르트와 함께 보편적 회의에서 부활하고, 다른 한편으로는 고대철학이 에피쿠로스에 의해 회의주의파에 의한 것보다도 훨씬 정합적으로 깨뜨려진 것에 대해서 근대철학은 합리적인 자연철학에 의해 부활한 것이다. 고대는 자연에, 실체적인 것들에 뿌리 박고 있었다. 그것의 퇴락과 속류화는 근본적으로 실체적이고 순수한 삶의 패배를 의미한다 ; 근대 세계는 정신에 뿌리 박고 있으며, 정신은 자유이고, 그것의 타자 즉 자연을 자신으로부터 자유롭게 내보낼 수 있다. 그러나 반대로도 마찬가지다. 다시 말해서 고대인들에게 자연의 속류화인 것은 근대인들에게는 노예적인 신앙의 족쇄로부터의 구원인 것이다. 그리고 근대의 합리적인 자연관은 고대 이오니아철학이 적어도 원리상으로는 출발한 지점 ── 신적인 것, 즉 이데아가 자연 안에 구현되고 있다고 보는 것 ── 으로까지 자기 자신을 고양시켜야만 한다.

누가 여기서 고대철학의 정점이라고 할 수 있는 아리스토텔레스가 자신의 논문 「페리 테스 피세오스 조이케스」peri tes physeos zoikes[12, 13] 에서 서술한 그 열정적인 구절을 생각해내지 않을 수 있겠는가? 그 구절은 에피쿠로스의 담백한 단조(Eintönigkeit)와는 완전히 다른 것을 소리내고 있다!

에피쿠로스적 견해의 방법에서 주목할 만한 것은 **세계의 창조**로, 어떤 철학의 입장을 알아챌 수 있게 해주는 문제라고 할 수 있다 ; 왜냐하면 정신이 그 입장에서는 어떻게 세계를 창조하는지, 즉 세계에 대한 철학의[14] 관계, 철학의 창조적인 잠재력, 철학의 정신을 보여주기 때문이다.

에피쿠로스는 다음과 같이 말한다(61~62쪽) :

[88] "세계는 **천체들의 복합체**(perioche tis ouranou)로, 별자리와 지구, 그리고 모든 현상들을 포함하고, **무한성의** 조각(apotomen)을 지니며, **어떤 한계 안에서 한정되어지는데**, 이 한계는 에테르 같을 수도 있고, 단단할 수도 있으며(이 경계가 해체되면 그 안의 모든 것들은 파멸에 빠진다), 정지해 있을 수도 있고, 회전하고 있을 수도 있으며, 삼각형일 수도 있고, 다른 어떤 모양일 수도 있다. 왜냐하면 **모든 종류의 것이 가능하기 때문**이다 ; 어떤 것도 **현상**들에 의한 규정에 모순되지 않기 때문이다. 다시 말해서 세계가 끝나는 곳이 **식별되지 않는다** ; **무수한** 세계들이 있다는 것은 자명하다."[15]

누구에게나 이러한 세계 구성의 빈약함이 눈에 띌 것이다. 세계가 지구, 별 등등의 복합체라는 사실은 달 등의 생성이 나오고, 그것이 나중에야 설명되기 때문에 아무것도 의미하지 않는다.

일반적으로 모든 구체적 신체〔물체〕는 복합체이다. 좀더 정확히 말하자면, 에피쿠로스에 따르면 원자들의 복합체이다. 이러한 복합체의 규정성, 그것의 종적인 차이〔구별〕는 그 한계 안에 있으며, 이 때문에

---

12. 『동물의 본성에 관하여』.
13. 「페리 테스 피세오스 조이케스」는 아리스토텔레스에 의해 전해지지 않았다. 맑스가 언급한 구절은 아리스토텔레스의 저작인 『드 파르티부스 아니말리움』*De partibus animalium*에서 가져온 것으로 보인다.
14. 수고에는 'einer'가 'seiner'로 되어 있었다.
15. 수고에서 이 인용문은 독일어로 쓰여 있다.

일단 세계를 무한성으로부터 〔떨어져 나온〕 조각이라고 부르면, 이어서 더 상세한 규정으로 그것에 한계를 덧붙이는 것은 불필요한 것이 된다. 왜냐하면 떨어져 나온 것은 나머지〔타자〕에서 자신을 분리하는 것이고, 하나의 구체적인 차이를 갖는 것〔구체적으로 구별되는 것〕이며, 따라서 나머지〔타자〕들에 의해서 제한되는 것이 되기 때문이다.[16] 그러나 〔세계를 세계로 만들어 주는〕 한계〔경계〕는 마땅히 규정되어야 하는 것인데, 이유는 한계지워진 복합체만으로는 아직 세계가 아니기 때문이다. 더욱이 한계는 갖가지 방법으로 규정될 수 있다고, 즉 판타코스(pantachos)라고 말해지고 있다. 결국 어떤 차이가 있다는 것이 파악된다고 해도 그 한계에 특유한 〔종적〕 차이를 규정하는 일은 불가능하다는 것을 고백하는 셈이다.

따라서 그것은 차이들에 관한 총체성이 무규정적인 단일성으로 귀환한다는 표상, 다시 말해서 세계라는 표상이 의식 안에 있으며 결국에는 일상적인 사유 안에서 나타나기 시작한다는 것 이상을 말한 것이 아니다. 한계, 종적인〔특유의〕 차이, 그리고 이러한 표상의 내재성과 필연성은 파악될 수 없는 것으로 선언된다 ; 거기에 있는 표상이 파악될 수 있다는 것은 동어반복이다. 왜냐하면 그것은 거기에 있기 때문이다 ; 그래서 설명되어야만 하는 것, 즉 사유에 의한 세계의 창조와 발생 및 내적인 생산은 파악할 수 없는 것으로 선언되고, 설명을 위해 이러한 표상의 현존재(Dasein)는 의식 속으로 넘겨진다.

이것은 마치 누군가 신이 있다는 것을 증명할 수는 있지만, 신의 종적인 차이(differentia specifica) 즉 신이란 무엇인가(guidsit)라는 규정 자체에 대해서는 탐구할 수 없다고 말하는 것과 같다.

더 나아가 에피쿠로스가 〔세계의〕 한계〔경계〕는 각각의 방식으로 생각될 수 있다고, 다시 말해서 우리가 공간적인(räumlichen)[17] 한계〔경

---

16. 어떤 것이 다른 것과 구별된다면, 그것은 아무리 큰 것이라고 할지라도 무제한적이지 못하게 된다. 그것과 구별되는 다른 것에 의해서 제한되고 있기 때문이다.

계〕에 대해서 일반적으로 구별하는 각각의 규정이 〔세계의〕 한계에 적용될 수 있다고 말할 때, 세계라는 표상은 무규정적인 것 그래서 갖가지 방식으로 규정할 수 있는 감각적인 단일성으로의 귀환에 다름 아니라고 할 수 있다. 혹은 더 일방적으로 말하자면 세계의 반은 감각적이고 반은 반성적인 의식의 무규정적인 표상이므로, 세계는 그 의식 속에서 대부분의 다른 감각적인 표상들과 함께 있으며 그 표상들에 의해 한정되어 있다 ; 따라서 세계의 규정과 한계는 그것을 둘러싸고 있는 이 감각적 표상들만큼이나 많으며, 감각적 표상들 각각은 그것의 한계로, 그리고 세계의 보다 상세한 규정과 설명으로 간주될 수 있는 것이다. 그것이 바로 에피쿠로스의 모든 설명의 본질이며, 전제들 안에 갇혀 있던 표상적 의식의 모든 설명의 본질이기 때문에 더욱더 중요하다.

이것은 또한 선이나 예지 등을 신에게 돌릴 때 근대인들이 신에 대해 맺는 관계이기도 하다. 규정적인 표상들 중 어떤 것도 그것들 사이에 놓여 있는 신이라는 무규정적인 표상의 경계로서 생각될 수 있다.

따라서 이러한 설명의 본질은 설명되어야 할 표상이 의식으로부터 취해지고 있다는 것에 있다. 설명 혹은 상세 규정은 같은 영역에서 알려진 것으로 채택된 표상들이 그것에 대한 관계 속에 있는 것이고 ; 따라서 설명은 일반적으로 의식이라는 어떤 특정 영역 속에 있는 것이다. 에피쿠로스는 여기서 그 자신과 모든 고대철학의 약점, 즉 의식 속에 갖가지 표상들이 있다는 것은 알고 있지만, 그것들의 한계〔경계〕들, 원리, 필연성은 알지 못한다는 사실을 고백했다.

그러나 에피쿠로스는 그의 세계 창조라는 개념을 제공한 것에 만족하지 않는다. 그는 자기 자신이 드라마를 상연하며, 자신이 행했던 것을 자신에게 객관화시키고, 그러고 나서야 자신의 고유한 창조를 시작한다. 계속해서 그는 다음과 같이 말한다 :

---

17. 정확히 해독할 수 없는 상태다.

[89] "간(間)세계(우리는 세계들 사이에 있는 것을 이렇게 부른다)나 곳곳에 있는 빈 공간에서, 그리고 완전히 비어있는 거대한 공간[18]에서 그러한 세계가 생겨날 것이다. 세계가 생겨날 때는 다음과 같을 때다. 어떤 적당한 씨앗들이 어떤 세계나 간세계, 혹은 몇몇의 세계들로부터 들어와서, 점차적으로 복합이나 분절을 형성하고 서로 만났을 때 위치들을 바꾼다. 그리고 〔세계라는〕 복합물을 형성할 수 있을 때까지 기초가 되는 물질들을 잘 흐르도록 한다. **[90]** 만약에 세계가 허공에서 생겨난다면, 어느 자연학자[19]가 말했듯이, 덩어리나 소용돌이, 혹은 증식을 형성하고 서로 서로 만나는데 있어 충분치 않을 것이다. 이것〔허공에서의 세계 창조〕은 현상과 모순된다." 62쪽.

여기서는 세계 창조를 위한 세계들이 전제되어 있으며, 〔세계 창조라는〕 사건(Ereignis)이 일어나는 장소가 허공이다. 따라서 창조의 개념 안에 드리워져 있는 것, 다시 말해서 창조되기 위해서 전제되어야 하는 것이 여기서 실체화되었다. 상세 규정이나 다른 것들〔다른 표상들〕과의 관계가 없는 표상, 말하자면 우선적으로 전제된 것은 바로 비어 있거나 혹은 구체화된 하나의 간세계, 즉 하나의 허공이다. 표상이 규정을 얻는 방식은 다음과 같다 : 세계 창조에 적합한 씨앗들이 세계 창조에 필연적인〔필요한〕 방식으로, 즉 아무런 규정도 차이도 없이 서로 결합한다. 달리 말하자면 전체로서 우리는 다시 원자와 케논(kenon)[20]만을 가지고 있을 뿐이다. 에피쿠로스 자신이 비록 이것에 대해 어느 정도 싸

---

18. 여기서 '완전히 비어있는 공간'에서 세계가 생겨난다고 했을 때, 이것을 우주 전체를 가리키는 것으로 보아서는 안 될 것 같다. 우주 전체가 완전히 비어 있었다고 한다면, 세계 창조를 위해 필요한 물질들이 들어올 여지가 없기 때문이다. 이 인용문은 맑스가 독일어로 쓴 것이어서 그대로 옮겼으나, 에피쿠로스에 대한 국역본(『쾌락』, 문학과 지성사, 1998, 93쪽)에 따르면 이 부분의 번역은 다소 다르다. "세상은 많은 비어 있는 곳이 있겠지만 어떤 사람이 말하는 것처럼 완전히 비어 있는 아주 큰 공간 안에 있지는 않을 것이다"고 옮기고 있다. – 역자주

19. 데모크리토스.

20. 허공.

우기는 했지만 etc. 아리스토텔레스는 이미 심오한 방식으로 그 방법 ── 즉 더 상위의 형식 속에서 이 원리가 자신을 지양하도록 하지 않고, 추상적인 원리로부터 출발하는 그 방법 ── 의 피상성을 비판한 바 있다. 아리스토텔레스는 피타고라스 학파 사람들이 범주들을 기체(基體)로부터 해방시킨 최초의 사람들이라고, 그리고 그것들〔범주들〕을 그것들이 술어가 되는 것〔범주들의 주어〕들의 특수한 본성으로 생각하지 않고 내재하는 실체 자체로 파악한 〔훌륭한〕 사람들이라고 칭찬한 후:

"그들〔피타고라스주의자들〕은 유한성과 무한성〔의 범주들〕은 〔…〕 어떤 것들, 가령 불이나 흙과 같은 것들의 **특수한 본성들이 아니라** … **그것들이 술어가 되는 것들의 실체라고 생각했다**",

다음과 같은 이유로 그들을 비난했다.

"그들은 **주어진 규정이 서술할 수 있는 최초의 주체가** 사물의 실체라고 **생각했다**〔…〕" 〔아리스토텔레스〕, 제1권, 5장. 『형이상학』.

II. 섹스투스 엠피리쿠스

우리는 이제 섹스투스 엠피리쿠스로부터 명확하게 된 것들에 한해서, 회의주의에 대한 에피쿠로스 철학의 관계를 살펴볼 것이다.

그러나 먼저 디오게네스 라에르티오스의 제10권에 있는 현자에 대한 에피쿠로스 자신의 기본 규정을 인용하고자 한다 :

[121] "(현자는) **주장〔가르침〕을 내세우지, 단순히 의심을 내세우지 않는다.**" 81쪽.

자신의 사유가능함의 원리와 언어, 표상들의 발생에 대해 에피쿠로스가 말하고 있는 부분은 전체적으로 그의 체계를 서술하는 중요한 부분으로, 고대철학에 대한 자신의 이론 체계가 갖는 본질적인 관계와 회의주의에 대한 자신의 명확한 입장을 담고 있다. 에피쿠로스가 철학을 하게 된 동기에 대해 섹스투스 엠피리쿠스가 말하고 있는 내용은 흥미롭다.

[IX, 18] "누군가 … **혼돈이 무엇으로부터 생겨나는지**에 대해 묻는다면, 그는 대답할 수 있는 것이 없었을 것이다. 몇몇 **사람들에 따르면, 이것이 정확히 에피쿠로스가 철학에 투신한 이유이다.** **[19]** 왜냐하면 그는 어렸을 때 자신에게 책을 읽어주던 스승에게 다음과 같이 물었기 때문이다 : '[…] 혼돈이 가장 처음에 생겨난 것이라면, 그것은 무엇으로부터 생겨난 것입니까?' 스승이 그것을 가르치는 것은 자신의 일이 아니고 바로 철학자로 불리는 사람들의 일이라고 말해주었을 때, 에피쿠로스는 다음과 같이 말했다 : '나는 그들이 사물들의 진리를 알고 있는지 그들에게 가보아야겠다.' 섹스투스 엠피리쿠스, 『수학자들에 반대하여』, 383쪽.

[II, 23] "왜냐하면 데모크리토스는 '인간이란 우리가 그 모든 것을 알고 있는 것이다' 등을 말하기 때문이다. **[24]** 왜냐하면 이 사상가는 계속해서 다음과 같이 말하기 때문이다. 즉 **원자들과 허공만이 모든 생명체들과 모든 복합적 신체들에 내재하고 있다. 따라서 이와 관련되는 한에서 우리는 인간[만]의 고유성**(Eigentümlichkeit)**을 파악하는 것이 아니라 모든 것들에 공통적인 것을 파악할 수 있다.** 그러나 여기에 토대로 삼을 수 있는 다른 어떤 것이 있는 것은 아니다. 따라서 우리는 인간을 다른 생명체들로부터 구분시켜주고, **인간에 대한 명확한 표상을 형성시켜 줄 수 있는** 어떤 것도 갖지 못할 것이다. **[25]** 그러나 에피쿠로스는 인간이란 **어떤 영혼과 결합하여 이런저런 형태에 도달한 것이라고** 말했다. 그에 따르면 **인간은** [이런저런] **지시**(Zeigen)**에 의해 보여질 수 있게 만들어졌으므로, 지시되지 않은 자는 인간이 아니다.** 만약 누군가 여성을 지시한다면 남성은 인간이 아닐 것이다. 반대로 여성이

남성을 지시하면 그녀는 인간이 아니게 될 것이다." 『퓌론주의에 대한 개요』 *Pyrrhonische Hypotyposen*, 제2권, 56쪽.

[VIII, 64] "왜냐하면 피타고라스뿐 아니라, 엠페도클레스와 이오니아 철학자들도, 그리고 소크라테스뿐 아니라, 플라톤과 아리스토텔레스, 스토아 학파, 그리고 아마 정원철학자들(Gartenphilosophen)[21]까지도 **에피쿠로스의 말이 증명해주듯이**, 신의 존재를 인정했기 때문이다." 『수학자들에 반대하여』, 320쪽.

[VIII, 71] "왜냐하면 영혼들은 아래로 떨어진다고 생각될 수 없기 때문에…… **[72]** **에피쿠로스의 말과는 달리**[22] **신체에서 분리될 때 연기처럼 해체되지 않는다**. 왜냐하면 그것들[영혼들]을 단단히 붙잡고 있는 것은 신체가 아니며, 오히려 그것들 자신이 신체를 함께 붙어 있도록 하는 근거(Grund)가기 때문이다. 하물며 그들[영혼들] 자신에 대해서야 말할 것도 없는 것이다.[23] 『수학자들에 반대하여』, 321쪽.

[VIII, 58] "몇몇 사람들에 따르면, **에피쿠로스는** 대중들과 관계되는 한에서는 신의 존재를 인정했지만, **사물들의 본성에 대해서는 결코 그것을 인정하지 않았다**." 『수학자들에 반대하여』, 319쪽.

[VII, 267] "에피쿠로스주의자들은 … **지시된 것이 인간이라면**, 지시되지 않은 것은 인간이 아니라는 사실을 알지 못했다. 더욱이 **그러한 지시는** 남성에서, … 납작코나 매부리코, 혹은 긴머리나 곱슬머리에서, 혹은 **다른 구별적 특징들에서도** 일어날 수 있는 것이다." 『수학자들에 반대하여』, 187쪽.

---

21. 에피쿠로스의 추종자나 제자들을 가리킨다. 정원철학자라는 이름은 에피쿠로스 학파가 모였던 유명한 정원 때문에 붙여진 것이다.

22. 에피쿠로스는 영혼도 원자들의 복합체로 이해했으므로, "몸 전체가 해체되면, 영혼의 원자들도 여기저기로 흩어지게 될 것이다"고 보았다(『쾌락』, 문학과 지성사, 1998. 75쪽). – 역자주

23. 영혼들 자체가 신체와 결합하고 있는 이유가 되며, 자신들의 결합에 대해서도 그들 자신이 결합의 이유가 되므로, 신체가 해체되면 영혼도 해체될 것이라고 본 에피쿠로스의 견해는 잘못됐다는 주장이다. – 역자주

[I, 49] "[…] 비록 에피쿠로스가 과학의 주창자들에 대해 적대적인 태도를 보이고 있다고 하더라도, 우리는 그를 그들 사이에 위치시켜야만 한다." 『수학자들에 반대하여』, 11쪽.

[I, 57] "**에피쿠로스에 따르면, 선(先)개념(Prolepsis) 없이는 연구는 물론이고 의심도 불가능하기 때문에**, 무엇보다도 문법학(Grammatik)이 무엇인지를 고찰하는 것이 필요하다[……]." 『수학자들에 반대하여』, 12쪽.

[I, 272] "[…] 그러나 우리는 퓌론과 에피쿠로스가 문법학의 필요성을 인정하기는 했지만 그들이 **문법학에 대한 비난자라**는 사실을 알게 된다. […] **[273]** 에피쿠로스는 자신의 가르침들 중 최고의 것들을 시인들로부터 훔쳐온 것이 아닌가 하는 혐의를 받아왔다. 왜냐하면 그는 '쾌락의 정점(Gipfel)은 모든 고통의 제거다'라는 명제를 다음의 시구(詩句)에서 가져온 것으로 보이기 때문이다:

'마시고 먹는 것에 대한 모든 갈망이 해소된 뒤'

그리고 죽음에 대하여, '그것은 우리에게 아무 것도 아니다'는 사실, 에피카르모스Epicharmus는 바로 이것을 지적했다. 그가 말하기를:

'죽었거나 죽는 것은 내게 대단한 게 못된다.'

그리고는 죽은 신체들이 아무런 감흥도 불러오지 않는다는 문장을 호메로스에게서 가져와, 이렇게 썼다.:

'그가 분노에 차서 능욕하고 있는 것은 무감한 흙덩어리에 불과한 것이다.' 『수학자들에 반대하여』, 140쪽.

[VII, 14] "[…]그와 함께" (철학을 자연학과 윤리학[to physikon kai ethikon]으로 나누었던 아테네의 아르켈라오스Archelaus와 함께)[24] "그들은 에피쿠로스를 논리적 사고를 거부한 사람들 중의 하나로 위치시켰다. **[15]** 그러나 **그가 논리학 일반을 거부한 것이 아니라 스토아 학파의 논리학을 거부한** 것이라고 말하는 사람들도 있다." 『수학자들에 반대하여』, 140쪽.

24. 괄호 안의 내용은 맑스 자신이 쓴 것이다.

[22] "그러나 에피쿠로스주의자들은 논리학으로부터 나아갔다 : 왜냐하면 그들은 제일 먼저 규범론(Kanonik)을 탐구하였고, 명료한 것과 불명료한 것, 그리고 그에 수반되는 현상들에 대한 원칙을 만들었기 때문이다." 『수학자들에 반대하여』, 142쪽.

[I, 1] "**과학의 주창자들에 대한 반대는 에피쿠로스주의자들**과 퓌론의 추종자들에게 **공통적으로 나타나는 것** — 비록 **이들의 입장이** 같은 것은 아니라고 해도 — 이다 ; 에피쿠로스주의자들은 **과학은 지혜를 완성하는 데 아무런 기여도 하지 못한다고 생각했다.**"

(다시 말하자면 에피쿠로스주의자들은 사물에 관한 지식은 정신의 타자 존재이고, 정신의 실재성을 고양시키는 데 무능력하다고 생각했다 ; 그리고 퓌론주의자들은 사물들을 이해하는 데 있어 정신의 무능력함을 그것의 본질적인 측면, 실재적인 에네르기로 간주하였다. 비록 품위가 떨어지고, 고대철학의 신선함도 갖고 있지 못하기는 하지만 철학에 대한 입장에서 이와 비슷한 관계가 경건주의자들(Frömmlern)과 칸트주의자들 사이에도 있다. 전자는 신에 귀의하는 것(Gottseligkeit)으로부터 지식을 단념했다. 다시 말해서 그들은 에피쿠로스주의자들과 마찬가지로, 신적인 것은 인간에 있어서는 무지이고 무위(Faulheit)하는 신성은 개념에 의해〔개념적으로 파악하려고 하면〕 혼란에 빠진다고 믿었다. 이와 반대로 칸트주의자들은 말하자면 고용된 무지의 성직자들이었다. 그들의 일상적인 업무는 묵주를 세면서 자신들의 무능력함과 사물들의 능력(Potenz)을 말하는 것이었다. 에피쿠로스주의자들이 더 정합적이었다(konsequenter) : 무지가 정신에 내재하는 것이라면, 지식은 정신적 본성에서 성장하는 것이 아니라 정신과는 무관한 어떤 것이다. 왜냐하면 무지한 인간에게 신적인 것은 지식의 운동이 아니라 무위이기 때문이다) ;

"아니면, 몇몇 사람들이 추측하듯이 그들〔에피쿠로스주의자들〕은 이런 방식으로 자신들의 무지를 가리는 방법을 알았기 때문이다. 왜냐하면 많은 사안들에서 에피쿠로스는 무식한 것으로 판명되었고, 일상적인 대화에서조차 그의 말은 항상 옳지는 않았기 때문이다." 『수학자들에 반대하여』, 1쪽.

섹스투스 엠피리쿠스는 자신의 당혹스러움을 분명하게 보여주는 몇 개의 뜬 소문〔가십〕을 인용한 후에, 과학에 대한 회의주의자들과 에피쿠로스주의자들이 갖는 태도의 차이를 다음과 같이 확립했다 :

[5] "퓌론의 추종자들이 〔과학들에 반대한 것은〕 **과학들의 주장이 독단적(dogmatisch)이어서 지혜에 아무런 기여도 하지 못하기 때문도 아니고, 그들 자신이 교육을 덜 받아서도 아니다**…… **[6]** 그들은 과학들에 대해 전체 철학에 대해서와 동일한 태도를 가졌던 것이다."

(이로부터 마테마타(mathemata)[25]와 필로소피아(philosophia)[26]가 어떻게 구분되는지, 그리고 마테마타에 대한 에피쿠로스의 경시가 우리가 지식(Kenntnisse)이라고 부르는 것으로 확장된다는 사실, 그리고 이러한 주장이 그의 전체 체계에 비추어 얼마나 정확히 일치하는지 등을 명확히 볼 수 있다).

"그들〔퓌론의 추종자들〕이 철학을 진리에 도달하고자 하는 소망으로 향하게 하는 것과 똑같이 **모순과 비슷한 사물들의 아노말리(Anomalie)를 만나고 판단을 중지했을 때**, 그리고 또한 과학을 지배하기 시작하고 그 안에 있는 진리를 얻고자 노력했을 때, 그들은 똑같은 어려움들을 발견했으며, 그들은 이 점을 숨기지 않았다." 〔『수학자들에 반대하여』, 제1권〕, 6쪽.

---

25. 과학(Wissenschaft).
26. 철학.

『퓌론주의에 대한 개요』[27]의 제1권, 17장에는, 특히 에피쿠로스가 적용했던 원인론(Ätiologie)이 적절한 방식으로 논박되고 있는데, 그것은 회의주의학파 사람들 자신의 무능함이 드러나는 방식이었다.

[I, 185] "아마도 원인론에 대한 반대로는 판단 중지의 다섯 가지 방식으로도 충분할 것이다. 왜냐하면 사람들은 철학상의 모든 흐름들, 회의주의의 모든 흐름들을 따라서, 그리고 현상들을 따라서 원인을 제시하거나 그렇지 않거나 할 것이기 때문이다. 그리고 아마도 이 모든 것들에 일치하도록 원인을 제시하는 것은 불가능할 것이다."

(물론 : 단지 현상들일 뿐인 그러한 원인(Grund, 근거)을 제시하는 것은 불가능하다. 왜냐하면 원인은 현상들의 이념성〔관념성〕이며, 지양된 현상들이기 때문이다. 마찬가지로 회의주의에 일치되는 원인을 제시하는 것도 불가능하다. 왜냐하면 회의주의는 모든 사상들에 대한 전문적인 적대자이며, 규정 자체에 대한 부정〔지양〕이기 때문이다. 회의주의를 페노메나(phainomena)[28]에 함께 놓는 것은 순진한 짓이다. 왜냐하면 현상들은 사상을 상실한 존재(Verlorensein), 사상의 비존재(Nichtsein)이기 때문이다 : 즉 회의는 자기 내 반성으로서 동일한 사상의 비존재[29]이지만, 현상은 그 스스로 사라지는 것이며 단지 가상일 뿐이다. 그러나 회의는 발언된 현상이며, 현상의 사라짐과 함께 사라지는 것으로, 회의란 단지 현상일 뿐이다.)

---

27. 수고에는 "Hypotyposen"(개요)가 아니라 "Hypothesen"(가설)로 되어 있다.

28. 현상들(Phänomene).

29. 회의주의가 모든 사상을 부정한다고는 해도, 그것은 분명히 하나의 '사상'이라는 점에서, 사상 일반의 비존재가 아니라 '자기 안에서 반성된 사상과 동일한' 사상의 비존재라고 할 수 있다. 현상들은 사상 일반의 비존재라는 점에서 이 둘을 함께 놓는 것은 순진한 짓이라는 뜻이다.

[185~186] "왜냐하면 명백하든, 명백하지 않든 모든 현상들에는 **모순되는 것이 있기** 때문이다. 그러나 **모순되는 것이 있다면**, 그 원인[근거]에 대한 원인 또한 묻게 될 것이다."

(즉, 회의주의자는 단지 가상 자체일 뿐인 원인[Grund, 근거]을 원하는 것이고, 따라서 원인이 아닌 원인을 원하는 것이다).

"그러나 만약 명백한 것에 대한 명백한 원인, 명백하지 않은 것에 대한 명백하지 않은 원인을 가정한다면, 그는 이것의 무한 진행(Unendliche)에 빠지게 될 것이다." [『퓌론주의에 대한 개요』, 제1권]

(즉, 회의주의자는 가상으로부터 떠나지 않고 그것을 계속 유지하려고 하기 때문에 가상으로부터 떠날 수 없고, 이러한 조작은 영원히 계속해서 수행될 수 있는 것이다 ; 에피쿠로스가 원자로부터 더 깊은 규정들로 나아가는 것이 사실이기는 하지만, 그 자체로서의 원자를 해체하려 하지 않기 때문에 그는 원자론적인 규정들, 그 자기 자신에 외부적이고 자의적인 규정들 이상으로 나아갈 수 없다 ; 반면에 회의주의자는 모든 규정들을 받아들이지만, 그것은 가상의 규정성 안에서이다 ; 따라서 그의 일(Beschäftigung)도 자의적인 것이나 다름 없고, 도처에서 동일한 빈약함(Dürftigkeit)을 보인다. 확실히 그는 세계의 풍부함 속에서 헤엄치지만, 동일한 빈곤함(Armut)을 벗어버리지 못한다. 그는 사물들 속에서 무능력을 보았지만 바로 그 자신이 살아 있는 무능력이다 ; 에피쿠로스는 처음부터 세계를 공허하게 만들고, 결국에는 완전히 무규정적인 것, 그 자신 안에서 쉬고 있는 허공, 할 일 없는 신으로 끝내고 있다).

[186] "그러나 그가 어디에서든 머물러 선다면, 그는 이미 말한 것(Gesagte)과 관련해서 원인은 가치있다고 말할 것이다. 본성에 대한 관련

(Auf-die-Natur-Bez gliche)을 부정(aufhebt)하면서 상대적인 것(Auf-etwas-Bez glche)을 도입하면서",

바로 가상, 현상에서는 상대적인 것(pros ti)이 절대적인 것(pros ten phrsin)이다;

"그렇지 않고 전제로부터 어떤 것을 택한다면, 그는 정지하게 될 것이다." [『퓌론주의에 대한 개요』] 36쪽.

고대철학자들에게는 천문 대기 현상들, 즉 **가시적인**(sichtbare) 하늘이 그들의 실체적인 편집(偏執, 집착)의 상징이자 직관이어서, 아리스토텔레스조차 별들을 신들로 간주했거나 최소한 최고의 현실태(Energie)와 직접적으로 결부시켰듯이 **쓰여진(geschriebne)** 하늘, 즉 세계사의 진행에서 자신을 드러내온 신의 **봉인된(versiegelte) 단어**는 기독교 철학의 전투들에서의 암호인 것이다. 고대인들의 전제는 자연의 행위(Tat)이고, 근대인들의 전제는 정신의 행위이다. 고대인들의 전투는 가시적인 하늘, 생명의 실체적인 유대, 정치적이고 종교적인 실존의 중력이 파열되는 한에서만 끝이 난다. 왜냐하면 정신 자체가 자기 안에 하나로 남기 위해 자연은 둘로 갈라져야만 하기 때문이다. 그리스인들은 정교한 헤파이스토스[30]의 망치로 자연을 깨뜨렸고, 그것을 각각의 조상(彫像)들 속에 나누어 넣었다 ; 로마인들은 그것〔자연〕의 심장에 자신들의 칼을 내리꽂았다. 이렇게 해서 이 두 국민들은 〔사명을 모두 완수하고〕 죽었다. 그러나 근대철학은 그 단어를 개봉해 정신의 신성한 불꽃 속에 연기로 사라지게 했고, 자연의 중력에서 떨어져나온 고독한 배교자가 아닌 정신과 싸우는 정신의 전사로서, 보편적으로 기능하고 보편적인 것을 출현하지 못하도록 하는 제 형식들을 녹여 버린다.

---

30. 헤파이스토스(Hephästus). 그리스의 대장장이 신. – 역자주

III. 플루타르크Plutarch, 크실란데르판, 『에피쿠로스를 따르면 행복하게 살 수 없다는 것에 대한 증명』

플루타르크의 이 논문이 거의 쓸모없다는 것은 명백하다. 그 서투른 허풍과 에피쿠로스 철학에 대한 조잡한 이해를 보이고 있는 서문만 읽어봐도 철학적 비판에서 플루타르크가 무능하다는 것에는 의심의 여지가 없다.

비록 그가 메트로도로스Metrodorus의 견해에 동의하고 있다고 해도:

[III, 2] "그들〔에피쿠로스주의자들〕은 최고의 선은 위(胃)와 다른 육체의 관들에서 발견될 수 있다고 믿었는데, 이 관들을 통해서 고통이 아니라 쾌락이 들어가고, 뛰어나고 찬란한 모든 발견들이 이 위장에 집중된 쾌락과 이 쾌락에 대한 즐거운 기대 때문에 이룩된 것이라고 생각했다. 〔…〕" 1087쪽.

이것은 전혀 에피쿠로스의 가르침이 아니다. 섹스투스 엠피리쿠스조차 에피쿠로스와 키레네 학파의 차이, 즉 에피쿠로스는 쾌락(voluptas)을 마음의 쾌락(voluptas animi)으로 확고하게 정립했다는 사실을 알고 있었다.

"〔…〕 에피쿠로스는 '병이 들었을 때, 현인은 가장 큰 신체적 괴로움에 대해서도 자주 웃음을 짓는다' 고 말했다. 〔고통도 쾌락이라면〕 신체의 고통이 크지도 않고, 견디기도 쉬운 사람들에게 어떻게 쾌감에 대해 논할 만한 중요한 어떤 것을 찾아낼 수 있겠는가?" 1088쪽.

플루타르크가 에피쿠로스의 정합성〔일관성〕을 이해하지 못했다는 것은 분명하다. 에피쿠로스에게 최고의 쾌락은 고통으로터의 해방, 차이(differenz)로부터의 해방이며, 전제의 결여(Voraussetzungslosigkeit)

이다 ; 감각 안에서 다른 어떤 것도 전제하지 않는, 이러한 차이를 느끼지 않는 신체는 건강하고 적극적이다. 에피쿠로스의 할 일 없는(otiose) 신 안에서 그 최고의 형식에 달하는 이 지위(Position)는, 그 지속 기간이 길어서 하나의 상황〔제약〕이기를 멈추고 말하자면 친숙하고 정상적인 것이 되어버린 오래 지속된 질병과 같은 것이다. 우리는 에피쿠로스의 자연철학에서 그가 무전제의 상태, 차이의 제거를 위해 이론적으로나 실천적으로 노력하고 있다는 것을 보아왔다. 에피쿠로스에게 최고의 선은 아타락시아(ataraxia)인데, 그것은 문제가 되고 있는 정신이 경험적이고 개별적인 것이기 때문이다. 플루타르크는 진부한 말로 지껄이면서 마치 도제(Handwerksbursche)처럼 따지고 있다.

부수적으로 우리는 소포스(sophos)[31]의 규정에 대해 말할 수 있는데, 그것은 에피쿠로스 철학이나 스토아 철학, 회의주의 철학들 모두에게 〔중요한〕 대상(Objekt)이었다. 소포스〔현자〕에 대한 고찰로부터 우리는 다음과 같은 사실들, 즉 소포스는 가장 정합적인 모습으로 에피쿠로스의 원자론 철학에 속하게 된다는 사실 그리고 이런 측면에서 보자면 고대철학의 몰락이 에피쿠로스에게서 완전히 객관화(Objektivierung) 된 채 나타나고 있다는 사실을 끌어낼 수 있다.

고대철학은 현자, 즉 소포스를 두 가지 방식으로 이해했는데, 이 두 가지는 모두 동일한 뿌리를 갖고 있다.

질료(Materie)에 대한 고찰 속에서 이론적으로 나타나는 것은 소포스의 규정 속에서는 실천적으로 나타난다. 그리스 철학은 일곱 명의 현자 ― 이오니아의 자연철학자 탈레스Thales도 그들 중 하나다 ― 와 함께 시작하고, 현자를 개념적으로 그리려는 시도로 끝이 난다. 처음과 끝이 〔모두〕 현자이지만, 이에 못지 않게 중심(Zentrum), 중간(Mitte)도 한 명의 현자, 즉 소크라테스다. 철학이 이러한 실체적 개인들 주위를 움직이는 것이 외면적 사실〔우연〕이 아닌 것은 알렉산더가 바빌론에서

31. 현자, 현인.

자신의 지혜를 잃은 그때 그리스가 정치적으로 몰락한 것이 외면적인 사실이 아닌 것과 같다.

그리스의 삶과 그리스의 정신은 자신의 영혼으로서 실체를 갖는데, 처음에 이것은 그들〔현자들〕에 있어서 자유로운 실체로 나타났다. 그러므로 이 실체에 관한 지식도 자율적인 실존들, 즉 개인들에게서 생겨났다. 이러한 개인들은 한편으로 주목할 만한 개인들로서 다른 개인들과 외적인 대립 속에 있지만, 다른 한편으로 그들이 가진 지식은 실체의 내면적인 삶〔생명〕이므로 그들을 둘러싸고 있는 제약들〔조건들〕에 내재하는 지식이다. 그리스 철학자는 데미우르고스(Demiurgos)[32]이며, 그의 세계는 실체적인 것의 자연적 태양 안에서 피어나는 세계와는 다르다.

최초의 현인들은 단지 보지자(保持者, Behälter)일 뿐이며, 실체가 일반적으로 단순한 계율들(Geboten)을 울려퍼지게 만드는 무녀(Pythia)라고 할 수 있다 ; 그들의 언어(Sprache)는 아직은 말(Worten)로 된 실체의 언어일 뿐이고, 또한 자신을 드러내는(offenbaren) 인륜적인 삶의 단순한 힘(Mächte)일 뿐이다. 그래서 그들은 부분적으로 정치적 삶의 활동적인 장인(Werkmeister)이며 입법자인 것이다.

이오니아의 자연철학자들은 자연 요소들의 형식〔들〕— 그들은 이것을 통해 우주를 이해하고자 했다 — 이 〔개별적인 것으로〕 현상하는 것과 마찬가지로 개별화된 현상들이었다. 피타고라스주의자들은 자신들의 내적 삶을 국가 안에서 조직했다 ; 그들이 실체에 관한 자신들의 지식을 실현하는 형식은 이오니아인들 사이에서는 보이지 않는 — 이오니아인들의 고립은 요소적인 실존들의 다소 비반성적이고 순진한 고립이다 — 완전한 의식적 고립과 인륜적인 현실 안에서의 믿음으로 가득찬 생활 사이에 서 있다. 그들 삶의 형식은 그 자체로 실체적이고 정치적인 하지만 단지 추상적으로 유지되는, 최소한의 외연과 자연적인

32. (플라톤 철학에서의) 조물주 – 역자주

기초로 돌려보내진다. 이는 마치 그들의 원리인 수가 다채로운 감성과 이념적인 것 사이에 있는 것과 같다. 처음으로 실체의 이념적 형식을 발견했던 엘레아 학파(Eleaten)는 완전히 내적이고 추상적이며, 내포적인(intensiver) 방식으로 실체의 내면성〔내재성〕을 이해한 사람들로, 열정적인 파토스를 가진 동트는 서광의 예언적 고지자였다. 그들은 단순한 빛에 잠긴 채, 민중들(Volke)과 고대의 신들을 외면해 버렸다. 그러나 아낙사고라스의 경우에는 민중 자신이 개별화된 현자에 반대하여 고대의 신들에게로 돌아섰고, 그〔아낙사고라스〕를 추방하면서 그를 그렇게 〔현자라고〕 불렀다. 근대에 들어서는 (예를 들면, 리터Ritter, 『고대 철학사』*Geschichte der alten Philosophie*, 제1권 〔1829, 300쪽〕) 아낙사고라스를 이원론(Dualismus)이라고 비난하고 있다. 아리스토텔레스는 『형이상학』의 제1권에서 자신이 누우스(nous)[33]를 기계처럼 사용하고 있으며, 자연적인 설명들이 막힌 곳에 적용하고 있을 뿐이라고 말했다. 그러나 한편으로 이러한 이원론의 외관(Schein)은 아낙사고라스 시대에 국가의 가장 안쪽에 있는 심장을 나누기 시작한 바로 그 이원론과 같다. 다른 한편으로는 더 심오하게 파악되어야 한다. 누우스는 자연적 규정이 없는 곳에서 활동적이며, 그곳에서 적용된다. 그것은 자연의 비존재(non ens), 즉 이념성〔관념성〕 그 자체다. 그리고 이러한 이념성〔관념성〕의 활동은 철학자에게 자연적인(physische) 시각(Blick)이 다하는 곳에서만 들어온다. 다시 말해서 누우스는 철학자 그 자신의 누우스이며, 그가 더 이상 자신의 활동을 객관화하지 못하는 곳에 세워진다. 따라서 주관적인 누우스는 방랑하는 학자[34]의 핵심으로 등장하며, 실재적인(reellen) 규정의 이념성으로서의 그것의 힘(Macht) 안에서 한편으로는 소피스트들에게, 다른 한편으로는 소크라테스에게 실증된다.

만약 최초의 그리스 현자들이 실체에 고유한 정신(Spiritus)이며,

---

33. 이성, 정신.

34. 괴테, 『파우스트』, 1, 3. 참조. – 영역자주

실체의 체화된 지식이라면, 그리고 그들의 발언들이 실체 자체와 같은 순수한 강렬도(Intensität)를 가지고 있다면, 만약 실체가 점차 이념화〔관념화〕됨에 따라 그 진보의 담지자들(Träger)이 현상된 실체의 현실 즉 현실적인 민중들의 삶의 현실과 반대되는 자신들의 특수한 현실 안에서의 이념적〔관념적〕인 삶을 역설한다면, 이념성 자체는 실체의 형식 안에만 있게 될 것이다. 살아있는 힘들(Mächten)은 조금도 파괴되지 않을 것이다 ; 이 시대의 가장 이념적인 인간들인 피타고라스주의자들과 엘레아 학파 사람들은 국가적 삶(Staatsleben)을 현실적인 이성으로 찬미했다 ; 그들의 원리는 객관적이며, 그들은 자신들보다 우월한 힘을 반(半)신비적인 방식으로, 시적인 감격 속에서 고지하였다 ; 즉 자연적인 에네르기를 이념성으로 고양시키면서도 그것을 소비하지 않고 가공해서 전체를 자연적인 것에 대한 규정 안에 온전히 둘 수 있는 그러한 형식 속에서 〔고지하였다〕. 이념적 실체의 이러한 체화는 그것을 고지하는 철학자들 자신에게 일어난다 ; 〔단지〕 그것의 표현이 조형적이고 시적이기만 한 것은 아니다. 그것의 현실성은 이러한 인격(Person)이며, 이 인격의 현실성은 실체 자신의 현상이다 ; 그들 자신이 살아있는 상들(Bilder, 이미지들)이고 살아있는 예술 작품이다. 민중들은 조형적인 위대함 속에서 이것들이 스스로 나오는 것을 보게 된다 ; 최초의 현자들의 경우와 마찬가지로 그들의 활동이 보편적인 것(Allgemeine)을 형성하는 동안 그들의 말은 현실적으로 통용되는(geltende) 실체, 즉 법률(Gesetze)이 된다.[35]

따라서 이러한 현자들은 올림포스의 신들의 조각상들만큼이나 대중적이지 않았다 ; 그들의 운동은 자기 안에서의 정지이고, 민중들에 대한 태도는 실체에 대한 태도와 동일한 객관성이다. 델포이의 아폴로가 내리는 신탁들은 그리스 정신 특유의 명백한 힘이 피티안[36]의 삼각대에

---

35. 여기에 다음과 같은 참조 표시가 있다 : (다음 쪽을 보라 Siehe folgende Seite).
36. 피티안(Pythian). 델포이 신전의 무녀들. – 역자주

서 울리는 한에서만 민중들에게 신적인 진리가 되었고, 그러한 한에서만 미지의 힘을 신비한 어둠 속에 감추었다 ; 민중들은 신탁이 민중들 자신에게 울림을 주는(tönende) 이론인 한에서만 그것들에 이론적인 태도를 가졌다. 즉 신탁은 비대중적으로 될 때만 대중적이었다. 이는 현자들에게도 해당한다. 그러나 소피스트들과 소크라테스에게, 그리고 잠재적으로는[37] 아낙사고라스에게도, 사태(Sache)는 역전된다. 이제 이념성 자체가 그것의 직접적인 형식, 즉 주관적인 정신이라는 형식 속에서 철학의 원리로 된다. 초기의 그리스 현자들에게 실체의 이념적 형식 즉 그것의 동일성(Identität)은, 실체의 현상하는(erscheinenden) 현실성을 드러내는 다양한 민족적인 개성들(Völkerindividualitäten)로 짜여진 다채로운 의복에 대(對)하여 현현한다. 따라서 이 현자들은 한편으로는 절대자를 가장 일면적인 것, 가장 보편적인 존재론적 규정으로만 파악했으며, 다른 한편으로는 그들 자신이 현실 속에서 자기 안에 폐쇄된(abgeschloßnen, 완결된) 실체를 표현하였다. 한편으로 그들은 폴로이(polloi)[38]에게 배타적인 태도를 취하고, 폴로이의 정신을 신비라고 말하지만, 다른 한편으로 〔그들은〕 행복한 생각에 빠져 있는 시장에 있는 조형적 신들처럼 민중 자신의 장식물인 셈이고 동시에 개별적으로 민중들에게 되돌아간다. 하지만 이제는 〔초기의 현자들과〕 반대로 이념성 자체, 대자적으로 된 순수한 추상이 실체와 대립한다 ; 바로 주관성이 자신을 철학의 원리로 정립하는 것이다. 이 주관성은 대중적이지 않고 민중적 삶의 실체적인 힘들과 반대로 향하기 때문에 〔오히려〕 대중적이다. 다시 말하자면 그것〔주관성〕은 외적으로는〔외적으로 나타날 때는〕 현실에 대립하지만, 실천적으로는 그 안에 뒤섞인다. 주관성의 실존이 〔바로〕 운동이다. 이 발전의 동맥(Gefäße)은 소피스트들이다. 그리고 그들의 가장 내적인 형상 즉 현상의 직접적인 찌꺼기를 깨끗하게

---

37. 다이나미스 ; 잠재성(력) (Potenz).
38. 대중, 군중.

제거한 그 형상이 바로 델피의 신탁이 소포타톤[39]이라고 말했던 소크라테스이다.

그 자신의 이념성에 대립하면서 실체는 우발적이고 제한된 실존들과 제도들의 집합 속으로 나누어져 들어간다. 그리고 이 실존들과 제도들의 권리, 통일성, 동일성은 주관적인 정신 속으로 도피한다. 주관적인 정신 그 자체는 실체의 보지자(保持者)이지만, 그 이념성은 현실과 대립하기 때문에 객관적으로는 당위로, 주관적으로는 지향으로 머릿속에 머무른다. 자신 안에 이념성을 가지고 있음을 알고 있는 이 주관적 정신의 표현은 개념의 판단인데, 이것은 개별적인 것의 척도(Maßstab)로 자신 안에서 규정된 것, 목적(Zweck), 선(Gute)을 갖고 있다. 하지만 〔이 선은〕 여기서는 여전히 현실성의 당위이다. 이 현실성의 당위는 이념성을 의식하게 된 주체〔주관〕의 당위와 마찬가지의 것이라고 할 수 있다. 왜냐하면 그것〔주체〕 자체는 현실성 안에 있으며, 그것의 외부에 있는 현실성은 그것 자체의 현실성이기 때문이다. 따라서 이 주체〔주관〕의 입장은 그의 운명과 동일하게 규정된다.

첫째로 실체의 이념성이 주관적 정신에 들어갔고, 〔실체〕 그 자신으로부터 떨어져나왔다는 사실은 하나의 비약이며, 실체적인 삶 자체에서 조건지워진 〔그 실체적인〕 삶으로부터의 이반(離反)이다. 그래서 주체에 대한 이러한 규정은 주체에게는 하나의 사건(Geschehn)이고, 주체가 그 담지자로서 자신을 발견하게 된 낯선 힘이며, 소크라테스의 다이몬(Daimonions)이다. 그 다이몬은 철학이 그리스적 삶에 대해서 단지 외적인 것과 똑같은 정도로 단지 내적인 것이라는 사실의 직접적인 현상(Erscheinung)이다. 다이몬의 규정에 의해 주체는 경험적이고 개별적인 것으로 규정된다. 왜냐하면 주체가 자연스럽게 실체적인 것으로부터 자신을 분리시켜서, 이러한 〔그리스적〕 삶 안에 자연적으로 조건지워진 삶 ― 이는 다이몬이 자연적 규정(Naturbestimmung)으로 현

---

39. 가장 현명한 자.

상하기 때문이다——을 살기 때문이다. 소피스트들 자신도 이러한 다이몬들이지만, 아직 그들 자신의 행동으로부터 차별화되지 못한 다이몬들이다. 소크라테스는 자신이 그 안에 다이몬을 가지고 있음을 의식하고 있었다. 소크라테스는 주체 안에서 자신을 상실한 실체의 실체적 증명이라고 할 수 있다. 따라서 그는 초기의 철학자들과 똑같은 정도로 실체적인 개인이지만, 주체성〔주관성〕의 방식 안에서 자신 안에 폐쇄되지〔완결되지〕 않았으며, 신들의 상이 아니라 인간의 상이었고, 신비한 것이 아니라 선명하고 밝았으며, 선지자가 아니라 사교성 있는 사람이었다.

두번째 규정은 이 주체가 당위 즉 목적에 대한 판단을 내리는 것이다. 실체는 주체적〔주관적〕 정신 안에서 자신의 이념성을 상실한다. 그래서 주체의 정신은 그 자체로 실체의 규정이 되며, 그것의 술어가 된다. 반면에 실체 자체는 주관적 정신에 대해서 〔이러저러한〕 자율적인 실존들의 결합, 직접적으로 정당화되지 못한 채 단지 존재하는 결합(Verbindung)이 될 뿐이다. 술어의 규정은 존재자(Seinde)와 관련되므로 그 자체로 직접적인 것이다. 그리고 존재자는 살아있는 민족정신(Volksgeist)이므로, 〔그 규정은〕 개별적인 정신의 실천적인 규정(Bestimmen), 즉 교육(Erziehung)이며 교화(Belehrung)이다. 실체성의 당위는 그것에 의해 표현되는 주체적〔주관적〕 정신 자체의 규정이다; 따라서 세계의 목적은 그것〔주관적 정신〕 자체의 목적이며, 그 목적에 관한 가르침은 그것의 소명이다. 따라서 주체적〔주관적〕 정신은 자기 자신의 목적(Zweck)과 선(Gute)을 자신의 삶과 가르침에서 모두 즉자적으로 표현한다. 그것은 실천적인 운동으로 들어갔을 때의 현자이다.

마지막으로 이 개인이 세계에 관한 개념의 판단을 내렸던 것처럼 그 자신도 내적으로 분할되고 판단된다; 왜냐하면 그의 일부분은 실체적인 것에 뿌리를 박고 있지만, 그 자신의 실존의 권리는 그가 속해 있는 국가의 법과 종교, 요컨대 그로 하여금 자신의 본성을 나타내게 해주는 모든 조건들(Bedingungen, 제약들)에 빚지고 있기 때문이다. 다른 한편으로 그는 자기 안에 그러한 실체성의 재판관(Richter)이라고 할 수 있는 목적을 가지고 있다. 따라서 그 자신의 실체성은 개인 자신 안에서 판단된다. 그러므로 그가 파멸하는 것은 정확히 말해서 그가 태어난 곳이 자유로운 정신이 아니라 바로 실체적인 정신이기 때문이다. 다시 말해서 그는 모든 모순들을 견디고 극복하며, 어떤 자연적 제약들도 그 자체로 인식하지 않는 자유로운 정신에서 태어난 것이 아니라 실체적인 정신에서 태어났기 때문이다.

소크라테스가 그토록 중요한 이유는 그리스 정신에 대한 그리스 철학의 관계, 그리고 그것〔그리스 철학〕의 내적 한계가 그에게서 표현되고 있기 때문이다. 삶에 대한 헤겔 철학의 관계를 소크라테스의 경우와 비교하고, 이로부터 헤겔 철학에 대한 판결(Verteilung)의 정당화를 연역해내는 최근의 시도가 얼마나 어리석은 짓인지는 자명하다. 그리스 철학 특유의 과오는 정확히 말해서 그것이 실체적인 정신하고만 관계한다는 것이다 ; 우리 시대에는 양쪽〔실체적 정신과 자유로운 정신〕 모두가 정신이며, 양쪽이 모두 그렇게 인정되기를 원한다.

주체성〔주관성〕은 그것의 직접적인 담지자 안에서 그〔가령, 소크라테스〕의 삶과 실천적인 활동(Wirken)으로 나타난다. 즉 그가 각 개인들을 실체성의 규정으로부터 그들 안에 있는 규정으로 이끌었던 교육(Bildung, 육성)을 통해서 나타나는 것이다 ; 이러한 실천적인 활동으로부터 분리되면 그의 철학은 단지 선에 대한 추상적인 규정에 그치고 만다. 그의 철학은 실체적으로 존립하고 있는 표상들이나 차이〔구별〕들 등으로부터 자기내규정(In-sich-selbst-Bestimmung)으로의 자신의 이동이다. 그런데 이 자기내규정이란 사실 〔기존의 것을〕 해체하는 이러한 반성의 용기(容器)로 존재하는 것 이상의 내용을 갖지 않는다 ; 따라서 그의 철학은 본질적으로 자신의 고유한 지혜이며, 자기 자신의 선(Gutsein)인 것이다 ; 세계와의 관련 속에서[40] 선에 관한 그의 가르침의

40. "세계와의 관련 속에서"(in bezug auf die Welt)라는 말은 지워진 것처럼 보인다.

유일한 완성은, 범주적인 정언명령을 세웠을 때의 칸트의 것과는 완전히 다른 주관성이다. 칸트에게 있어서 정언명령은 경험적 주체로서, 그가 이런 정언명령에 대해 어떤 태도를 취해야 하는지는 별로 중요하지 않았기 때문이다.

이 운동은 플라톤에게는 이념적인 것이 된다 ; 소크라테스가 세계의 상(Bild)이며 스승인 것처럼, 플라톤의 이데아들 즉 그의 철학적 추상은 세계의 원형들(Urbilder)이다.

플라톤에게 이러한 선이나 목적의 추상적인 규정은 광범위하고 세계를 포괄하는 철학으로 나아간다. 자기 내의 규정으로서의 목적, 철학자의 현실적인(wirkliche) 의지는 사유(Denken)이며, 선의 실재적인(realen) 규정들은 내재하는 사상(Gedanken)이다. 그리고 철학자의 현실적인 의지, 그에게서 활동적인 이념성은 실재 세계의 참된 당위다. 플라톤은 현실성에 대한 자신의 관계를 다음과 같은 방식으로 보았다. 즉 이데아의 자율적인 영역은 현실성 위에 떠있고(그리고 이러한 피안은 철학자 자신의 주관성이다), 현실성 안에 흐릿하게 반영된다〔현실에 비친 것은 그림자일 뿐이다〕. 소크라테스가 실체에서 주체〔주관〕로 이행하는 이념성의 이름만을 발견했고, 그 자신이 의식적으로 이러한 운동이었다면, 현실성의 실체적인 세계는 이제 현실적으로 이념화되어 플라톤의 의식 속으로 들어간다. 그러나 이 이념적 세계 자체는 그것과 대립하고 있는 현실적으로 실체적인 세계와 마찬가지로 자기 안에서 단순하게 분절(Gliederung)된다. 이에 대해서 아리스토텔레스는 적절하게 다음과 같이 말했다:

(『형이상학』, 1권, 9장) "이데아들의 수가 실제로 사물들의 수와 같거나 아니면 적지 않을 것이므로, 사물들의 원인들(Ursachen)을 탐구하는 사람들은 사물들에서 이데아로 나아가는 것이다."

이러한 〔이데아의〕 세계에 대한 규정과 그것의 자기 안에서의 분절은 철학자 자신에게는 피안적인 것이며, 운동은 이러한 세계에서 사라진다.

"이데아들이 실존함에도 불구하고, 운동을 일으키는 어떤 것이 존재하지 않는다면, 그것을 분유하는 어떤 사물도 생겨나지 않을 것이다." 아리스토텔레스, 같은 책, 같은 쪽.

따라서 철학자로서의 철학자, 즉 현실적인 정신 일반의 운동으로서가 아니라 현자(Weis)로서의 철학자는 자신에 대립하고 있는 실체적인 세계의 피안적 진리인 셈이다. 국가가 자신의 사명을 이룩하기 위해서는 철학자들이 왕이 되거나 아니면 왕들이 철학자가 되어야 한다고 말했을 때, 플라톤은 이것을 가장 정확히 표현했다고 하겠다. 어떤 전제 군주〔시라쿠사의 디온Dion〕에 〔대한〕 그의 태도에서 그러한 노력이 시도되었던 것이다. 그의 국가는 또한 최고의 특수 신분으로서 현자들의 신분을 가지고 있었다.[41]

나는 여기서 아리스토텔레스의 다른 두 개의 소견을 언급하고 싶다. 왜냐하면 그것들이 플라톤적 의식의 형식에 관한 가장 중요한 결론들을 제공하며, 우리가 소포스와 관련해서 고려하는 측면과 연결되어 있기 때문이다.

아리스토텔레스는 플라톤에 대해 다음과 같이 말한다:

"『파이돈』*Phaedon*에서는 이데아가 존재와 생성 모두의 원인으로 되어 있다; 그러나 이데아가 존재한다고 하더라도, 운동을 일으키는 어떤 것이 없다면, 그것을 분유(分有)하는 사물들은 생겨나지 않을 것이다〔…〕." 아리스토텔레스, 같은 책, 같은 쪽.

---

41. Plato, *Res publica*, V, 473.

플라톤이 이념성〔관념성〕으로 가져가려고 했던 것은 단지 존재자만이 아니었다. 그는 존재의 영역(Sphäre des Seins)을 이념성으로 가져가고자 한 것이다 : 이 이념성은 철학하는 의식 자체 안에서의 폐쇄된, 특유한 차이의 영역〔특유하게 구분된 영역〕이다 : 이 영역은 이러했기 때문에, 운동이 결여된 것이다.

철학하는 의식 안에서의 이러한 모순은 자신을 그것에 객관화시켜야 하며, 철학하는 의식은 이 모순을 자기 밖으로 내던져야만 한다.

"더욱이 이데아들은 감각할 수 있는 사물들의 원형(Vorbilder)일 뿐 아니라 이데아들 자체의 원형이기도 하다 : 예를 들면 이데아들의 유(類, Gattung)로서의 유 ; 그렇게 되면 원형과 모사(Abbild)가 똑같은 것으로 될 것이다." 〔같은 책〕

루크레티우스는 고대 이오니아 철학자들에 대해 이렇게 말했다:

"〔…〕 훌륭하고 신적인 많은 것들을 발견했고,
자신들 가슴 속 깊이 있는 신전으로부터 대답을 내오네.
아폴로 삼각대의 월계수 사이에서
델포이의 피티아들이 말해주는 것보다도
더 신성하고, 더 확실한 이성에 토대해서……" 제1권, V. 737~740

에피쿠로스 자연철학의 규정에 본질적인 것은 다음과 같다 :

1. 질료(Materie)의 영원성, 그것은 시간이 사건의 사건[42](Akzidens der Akzidenzien)으로, 즉 조성체들(Zusammensetzungen)로 그것들의 사건들(eventis)로 간주된다는 것, 따라서 물질적인 원리 외부에, 즉 원자 자신의 외부에 놓여있는 것으로 간주된다는 사실과 연관된다. 더욱

---

42. 수고에서는 항상 : Accidenzen.

이 에피쿠로스 철학의 실체는 단지 외적으로만 반성하며, 어떤 전제들도 갖지 않고, 자의적이며 우발적이라는 사실과 연관되어 있다. 시간은 차라리 자연의 운명, 유한한 것의 운명이다. 자신과의 부정적 통일, 그것의 내적인 필연성.

2. 허공, 〔이것은 부정이지만 이〕 부정은 질료 자체를 부정하는 것이 아니라 질료가 없는 곳이다. 이러한 관계에서도 역시 질료는 그 자체로 영원하다.

그리스인의 철학적 의식의 작업장에서 최후에 출현하는 우리가 볼 수 있는 〔철학자의〕 모습(Gestalt)은, 추상의 어둠 속에서 나타나 어두운 의복 안에 가리워진 채 세계 무대에서 생기있게 걷는 그리스 철학의 모습과 같고, 타오르는 난로 속에서도 신을 보는 모습〔헤라클레이토스〕, 독배(毒杯)를 마시는 모습〔소크라테스〕, 아리스토텔레스의 신처럼 지복(höchsten Seligkeit)인 명상을 즐기고 있는 모습과 같다.

에피쿠로스 철학 · 세번째 노트

III Epikureische Philosophie · Drittes Heft

III. 플루타르크, 1. 『에피쿠로스를 따르면 행복하게 살 수 없다는 것에 대한 증명』*Beweis, daß man nach Epikur nicht glücklich leben kann*
2. 『콜레테스』*Kolotes*

[III.] 플루타르크, 1. 『에피쿠로스를 따르면 행복하게 살 수 없다는 것에 대한 증명』

"〔…〕 그것〔쾌락〕에 대한 공통의 한계(Ziel)로 에피쿠로스는 모든 고통의 제거를 제시했다. 왜냐하면 그는 우리의 본성이 고통이 사라지는 지점까지만 쾌락을 늘릴 수 있고, 약간의 편차가 있기는 하지만 더 이상 증가시킬 수는 없다고 믿었기 때문이다. 욕망을 통해 이 지점 즉 쾌락의 한도에 이르는 길은 멀지 않고 매우 짧다. 그들〔에피쿠로스주의자들〕은 여기서의 불모성(Unergiebigkeit)을 알았기 때문에, 자신들의 쾌락의 목적을 신체의 가련한 껍데기로부터 영혼으로 넘겼던 것이다." 1088쪽.

"〔…〕 당신들은 그 사람들〔에피쿠로스주의자들〕이 〔쾌락이〕 처음 나타나는 신체에서 시작해서 더 안정적이며 전체의 완성을 가져오는 영혼으로 이행한 것이 잘한 일이라고 생각하는가?"

이에 대한 대답은 이러한 이행(Übergang)이 올바르다는 것이다. 그러나……

"영혼은 아무 것에서도 행복이나 기쁨을 찾지 못하며, 단지 현재적인 혹은 고대하던 신체적 쾌락에 대해서만 행복과 기쁨을 얻을 수 있고, 이것이 영혼의 최고의 선(Gut)이라는 그들의 주장을 당신이 듣는다면, 쾌락을 포도주처럼 보잘 것 없는 잔에서 다른 잔으로 옮겨서 숙성시키면 그것이 더 값진 것으로 변한다고 믿는 그들이 영혼을 신체의 깔때기(Trichter)로 이용한다고 보지 않는가?" 1088쪽.

여기서도 플루타르크는 에피쿠로스의 논리를 이해하는 데 실패한다 ; 아무튼 그가 신체의 볼룹타스[1]에서 영혼의 볼룹타스로의(voluptas corporis ad voluptatem animi) 특정한 이행을 보지 못한다는 점은 중요하며, 이것이 에피쿠로스에게 어떻게 관계되는지는 좀더 상세하게 규정되어야 한다.

" [……] 영혼은 기억을 받아들이지만 … 그 외의 다른 어떤 것도 남겨두지 않는다. … 그리고 그것[쾌락]에 대한 기억은 흐릿하다……" 1088쪽.

"비록 에피쿠로스와 같은 포도주 조끼(Weinkanne)를 가지고 술을 마셨다고 해도, 키레네 학파 사람들은 매우 절도가 있었다 : 그들은 밝은 곳에서 사랑을 나누는 것은 나쁜 것이며, 대신 그것을 어둠으로 가려야 한다고 생각했다. 그것은 사랑의 행위가 시각을 통해서 분명하게 드러남으로 인해 정신이 지나치게 자주 욕망을 불러일으키지 않도록 하기 위한 것이었다. [반대로] 다른 사람들[에피쿠로스주의자들]은 현자의 뛰어난 점이 무엇보다도 이것에 있다는 것, 즉 쾌락과 연관된 광경들, 느낌들, 운동들을 생생하게 기억하면서 유지하는 것에 있다고 생각해서 신체들의 집 안에서처럼 현인들의 영혼 안에 쾌락의 오물들을 남겨두고, 지혜라는 이름의 무가치한 실천을 권한다." 1089쪽.

"왜냐하면 쾌락을 상기하는 것에 관해서 영혼이 그토록 바카스적인 열

---

1. 쾌락, 기쁨.

광과 몰입하는 것은 현재적인 혹은 고대하던 쾌락을 향유하는 것에 대한 맹렬하고도 동물적인 갈망을 드러내기 때문이다." 1089쪽.

"내 생각에는 그들 스스로가 이것들에서 모순을 느꼈기 때문에, 그들은 육신의 고통없음(Schmerzlosigkeit)과 안녕(Wohlsein)에서 도피처를 발견하는 것으로 보인다. …… 왜냐하면 그들은 지속적인 육신의 건강함과 이에 대한 굳건한 확신을 사람들이 생각할 수 있는 가장 크고 확실한 즐거움(Vergnügen)이라고 말하기 때문이다. 무엇보다도 그들이 이러한 쾌락이나 고통 없음 혹은 쾌감을 신체에서 영혼으로, 그러고 나서는 다시 영혼에서 신체로, 앞뒤로 옮겨놓을 때 어떻게 행동하는가를 보라. 그들은 휘발성이 강한 …… 쾌락을 계속 잡아둘 수 없었고 쾌락을 그 시원(始源)에 묶어둘 수 없었기 때문에 (그가 말했듯이) 육신의 쾌락을 영혼의 기쁨에 위치시켰음에도 불구하고, 결국에는 다시 그 기쁨을 기대를 통해서 쾌락에 이르도록 했던 것이다." 1089쪽.

이것은 비록 플루타르크에 의해 잘못 비판된 것이기는 하지만 에피쿠로스의 즐거움(Vergnügen)의 변증법에 대한 중요한 언급이다. 에피쿠로스에 따르면 현자 자신이 이렇게 동요하는 상황 속에 있는데, 이 상황은 에도네(hedone)[2]에 대한 규정으로 나타난다. 오직 신만이 마카리오테스(makariotes)[3] 즉 그 자체로 무(Nichts)의 순수한 평온함(Ruhe)이고, 모든 규정의 완전한 부재이다 ; 이것은 왜 그가 거주하는 곳이 현자처럼 이 세계의 안이 아니라 밖인가에 대한 이유가 된다.

"왜냐하면 육신의 지속적인 건강함은 사실 자주 있는 것이기는 하지만, 육신이 관계되는 곳에서는 확실하고 확고한 어떤 기대도 이성을 가진 영혼 안에서 생겨날 수 없기 때문이다." 1090쪽.

---

2. 쾌락.
3. 지복.

플루타르크는 고통의 가능성을 이유로 건강한 현재(Gegenwart) 안에는 어떤 자유도 없다며 에피쿠로스를 비난했다. 그러나 우선 에피쿠로스적 정신은 그와 같은 가능성을 쫓지 않으며, 오히려 절대적인 상대성(absolute Relativität) 즉 관계(Beziehung)의 우연성은 그 자체로 무관계성(Beziehungslosigkeit)일 뿐이기 때문에, 에피쿠로스적 현자는 자신의 상황을 무관계성으로 취하며, 그런 한에서 그것은 그에게 안심할 수 있는 것이 된다. 그에게 시간은 바로 사건들의 사건(Akzidens der Akzidenzien)일 뿐인데, 어떻게 그것의 그림자가 아타락시아(ataraxia)의 견고한 방진(方陣)을 돌파할 수 있을 것인가? 그러나 개개의 정신에 가장 가까운 전제(Voraussetzung)인 신체를 건강한 것으로 전제한다면, 그것은 아직 무관계성, 바꾸어 말하자면 그의 본래적인 본성, 즉 건전한 신체, 외면적으로는 차별화되지 않은 신체가 정신에 가까이 있음을 말하는 것에 지나지 않는다. 만일 고통 속에서 그에게 이러한 자신의 본성이 개별적인 상황들 — 이 안에서 정신의 어떤 특징적인 상태가 나타나게 된다 — 에 대한 환상들(Phantasien)과 희망들로서 떠오른다면, 이는 단지 개별자가 자신의 관념적인 주관성을 개별적인 방식으로 숙고한다는 것을 의미할 뿐이며, 이것은 완전히 올바른 생각이다. 에피쿠로스에 대한 플라타르크의 비난은 정신의 자유는 현존하고 있으므로, 그것[정신의 자유]은 건강한 신체에는 현존하지 않는다는 것을 의미할 뿐이다 ; 왜냐하면 현실성(Wirklichkeit)이 단지 가능성으로, 우연한 것으로 규정되는 까닭에, 가능성을 외부로부터 들이미는 것은 소용없는 일이기 때문이다. 반대로 사태(Sache)를 보편성(Allgemeinheit) 속에서 고려하는 경우, 참으로 적극적인 상황(Zustand)[4]이 우연적인 개별성에 의해 모호하게 된다면 그것은 정확히 보편성의 포기(Aufgeben)라고 할 수 있다; 다시 말해서 이것은 자유로운 에테르 안에 있으면서도 개별적인 혼합물을 생각하고, 독성 식물들의 발산[숨을 내쉼]과 작은

4. 정확히 읽을 수가 없는 상태이다.

동물들의 흡입〔숨을 들이마심〕을 생각하는 것으로, 다시 말해서 이것은 자신이 죽을 수 있다는 등의 이유로 살기를 거부하는 것과 같고 보편적인 것을 향유하지 않고 개별적인 것들로 굴러 떨어지는 것을 의미한다. 그러한 정신은 매우 작은 것들에만 표류하여, 너무 소심해서 어떤 것도 보지 못한다. 결국에 플루타르크가 말하고 싶은 것은 사람들이 신체의 건강을 유지하는 것에 관심을 가져야만 한다는 것이다. 에피쿠로스 역시 그런 평범한 말을 하기는 하지만 훨씬 천재적인 방식으로 한다 : 즉 보편적 상황을 참된 것으로 지각한 사람은 그것〔신체의 건강〕을 유지하는 데 가장 관심을 기울인다. 그것이 상식(gemein Menschenverstand)이다. 상식은 자신의 가장 진부한 말들(Gemeinplätze)과 어리석은 짓을 철학자들에게 미지의 대륙으로서 던질 수 있는 권리가 있다고 믿는다. 상식은 자신을 계란을 거꾸로 세운 콜롬부스라고 생각한다. 에피쿠로스는 자신의 체계와는 별도로(왜냐하면 그 체계는 그의 권리, 최고의 권리이기 때문이다), 현자는 병을 비존재(Nichtsein)라고 간주하며 가상(Schein)은 사라진다고 주장했다. 그는 이 점에서 대체로 옳았다. 따라서 그에게 병이 있다고 해도 이것은 그에게 지속을 갖지 않는 사라짐이다 ; 그가 건강하고 자신의 본질적인 존립(Bestehen) 안에 있다고 한다면, 가상은 그에게 실존하지 않으며, 그는 가상이 존재할 수 있다고 생각하기보다는 행동할 어떤 것을 가지고 있다고 생각할 것이다. 그는 아프다고 해도, 그것이 병이라는 것을 믿지 않는다 ; 그가 건강하다면, 그는 마치 이것이 그에게는 당연한 상황인 것처럼 여기고, 건강한 사람으로서 행동한다. 이렇게 결연하고도 건강한 개인과 비교해 볼 때, 플루타르크는 얼마나 가련한 사람인가! 그는 건강에 대해 기쁨을 느끼지 않기 위해서만 아이스킬로스와 에우리피데스, 심지어 의사인 히포크라테스를 기억할 뿐이다.

동일성의 상황(Zustande, 조건)으로서 건강은 자기 자신에 대해 망각한다. 신체에 대해 아무런 할 일도 없기 때문이다 ; 차이〔뭔가 이질감을 느끼는 것〕는 병과 함께 시작되는 것이다.

에피쿠로스는 어떤 영원한 생명도 원하지 않았다 : 하물며 다음의 순간이 어떤 불행을 숨기고 있을지 모른다는 사실이 그에게 어떻게 문제가 될 수 있겠는가.

다음과 같은 플루타르크의 비판 역시 잘못된 것이다 :

"그들은 범죄자나 법 위반자들이 자신들의 모든 삶을 비참함과 근심 속에서 보낸다고 말한다. 그것은 그들이 비록 발각되지 않는다고 해도 계속 숨어 있을 수 있을지에 대한 어떤 보증도 가질 수 없기 때문이다; 결과적으로 미래에 대한 공포가 그들을 무겁게 짓누르고, 현재적 상황에서의 어떤 기쁨이나 확신도 미리 배제된다. 하지만 그들은 이 말들이 그들 자신에게도 물음을 던진다고 하는 사실〔스스로에게 반대된다고 하는 사실〕을 깨닫지 못했다 : 우리는 가끔 신체들의 건전함과 건강함을 누릴 수는 있지만, 그것이 계속될 것인지에 대해서는 어떤 보증도 갖지 못한다. 그래서 사람들은 미래를 대하면서 신체에 대해 계속해서 걱정하고 근심하기만 하는 것이다." 1090쪽.

사태는 플루타르크가 말한 것과는 정반대다. 개인이 법과 보편적 관습(Sitte)을 깨뜨리자마자 법과 관습은 그에 대한 전제가 되기 시작하며, 그는 그것들과의 차이에 들어서고〔이질감을 느끼기 시작하고〕, 이러한 차이에서 그를 구원하는 것은 어떤 것에 의해서도 보증되지 못하는 피스티스(pistis)[5]일 뿐이다.

일반적으로 에피쿠로스에게서 흥미로운 것은, 어떤 영역에 대해서도 어떻게 그가 전제를 전제로서 현상하도록 자극하는 상황을 멀리하는지, 그리고 어떻게 전제가 결핍된 상황을 정상적인 것으로 생각하는지 하는 점이다. 단지 사르스(sars)[6]에 대해서만은 아무것도 말하지 않는다. 처벌을 행하는 정의(正義)는 내적인 연관(Zusammenhang), 무언

5. 신뢰.
6. 육신, 신체.

의 필연성이 직접적으로 나타나지만, 에피쿠로스는 논리학으로부터 그것의 범주를 그리고 현자의 삶으로부터 그것의 현실성의 가상을 제거한다. 반대로 바른 사람(Gerechter)이 괴로움을 겪는 우연은 외적인 관계(Beziehung)이고, 자신의 무관계성(Beziehungslosigkeit)으로부터 그를 잡아 떼낼 수 없다.

그래서 플루타르크의 다음 비판이 얼마나 잘못된 것인지를 알 수 있다:

"잘못을 행하지 않는 것은 확신〔보증〕을 위한 어떤 근거도 되지 못한다. 왜냐하면 공포를 불러일으키는 것은 정당한 괴로움(Leiden)이 아니라 괴로움 그 자체이기 때문이다." 1090쪽.

다시 말해서 플루타르크는 에피쿠로스가 그의 원리들을 따라서 추론해야만 한다고 생각하는 것이다. 그는 에피쿠로스가 자신이 그에게 귀속시킨 것과는 다른 원리들을 가지고 있을지 모른다는 생각을 하지 않는다.

"신체의 본성은 그 안에 질병의 요소들을 가지고 있다. 그렇기 때문에 황소의 가죽으로부터 채찍을 얻는다는 익살스런 속담처럼, 신체로부터 여러 가지 고통이 생겨날 수 있다. 그리고 에피쿠로스의 많은 저술들, 특히 『최고의 선』에서 가르치는 바대로 자신들의 기쁨과 신뢰가 신체와 신체에 대한 기대 등에 달려 있다는 것을 알게 되면, 그것은 사악한 사람이든 정직한 사람이든 모두의 삶을 불확실하고 위험한 것으로 만드는 데 충분하다." 1090~1091쪽.

"그들〔에피쿠로스주의자들〕에게는 악으로부터의 도피가 운이고 선이다. 그리고 그들은 말하기를, 다른 어떤 것도 생각될 수 없으며, 자연은 악이 추방된 곳을 제외하고는 어디에도 선을 발견할 수 있는 장소를 갖지 못한다고 했다. 〔…〕" 1091쪽.

"에피쿠로스 역시 비슷한 주장을 했는데, 그는 선의 본질이 악에 대한 도피로부터 생겨나며, 이것이 일어난 것에 대해 기억하며, 숙고하고, 기뻐하는 것에서 생겨난다고 말했다. (그는 다음과 같이 말했다) : '어떤 커다란 악을 피한다는 감정이 비길 데 없는 기쁨을 만들어낸다. 그리고 사람들이 그것을 올바르게 생각하고, 굳건히 주장하며, 선에 관한 공허한 말들에 빠져들지 않는다면 이것이 선의 본성인 것이다.'" 1091쪽.

플루타르크는 여기서 제기랄(pfui)하고 소리친다!

"이 점에서 그들은 돼지나 양보다 조금도 열등하지 않다. … 사실 유능하고 품위있는 동물들에게는 악으로부터의 도피가 목적(Ziel)이 아니다.[7] … 〔그 이유는〕 일단 악으로부터 도피했으면 그들은 본성적으로 선을 찾아 나서기 때문이고, 혹은 오히려 그들은 고통스럽거나 낯선 모든 것을 그들 본성의 고유하고 더 나은 핵심(Kern)을 향한 노력에 방해되는 것으로 거부하기 때문이다. (왜냐하면 필연적인 것〔어찌할 수 없는 것〕은 선[8]이 아니며, 추구하고 선택할만한 가치가 있는 것은 악으로부터의 도피 너머에 있기 때문이다. …)[9] 1091쪽.

플루타르크는 자신이 다음과 같이 말했을 때, 즉 동물은 악으로부터의 도피인 필연성 외에도 선을, 바로 도피 너머에 있는 선을 추구한다고 말했을 때, 자기 스스로를 대단히 현명하다고 생각한다. 그에게 동물적이라는 것은 정확히 말해서 동물이 저 너머에 있는 선을 추구한다는 것에 있다. 〔그러나〕 에피쿠로스에 따르면 인간은 어떤 선도 자기 외부에 가지고 있지 않다 ; 세계와 관계해서 그가 갖고 있는 유일한 선

---

7. 본 텍스트에 손상이 있어서, 이 부분에 대한 번역은 크실란데르판(Xylander-Ausgabe)에 있는 라틴어 번역을 따랐다.
8. 이 점에서 아리스토텔레스는 완전히 다른 견해를 가지고 있다. 그는 『형이상학』에서 필연성이 노예보다는 자유로운 사람들을 지배한다고 가르쳤던 것이다. -맑스의 주
9. 여기 인용된 단락 중 괄호를 친 마지막 문장은 수고에서는 라틴어 번역으로 되어 있다.

은 그것〔세계〕으로부터 자유롭기 위한 부정의 운동(Bewegung)이다.

에피쿠로스에게서 개별적으로 파악된 이 모든 것은 그가 그 모든 결과들 속에서 말하는 자신의 철학의 원리에서 나온 것이다 ; 플루타르크의 생각없는 절충적 방법은 결코 이것에 대항할 수 없다.

"왜냐하면 피부의 가려움이나 눈에서 흐르는 점액이 불쾌한 것이라고 해도, 이로부터 피부를 긁거나 눈을 비비는 것이 특별한 일(Besondres)이라는 사실이 따라나오는 것은 아니기 때문이다 ; 또 고통이나 신에 대한 공포, 지옥에서 무엇이 기다리고 있을 것인가에 대한 근심이 나쁜 것이라고 해도, 그것들로부터의 도피가 부러운 지복이라는 사실이 따라나오는 것도 아니다. 〔……〕" 1091쪽.

"이 사람들은 기쁨에 대한 표상 세계(Vorstellungswelt)를 작고 비좁은 공간에 둔다. 그들의 기쁨은 보통의 어리석은 표상들을 넘어 나오면서, 그리고 비이성적인 동물들에게 본성적으로 있는 것으로 나타나게 될 것을 지혜의 최종 목적으로 된다. 왜냐하면 고통으로부터 신체가 자유로워지는 데 있어 그것이 자신에 의한 것인지, 본성〔자연〕에 의한 것인지가 중요하지 않다면, 아타락시아에서도 불안으로부터 자유로운 것이 영혼에 의한 것인지, 본성〔자연〕에 의한 것인지는 중요하지 않기 때문이다. … 왜냐하면 지옥에서 무엇이 기다리고 있는지에 의해, 신들에 관한 이야기에 의해, 그리고 끝없이 예상되는 괴로움이나 고통에 의해 불안하게 되지 않을 것인지 하는 점에서 그들은 결코 동물보다 뛰어나지 않기 때문이다. 〔……〕" 1091～1092쪽.

"에피쿠로스 자신이 이렇게 말했다 : '만약 천문 대기 현상(Meteore)에 대한 두려움 그리고 죽음과 고통에 대한 공포 때문에 우리가 불안해 하지 않는다면, 우리는 어떤 자연학(Physiologie)도 필요로 하지 않을 것이다." 1092쪽.

"〔…〕 신학의 목적은 더 이상 신에 대한 공포가 없게 하는 것, 그래서 불안함이 사라지게 하는 것이므로, 나는 이것이 신은 아무런 해도 끼치지 않는다고 배운 피조물들보다는 신에 대해 아무런 생각도 없는 피조물들에게 더 확실하다고 생각한다. 왜냐하면 그것들〔동물들〕은 결코 미신의 희생물이 아니었으며, 불안하게 하는 신의 표상을 떼어놓지도 않았고, 그것을 택해본 일조차 없으므로 미신으로부터 자유롭게 되지 않기 때문이다[자유롭게 될 필요조차 없기 때문이다]. 동일한 것을 지옥에 있는 것들에 대해서도 말할 수 있다." 1092쪽.

"[…] 죽음은 우리 관심사가 아니라고 계속 인식하고 있는 피조물들[인간]보다는 죽음에 대해 아무런 선개념(Prolepsis)조차 가지고 있지 않은 피조물들[동물]이 죽음 뒤에 무엇이 올지에 대해서 덜 불안해 하고 덜 두려워한다. 죽음은 그것에 대해서 사유하고 숙고하는 이러한 사람들에 관한 것이다. 동물들은 자신들이 관계하지 않는 것(nichts angeht)은 그 무엇이든지 아예 걱정하지 않으며, 타격이나 부상, 그리고 죽음으로부터 면하게 될 때, 죽음에서 에피쿠로스 역시 두려워하는 것만을 두려워하는 것이다." 1092쪽.

에피쿠로스주의자들이 수학을 피하도록 명했다는 것. 플루타르크, 같은 책, 1094쪽 D.

"아펠레스(Apelles, 기원전 4세기의 그리스 화가)에 대해 경탄하고 칭찬하면서, 그들[에피쿠로스주의자들]은 그가 처음부터 수학을 피했고, 깨끗하게 자신을 유지했다고 썼다." 같은 책, 같은 쪽.

역사(Geschichte) 등도 마찬가지다. 섹스투스 엠피리쿠스를 보라. 플루타르크가 메트로도로스의 중대한 과오로 간주했던 것은 메트로도로스가 쓴 다음과 같은 내용이다 :

"[…] 만약 당신이 헥토르가 어느 편에서 싸웠는지, 혹은 호메로스의 시의 첫번째 구절이 어떤 것인지, 혹은 중간에 어떤 것이 있는지조차 알지 못한다는 것을 인정해야 한다면, 당신은 놀랄 필요가 없다." 같은 책, 같은 쪽.

"[…] 에피쿠로스는 말하기를 … 현자는 상영되는 연극을 좋아하고, 음악과 극을 갖춘 디오니소스 축제를 매우 즐기지만, 반대로 음악적인 문제와 비평가들의 철학적인 연구에 대해서는 주연(酒宴)에서조차 어떤 자리도 내주지 않는다고 했다." 1095쪽.

"더욱이 그들[에피쿠로스주의자들] 자신이 선은 받는 것보다는 주는 것이 더 즐겁다고 말한다." 1097쪽.

이 '그들 자신'(sie selbst)은 에피쿠로스의 가르침[이설]에 빠져든 사람들이다(qui in haeresim Epicuri illapsi).

"그러나 에피쿠로스 자신은 명성에서 어떤 쾌락이 생긴다는 것을 인정했다." 1099쪽.

[……][10] 위에서 인용한 플루타르크의 피상적인 도덕적 반대보다 더 고려할 만한 가치가 있는 것은 에피쿠로스 신학에 대한 그의 논쟁—물론 그 논쟁 자체가 가치있는 것은 아니다—인데, 그 이유는 통상적인 의식이 전체적으로는 에피쿠로스의 입장을 받아들이면서도 어떻게 철학적으로 명백한 결론 앞에서 두려워하는지를 보여주기 때문이다. 사람들은 에피쿠로스가 볼룹타스(voluptas)나 감각적 확실성(Gewißheit)에 관심을 갖지 않았으며, 정신의 자유와 무규정성을 제외한 어떤 것에도 관심을 갖지 않았다는 것을 기억해야 한다. 따라서 우리는 플루타르크의 개개의 고찰들을 점검함으로써 나아갈 것이다.

"[…] 쾌락에 대한 대략적인 내용이 […] (에피쿠로스에 의해)[11] 다루어졌다: 그들의 가르침이 운이 좋고 성공적이라면, 어떤 공포와 미신을 제거해 줄 수는 있겠지만, 신들의 어떤 기쁨이나 은혜(Gunst)도 제공해 주지 못할 것이

10. 여기 있는 말들은 정확히 읽을 수가 없다.

11. 정확히 하자면: 에피쿠로스의 가르침에 대해서 플라톤주의 철학자들과 플루타르크 아리스토데무스의 친구들에 의해서 이루어진 것.

다. 차라리 **그들의 가르침은 우리들이 신들에 관해서 맺는 관계를**, 마치 우리가 이롭다고도 해롭다고도 생각하지 않는 히르카니언(Hyrcanischen) 물고기에 대해 맺는 관계(Verhältnis)에서처럼 **놀라지도 기뻐하지 않는 상태**(다시 말해서 무관계함)[12]에 **있게 한다**. 그러나 이미 말해진 것에 우리가 무언가를 덧붙이고자 한다면, 내 생각에 우리는 그들로부터 다음의 것을 알아차릴 수 있다 : 첫째, 그들은 친구가 죽었을 때의 슬픔과 눈물, 비통함을 없애고자 하는 사람들과 대립하며, 완전한 무감함에 이를 정도로 슬픔이 없는 것은 다른 어떤 것, 바로 더 큰 악이라고 할 수 있는 야만, 무제한적인 명예욕, 그리고 기만에서 나오는 것이라고 말한다. 그래서 그들은 다소 감동받고, 슬퍼하며, 눈물을 흘리고, 부드러운 마음과 정서를 지닌 것으로 보이게 하는 다른 감정들을 드러내는 것이 더 낫다고 말한다. 왜냐하면 이것이 다른 많은 단락들에서 에피쿠로스가 말한 것이기 때문이다. …" 1100~1101쪽.

플루타르크는 에피쿠로스가 이해한 의미에서의 신의 공포를 전혀 이해하지 못하며, 어떻게 철학적 의식이 그것으로부터 자유로워지고 싶어하는지도 파악하지 못한다. 보통의 사람들은 이것을 알 수 없다. 그래서 플루타르크는 이러한 믿음이 공중들(Publikum)에게는 그리 공포를 주지 못함을 보이기 위해 사소한 예들을 든다.

에피쿠로스와는 대조적으로 플루타르크는 폴로이(polloi)[13]의 신에 대한 믿음을 우선적으로 고려한다. 〔그에 따르면〕 대중들 사이에서는 확실히 이러한 경향(Richtung)이 공포의 형태(Gestalt)를 갖는다. 다시 말해 감각적 공포가 인격적이며(persönlichen) 전지전능한(allmächtigen) 본질 — 자유를 자신 안에 흡수해 버려서 그 결과 배타적인 본질 — 과 대면한 자유정신의 근심(Angst)을 파악할 수 있는 유일한 형식이라고 말한다. 그래서 그는 다음과 같이 말한다 :

---

12. 괄호는 맑스가 넣은 것이다.

13. 군중들, 대중들.

1. 신을 두려워하는 사람들 : "만약 그들이 그를 선한 사람들에게 인자하고 사악한 사람들에게는 적대적인 지배자로 생각해서 두려워한다면, 그들은 이러한 공포를 통해 잘못된 행위〔로부터〕〔자유롭게〕 되고, 많은 구원자들을 필요로 하지 않게 된다. 그리고 그들은 아주 조용하게 악(Böse)을 자신 안에서 죽게 하기 때문에, 그것을 사용하고 뻔뻔스럽게 행동하다가 급작스럽게 근심과 후회를 경험하는 사람들보다 덜 고통받게 되는 것이다." 1101쪽.

마치 이렇게 내재하는 공포는 악이 아닌 것처럼 이러한 감각적 공포를 통해서 그들은 악으로부터 보호받는다. 그렇다면 경험적인 악의 핵심(Kern)은 무엇인가? 바로 개인이 자신의 영원한 본성에 맞서 자신의 경험적 본성 안에 자기 자신을 가두는 것이다 ; 하지만 이것은 개인이 자신의 영원한 본성을 자신으로부터 배제하고, 자기 안에서의 개별성의 고집(Beharrens)이라는 형식 안에서 그리고 경험(Empirie)의 형식 안에서 그 영원한 본성을 포착함으로써, 그것을 자신의 외부에 있는 경험적인 신으로 바라보는 것과 동일한 것이 아닌가? 그렇지 않다면 강조는 관계의 형식에 두어져야 하는가? 그렇다면 신은 악에 대해서는 엄격하고, 선에 대해서는 인자하다. 그리고 여기서 악은 경험적인 개인에 대해 악한 것이고, 선은 경험적인 개인에 대해서 선한 것이다. 왜냐하면 개인 자신에게 선한 것과 악한 것이 문제가 되기 때문이다. 그렇지 않다면 도대체 이러한 공포와 희망이 어디에서 오겠는가? 이러한 관계 속에서 신은 단지 경험적인 악한 행동들이 가질 수 있는 모든 경험적 결과들(Folgen)의 공통성에 다름 아니다. 자신이 악한 행동을 통해 얻은 선이 더 큰 악을 초래하거나 더 큰 선을 빼앗기게 하지 않을까 하는 공포로부터, 다시 말해서 자신의 행복의 연속성이 그 연속성으로부터 찢겨져 나온 내재적 가능성에 의해 파괴되지 않을까 하는 공포로부터 개인은 악한 행동을 삼가는 것인가?

그것은 에피쿠로스가 다음과 같이 평범한 말로 가르쳤던 것과 같은 것이 아닌가? : 처벌 받을 것이라는 계속되는 공포를 가지지 않기 위해서는 옳지 않은(unrecht) 행동을 하지 말라. 자신의 아타락시아에 대한 개인의 내재적 관계는 따라서[14] 개인의 외부에 존재하는 신에 대한 관계로서 표상되지만,[15] 이 신은 아타락시아 외에는 다른 내용을 갖지 않으며, 따라서 여기서 아타락시아는 행복의 연속성이다. 미래에 대한 공포, 즉 그 불확실성의 상황이 여기서는 멀리 있는 신의 의식 사이에 삽입되는데, 이 신의 의식은 이미 자신보다 선재하는 상황으로서, 그러나 또한 위협으로서 고려되고, 따라서 개인의〔개별적인〕 의식에 있어서와 정확히 일치한다.

2. 플루타르크는 신에 대한 이러한 지향이 볼룹타스[16] 또한 가져온다고 말했다.

"〔……〕 그것〔영혼〕은 신이 현존하고 있음을 가장 많이 믿고 생각하는 경우에 슬픔과 공포, 염려를 물리치며, 그것이 사랑하는 것들 안에서 도취와 농담, 웃음에 이르도록 쾌락에 몰입한다. …" 1101쪽.

그는 계속해서 늙은이들과 여인들, 상인들, 왕들은 종교적 축제일에 기뻐한다고 말한다. …

"왜냐하면 축제에서 기쁨을 불러오는 것은 풍부한 와인이나 좋은 고기가 아니라 호의적인 신의 현존과 사건의 자비로운 수용에 대한 희망과 믿음이기 때문이다." 1102쪽.

플루타르크가 이 기쁨, 이 볼룹타스를 어떻게 서술하고 있는지에 대해서는 좀더 세밀한 연구가 필요하다.

우선 그는 신이 현존하고 있을 때 영혼이 슬픔과 공포, 염려로부터

---

14. 정확히 읽을 수 없는 상태다.
15. 정확히 읽을 수 없는 상태다.
16. 기쁨, 쾌락.

가장 자유롭다고 말한다. 그래서 신의 현존은 슬픔과 공포, 염려로부터의 영혼의 자유로 규정된다. 이 자유는 분방한 환호 속에서 나타난다. 왜냐하면 이것은 이러한 자신의 상황에 대한 개별적 영혼의 적극적인 표출(Äußerung)이기 때문이다.

다음으로 : 이러한 기쁨이 있는 곳에서는 개별적 처지의 우연한 차이(Verschiedenheit)가 사라진다. 따라서 이러한 축제에서 개인은 그 자신의 다른 규정들을 비우며〔다른 규정들로부터 자유로워지며〕, 바로 그 자신으로〔개별자로서〕 규정된다. 그리고 이것이 본질적인 규정이다. 끝으로 그것〔쾌락〕은 분리된 향유 속에 있는 것이 아니라 확실성 속에 있다는 것, 신은 분리된 어떤 것(Getrenntes)이 아니라 개인의 이러한 기쁨에 대해서 기뻐하고, 그것을 호의적으로 내려다보며, 기뻐하는 개인의 규정 안에서 그 자신이 존재한다고 하는 그러한 확실성 속에 있는 것이다. 따라서 신격화되고, 찬미되는 것은 일상의(gewöhnlichen) 예속들[17]로부터 자유로워진 그 자체로 신격화된 개별성이며, 자신의 아타락시아를 가진 에피쿠로스적인 소포스[18]이다. 숭배되는 것은 신으로서 신의 비현존(Nichtdasein)이 아니라 개인의 기쁨의 현존으로서의 신의 현존이다. 이러한 신은 더 이상의 어떤 규정도 갖지 못한다. 바로 그렇다. 개인의 이러한 자유를 여기서 나타나게 하는 현실적인(wirkliche) 형식은 향유이며, 참으로 개별적이고 감각적인 향유, 혼란스럽게 되지 않는 향유인 것이다. 따라서 아타락시아는 일반적 의식으로서 사람들의 머리 위에 떠있지만, 그것의 현상〔나타남〕은 에피쿠로스에게서처럼 감각적 볼룹타스인 것이다. 단지 다른 점이 있다면 다음과 같은 사실에서다. 즉 〔전자에서는〕 생의 총체적인 의식인 것이 여기서는 생의 개별적 상황이고, 이러한 이유로 에피쿠로스에게서 개개의 현상은 〔외적 상황에〕 더욱 무관심해지며, 자신의 영혼 즉 아타락시아에 의해 더욱 생

17. 정확히 읽을 수 없는 상태다.

18. 현자(賢者), 지자(知者).

기있게 된다. 반면에 플루타르크에게 이 요소[생의 총체적 의식]는 오히려 개별성(Einzelnheit) 안에서 더 많이 사라지며, 양자[생의 총체적 의식과 개개의 상황]는 직접적으로 혼합되고, 따라서 또 다시 직접적으로 분리된다는 점이다. 플루타르크가 에피쿠로스에 반대한 논쟁에서 역설했던 신적인 것의 구별의 결과는 매우 비참한 것이다. 그리고 한마디 더 하자면, 만약 플루타르크가 왕들은 공중(公衆)의 연회와 향응(publicis conviviis et viscerationibus)을 신들에게 바치는 제수 음식에 대해서만큼 기뻐하지 않았다고 말한다면, 이것은 앞의 경우에는 향유가 인간적이고 우연적인 어떤 것으로 간주되고 있으며, 뒤의 경우에는 신적인 것으로 간주되고 있다는 것, 즉 개인적 향유가 신적인 것으로 고려되고 있다는 것을 의미할 뿐이며, 이것은 정확히 에피쿠로스적인 것이라는 것이다.

플루타르크는 포네로이(poneroi)[19]와 폴로이(polloi)[20]가 신과 맺는 관계를 인간들 중 가장 훌륭하고 가장 신을 사랑하는 사람들이 신과 맺는 관계와 구별했다. 우리는 여기서 그가 에피쿠로스에 반대해서 얻은 것이 무엇인지를 알아볼 것이다.

플루타르크는 다음과 같이 말한다 :

"[…] 그들[신을 사랑하는 사람들]은 자신들을 모든 선들로 인도하며, 모든 아름다운 것들의 아버지이며, 나쁜 일을 행하지도 당하지도 않는 신에 대한 순수한 표상들을 통해 얼마나 큰 기쁨을 얻었는가. 왜냐하면 신은 선한 존재이며, 선한 사람에 대해 어떤 시기심이나 공포, 노여움이나 증오도 알지 못하기 때문이다 ; 마치 열이 차갑게 만드는 게 아니라 따뜻하게 만드는 것이듯, 선은 해로운 것에서 멀리 떨어져 있기 때문이다. 노여움과 인자함, 분노와 선의, 적대와 반발적 본질의 다른 한편에 있는 인간적 사랑과 좋음, 이것

19. 나쁜 사람들(Schlechten), 악인들.

20. 군중(Menge), 대중(Masse).

들은 본성상 서로 무한히 멀리 떨어져 있는 것이다. 왜냐하면 한 쪽은 덕과 힘에 속하지만, 다른 쪽은 악덕과 약함에 속하기 때문이다. 그래서 신성은 자기 안에 노여움과 호의를 함께 가질 수는 없으며, 오히려 인자하고 남을 잘 돕는 것이 신의 본질이므로, 화내고 악을 행하는 것은 그의 본질이 아니라고 할 수 있다." 1102쪽.

신이 에게몬 아가톤(hegemon agathon)[21]이고 판톤 칼론(panton kalon)[22]의 아버지라는 주장의 철학적 의미(Sinn)는 신의 속성이 아니라 선의 이념이 신적인 것 자체라는 것이다. 그러나 플루타르크에 따르면 전혀 다른 결과가 나온다. 선은 악에 대해 가장 엄격한 대립이다 ; 왜냐하면 전자가 덕과 힘〔능력〕의 현현(Manifestation)이라면, 후자는 약함과 결여, 나쁨의 현현이기 때문이다. 따라서 판단 즉 차이는 신으로부터 제거되고, 이것은 정확히 에피쿠로스의 주명제(Hauptsatz)이다. 이 때문에 에피쿠로스는 일관되게 이 무차별성의 상태를 인간에 있어서는 이론적으로나 실천적으로 〔인간의〕 직접적인 동일성과 감성 안에서 발견해내고, 신에 있어서는 그것을 공허함으로 순수한 오티움(otium)[23] 안에서 발견해낸다. 판단의 배제를 통해서 선으로 규정된 신은 허공이다〔공허하다〕. 왜냐하면 모든 규정태〔규정되어 있는 것〕는 그 자체로 하나의 측면, 즉 그것이 다른 것에 대립해서 유지하고, 자신 안에 폐쇄된 그래서 대립과 모순 속에서는 자신을 포기하기 위해서 자신의 오르게(orge)[24]와 미소스(misos)[25] 포보스(phobos)[26]를 드러내는 그러한 측면을 가지고 있다. 따라서 플루타르크는 에피쿠로스와 동일한 규정을 가졌지만, 단지 상〔영상, 이미지〕으로서, 하나의 표상(Vorstellung)으로서만 그렇게 한 것이며, 후자〔에피쿠로스〕는 개념적인 이름들로 부름으로

---

21. 선의 인도자, 선의 창시자(Urheber).

22. 모든 아름다운 것.

23. "순수한 오티움"(reines otium)은 "공허함"(Leere) 위에 쓰여 있다.

써 그렇게 했으며 인간적인 상은 없애버렸던 것이다.

그래서 다음과 같은 물음은 잘못 울린 것이다:

"당신은 섭리를 부정하는 사람들에게 처벌이 더 필요하다고 생각하는가, 그들이 스스로 자신들의 그토록 큰 쾌락과 기쁨을 빼앗은 것으로 충분히 처벌받았다고는 생각하지 않는가?" 〔1102~1103쪽〕.

왜냐하면 반대로 다음의 사실, 즉 몰개념적으로 의인화된 관계없이 신적인 것을 자신 안에서의 순수한 지복(Seligkeit)이라고 보는 사람은 그 반대인 사람보다도 신적인 것에 대한 숙고 속에서 더 큰 쾌락을 느낀다는 사실이 주장되어야만 하기 때문이다. 우리가 인도의 수도승들(Mönchen)에서 보는 바와 같이, 순수한 지복의 사유를 가지고 있는 것은, 그것이 아무리 추상적인 것이라고 할지라도, 이미 그 자체로 지복이다. 더구나 플루타르크는 악이나 차이를 신에 반대되는 것으로 정립함으로써 프로노이아(pronoia)[27]를 없애버렸다. 그의 더 나아간 서술들은 완전히 몰개념적이고 절충주의적(synkretistisch)이다 ; 그는 모든 것 속에서 자신이 개인〔개별자〕에만 관심을 가지고 있으며, 신에는 관심이 없다는 것을 보여주고 있다. 때문에 에피쿠로스는 신으로 하여금 개인에 대해서 근심하지 않게 만들 정도로 솔직했던 것이다.[28]

플루타르크 사상의 내적인 변증법은 필연적으로 그를 신적인 것 대신에 개인적인 영혼에 대해서 말하도록 만들었으며, 그는 결국 로고스 페리 프쉬케(logos peri psyches)[29]에 도달하게 된다. 에피쿠로스에 대해 그는 다음과 같이 말한다:

---

24. 노여움, 분노.
25. 증오.
26. 공포.
27. 섭리(Vorsehung).
28. 플루타르크에 비해 에피쿠로스가 얼마나 솔직한지 잘 드러난다. – 역자주

"결과적으로 그것[영혼]은 매우 지혜롭고 신적인 이 가르침, 즉 모든 괴로움들이 끝나는 것은 그들에겐 파멸이자, 소멸이고, 비존재(Nichtsein)라고 하는 가르침을 받는다면 굉장히 기뻐할 것임에 틀림없다." 1103쪽.

사람들은 플루타르크의 감격에 찬 말들로 인해 오도되지 말아야 한다. 우리는 그가 자신의 규정들 각각을 어떻게 부정하는지를 살펴 볼 것이다. 토우 카코스 프라테인 페라스(tou kakos prattein peras)[30] 그리고 그 대립물인 아폴레스타이(apolesthai)[31]와 프타레나이(phtharenai)[32] 메덴 에이나이(meden einai)[33]로 이루어진 이 인위적인 낙하산은 이미 그 무게 중심이 어디인지, 그리고 한 쪽은 얼마나 얇고 다른 쪽은 어떻게 세 배나 강한지를 보여준다.

고찰은 영혼의 영속에 관한 가르침에 대한 관계들에 따라, 다시 말해서 영속에 관한 가르침에 대해 톤 아디콘 카이 포네론(ton adikon kai poneron)[34]이 맺는 관계, 폴론 카이 이디오톤(pollon kai idioton)[35]이 맺는 관계, 끝으로 에피에이콘 카이 누운 에콘톤(epieikon kai noun echonton)[36]이 맺는 관계로 나누어진다(1104쪽). 이미 이러한 경직된 질적인 구별 자체가 철학자로서 인간 영혼 일반의 관계를 고찰했던 에피쿠로스에 대한 플루타르크의 이해 수준이 얼마나 낮은 것인지를 보여준다. 에피쿠로스가 비록 에도네(hedone)[37]를 일시적인 것으로 규정하고 있기는 하지만 여전히 그것[에도네]을 확신하고 있다면, 플루타르

29. 영혼에 대한 고찰.
30. 고통의 종결.
31. 파멸.
32. 소멸.
33. 비존재.
34. 부정하고 사악한 사람들(der Ungerechten und Schurken).
35. 다수의 교육받지 못한 (보통) 사람들(Vielen und Ungebildeten).
36. 점잖고 이성적인 사람들(Anständigen und Vernünftigen).
37. 쾌락.

크는 〔플루타르크 자신의〕 어리석음 때문에 그에게는 낯설은 에도네를 모든 철학자들이 자신들도 모르게 찬미한다는 사실을 알았어야만 했다. 공포는 부정한 사람들에 대한 교정 수단으로 다시 제시된다. 우리는 이미 이러한 그의 반론을 다룬 적이 있다. 공포 때문에 특히 사라질 수 없는 그 내적 공포 때문에 인간은 동물로서 규정된다. 하지만 동물들에게 있어서는 〔자신이〕 어떻게 울타리 안에 갇혀있는지 일반적으로 무관심한 일이다. 만약 어떤 철학자가 인간을 동물로서 고려하는 것을 가장 수치스러운 것으로 간주하지 않는다면, 그에게는 어떤 것도 이해되도록 만들 수 없다.

하데스〔Hades, 저승〕에서 일어날 일에 대한 공포가 없는 대중들에게는 신화와 결합된 영원한 생명에 대한 희망, 그리고 **모든 정념들 중 가장 오래되고 가장 강력한 존재하고자 하는 욕망**이 즐거움과 행복을 만들어내고 유치한 공포를 극복하게 해준다. … 1104쪽〔B~C. c. 26〕. l.c. … 그래서 아이나 아내, 그리고 친구를 잃은 사람들은 누구나 **그들이 완전히 사라지거나 사멸하거나 무로 돌아가는 것이 아니라, 비록 행복을 누리지는 못해도 어딘가 존재하고 있고 살아남아 있을 것이라고 소망**한다. 또 그들은 '**죽음**' 이란 '**우리를 떠나 어디론가 가는 것**' 혹은 '**사는 곳을 바꾸는 것**' 이라는 말, 그리고 죽음을 **파괴나 소멸이 아니라 영혼이 거주하는 곳이 바뀌는 것**으로 나타내는 모든 말들을 듣기를 좋아한다. … 1104쪽〔C. c. 26〕. l.c. …

'**그는 죽어버렸다**' 라든가 '**그는 살아있지 않다**', 혹은 '**그는 더 이상 존재하지 않는다**' 같은 표현들은 그들의 마음을 혼란스럽게 만든다. …… 그러나 '우리 **인간들은 한 번 태어나지 두 번 태어나지 않는다**……' 고 말하는 사람들은 그들에게 죽음을 각오하게 만드는 것이다. …… 1104쪽 E.c. 26. 27. l. c.

왜냐하면 그들은 영원성과 비교해서 현재를 아주 짧은 순간으로, 심지어는 아무것도 아닌 것으로 평가절하해서 그것을 향유하지도 않고 그냥 흘려보내 버리기 때문이다. 그들은 말하자면 용기를 잃고서 덕과 실천을 경시하고, 자기 자신들을 말할 가치도 없는, 일시적이고 아무런 고상한 목적도 없이 태어난 하루살이로 경멸한다. 왜냐하면 감각할 수 없는것, 해체되어 버린 것, 감각을 가지고 있지 않은 것〔즉 죽음〕은 우리에게 아무것도 아니라고 하는 가르침은 죽음의 공포를 없애주기는커녕 오히려 그것에 대한 증명을 제공하기 때문이다. 왜냐하면… 사유할 수도 느낄 수도 없는 것으로의 영혼의 해체를 우리의 본성은 두려워하기 때문이다. 에피쿠로스가 이것을 허공과 원자로의 분산으로 만들면서 불멸성에 대한 희망을 더욱 파괴해버렸다. 하지만 나는 대략 이렇게 말하고 싶다. 불멸성은 모든 인간들이 계속 존재하고 사라지지 않을 수만 있다면, 기꺼이 케르베로스〔Cerberus, 지옥을 지키는 개〕에 의해 갈기갈기 찢겨질 준비가 되어 있고 〔밑바닥이〕 새는 항아리로 물을 나르려고도 하려는 그런 것이다. 〔1104E～〕 1105쪽 〔A.c.27〕. 1.c.

우리는 이제 폴로이(polloi)[38]의 견해에 도달하게 되었다. 비록 그것을 공유하지 않는 사람들이 결국에는 많지 않다는 것, 실로 모두가, 어떤 과장도 없이 모두(deo legein pantas) 이 깃발에 충성을 맹세한다는 것이 분명하게 되기는 하지만.

이것〔폴로이, 즉 대중들의 견해〕과 이전 단계〔부정한 사람들의 견해〕 사이에는 실제로 아무런 질적인 차이도 존재하지 않는다. 첫번째 단계에서 동물적 공포의 형태로 나타났던 것이 여기서는 인간적 공포의 형태로, 즉 감정의 형식으로 나타났을 뿐이다. 내용은 동일한 채로 남아 있다.

우리는 존재의 욕망이 가장 오래된 사랑이라고 들었다 ; 확실히 가장 추상적이고 따라서 가장 오래된 사랑은 자기애(自己愛), 즉 그의 특수한 존재에 대한 사랑이다. 하지만 그것은 사태를 지나치게 솔직히 고백한 것이다. 그래서 사태는 한번 더 되돌려지고 감정의 가상 덕택에 고상한 광채를 그 주위에 두르게 되었다. 때문에 아내와 아이들을 잃은

---

38. 군중, 대중.

사람은 그들이 완전히 사라지는 게 아니라, 비록 행복하진 않아도 어딘가에 존재하고 있을 것이라고 생각하게 된다. 오직 사랑만이 중요하다면 개인의 아내와 아이는 그 사람의 가슴 속에 가장 순수하게 남아 있을 것인데, 그것은 경험적인 실존의 존재 방식보다도 훨씬 높은 존재 방식이다. 그러나 사태는 다르다. 아내와 아이는 그들이 속한 그 개인이 경험적으로 실존하고 있을 때에 한에서만 경험적으로 실존한다. 따라서 그 개인이 아내와 아이가 어디에도 없다고 말하기보다는 그들이 불행한 조건에 있다고 하더라도 어딘가에, 공간적인 감성 속에 있다고 알고 싶어한다는 사실은, 단지 그가 자기 자신의 경험적인 실존에 대한 의식을 보존하기 원하는 것을 의미할 뿐이다. 사랑의 외투는 단지 그림자일 뿐이고, 적나라한(nude) 경험적 자아(Ich), 자기애 즉 그 가장 오래된 사랑이 핵심이다. 그것은 보다 구체적이고 보다 관념적인 어떤 형태로도 회춘(回春)하지 않는다. 플루타르크는 '변화' 라는 명사가 '완전한 정지' (Aufhören)보다 더 기분 좋게 들린다고 생각했다. 그러나 그는 변화란 질적인 것이 아니며, 개별적 자아는 그 개별적 존재 안에서 존속할 것이므로, 그 변화라는 명사는 그것이 존재하는 바(was er ist)의 감각적인 표상일 뿐이며, 그 반대〔즉 불변성〕를 의미해야 한다고 보았다. 사태는 결코 변화하는 게 아니며, 단지 모호한 장소에 놓여질 뿐이다. 공상적인 격차(phantastischer Ferne)의 삽입은 질적인 비약—모든 질적인 구분은 비약이다. 그러한 비약없이는 어떤 관념성도 존재하지 않는다—을 은폐해야 했다.

더욱이 플루타르크는 이러한 유한성(Endlichkeit)에 대한 의식이 사람을 약하고 수동적으로 만들며, 현재적 삶에 대한 불만을 만들어낸다고[39] 생각했다 ; 사라지는 것〔변하는 것〕은 삶만이 아니다. 개별적인 존재 역시 사라지는 것이다. 이 개별적 존재가 자신을 존속하는 보편적 삶으로부터 배제된 것으로[40] 생각한다면, 영원성에 대해 자신의 소소함〔불충분함〕을 내세우는 것이 그것을 더 풍부하고 충실하게 만들 수 있겠는가? 그의 이러한 관계는 변화할 것인가, 아니면 생기없이 화석화된 채로 머물러 있는 것은 아닌가? 〔개별적 존재가〕 오늘 삶〔생〕에 대한 무관심한 관계 속에서 자신을 발견하는 것이나 에피쿠로스에 있어서 이 관계가 수천년 동안 지속된다는 것은 동일한 것이 아닌가?

끝으로 플루타르크는 중요한 것이 내용이나 형식이 아니라 개별자의 존재라고 노골적으로 말한다. 설령 케르베루스에 의해 갈갈이 찢겨진다고 해도 〔중요한 것은〕 존재하는 것. 그렇다면 불멸성에 대한 그의 가르침의 내용은 무엇인가? 자신의 개별적인 지위를 부여해주는 질로부터 추상된 개인은 어떤 내용을 가진 존재로서가 아니라 존재의 원자론적 형식〔원자론적 존재 형식〕으로서 존속한다 ; 이것은 에피쿠로스가 말한 것, 즉 개별적 영혼은 해체되고 원자들의 형식으로 돌아간다고 하는 것과 동일한 것이 아닌가? 감정을 이러한 원자로서의 원자들에 돌리는 것은, 비록 이 감정의 내용이 무관심한 것이라고 하더라도, 단지 일관되지 못한 표상에 지나지 않는다. 따라서 플루타르크는 에피쿠로스에 반대하는 자신의 논쟁에서 에피쿠로스의 가르침을 내세우고 있는 셈이다 : 그러나 그는 그럼에도 불구하고 메 에이나이(me einai)[41]를 가장 두려운 것으로 서술하는 것을 잊지는 않는다. 이 순수한 대자 존재(Fürsichsein)는 원자이다. 일반적으로 개인에 관해서 불멸성이 보증되는 것이 개인 자신의 내용——그것〔내용〕은 보편인 한에서는 그 자체로 보편적으로 실존하며, 형식인 한에서는 영원히 자신을 개별화한다——에서가 아니라 개별적인 존재로서라고 한다면, 대자 존재의 구체적인 차이〔구별〕는 사라질 것이다. 왜냐하면 그 구별은 개인이 계속 실존할 것(fortexistiert)이라는 의미가 아니라, 오히려 가변적인 것(das Vergängliche)에 대해(gegen) 영원한 것(das Ewige)이 존속할 것이라는 의미이기 때문이다. 이는 원자가 그 자체로 영원하며, 생명을 가진

39. '만들어낸다' (zeuge)로 읽은 말은 정확히 해독할 수 없는 상태다.

40. '으로' (als)로 읽은 단어는 정확히 해독할 수 없는 상태다.

41. 비존재(Nichtsein).

것은 이러한 근본 형식으로 돌아간다는 주장에 지나지 않는다.

에피쿠로스는 이러한 불멸론(Unsterblichkeitslehre)에 관해서 말해왔지만, 그는 이 가르침을 그것의 이름으로 부르고 생명있는 것들은 원자적 형식으로 돌아간다고 말할 정도로 충분히 철학적이며 일관되었다. 여기서는 어떤 어중간함(Halbheit)도 도움이 되지 못한다. 생명 자체가 보여주듯이, 개인의 어떤 구체적인 차이〔구별〕가 사라져야만 한다면 그 자체로 보편적이거나 영원하지 못한 모든 차이들〔구별들〕은 사라져야만 할 것이다. 그럼에도 불구하고 만약 개인이 이러한 메타볼레(metabole)[42]에 무관심해야 한다면, 이전 내용을 감싸고 있는 원자론적 껍질만이 남게 될 것이다 ; 이것이 원자의 영원성에 관한 가르침이다.

영원성은 시간과 같고
시간은 영원성과 같다고 보는 사람,
그는 모든 다툼으로부터
자유롭도다.

라고 야콥 보헤무스Jacobus Bohemus는 말했다.[43]

"불멸성에 대한 믿음을 없애면서 그들〔에피쿠로스주의자들〕은 또한 대중들(Menge)의 가장 달콤하고 커다란 희망도 없애버렸다." 1105쪽.

따라서 플루타르크가 에피쿠로스는 불멸성과 함께 대중들의 가장 달콤한 희망마저 없애버렸다고 말할 때, 만약 자신〔플루타르크〕이 말하

---

42. 변화.

43. 맑스는 야콥 보헤무스의 글을 루드비히 포이에르바하의 책 『신철학의 역사』 *Geschichte der neuren Philosophie von Bacon von Verulam bis Benedict Spinoza*, Ansbach, 1833, 161쪽에서 재인용한 것으로 보인다.

려 했던 것은 〔에피쿠로스와〕 다른 것이라고 주장했다면 훨씬 올바른 말이 되었을 것이다.

"〔……〕 그는 〔죽음에 대한 공포를〕 없앤 것이 아니라, 증명을 … 한 것이다." 〔1105쪽〕.

에피쿠로스는 이러한 견해를 부정한 것이 아니라 설명한 것이고, 그것이 개념적인 표현을 갖도록 한 것이다.

이제 우리는 예의바르고 이성적인(epieikon und noun echonton) 계층에 도달했다 : 분명하게도 이 계층에 대한 설명은 이전의 것들〔이전의 두 계층에 대한 설명〕에서 조금도 나아가지 못했다. 동물적인 공포로서 처음에 나타나고, 다음에는 인간적인 공포로서, 불안한 탄식으로서, 원자론적 존재의 포기에 대한 저항으로서 나타났던 것이 이제는 교만과 요구, 권한의 형식으로 나타난다. 그렇게 해서 이 계층은 플루타르크가 규정한 대로 대부분이 지성〔오성〕으로부터 출발한다. 가장 낮은 계층은 아무런 요구도 하지 않으며, 둘째 계층은 원자적 존재를 구원하기 위해서 울면서 모든 것을 견디어 낼 것이고, 셋째 계층은 "신이시여, 그것은 아주 훌륭합니다! 그렇게 영리하고 정직한 놈은 악마에게 보내져야만 합니다!"고 외쳤던 필리스틴 사람들(Philister)[44]이다.

"그렇다면 경건하고 올바르게 살아온 사람들의 희망——그들이 저 세상에서 고대하는 것은 악이 아니라 아름답고 신적인 선물이다——에 대해서 우리가 믿고 있는 것은 무엇인가? 우선 싸우지〔경쟁하지〕 않고서는 화관을 받지 않으며, 오직 싸워 이겼을 때만 그것을 받는 운동 선수처럼, 인생에 있어서의 승리의 화관도 생을 마친 후에 선한 사람들에게 수여되어야 한다고

---

44. 블레세 사람. 옛날 팔레스타인 서남부에 살면서 이스라엘 민족을 괴롭혔다. – 역자주

믿으며 이러저러한 희망을 품고서 유덕한 삶을 살아가는 것은 훌륭한 일이기 때문이다 ; 이러한 희망들에는 **부와 권력을 가지고서 오만하게 행동하는 사람들, 그리고 뛰어난 사람들을 분별없이 조롱하는 사람들이 합당하게 처벌을 받는 것을 보고 싶어하는 것**도 포함된다. 다음으로는 진리를 갈망하고 존재자들을 바라보는 것을 갈망하는 사람은 그 누구도 이 세상에서 완전한 만족을 얻을 수 없다. … 그래서 나는 죽음을 위대하고 완전한 선이라고 생각하는데, 그 이유는 영혼은 저 세상에서만 자신의 참된 삶을 살 것이고, [여기서는] 실제로 살지 못하며, 꿈에서와 같은 상태에 있기 때문이다." 1105쪽.

그래서 이렇게 선하고 영리한 사람들은 삶을 마친 후에 삶에 대한 보답을 고대한다. 하지만 삶에 대한 보답은 삶과는 질적으로 다른 것이므로, 이 경우 삶에 대한 보답으로서 다시 삶을 고대하는 것은 얼마나 모순되는 것인가? 이러한 질적인 구별은 다시 허구의 옷을 입고, 삶은 어떤 고차적 영역으로 고양되는 것이 아니라 다른 장소로 옮겨진다. 그들은 단지 삶을 경멸하는 것처럼 가장했을 뿐이며, 그들에게 [그것보다] 더 관심이 있는 것은 없다. 그들은 단지 자신들의 희망을 하나의 요구로 옷 입혔을 뿐이다.

그들은 삶을 경멸하지만, [그들에게] 자신들의 원자론적 실존은 그 삶 안에서의 선(善)이다. 그리고 그들은 자신들의 원자론적 존재의 영원성 — 이것은 선이다 — 을 욕망한다. 만약 그들에게 전체 삶이 환영으로, 어떤 나쁜 것으로 보인다면, 선하다는 그들의 의식은 어디서 오는 것인가? 오직 원자론적 존재로서의 그들 자신에 대한 앎으로부터 [오는 것이다]. 그리고 플루타르크는 그들이 그러한 의식에 만족하지 못한다고 말할 정도로 멀리 나갔다. [그는 이렇게 말한다] 경험적인 개별자는 그가 다른 사람에 의해 보여지는 한에서만 존재하기 때문에, 그 선한 사람들은 이제 기뻐하게 되는데, 그것은 죽음 이후에 그때까지 자신들을 경멸하던 사람들이 자신들을 진정으로 선한 사람으로 보게 되고 재인식하게 될 것이며, 이전에 그들을 선한 사람들로 생각하지 않았던 것에 대해 처벌받게 될 것이 틀림없기 때문이다. 이 얼마나 대단한 요구인가! 나쁜 사람들은 생존중에 그들을 선한 사람들로 승인해야만 하고, 게다가 그들 자신은 삶의 보편적인 힘을 선한 것으로 승인하지 않는다! 이것은 나선형으로 올라가 최고의 정점에 도달한 원자의 긍지가 아닌가?

그것은 영원한 것이 얼마나 교만하고 거만한지, 그리고 모든 내용을 상실한 메마른 대자존재가 어떻게 영원하게 만들어지는지를 평범한 언어로 말하고 있지 않은가! 이것을 미사여구로 숨기고, 이 점에서 아무도 자신의 삶에 대한 욕망을 만족시킬 수 없다고 말하는 것은 소용없는 짓이다.

이러한 요구는 다음의 사실, 즉 보편자는 개별성의 형식 안에서 의식으로서 존재해야만 한다는 것, 그리고 보편자가 이러한 요구를 영원히 채우고 있다는 것을 표현하고 있을 따름이다. 그러나 보편자가 이 경험적이고 배타적인 대자존재 안에 현존해야만 한다고 요구되는 한, 이는 중요한 것은 보편자에 관한 것이 아니라 원자에 관한 것이라는 사실을 의미하고 있을 뿐이다.

그래서 우리는 플루타르크가 에피쿠로스에 반대하는 논쟁에서 매 단계마다 어떻게 에피쿠로스와 똑같은 것을 말하는지를 보게된다 ; 그러나 에피쿠로스는 그 결론들을 단순하고 추상적으로, 그리고 진실되고 솔직하게 전개해 나갔으며 자신이 말한 것에 대해 알고 있었던 반면, 반대로 플루타르크는 모든 곳에서 자신이 말하려고 생각했던 것과는 다른 것을 말했으며, 근본적으로는 자신이 말한 것과 다른 것을 생각했던 것이다.

그것이 일반적으로 철학적 의식에 대해 보통의 의식이 맺는 관계인 것이다.

[III.] 2. 플루타르크,『콜로테스』, 크실란데르(Xylander) 출판.

"콜로테스, 에피쿠로스가 '나의 사랑하는 콜로테스'라고 부르곤 했던, 나의 친애하는 사투르니노스Saturninus가『다른 철학자들의 가르침들을 따라서는 살 수가 없다는 것에 대한 증명』*Nachweis, daß man nach den Lehrsätzen der andern Philosophen nicht leben kann*이라는 제목의 책을 출판했다." 1107쪽.

앞서의「대화편」Dialog에서 플루타르크가 에피쿠로스의 철학을 따르면 행복하게 사는 것이 불가능하게 된다는 것(quod non beate vivi possi)을 입증하고자 했다면, 이제 그는 에피쿠로스주의자들의 입장에서 이러한 비난에 반대하는 다른 철학자들의 도그마타(dogmata)[45]를 변호하려고 노력한다. 우리는 그의 이 과제가 앞서의 것보다 더 성공적으로 수행되었는지에 대해서 알아볼 것이다. 앞서의 논쟁은 에피쿠로스에 대한 찬양문으로 불려도 무방할 정도였다. 이제 다루게 될 대화편은 다른 철학자들에 대한 에피쿠로스의 관계를 살피는 데 있어 중요한 것이다. 콜로테스가 소크라테스에게 빵 대신 건초를 주면서 왜 먹을 것을 귀에 넣지 않고 입에 넣느냐고 물었을 때, 그것은 그의 뛰어난 재치였다. 소크라테스는 사소한 문제들에 몰두했는데, 이것은 그의 역사적인 위치에서 나온 필연적인 결과라고 하겠다.

"[…] 레온테우스는 … 주장하기를… **데모크리토스는 에피쿠로스에게 존경을 받았는데**, 그것은 데모크리토스가 그보다 먼저 그 참된 가르침을 깨달았고 … **먼저 자연의 원리를 발견했기** 때문이라고 했다." 1108쪽.

"열기는 따뜻한 것이고, 냉기는 차가운 것이라고 생각한다는 점에서 대중들은 기만당하고 있다고 주장하는 사람은, 자신의 주장으로부터 어떤 한

---

45. 가르침, 학설.

본성은 다른 본성과 다른 게 아니라는 결론이 따라 나온다는 사실을 알아야 한다. 만약 그가 이것을 믿지 않는다면, 〔그 자신 역시 스스로를 기만하고 있는 셈이다〕." 1110쪽.

플루타르크는 에피쿠로스의 철학적 귀결이 앞으로 뚫고 나오는 곳에서 가려움을 느꼈다. 필리스틴 사람들은 이렇게 생각한다. 즉 냉기는 차갑지 않고 열기는 따뜻하지 않다고—이것은 대중들이 그들의 감각에 따라 내린 판단에 달려있다고—말하는 사람이 〔사실은〕 그 두 가지 중 어느 것도 존재하지 않는다고 주장하지 않는다면 자기 자신을 기만하고 있는 것이라고. 그 사람은 차이가 단순히 사태〔사물〕에서 의식으로 옮겨진 것에 불과함을 깨닫지 못한 것이다. 만일 이러한 감각적 확신의 변증법 문제를 그 안에서 해결하고자 한다면, 그 특성〔고유성〕이 결합물(Zusammen) 안에, 그리고 감각적인 것에 대한 감각적 지식의 관계 안에 있다는 것을 인정해야만 하고, 이 관계가 직접적으로 차이나게〔구별〕 됨에 따라 특성 역시 직접적으로 차이가 나게 되어야 한다는 것을 인정해야만 한다. 따라서 잘못을 사태나 지식에 돌려서는 안 되며, 오히려 동요하는 과정으로 생각되는 감각적 확실성 전체에 돌려야 할 것이다. 전체로서의 이 영역을 부정할 변증법적 힘을 갖고 있지 못한 사람 즉 그것을 그대로 두기를 원하는 사람은 이 영역 안에서 나타나는 대로의 진리에 만족해야만 한다. 플루타르크는 전자를 행하기에는 너무 무능력하며, 후자를 행하기에는 너무나 정직하고 영리한 신사이다.

"따라서 우리는 실제로 모든 특성에 대해서, '존재하는 것은 존재하지 않는 것과 다름 없다'고 말할 수 있다. 왜냐하면 어떤 것에 자극을 받은 사람들에게 그것은 존재하지만, 그런 영향 받지 못한 사람들에게 그것은 존재하지 않기 때문이다." 1110쪽.

그래서 플루타르크는 모든 특성에 있어서 존재하는 것은 존재하지 않는 것에 다름 아니다라고 말해야 한다고 했다. 왜냐하면 그것은 자극을 받았는지〔촉발되었는지〕에 따라 변하는 것이기 때문이다. 그가 그 사태를 이해하지 못했다는 것을 보여주기 위해서는 그의 물음만으로도 충분하다. 그는 술어로서의 고정된 존재나 비존재에 관해서 말했다. 그러나 감각적인 것의 존재는 오히려 그러한 술어(Prädikat zu sein) 속에, 즉 고정된 존재나 비존재에 있는 것이 아니다. 내가 이것들을 이런 식으로 분리시킨다면, 나는 바로 감각 안에서 분리될 수 없는 것을 분리시키고 있는 셈이다. 보통의 사유는 항상 주어(Subjekt)로부터 분리되는 추상적인 술어들을 이미 가지고 있다. 모든 철학자들은 술어들 자체를 주어들로 만들었다.

a) 에피쿠로스와 데모크리토스

"그〔콜로테스〕는 데모크리토스가 색깔은 의견〔관습〕에 불과한 것이며, 달콤함도 의견에 불과한 것이고, 조성(Zusammensetzung)도 의견에 불과한 것이며, 〔실제로는 허공과〕 원자들이 있을 뿐이다라고 말한 것은 우리의 감각들과는 모순된 것이며, 이러한 주장을 따르고 적용하는 사람은 **자신이 〔죽었는지〕 살았는지에 대해서조차 숙고할 수 없게 될 것**이라고 말했다. 이 주장에 대해 이의를 제기할 것은 없지만, 마치 그들〔에피쿠로스주의자들〕이 모양〔형태〕와 무게는 원자로부터 분리될 수 없는 것이라고 주장했듯이, **이 〔콜레테스의〕 주장 역시 에피쿠로스의 가르침으로부터 분리될 수 없다**는 점을 말해야만 하겠다. **그렇다면 데모크리토스는 무엇을 이야기했는가? 실체들**(Substanzen)**은 수에 있어서 무한하며, 나누어질 수 없고, 서로 다르다**(unterschiedlich). 실체들은 성질이나 감각을 갖지 않고 허공에 흩어져 운동한다 ; 만약 그것들이 서로 가까워지거나 만나거나 연결될 때, 결과적으로 만들어지는 것은 어떤 경우에는 물이고, 다른 경우에는 불이고, 또 다른 경우에는 식물, 또 다른 경우에는 인간이다. 그러나 **모든 것들은 원자들이고, 그가 부르는 바로는 '이데아**

들' 이며, 그외에 다른 것이 아니다. 왜냐하면 원자들은 그 단단함으로 인해 자극받지도 변화되지도 않으므로, 비존재자들(Nichtseienden)로부터 어떤 생성(Entstehen)도 없는 것은 물론이고, 존재자들로부터도 생성되는 것은 없기 때문이다. 이로부터 다음의 사실이 따라나올 수 있다. 즉 어떤 색깔도 색깔이 없는 것에서 나올 수 없고, 어떤 자연[본성]이나 영혼도 질이 없는 것에서는 나오지 않는다. … 그래서 데모크리토스는 그의 원리에서 나오는 결과들을 인정했기 때문에 비난받는 것이 아니라, 이러한 결과들을 갖는 원리를 세웠기 때문에 비난받는 것이다. 그는 불변의 제1원리를 정립하지 말았어야 했고, [이미] 그 원리를 받아들인 후에는 그것을 통해서는 모든 특성의 발생이 불가능하게 된다는 사실을 인지하지 말았어야 했고, 그 불가능성을 비록 알고 있었다고 해도 그것을 부정했어야 했다. 그러나 에피쿠로스는 아주 수치스럽게도 이렇게 말했다. 즉 자신은 동일한 제1원리를 정립했으면서도 색깔이나 다른 성질들이 견해[관습]에 의한 것이라는 말을 하지 않는다고. 하지만 이것이 단지 말하지 않는 문제라면, 그 자신은 이미 관습적으로 된 것을 행하고 있다는 사실을 인정하지 않는단 말인가? 왜냐하면 그는 섭리를 없애버렸으면서도 경건함을 존속시켰다고 말하고, 즐거움을 위해서 우정이 가치가 있는 것이라고 하면서도 친구들을 위해서 커다란 고통도 감수할 준비가 되어있다고 말하며, 무한한 전체[우주]를 정립하면서도 위와 아래를 없애지는 않았기 때문이다." [1110~1111쪽].

"그렇다면 무엇인가? 플라톤과 아리스토텔레스, 크세노크라테스 Xenokrates 또한 금이 아닌 것으로부터 금이 생겨나며, … 네 개의 단순한 원소들 즉 근본적인(ursprünglichen) 물체들로부터 다른 모든 것들이 생겨난다고 하지 않았던가? … 그러나 그들에게 있어 제1원리들은 시초에서부터 모든 사물들의 생성에 결합되며, 원리 그 자체에 박혀 있는 성질[특성]들(Eigenschaften)을 중요한 재료들(Gaben)이나 되는 것처럼 함께 가져온다. 그리고 그것들이 결합해서, 젖은 것과 마른 것, 차가운 것과 따뜻한 것 등등이 …… 함께 결합할 때(zusammenkommen), 신체들은 서로 상호작용하고 완전히 변하기 때문에 다른 혼합(Mischung)이 이루어지고, 결국 다른 생산물이 생겨난다. 그러나 원자는 어떤 산출력 없이도 홀로 서 있으며, 서로가 충돌할 때는 그 단단함과 반발로 인해 하나의 충격을 경험하긴 하지만, 더 이상의 어떤 영향을 가하지도 않고 받지도 않는다. 오히려 원자들은 계속되는 충돌과 분산 속에서 생물이나 영혼, 자연적 본질 혹은 심지어 자신들로 이루어진 어떤 공통의 덩어리나 더미조차 만들지 않고서도 항상 충격을 가하고 받을 수 있다." 1111쪽.

b) 에피쿠로스와 엠페도클레스Empedocles

"그러나 이번에 콜로테스는 … 다음과 같은 내용을 쓴 … 엠페도클레스를 붙잡는다 :

> 이것 역시 내가 너에게 말해주겠노라 : 가멸적인 본질의 어떤 생성도
> 없으며, 죽음에 있어 어떤 파멸도 없다 ;
> 혼합과 혼합물의 분리만이 있을 뿐이니,
> 인간이 그것들을 자연이라고 이름할 뿐이다." 1111쪽.

"비존재자의 생성도 존재자들의 무화도 불가능하다며, 사물들(Dingen)의 상호적 결합을 생성이라고 부르고, 분리를 죽음이라고 부르는 것이 어느 정도까지 삶에 모순되는 것인지에 대해서 나는 잘 알지 못한다. 엠페도클레스는 자신이 생성의 의미에서 자연(Physis, 퓌시스)이라는 말을 사용했으며, 그 말은 죽음에 반대된다고 하는 사실을 분명히 했다. 그러나 생성이 혼합〔조합〕이고, 죽음(Vernichtung)은 해체라고 말하는 사람들이 살지도 않고 살 수도 없다면, 그들〔에피쿠로스주의자들〕은 달리 무엇을 하겠는가? 그러나 엠페도클레스가 따뜻함과 부드러움 등으로 요소들을 서로 붙이고 결합시키면서 그들에게 혼합과 결합으로 가는 길을 열어주었다 ; 반면에 변화하지 않고 소통하지 않는 원자들을 모은 그들〔에피쿠로스주의자들〕은 그것들로부터 아무것도 생산해내지 못했고, 원자들 사이의 끊임없는 충돌만을 만들어냈을 뿐이다.

해체를 막아줄 것이라고 가정된 연결이 오히려 충돌을 강화시켰으므로 그들은 혼합이나 단단한 결합이 아니라 혼란과 투쟁을 생성이라고 불렀다. … 따라서 그것들〔원자들〕로부터는 어떤 것도, 심지어 생명이 없는 것들조차도 만들어질 수 없었다 ; 감각적 지각, 영혼, 이성과 통찰이 어떻게 허공과 원자들에서 생겨나는지는 아무리 생각해봐도 이해되지 않았다 ; **원자들 자체에는 어떤 질도 없으며**, 서로 충돌할 때도 어떤 작용도 받지 않으며 변화가 생기지도 않는다. 충돌이나 융합은 혼합이나 결합을 만들어내지 못하며, 단지 충격과 반격만을 가져올 뿐이다. **따라서 그러한 학설을 통해서는 생명이나 생명체의 실존이 불가능하게 된다**. 왜냐하면 그것들은 허공, 감각의 부재, 신의 부재, 더욱이 혼합이나 결합이 불가능한 원리들에 기초하고 있기 때문이다. 그런데도 그들은 어떻게 자연과 영혼, 생명체가 존립할 수 있도록 했다고 주장할 수 있는가? 그들이 **말로, 입으로, 겉치레로, 거짓 핑계로, 이름들로** 맹세하고, 기도하고, 희생하고, 신을 숭배하는 동안 **그들은 자신들의 원리들과 학설을 통해서 이 모든 것들을 제거한 것이다**. 그래서 그들은 마치 나무로 된 것을 나무라고 부르고, 조화를 이루는 것을 조화라고 부르는 것처럼, **자연적으로 있는 것을 자연(Natur)이라고 부르고, 생성된 것을 생성이라고 부른다**." 〔1111~〕 1112쪽.

"무엇이 우리로 하여금 스스로를 힘들게 하면서, 어떤 것들을 추구하고 어떤 것들을 피하도록 만드는가? (콜로테스가 말했다. 즉 엠페도클레스에게) 우리 스스로 존재하지도 않고, 다른 사람들과 교제하면서 살지도 않는데 말이다. 왜 나의 사랑스런 어린 콜로테스가 다음의 사실을 두려워하지 않는지에 대해 (누군가 물을 수도 있을 것이다) ; '누군가 콜로테스의 본성은 콜로테스 자신일 뿐이라고 가르쳐준다고 해도, 아무도 당신들이 자신에 대해 염려하는 것을 막을 수는 없으며, 과자의 본성이나 향기의 본성, 혹은 성교의 본성 같은 것은 없으며 단지 과자와 향유, 여자가 있을 뿐이라고 지적해 주더라도 당신들이 그 일(당신들에게 즐거운 일)에 몰두하는 것을 막을 수는 없다.' 왜냐하면 헤라클레스의 힘은 헤라클레스 자신이다고 말하는 문법학자도 〔헤라클레스의 실존을 부정하는 것은〕 아니고, 화음과 빗장치기[46]는 단순히 말〔언어 표현]일 뿐이라고 주장하는 사람들도 소리나 빗장의 실존을 부정하는 것은 아니기 때문이다. …"

"에피쿠로스가 '존재자의 본성은 물체[신체]들과 허공으로 이루어져 있다' 고 말했을 때, 우리는 그가 본성과 존재자가 구분된다는 사실을 말하려 했다고 이해해야 할까, 아니면 그가 가령 '허공' 을 '허공의 본성' 으로 말하고, 제우스에 대해서 습관적으로 '우주' 를 '우주의 본성' 이라고 말했듯이, 존재자만 있을 뿐 그 외에는 아무것도 없다는 것을 명확하게 보여주려 했다고 이해해야 할까?" 1112쪽.

"그렇다면 엠페도클레스가 본성[자연]은 발생한 것으로부터 구분되지 않고, 죽음은 죽는 것으로부터 구분되지 않는다고 말했을 때, 그 외에 그가 한 일은 무엇인가?" 1112쪽.

엠페도클레스가 인용된다 :

'[원소들의] 혼합에 의해 한 인간이 대낮의 빛 속으로 [모습을 드러내면],
혹은 야생의 동물, 푸른 수풀, 새들이 [그렇게 나타나면]
[사람들은] 이것을 생성이라 [부르리] ;
그것들이 분해될 때, 이번에는 슬픔뿐인 죽음이라고
사람들은 말하네.'

콜로테스 자신이 이 구절들을 인용했음에도 불구하고, 그는 엠페도클레스가 요소들의 혼합에 의해 인간과 동물 등이 생겨난다고 말하는 것이 그것들을 없애는 것이 아님을 이해하지 못했다. 오히려 이러한 결합과 분해를 '본성' 이나 '불행한 운명', '무시무시한 죽음' 이라고 말하는 사람들이 얼마나 잘못되었는지를 보여주었을 때도, 엠페도클레스는 이에 대한 관습적인 표현들의 사용을 없애려고 하지 않았다." [1113쪽].

---

46. 이 부분의 의미는 분명치 않다. 각 번역본들은 빗장치기(Verriegelungen)에 해당하는 그리스어로 바꿔서 옮기고 있다. – 역자주

"'바보들! 저들의 염려는 멀리 내다 볼 것도 아니네.

저들은 그저 공상만 하고 있네. 있어본 적이 없는 어떤 것의 생성을,

죽어서 완전한 무로 소멸해버리는 어떤 것을.'

이것은 들을 귀를 가진 모든 사람들에게 우렁찬 소리로 자신은 생성(Entstehung)을 부정한 것이 아니라 다만 무(Nichts)로부터의 생성을 부정한 것이며, 소멸(Vergehen)을 부정한 것이 아니라 무로 돌아가는 소멸을 부정한 것이라고 주장한 사람이 한 말들이다." 〔1113쪽〕.

"'어떤 현인도 이런 말은 생각해 볼 수 없었을 것이다.

사람들은 ―자신들이 삶이라고 부르는 것을― 살고 있는 동안만

실제로 존재하며, 선과 악을 경험한다;

허나 그들이 생겨나기 이전이나 분해된 후에는 무(Nichts)가 된다.'

이것은 태어나고 살아있는 인간의 존재를 부정하는 사람의 말이 아니라, 태어나지 않았거나 이미 죽은 사람 모두를 존재한다고 보는 사람의 말이다.[47] 〔1113쪽〕.

"〔…〕 그〔콜로테스〕는 엠페도클레스의 관점에서 보면 우리가 병들거나 상처입게 될 일은 없을 것이라고 말했다. 그러나 태어나기 이전이나 죽은 후에도 '선과 악'을 경험한다고 말하는 사람이 어떻게 살아있는 동안 그것을 겪지 않는다고 말할 수 있겠는가? 콜로테스, 질병과 상처에 정말로 무감한 사람은 누구라고 생각하는가? 어떤 감각도 갖지 않은, 원자와 허공으로 조성된 바로 당신 자신이 아니겠는가. 이것은 못마땅해 할 일이 아니다. 당신의 원자는 쾌락을 주는 것을 받지 않을 것이고, 당신의 허공은 그것들에 촉발되지 않을 것이므로, 당신에게 쾌락을 줄 수 있는 것은 아무것도 없는 것이다." 1113쪽.

---

47. 어떤 현인도 그렇게 말하지 않을 것이라는 주장의 핵심은 '살아 있는 동안 존재한다'는 말에 대한 것이 아니라 '태어나기 전이나 죽은 후에 무로 된다'는 말에 대한 것이다. -역자주

c) 에피쿠로스와 파르메니데스Parmenides

"나는 그가 '우주〔전체〕는 일자〔하나〕다' 라고 말함으로써 어떻게 우리가 살아가는 것을 불가능하게 만들었다는 것인지 이해할 수 없다. 그래서 에피쿠로스 또한 '우주는 무한하며, 생겨나지도 사라지지도 않고, 늘어나지도 줄어들지도 않는다' 면서, 우주는 일자〔하나〕라고 말한 것이다. 그가 자신의 저술의 첫부분에서 '사물들의 본성은 원자들과 허공이다' 고 전제했을 때도, 그는 본성〔자연〕을 일자로 취급한 것이다. 마치 일자가 〔원자와 허공〕 두 부분으로 나누어지는 것처럼 보이지만 그 중 하나는 실제로는 아무것도 아닌 것으로, 당신이나 당신의 동료들이 '잡을 수 없는' '텅 빈', '비신체적인' 등의 용어로 말한 것이다. 따라서 당신들에게도 우주는 일자인 것이다. … 당신들이 생성을 위해 전제한 원리들인 무한과 허공을 보라. 허공은 비활동적이고 무감하며〔촉발되지 않으며〕 비신체적이고, 무한은 질서가 없고 이성이 없으며 파악할 수 없고 스스로 해체되며 혼란스러운 것이다. 무한은 다수성 때문에 통제할 수도 제한할 수도 없다. 파르메니데스도 '불' 이나 '물' … (콜로테스가 말한) '유럽과 아시아에 있는 도시들' 을 부정하지 않았다. … 그러나 그는 누구보다도 먼저, 심지어 소크라테스보다도 먼저 자연〔본성〕이 우리가 생각할 수 있는 어떤 것이라는 사실, 우리가 사유할 수 있는 어떤 것을 가지고 있다는 사실을 알았던 것이다." 〔1113~1114쪽〕.

"왜냐하면 그것(사유된 것)은 그 자신이 말하듯,

'동요도 없고 생겨나지도 않는 완전무결한 것'

이고, 항상 자기 자신과 동일하고, 영속적으로 존재하는 것이다. …" 〔1114쪽〕.

"〔…〕 콜로테스는 파르메니데스가 우주가 일자라는 사실을 주장함으로써 만물을 부정했다고 공공연하게 말한다." 〔1114쪽〕.

"〔…〕 (사유된 것) 〔…〕, 그것을 그가 존재라고 부르는 이유는 그것이 영원하고 불멸하기 때문이며, 일자라고 부르는 이유는 그것이 자기 자신과 동일〔동등〕하며 어떤 차이도 허용하지 않기 때문이다. … 반면에 그는 감각적인 것을 무질서하며 운동하고 있는 자연이라고 말했다." 〔1114쪽〕.

"'가장 설득력 있는 진리는 …'

사유된 것과 관계하고, 항상 동일한 것을 다루는 〔것이다〕. 〔이와 달리〕

'인간적인 견해〔믿음〕에는 실제적인 확실함이 없다.'

왜냐하면 그것은 온갖 방식의 변화, 변용, 부등함(Ungleichheiten)이 허용되는 사물들을 다루기 때문이다." 1114쪽.

"따라서 존재는 하나다라는 명제는 다수나 감각적인 것을 부정하는 것이라기보다는 사유된 것〔일자〕에 대한 그것의 차이를 분명히 하는 것이라고 할 수 있다." 1114쪽.

d) 에피쿠로스와 플라톤

플루타르크의 비철학적인 감각에 대한 증거는 아리스토텔레스에 관한 다음의 문장들에서도 발견된다 :

"그〔콜로테스〕[48]는 **이데아들**에 관해서 플라톤을 비난했는데, 아리스토텔레스 역시 윤리학이나 자연학에 관한 저서들, 그리고 대중적인 대화편들에서 이데아들을 공격하고 이데아들에 관련된 여러 문제점들을 제기했다. 이 때문에 일부의 사람들은 **이데아론에 대한 태도나 플라톤 철학을 경시하려는 의도에서 볼 때, 아리스토텔레스는 지혜를 사랑한다기보다는 싸움을 좋아하는 사람이라고 생각했다**." 1115쪽.

"〔…〕 그러나 조금의 지혜도 갖고 있지 못했던 그〔콜로테스〕는 '인간은 존재하지 않는다' 는 명제와 '인간은 하나의 그리고 동일한 것으로서 존재하지 않는다' 는 명제를 같은 것으로 간주했다. 그러나 플라톤에게서 비존재와 비실존적 존재(Nicht-Existierend-Sein)의 차이는 매우 중요한 것으로 보인다 ; 왜냐하면 전자가 모든 존재들의 지양을 의미한다면, 후자는 분유되는 것과

48. 맑스의 원고에는 아리스토텔레스라고 되어 있다.

분유하는 것[49]의 상이함—이는 이후 철학자들이 유와 종의 차이라고… 부르며, 커다란 논리적 난점을 안고 있어서 더 이상 나아가지는 않았다—을 의미하기 때문이다."

(그런데 행복한 플루타르크의 내재적이고 자기만족적인 어리석음을 볼 수 있는 다른 문장들도 있다.)

"분유하는 것에 대한 분유되는 것의 관계는 질료에 대한 원인(Ursache)의 관계이며, 모상(Abbild)에 대한 원본(Urbild)의 관계이고, 작용(Wirkung)에 대한 힘(Kraft)의 관계이다." 1115쪽.

플루타르크는 이데아론의 스승인 플라톤에 대해 이렇게 말한다.

"[…] 그는 감각적인 것을 부정하지 않았고, 사유된 것이 존재를 갖는다고 주장했다." 1116쪽.

이 어리석은 절충주의자는 이것이야말로 정확히 플라톤이 비난받는 것이라는 사실을 알지 못했기 때문에 감각적인 것을 부정하지 않고 사유된 것이 존재를 갖는다고 주장했다. 그래서 감각적인 존재는 사유로 다가서지 못하고, 사유된 것 역시 [별도의] 존재를 가지므로, 존재의 두 영역이 나란히 존립하게 되는 것이다. 여기서 우리는 플라톤적인 페단티즘(Pedantismus, 현학적 태도)이 얼마나 쉽게 보통의 사람들에게서 반향(Anklang)을 얻는지를 알 수 있으며, [따라서] 철학적인 견해를 볼 때 플루타르크 역시 보통의 [평범한] 사람 중의 하나라고 여길 수 있겠

49. 분유되는 것은 전체이며 분유하는 것은 부분이다. 부분(part)은 분유함으로써 전체에 참여하는(participate, 부분이 되는) 것이라고 할 수 있다. 스피노자Spinoza 식으로 말하자면 신[자연]은 분유되는 것이고, 양태들은 분유하는 것이다. - 역자주

다. 플라톤에 있어서 독창적이고 필연적인 것, 다시 말해 보편적인 철학적 형성의 어떤 단계에서 화려하게 나타나는 것이 고대 세계의 문턱에 앉아 있는 한 개인〔플루타르크〕에게 있어서는 죽은 자의 도취에 대한 맥빠진 기억이고, 태고적의 램프이며, 어린 시절도 되돌아간 늙은이의 메스꺼움이라는 것은 말할 필요도 없는 사실이다.

플루타르크가 칭찬한 것보다 플라톤에 대한 더 나은 비판은 있을 수 없다.

"그는 우리에게 일어나고 나타나는 이러저러한 작용(Einwirkung)을 부정한 것이 아니라, 자신을 따르는 사람들에게 더 안정되고 영속적인 다른 어떤 것이 있음을 보여준 것이다."

(모두가 다 몰개념적인, 감성으로부터 추상화된 표상들)

"본질 안에서 그들은 시작하지도, 끝나지도, 어떤 영향을 받지도 않기 때문이다."

(메테mete－메테－메테[50] 이 세 가지의 부정적 규정들을 주목하라),

"그리고 그는 말을 통해 차이를 더 분명하게 정식화하면서 〔자신을 따르는 사람들을〕 가르쳤다."

(정확히 이 차이〔구별〕는 명목적인 것이다),

---

50. weder-noch-noch. 즉 시작하지도, 끝나지도, 영향받지도 않는다는 문장에 나오는 세 개의 부정을 말하고 있는 것이다.

"한편으로는 존재하는 것을, 다른 한편으로는 생성하는 것을 부르는 것." 1116쪽.

"그러나 이것은 또한 보다 최근의 〔철학자들〕에게도 일어나고 있다. 그들은 많은 중요한 것들에게 존재라는 이름을 부여하지 않으려고 한다. 즉 그들은 허공, 시간, 공간 등 부를 수 있는 모든 종류의 것들을 존재하는 것이라고 인정하지 않는데, 사실 이것들은 모든 현실적인 것들을 포함하고 있다. 그들은 이것들이 존재는 아니지만 어떤 것이라고 말한다 ; 그러면서 그들은 자신들의 생애와 철학에서 이것들을 존속하고 현존하는 것들로써 이용한다." 1116쪽.

이제 플루타르크는 콜로테스를 향해 가면서, 그들〔에피쿠로스주의자들〕 자신이 확고한 존재와 일시적인〔가변적인〕 존재 사이를 구별하고 있는 것은 아닌지 등등을 묻는다. 이제 플루타르크는 우스꽝스럽게 되어서 다음과 같이 말한다 :

"〔…〕 그러나 에피쿠로스는 모든 것들에게 동일한 방식으로 하나의 존재를 인정했다는 점에서 플라톤보다 현명하다. … 그는 일시적인 것은 영원한 것[51]과 동일한 존재를 갖는다고 생각했다. … 그리고 자신들의 존재로부터 결코 벗어날 수 없는 본성들〔자연들〕은, 그 안에 존재를 가지고 있는 작용을 받고 변화하며 결코 동일한 채로 머무를 수 없는 것들과 동일하다고 〔동일한 본성, 동일한 존재를 분유하고 있다고〕 믿었다. 하지만 플라톤이 여기서 실제로 커다란 실수를 범했다면, 그리스어를 잘하는 사람들은 틀림없이 그가 개념들을 혼동했기 때문이라고 설명할 것이다." 1116쪽.

자신을 영리하다고 생각하는 우직한 사람의 말을 경청하는 것은

51. 본래의 텍스트가 심하게 손상돼 있어, 번역은 크실란데르판의 라틴어 번역을 따랐다.

재미있는 일이다. 그 자신〔플루타르크〕이 존재의 플라톤적 차이를 두 개의 이름으로 환원시켰음에도, 다른 한편으로는 에피쿠로스주의자들이 확고한 존재를 두 쪽으로 나누었을 때(그럼에도 불구하고 그들은 아파타르톤aphtharton[52]과 아겐네톤agenneton[53]을 조성 Zusammensetzung을 통해 존재하는 것으로부터 훌륭하게 구분하였다) 그들이 틀렸다고 주장한 것이다 ; 에이나이(einai)[54]가 한쪽에 확고하게 서 있고, 게네스타이(genesthai)[55]가 다른 한쪽에 서 있는 것은 플라톤 역시 마찬가지 아닌가?

52. 파괴될 수 없는 것.

53. 창조되지 않은 것(Unerschaffene), 시초를 갖지 않는 것(Anfanglos).

54. 존재(sein).

55. 생성(Werden).

에피쿠로스 철학 · 네번째 노트

IV Epikureische Philosophie · *Viertes Heft*

III. 플루타르크. 2. 『콜로테스』

IV. 루크레티우스, 『사물의 본성에 관하여』 (3권, 1, 2, 3)

III. 플루타르크. 2. 콜로테스

e) 에피쿠로스와 소크라테스

"왜냐하면 현자만이 어떤 것에 대한 변함없는 확신을 가진다는 것이 에피쿠로스의 기본 가르침이기 때문이다." 1117쪽.

회의주의에 대한 에피쿠로스의 관계를 보여주는 중요한 구절.

"[…] 우리가 감각적 지각들을 정확하지도 충분히 신뢰할 수 있지도 않은 것으로 생각한다고 해서 모든 개별 사물이 현상한다는[나타난다는] 사실을 부정하는 것은 아니다. 그보다는 비록 그것들이 나타나는 대로 우리 행동에 이용된다고 하더라도, [우리가 감각적 지각들을] 절대적으로 [오류 없이] 참된 것이라고 [믿을 수는 없다]고 하는 것이다. [왜냐하면] 이용할 수 있는 더 나은 것이 없으므로 [그것들이 필연적이고], 유용하다는 사실만으로도 [충분하기 때문이다.]" 1118 쪽.

"인간이 무엇인지를 묻고 자랑스럽게(콜로테스의 표현) 자신은 그것을 알지 못한다고 한 소크라테스를 콜로테스가 조소할 때, 분명해진 것은 콜로테스 자신이 그 문제를 전혀 다루지 않는다는 사실이다. 〔…〕" 1118 쪽.

f) 에피쿠로스와 스틸포

" 〔…〕 그〔콜로테스〕는 스틸포가 **어떤 것은 다른 것으로 말해질 수 없다**[1]고 주장함으로써 **생을 불가능한 것으로 만들었다고** 말했다. 왜냐하면 **우리가 인간은 선하다는** 등의 말을 할 수 없고, 단지 **인간은 인간이다** … **선은 선이다는** 식으로만 말할 수 있다면 어떻게 우리가 살아갈 수 있겠느냐는 것 때문이다." 등등. 1119 쪽.

콜로테스가 자신의 반대자들의 약점을 감지하는 법을 알고 있었다는 사실은 인정되어야만 한다. 반대로 플루타르크는 무엇을 다루고 있는지조차 전혀 알지 못할 정도로, 특히 추상적 동일성의 명제를 모든 생명들의 죽음으로서 공식화하면서 비난할 때 그는 〔그것을 감지하는〕 철학적 더듬이를 결여하고 있었다고 할 수 있다. 그는 가장 우둔한 마을학교 선생처럼 다음과 같은 바보스런 대답을 하고 있다 :

"어떤 인간의 삶이 그것 때문에 더 나빠지겠는가? 그 주장(스틸포의 주장)을 들은 누가 그것이 어떤 재치있는 조롱꾼에게서 나왔다는 것을, 혹은 그것을 변증법적 실행으로 제시하고자 하는 사람에게서 나왔다는 것을 모르겠는가? 콜로테스가 잘못한 것은 인간을 선하다고 부르기를 거부했다는 것에 있는 것이 아니라 … **신을 신이라고 부르기를 거부하고** 그 존재를 믿지 않은 것에 있다. (그리고 이것이) 탄생을 주재하는 제우스가 있다는 것을 믿지 않으

---

1. 이 말은 '어떤 것이 다른 것을 술어로 가질 수는 없다'는 것으로, A는 A를 술어로 가질 수 있을 뿐, B나 C를 술어로 가질 수는 없다고 생각한 것이다. 만약 "A is B"라고 한다면 A=B라는 말이 되는데, 이는 B가 A와는 다른 것이라는 사실에 위배된다고 본 것이다. – 역자주

며, 법의 제정자인 데메테르(Demeter)가 있다는 것, 그리고 생산자 포세이돈(Poseidon)이 있다는 것도 믿지 않는 (당신들이 한 일이다). 당신들이 신들에게서 그 이름들(Beinamen)을 박탈하고 모든 희생과 신비들, 축제와 행렬들을 없앨 때 이러한 명칭(Bezeichnung)의 분리는 해로운 것이 되고, 당신들의 삶을 신들에 대한 경멸과 뻔뻔함으로 가득 채울 것이다." 1119 쪽.

"[…]스틸포의 주장은 다음과 같은 것이다 : 비록 우리가 말(馬)에 대해서 달린다고 서술한다고 해서 그 술어가 그것이 서술하는 말과 같은 것은 아니다. 인간이란 무엇인가라는 개념과 선함이라는 개념은 서로 다른 것이다. 왜냐하면 우리가 그 둘에 대해 정의하라는 요구를 받는다면 우리는 똑같은 정의를 부여하지 않을 것이기 때문이다. 그래서 하나를 다른 것의 술어로 말하는 사람들은 오류를 범하는 것이다.[2]

왜냐하면 좋음[선함]이 인간과 동일한 것이라면 … 어떻게 [우리가] 빵이나 약품에 대해서 좋다는 말을 [… 술어로 사용할 수 있겠는가]?" 1120 쪽.

스틸포에 관한 훌륭하고도 중요한 논평.

g) 에피쿠로스와 키레네 학파

"왜냐하면 그들[키레네 학파]은 우리가 달콤함과 어두움에 의해 영향을 받게 될 것이며, 이 때 이들 각각의 영향은 특정하고 불변하는 효과를 가지게 될 것이라고 말하기 때문이다. 그러나 … 꿀이 달콤하다는 것… 그리고 밤 공기가 어둡다는 것은 많은 동물들이나 사물들, 그리고 인간들에게서 반박된다. 어떤 꿀들은 좋아해서 먹지만, 다른 꿀들에 대해서는 퇴짜를 놓기 때문이다. … 경험에 기대고 있는 한에서 견해는 점차 오류로부터 자유로워진다. 그러나 경험을 넘어 외적 현상(Erscheinung)에 대한 비판적 평가를 가지고 간섭

---

2. Xylander-Ausgabe에서 결손된 부분.

한다면, 그것은 엉망으로 될 것이며, 동일한 것에 대해 반대되는 경험을 하고 상이한 느낌을 받은 다른 사람들과 충돌하게 될 것이다." 1120쪽.

"둥근 모사(Abbild)가 우리에게 들어올 때, 혹은 구부러진 것이 우리에게 들어올 때, 그 형상에 대한 감각적 지각은 올바른 것이지만, 그렇다고 해서 그 사실이 우리가 탑이 둥글다거나 노가 구부러졌다고 하는 것을 단언할 수 있게 해주는 것은 아니다라고 주장하는 사람들은 **현실적 현상[나타남]으로서 자신의 감각이 참됨을 주장하지만, 외부 세계가 그것에 따른다는 것을 인정하지는 않을 것이다.** … 왜냐하면 눈에 구부러진 자극을 주는 것은 이미지(Bild)이기 때문이다. … 그래서 외부적 대상에 대한 느낌이 다르기 때문에 확신은 감각(Empfindung)에 머물러야만 하며, 혹 그것이 가상뿐만 아니라 존재에도 주장된다면 그것은 증명되어야만 한다." 1121쪽.

h) 에피쿠로스와 아카데미 학파(아르세실라오스Arcesilaus)

플루타르크가 이에 대해서 말하는 것은 아카데미 학파가 세 가지의 운동, 즉 판타스티콘(phantastikon), 호르메티콘(hormetikon), 시그카타테티콘(sygkatathetikon)[3]에 대해서 인식했다는 것에 한정되고 있다. 1122쪽. 잘못(Irrtum)은 마지막 것에 있다[마지막 것에서 생긴다]. 이 때문에 감각적인 것은 실천적으로나 이론적으로나 의의를 갖지만, 의견은 의의를 갖지 못한다.[4]

그[플루타르크]는 에피쿠로스 학파가 많은 자명한 것들에 대해 의심하고 있다는 사실을 밝히려고 노력한다.

---

3. 상상적인 것(vorstellende), 충동적인 것(bewegende), 동의하는 것(zustimmende).
4. 세 계기 중 앞의 두 개가 감각적인 것인 반면 세번째 것은 의견에 관한 것인데, 오류(Irrtum)가 생기는 것은 의견에서라는 것이다. – 역자주

IV. 루크레티우스, 『사물의 본성에 관하여』 아이히슈태트(Eichstädt) 출판, 1801, 1권

루크레티우스가 단지 조금밖에 이용될 수 없는 것은 당연하다.

제1권

"인간의 삶이 모두의 눈 앞에서 굴욕적으로
종교의 무게에 짓눌려 땅에 떨어질 때,
종교는 하늘에서 머리를 내밀며
자신의 얼굴, 그 소름끼치는 표정을 보였다.
인류 위에 드리워진 침울함에, 감히 최초로
그것에 맞서 운명적 눈을 치켜뜨고,
대항하였던 한 그리스인이 있었다.
신들의 우화나 천둥, 하늘이 위협하는 소리 등에
겁먹지 않았고 ……
〔…………………………………………………………〕
그래서 이번에는 종교가 인간의 발 아래 내던져지고 짓밟혀졌다.
그리고 그의 승리는 인간을 하늘과 대등하게 만들었다".

V. 63~80.

"신적인 창조〔신의 힘〕를 통해서〔도〕 무(Nichts)로부터는 아무것도 생겨나지 않는다". V. 151.

"만약 사물들이 무로부터 나온다면, 온갖 종류의 사물들이
모든 것〔사물〕들로부터 산출될 수 있을 것이고, 어떤 것도 씨앗(Samen)을 필요로 하지는 않을 것이다". V. 160 u. 161.

"내 말들을 의심하지 않도록 하라,
왜냐하면 우리의 눈들은 제1요소들을 볼 수 없기 때문이다".

V. 268 u. 269.

"그래서 자연은 숨겨진 신체들〔볼 수 없는 물체들〕에 의해 작동한다". V. 329.

"그러나 질료들(Materie)이 빽빽하게 차있다고는 생각할 수 없기 때문에 자연히 사물들 안에는 허공이 있다". V. 330 u. 331.

"내가 말한 것을 불신하면서 우주에 대한
의심과 불확실성으로 방황하지 말라.
내가 허공에 대해 말할 때, 그것은 감지할 수 없는 빈 공간을 의미한다.
거기에 허공이 없다면 사물들은 결코 움직일 수 없을 것이다. ………
〔………………………………………………………………………〕
……… 어떤 것도 앞으로 나갈 수 없다, 왜냐하면 어떤 것도
다른 것에 굴복해서는 출발을 할 수 없기 때문이다.
………〔………………………………………………〕 허공이 없다면,
〔………………〕 모든 생산(Erzeugung)의 가능성은 없을 것이다.
왜냐하면 모든 곳에서 질료(Stoff)는 꽉 차고 닫혀 있어 그대로 머물러 있을 수밖에 없기 때문이다." V. 333~346.

"모든 자연은 ……
두 가지 것으로만 구성된다. 왜냐하면 신체〔물체〕들과 허공들만이 있기 때문이다". V. 420 u. 421

"시간 〔또한〕 그 자체로 실존하는 것이 아니다〔즉자적으로는 어떤 사물도 아니다〕 〔…………………………………………………〕
누구도 사물들의 운동 혹은 그것들의 정지로부터 구별되는
시간에 대한 감각을 가질 수 없다". V. 460~464.

"사건들(Geschehnisse)은 결코 질료〔materies ; 신체들, Körper〕처럼 스스로 실존하는 것이 아니며,
허공과 같은 방식으로 실존한다고 말할 수도 없다.
그보다는 그것들을 사물들이 발생하는 질료와 장소의
'사건들(Ereignissen)' 이라고 부르는 것이 올바를 것이다".
V. 480~483.

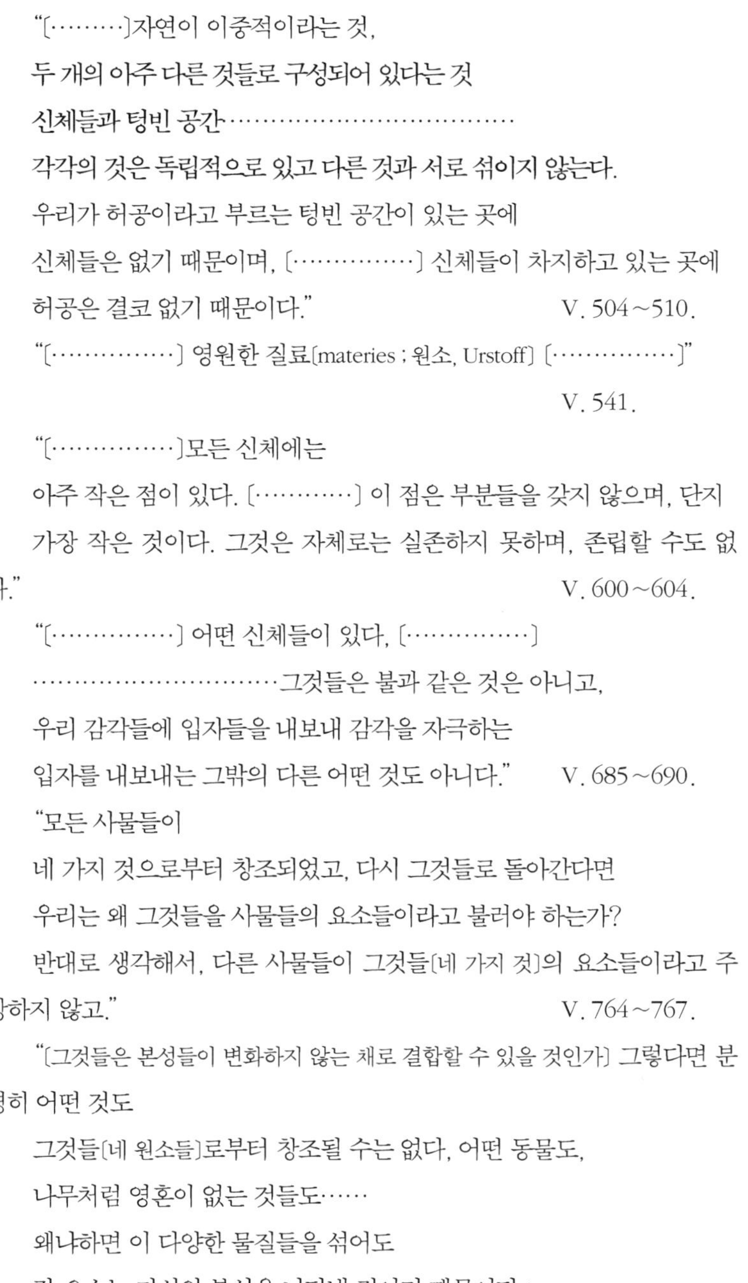

"〔………〕자연이 이중적이라는 것,
두 개의 아주 다른 것들로 구성되어 있다는 것
신체들과 텅빈 공간………………………………
각각의 것은 독립적으로 있고 다른 것과 서로 섞이지 않는다.
우리가 허공이라고 부르는 텅빈 공간이 있는 곳에
신체들은 없기 때문이며, 〔……………〕 신체들이 차지하고 있는 곳에
허공은 결코 없기 때문이다." V. 504~510.

"〔……………〕 영원한 질료〔materies ; 원소, Urstoff〕 〔……………〕"
V. 541.

"〔……………〕모든 신체에는
아주 작은 점이 있다. 〔…………〕 이 점은 부분들을 갖지 않으며, 단지
가장 작은 것이다. 그것은 자체로는 실존하지 못하며, 존립할 수도 없다." V. 600~604.

"〔……………〕 어떤 신체들이 있다, 〔……………〕
……………………………그것들은 불과 같은 것은 아니고,
우리 감각들에 입자들을 내보내 감각을 자극하는
입자를 내보내는 그밖의 다른 어떤 것도 아니다." V. 685~690.

"모든 사물들이
네 가지 것으로부터 창조되었고, 다시 그것들로 돌아간다면
우리는 왜 그것들을 사물들의 요소들이라고 불러야 하는가?
반대로 생각해서, 다른 사물들이 그것들〔네 가지 것〕의 요소들이라고 주장하지 않고." V. 764~767.

"〔그것들은 본성들이 변화하지 않는 채로 결합할 수 있을 것인가〕 그렇다면 분명히 어떤 것도
그것들〔네 원소들〕로부터 창조될 수는 없다, 어떤 동물도,
나무처럼 영혼이 없는 것들도……
왜냐하면 이 다양한 물질들을 섞어도
각 요소는 자신의 본성을 나타낼 것이기 때문이다 :

그렇다면 공기는 흙과 섞여서도 보일 수가 있고
불은 물과 함께 있을 수도 있을 것이다.
그러나 생산물(Zeugunswerk) 안의 근본적 원자들은
새로운 사물들 각각의 고유함을
가로막거나 방해하지 않도록
은밀하고 볼 수 없는 본성을 가져야만 한다." V. 773~781.

"그리고 〔······························〕
이 변화의 영원한 순환은 결코 멈추지 않는다.

(즉 공기 중에서 불이 타오르고, 그 다음엔 비가 되고, 그 다음엔 땅으로 내려온다. 그리고 이 모든 것들은 반대 방향으로 땅에서 다시 시작된다)[5]

하늘에서 땅으로 나가고, 땅에서 다시 하늘의 별로 거슬러 올라가면서
사물들은 결코 상호적 변화를 멈추지 않는다.
그러나 이것이 근본적 원자들한테 일어나서는 안 된다.
왜냐하면 모든 것들이 완전한 무로 돌아가지는 않도록 하기 위해
변화하지 않는 어떤 것이 남아 있어야 하기 때문이다.
모든 것들은 자신들의 고정된 경계들을 가지고 있어서
그 경계들을 넘어서면 곧바로 죽음이 따라오기 때문이다".

V. 783~793.

"·····················다양한 방식으로 많은 사물들에 공통적인
원자들은 많은 사물들 안에서 섞이고, 그것들과 혼합되는데,
그래서 서로 다른 사물들은 서로 다른 원천들로부터 양분을 공급받는다"[6] V. 814~816.

"동일한 원자들이 하늘과 바다, 땅과 강, 태양 등을 형성하고,

---

5. 괄호 안의 이 말들은 맑스가 V. 784~786에 있는 내용을 요약하여 적어 놓은 것이다.

6. 하나의 물체를 이루고 있던 원자들은 그 물체가 죽거나 파괴되면 흩어져서 다른 물체를 구성한다. 따라서 어떤 물체를 이루고 있던 원자들은 이전에는 다른 여러 물체들을 이루고 있었던 것들이라고 할 수 있다. – 역자주

똑같은 것들이 곡물과 나무들과 동물들을 조성한다.

그것들은 상이한 운동과 상이한 조합들(comixta)을 갖는다."

V. 820~822.

"덧붙이자면 그[아낙사고라스Anaxagoras]는 요소들을 너무 약한 것으로 만들었다.

[···]

그것들 중 어떤 것이 거대한 압력을 견디며

사지(死地)에서[파괴될 숙명에서] 벗어날 수 있을 것인가? ·············· [··················]

불이? 공기가? 물이? 그것들 중 어느 것이?

그렇지 않다면 피나 뼈가? 내가 보기엔 그 어떤 것도 아니다.

그러나 모든 것들은 그 자신의 본질에 있을 것이다

비록 우리가 보는 사물들처럼 분명히 사멸할지라도."

V. 847~856

"만일 불과 연기, 재들이 보이지 않은 채 나무에 숨어있다면

나무는 그 자체와는 전혀 다르면서 그것에서 생겨나는 신체들로

구성되어 있음에 틀림없다는 결론이 나올 것이다."　V. 872 u. 873.

"여기에 아낙사고라스가 취하는

어떤 작은 탈출 기회가 남는다.

그는 모든 것들이 모든 사물들 안에

그것들과 혼합된 채 숨어 있으며, 단지 한 가지만이 보이는데,

그 보이는 것은 그 혼합 안에서의 가장 큰 부분이어서

표면에 나타나므로 쉽게 볼 수 있는 것이라고 생각했다.

그러나 이것은 진리로부터 거리가 먼 것이다!

그렇게 되면 맷돌로 간 곡물들은

피나 다른 물질들을 보여줄 것이라는 사실이

자연스럽게 될 것이다. ·····························

[···]

나무가 부러진다면 사람들은 그 안에 숨어 있는
재와 연기, 그리고 작은 불꽃들을 보아야 할 것이다.
그러나 명백한 것은 어떤 것도 일어나지 않는다는 사실이다.
따라서 한 종류의 사물은 다른 것과
이런 방식으로 섞이지는 않는다고 추론할 수 있다.
그보다는 많은 사물들에 공통적인 씨앗들(semina)이
다양한 방식으로 그것들 안에 숨겨져 있어야만 한다."

V. 874~895.

"당신은 내가 앞서 말한 바를 알겠는가,
그것은 때때로 매우 중요한 문제다.
이 동일한 원자들은 그것들이 차지하는 위치나
주고 받는 운동에도 불구하고 어떻게 결합할 수 있을까?
그리고 어떻게 이 동일한 것들이 매우 작은 상호 변화에 의해
이그네이스(igneis)와 리그네이스(ligneis)[7] 둘 다를 만들 수 있을까? 단어 자체가
약간 다른 요소들로 이루짐에 따라
우리는 서로 다른 소리로 이그네이스와 리그네이스를 말하는 것이다"

V. 906~913.

"그래서 우리는 우주가 어떤 방향으로든 경계지워져 있지 않다는 사실을 알게 된다.
만약 우주가 경계지워져 있다면 그것은 하나의 극한을 가질 것이다.
그러나 외부에 그것을 제한하는 어떤 것이 있지 않고서는
그 어떤 것도 극한을 가질 수 없다 ; 〔……………………………〕

---

7. 라틴어에서 '이그네이스'는 '불'을 가리키며 '리그네이스'는 '나무'를 가리킨다. 독역본에서는 불꽃을 뜻하는 'Flamm'과 나무(줄기)를 뜻하는 'Stamm'으로 옮겼고, 루크레티우스에 대한 영역책에서는 'fires'(불)와 'firs'(전나무)로 옮겼다. 단어를 이루고 있는 철자들이 약간 달라지자 뜻은 물론이고 발음(소리)도 다른 것이 되었다는 점이 중요하다. - 역자주

우리는 사물들의 총합〔Weltall, 전우주〕을 넘어서는
어떤 것도 없으므로 극한은 없다는 사실을 깨달아야만 한다.
그래서 우주는 어떤 끝도, 어떤 한계도 갖지 않는다."

V. 957~963.

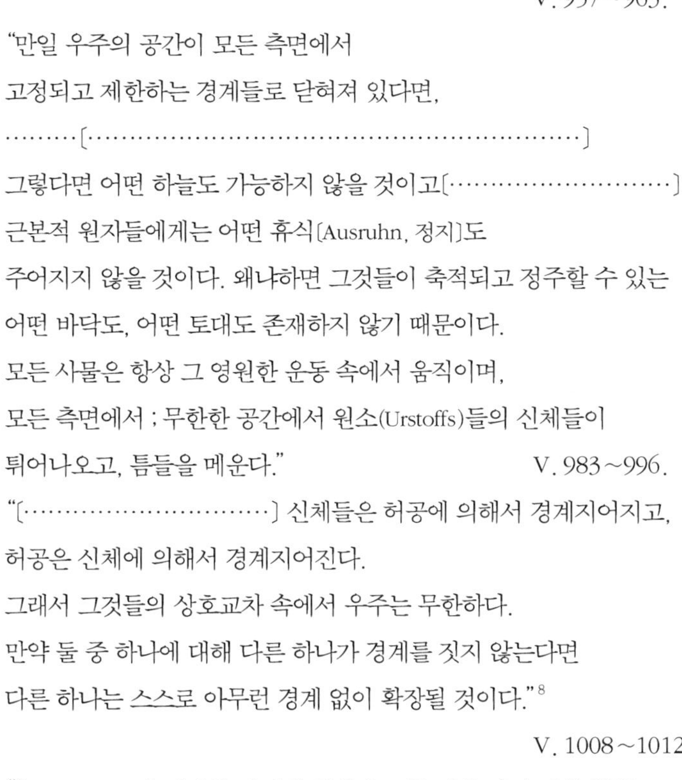

"만일 우주의 공간이 모든 측면에서
고정되고 제한하는 경계들로 닫혀져 있다면,
………〔…………………………………………………………〕
그렇다면 어떤 하늘도 가능하지 않을 것이고〔…………………………〕
근본적 원자들에게는 어떤 휴식〔Ausruhn, 정지〕도
주어지지 않을 것이다. 왜냐하면 그것들이 축적되고 정주할 수 있는
어떤 바닥도, 어떤 토대도 존재하지 않기 때문이다.
모든 사물은 항상 그 영원한 운동 속에서 움직이며,
모든 측면에서 ; 무한한 공간에서 원소(Urstoffs)들의 신체들이
튀어나오고, 틈들을 메운다." V. 983~996.

"〔…………………………〕 신체들은 허공에 의해서 경계지어지고,
허공은 신체에 의해서 경계지어진다.
그래서 그것들의 상호교차 속에서 우주는 무한하다.
만약 둘 중 하나에 대해 다른 하나가 경계를 짓지 않는다면
다른 하나는 스스로 아무런 경계 없이 확장될 것이다."[8]

V. 1008~1012.

"〔……………〕 적절한 시간에 상실된 모든 것을 다시 보충해주는
무한한 공간으로부터의 질료의 공급이 이루어지지 않는다면,
이것들[9]은 결코 가능하지 않을 것이다.

---

8. 루크레티우스의 글을 보면 이 다음에 이런 내용이 이어져 있다. "공간은 무한하기 때문에 질료 또한 그렇다고 할 수 있다. 그렇지 않다면 바다나, 땅, 하늘의 밝은 곳, 인간 종족, 신들의 신성한 형상들 그 어떤 것도 시간의 단 한 부분을 나타낼 수 없을 것이다〔아주 짧은 시간 동안도 버티지 못할 것이다〕. 왜냐하면 닫혀진 통일성이 깨지면 질료는 허공 속으로 해체되어 흩어져버릴 것이기 때문이다". - 역자주

왜냐하면 먹을 것이 부족한 살아있는 피조물들이
살이 빠지고 쇠약해지는 것과 마찬가지로,
질료들이 어떤 이유에서 공급되기를 멈추자마자
모든 사물들은 쇠퇴하고 붕괴할 것임에 틀림없다." V. 1034~1040.

자연이 봄에는 마치 승리를 의식하듯 자신의 발가벗은 모습을 드러내고 온갖 매력을 발산하는 반면, 겨울에는 자신의 부끄러움과 앙상함을 눈과 얼음으로 가리듯이, 발랄하고 대담한 세계의 시적 지배자였던 루크레티우스 역시 자신의 작은 자아를 도덕의 눈과 얼음으로 가린 플루타르크와는 달랐다. 걱정스럽게 단추를 모두 채우고 움츠리고 있는 사람을 보게 되면, 우리는 본의 아니게 상의와 버클을 잡고서 여전히 우리 자신이 거기에 있는지를 확인하고 우리 자신을 잃어버리지 않을까 두려워한다. 그러나 대담한 곡예사를 보게 되면, 우리는 스스로를 망각하고, 피부로부터 나와서 우주적인 능력들로 고양되며, 대담하게 숨쉬고 있는 자신을 느끼게 된다. 더 도덕적〔sittlich, 인륜적〕이고, 더 자유로운 기분을 느끼는 사람, 그리고 착한 사람들은 죽게 되면 살아 생전의 결실을 잃게 된다는 것을 부당하다고 생각하면서 플루타르크의 교실에서 나와버린 사람, 혹은 완성된 영원성을 본 사람, 그는 대담하게 천둥치는 듯한 루크레티우스의 노래를 듣는다:

"〔……………………………………〕그러나 명성에 대한
높은 소망이 성스러운 지팡이로 내 심장을 마구 두드리고, 내 가슴을
뮤즈의 달콤한 음악으로 가득 채운다. 자유롭고 풍성한 마음으로
어떤 발걸음도 닿지 않았던 곳,

9. 인용된 부분의 앞 내용을 루크레티우스 글에서 참조해보면, "강이 바다를 계속해서 다시 채우고, 태양이 풍부한 물과 땅을 데우고 과일을 키우는 것, 그리고 온갖 종류의 동물들이 자라고 새롭게 다시 태어나는 것" 등을 가리킨다. – 역자주

아무 길도 없는 피에리데스(Pierides)[10]를 내가 지나간다.
그 순결한 처녀 샘에 도달하여 그 물을 마시면서 솟아나는 즐거움,
내 머리에 영광된 화관을 만들기 위해 새롭게 피어난 꽃을 따는 즐거움.
내 이전에 뮤즈는 그 누구에게도
머리에 화관을 씌워주기 위해 꽃을 꺾지 않았다.
우선은 내가 종교의 결박으로부터
사람들의 정신을 자유롭게 만들 수 있도록
내 주제를 높게 만들었기 때문이며,
다음으로는 어둠에 있던 사물들을 시 속에서
밝게 썼으며, 뮤즈의 마법으로 모든 사물들을 건드리기 때문이다.

V. 921 ff.

자신의 껍데기 안에서 영원히 표류하느니 차라리 자신의 수단으로 전세계를 세워 세계의 창조자가 되기를 원치 않는 사람은 이미 그 정신이 그의 파문을 말해주고 있으며, 그는 성직 정지(Interdikt)중에 있다고 하겠다. 하지만 그것은 반대적인 의미에서의 성직 정지로, 그는 사원에서 쫓겨나고 정신의 영원한 즐거움을 박탈당한 채, 자신의 사적인 축복에 대해 자장가를 부르고 밤에는 자신에 관한 꿈을 꾸고 있는 것이다.

"축복은 덕에 대한 보상이 아니라 덕 자체이다."[11]

우리는 또한 루크레티우스가 플루타르크보다도 얼마나 무한히 에피쿠로스를 철학적으로 이해하고 있는가를 보게 될 것이다. 철학적인 탐구의 첫번째 요건(Grundlage)은 대담하고 자유로운 정신이다.

첫째로 우리는 에피쿠로스의 관점으로부터 초기 자연철학에 대한

---

10. 음악의 신 뮤즈(Muses)의 고향. – 역자주
11. B. Spinoza, 『에티카』, 제5부, 명제. 42.

적절한 비판을 인식해야만 한다. 그것은 에피쿠로스 학설의 특수성을 잘 보여주기 때문에 더더욱 고려의 가치가 있다.

우리는 여기서 특히 엠페도클레스와 아낙사고라스에 대해 가르쳐지고 있는 바에 대해 생각해야 한다. 왜냐하면 이것이 나머지 사람들에 대해서 더욱 타당하기 때문이다.

1. 어떤 특정 요소〔규정된 요소〕도 실체로 간주될 수 없다. 왜냐하면 이 요소에 모든 것이 내포되어 있고 모든 것이 이것으로 인해 발생한다면, 이러한 변동 과정에서 다른 어떤 사물의 총체성도 이 요소의 원리라고 생각할 수 없기 때문이다. 즉 요소 자체는 다른 사물의 옆에서 규정되고 제한되는 방식으로 실존할 뿐이며 마찬가지로 〔역으로〕 이러한 실존 과정을 통해 발생하는 것이다. (V. 764~767)

2. 수많은 특정 요소들을 실체라고 간주한다면, 한편으로 그것들은 자신들의 규정성을 내세우고, 또 대립물 속에서 해소하면서, 서로와의 갈등 속에서 자신들을 유지함으로써 그 본성적 일면성(Einseitigkeit)을 보여줄 것이다. 그리고 다른 한편으로는 자연적이고 역학적인 혹은 그밖의 어떤 과정들에 종속되어 자신들의 개별성에 한정된 것으로서의 형성능력(Bildungsfähigkeit)을 보여줄 것이다.

만약 우리가 불이나, 물 등등이 감각을 통해 지각가능한 것이 아니고 보편적인 어떤 것이라는 이오니아의 자연철학자들을 역사적으로 용서해준다면, 우리는 그 반대자로서 이러한 이유들로 그들을 비판했던 루크레티우스가 완전히 옳았다고 말해야 할 것이다. 만약 분명한 요소들, 즉 감각들에 명백한 요소들이 기본적 실체들로 간주된다면, 이것들〔실체로 간주된 물이나 불 등등〕은 자기 자신의 판단기준에 의해 감각적 지각과 실존의 감각적 형식들을 가지게 될 것이다. 만약 누군가 문제가 되는 것은 다른 종류의 규정, 즉 그것들이 존재하는 것의 원리들인 그러한 다른 종류의 규정이라고 말한다면〔구성 요소들에게는 별도의 규정이 있다고 한다면〕 그것은 감각적 개별성이 감추고 있는 다음과 같은 규정, 즉 그것들은 단지 내적인 그래서 외적인 규정 안에서만 원리들이라는 것 ; 다시 말하자면 그것들은 주어진 특정 요소들〔규정된 요소들〕로서는 원리들이 아니라는 것이다. 불이나 물 등등처럼 각 요소가 다른 것들과 구분되는 한에서는 원리들이 아닌 것이다. (V. 773 ff.)

3. 그러나 세번째로 특수한[12] 요소들이 기본적 원리들이라는 견해는 그 요소들은 다른 것들과 함께 제한된 현존재라는 사실, 즉 그것들은 다른 것들로부터 자의적으로 생겨나며, 단지 수의 규정에서만 다를 뿐이라는 사실에 모순된다. 뿐만 아니라 그것〔구성 요소〕들은 다른 것들의 다수성(Vielheit)과 무한성에 의해 제한되므로, 자신〔구성 요소〕들의 특수성 안에서 생겨난 상호관계 ─ 이 관계는 자연적〔본성적〕 한계 안에 갇혀 있는 형성 능력만큼이나 배제를 나타낸다 ─ 에 의해 규정되는 것처럼 보인다. 그리고 그것〔구성 요소〕들이 세계를 산출하는 그 과정 자체가 유한성과 가변성을 드러내는 것처럼 보인다.

그것들은 특수한 자연성 안에 갇혀 있는 요소들이기 때문에, 그것들의 창조성은 단지 특수한 것, 즉 자기 자신의 변형일 따름이다. 그런데 그 변형은 다시 특수성의 형태, 즉 자연적 특수성을 갖는다고 할 수 있다. 다시 말해서 그것들의 창조성은 자신들의 변형의 자연적 과정이다. 그래서 이들 자연철학자들이 볼 때는 공기 중에 불꽃이 있고, 그 때문에 비가 만들어져 내리고, 땅이 형성된다. 〔그러나〕 여기서 보여진 것은 요소들 자신의 변동성(Wandelbarkeit)이지, 그것들의 존립성도 아니고 자연철학자들이 원리들이라고 말하는 실체적 존재(substantielles Sein)도 아니다. 왜냐하면 그것들의 창조성은 오히려 자신들의 특수한 실존(Existenz)의 죽음이며, 계속적인 산출도 그것들의 비영속성에서 나오기 때문이다. (V. 783 ff.)

요소들과 자연적 사물들의 존립을 위한 상호적 필연성이란 그들의 조건들이 자신들의 안에서뿐 아니라 밖에서도 고유한 능력이라는 것을 의미한다.

---

12. 수고에는 '특수한' (besondere)이 '규정된' (bestimmte)이라는 말 위에 쓰여 있다.

4. 이제 아낙사고라스의 호뫼오메리아들(Homöomerien)[13]에 루크레티우스는 도달한다. 그는 그것들에 반대해서 다음과 같이 말한다.

"근본 요소들(Urelemente)은 …… 너무도 연약하다." 〔V. 847. 848〕

왜냐하면 호뫼오메리아들은 동일한 성질을 가졌고, 그것들이 호뫼오메리아가 되는 것[14]과 동일한 실체를 가지므로, 우리는 그것들이 구체적으로 표출된 것〔호뫼오메리아들이 구성되어 생산해낸 여러 사물들〕에 부여했던 동일한 덧없음을 호뫼오메리아들에게도 부여할 수밖에 없기 때문이다. 만일 나무가 자신 안에 불과 연기를 숨기고 있다면 그것은 나무가 상이한 종의 신체들(fremdartigen Körpern)로 구성된 혼합물이라는 뜻이다. 〔V. 873〕. 만일 모든 물체가 감각 가능한 씨앗들로 이루어져 있다면 그것이 파괴될 때, 우리는 그 물체가 포함하고 있던 것들을 볼 수 있게 될 것이다.

감각적인 것의 영역에서 시작할 때, 최소한 인식에 있어서 〔감각〕을 최고의 판단기준으로 삼는 에피쿠로스류의 철학이 어떻게 원자와 같은 추상이나 맹목적 힘(caeca potestas)을 원리로 정립할 수 있는지 이상하게 보일 수도 있을 것이다. 이와 관련해서는 773ff.[15]와 783ff.[16]를 참조하라. 거기에서 우리는 원리가 어떤 특수한 감각적이고 물리적인

---

13. 씨앗(Seeds).

14. 호뫼오메리아들은 '어떤 것'의 호뫼오메리아들로 존재하는데, 이때 그 '어떤 것'과 호뫼오메리아들의 실체는 동일하다는 뜻이다. – 역자주

15. 루크레티우스의 『사물의 본성에 관하여』, 제1권 773ff. "그것들의 본성이 변화하지 않는다면, 분명히 어떤 것도 / 그것들로부터는 창조되지 않을 것이다, 어떤 동물도 / 동물이 아니라 그 어떤 것도, 어떤 나무도…" – 역자주

16. 루크레티우스, 『사물의 본성에 관하여』, 제1권, 783ff. "참으로 이들은 모든 사물들을 하늘로 거슬러 올라가게 하고 / 그리고 나서는 하늘의 불로, 그리고 불이 이제는 / 공기 중의 바람으로 / 그로부터 비가 만들어지고, 비에서 / 땅이 창조되고 / 모든 것들은 다시 땅에서 거꾸로의 순서를 밟아 하늘로 올라간다." – 역자주

특성을 갖지 않고서 자율적으로 존립해야만 한다는 주장을 볼 수 있다. 그것은 실체다:

"〔……〕 동일한 원소들(Stoffe)이 하늘과 땅, 강과 바다, 태양을 이룬다" 등등. (V. 820 f.)

보편성은 그 안에 내재한다.

원자와 허공의 관계에 관한 중요한 언급이 있다. 루크레티우스는 이 이중의 자연(duplex natura)에 대해 다음과 같이 말한다:

"이들 각각은 독립적으로 있어야 하고, 순수하게 〔섞이지 않고〕 유지되어야 한다." (V. 504 ff.)

더욱이 그것들은 상호배제한다(ausschließen):

"왜냐하면 빈 공간이 있는 곳에는 …… 어떤 물체〔신체〕도 없기 때문이다." (같은 책)

각각은 원리 자체이므로, 원리란 원자나 허공이 아니라 양자의 근거, 즉 양자가 독립적인 자연〔본성〕으로 표현하고 있는 것, 그것이 원리이다. 이 중앙(Mitte)이 에피쿠로스 철학의 완성에서 왕좌를 차지한다.

운동 원리로서의 허공에 관해서는 V. 363 ff.[17]를 보고, 특히 내재하는 원리, 토 케논 카이 토 아토몬(to kenon kai to atomon)[18] 즉 사유와 존재의 객관화된 대립(Gegensatz)에 관해서는 V. 383 ff.[19]를 보라.

---

17. 루크레티우스, 『사물의 본성에 관하여』, 제1권, 363ff. "반대로 허공은 영원히 무게 없이 존속한다 / 그래서 같은 크기지만 더 가벼운 사물은 / 자신 안에 더 많은 허공이 있음을 선언하는 것이다." - 역자주
18. 허공과 원자.
19. 루크레티우스, 『사물의 본성에 관하여』, 제1권 383ff. "따라서 각각은 운동에서 주도권을 가질 수 있다." - 역자주

루크레티우스, 『사물의 본성에 관하여』

제2권

"그러나 그 어떤 것도 현자의 가르침으로 축성된
조용한 전당이나 높은 사원에 사는 것보다 달콤한 것은 없다."

V. 7f.

"오 불쌍한 인간의 정신이여! 열망(Verlangen)은 너무도 어둡구나!
주어진 어떤 시간도 가버린 곳에서
삶은 얼마나 어둡고, 위험은 얼마나 큰 것인가!" V. 14ff.

"〔…〕어둠에 겁먹은 아이들처럼, 우리는
때때로 대낮에도 겁을 먹게 된다.
………〔…………………………………………〕
따라서 이러한 정신의 공포와 어둠은
태양 광선에 의해서도, 대낮의 빛에 의해서도 아니고
오직 자연과 그것의 법칙에 의해서만 사라짐에 틀림없다."

V. 54ff.

"〔…〕 그것들〔원자들〕은 허공 속을 돌아다니므로
모든 원자들은 자신의 무게나
혹은 다른 원자와의 우연한 충돌에 의해 유도된다〔………〕"

V. 82ff.

"〔…………〕 기억해라, 우주에는
근본 원자들이 쉴 수 있는
어떤 바닥도 없다는 것을 ;
왜냐하면 공간은 어떤 끝이나 한계도 갖지 않기 때문이다. 〔…………〕"

V. 89ff.

"〔…………〕 허공의 심연에는
원자들에게 어떤 휴식도 주어지지 않고

오히려 계속되는 차이나는 운동으로
움직이고 충돌하고 도약하기 때문이다."　　　　　V. 94ff.

원자들의 조합의 형성, 그리고 반발과 견인은 소란스러운 일이다. 떠들썩한 경쟁, 적대적 긴장이 세계의 작업장과 대장간을 구성한다. 그러한 소란이 있는 그 심장의 깊은 곳에서 세계는 내적으로 찢어진다.

그늘진 곳에 떨어지는 태양 광선조차 이러한 영원한 전쟁의 이미지(Bild)다.

"광선 속의 〔……………………〕 작은 입자들(Winzige Stäubchen)은,
〔…………〕 영원한 투쟁, 전투, 전쟁에 참여하면서
결코 쉬지 않고 모든 곳에서 계속해서 만나고 헤어지는 것처럼 보인다.
이로부터 당신은 무엇이 원자로 하여금
무한한 허공 안에서 영원한 운동을 하도록 만들었는지
그려볼 수 있을 것이다."　　　　　V. 115ff.

사람들은 운명의 맹목적이고 무시무시한 힘이 어떻게 개인의, 혹은 개별자의 자의적인 의지로 옮아가서 형식들과 실체들을 깨부수는지 보게 된다.

"당신이 태양 광선 안에서 춤추고 있는
작은 입자들에 관심을 가져야만 하는 좀더 깊은 이유는
그것들의 춤이 질료 안에도
비밀스럽게 숨겨진 운동들이 있다는 것을 보여주기 때문이다.
왜냐하면 당신이 보는 많은 것들은 보이지 않는 충돌로 인한 충격에 의해서
진로를 변경하기도 하고 반대로 움직이기도 하기 때문이다."
V. 124ff.

"이러한 운동은 모든 경우 원자들에 의해
야기된 것이다. 처음의 원자들은
그들 자신에 의해 운동하고,
작은 그룹으로 형성된, 처음 원자들에 가장 가까운 곳에서
힘을 받고 있는 그 다음 복합 신체들은 그것들〔처음 원자들〕에 의해,
그것들로부터의 보이지 않는 충격에 의해 운동한다 ; 그리고 나서
이번에는 신체들을 좀더 크게 공격한다.
따라서 운동은 처음 원자들로부터 시작하여
점차 우리의 감각들에 드러날 정도로 되며,
마침내는 비록 그 충돌을 볼 수 없기는 하지만
우리가 태양 광선 안에서도 볼 수 있는 신체에까지 이른다."

V. 132ff.

"〔…〕 근본 요소들〔원자들〕이 허공을 통과할 때, 그리고 그 어떤 것도
그것들의 움직임을 지체시키는 것이 없을 때, 그것들이 시작한 경로 위에서
근본 요소들은 태양 광선에서의 속도를 능가해야 하고
그것보다 훨씬 빨라야 함에 틀림없다." V. 156ff.

"〔…〕 비록 내가 원자들에 관한 지식을 가지고 있지 못하다고 해도
나는 천체 자체의 질서로부터,
그리고 내가 감히 단언할 수 있는 많은 사실들로부터,
결코 세계는 신적인 힘에 의해서 우리를 위해 창조된 것이 아니라는
사실을 주장할 수 있다 〔……………………………………〕"

V. 177ff.

"〔……………………〕 어떤 물질적인 것도 자기 자신의 힘에 의해
들어올려지거나, 위로 움직일 수 없다는 것을…" V. 185f.

직선으로부터의 원자들의 편위(declinatio atomorum a via recta)는 에피쿠로스 철학에 토대하고 있는 가장 심오하고 핵심적인 결론이다.

키케로는 그것을 비웃었지만, 사실 그는 미합중국 대통령에 대해서 만큼이나 그것에 대해 무지했다.

직선, 바로 단일한 방향은 직접적인 대자존재(Fürsichsein)인 점(Punkt)의 지양(Aufheben)으로 말하자면 지양된 점이라고 할 수 있다. 직선은 점의 타자존재(Anderssein)다. 원자는 타자존재로부터 자신을 배척하는 절대적으로 직접적인 대자존재인 개체(Punktuelle)이므로 단순한 방향, 즉 직선을 배척하고 그것으로부터 편위한다. 이는 그것의 본성이 공간성이 아니라 대자존재임을 보여준다. 그것이 따르는 법칙은 공간성의 법칙과는 다르다.

직선은 점이 지양된 존재(Aufgehobensein)일 뿐 아니라 그것의 현존재(Dasein)이기도 하다. 원자는 현존재의 폭(Breite)에는 무관심하므로 존재하는 차이로 나누어지지는 않는다. 그러나 마찬가지로 그것이 단지 존재(Sein)일 뿐이라고, 자신의 존재에 무관심한 직접적인 것일 뿐이라고 할 수도 없다. 정확히 말하자면 그것은 현존재와 상이하며〔현존재로부터 구별되며〕 자신 안에 자기 자신을 에워싼다.[20] 감각적으로 표현하자면, 그것은 곧은 직선으로부터 구부러지는 것이다.

원자가 자신의 전제(Voraussetzung)로부터 벗어나 휘어지고 자신의 질적 본성을 빼앗김에 따라, 그리고 이러한 박탈, 이렇게 전제와 내용을 상실하고 자신 안에 에워싸인 존재(Insichbeschlossensein)가 스스로 존재한다는 사실, 그래서 자신의 고유한 질을 나타낸다〔현상한다〕는 사실을 증명함에 따라, 에피쿠로스 철학 전체 역시 전제로부터 벗어나 휘어진다. 가령 쾌락(Lust)은 고통으로부터, 결과적으로는 원자가 차별화되고 현존하며 비존재와 전제에 속박되는 것으로 나타나는 상황으로부터(dem Zustande)[21] 휘어진다〔편위한다〕. 그러나 고통이 있다는 것,

---

20. '자신 안에서 자기 자신을 에워싼다' (es verschließt sich in sich)는 이 문장은 정확히 알아볼 수 없는 상태에서 읽은 것이다.

21. 수고(Handschrift)에는 '상황의' (des Zustandes)로 되어 있었다.

휘어져 벗어나게 되는 전제들이 개별자에게 존재하고 있다는 것은 고통의 유한성(Endlichkeit)과 고통이 우연적이라는 사실을 말해준다. 사실 우리는 원자에 그러한 전제들이 존재하고 있다는 것을 이미 알고 있다. 왜냐하면 직선이 존재하지 않는다면 원자가 그것으로부터 벗어나려고 하지도 않을 것이기 때문이다. 그런데 이것은 에피쿠로스 철학의 입장에서 나온 것이다. 에피쿠로스 철학은 실체적인 전제의 세계에서 전제 없는 것을 찾아나선다. 그것을 논리적으로 표현하자면, 에피쿠로스 철학에게 대자적 존재는 배타적이고 직접적인 원리이므로, 에피쿠로스 철학은 직접적으로 자신에 반대되는 현존을 가졌고, 그것을 논리적으로 극복하지 않았던 것이다.

우연과 필연과 자의성은 법칙으로 고양됨과 동시에 결정론으로부터 벗어나 휘어진다 ; 신은 세계로부터 벗어나 휘어지고, 세계는 그에게 존재하지 않으며, 그런 점에서 그는 신이다.

직선으로부터의 원자의 편위는 법칙이며, 맥박(Puls)이고, 원자의 특유한 질이라고 말할 수 있다 ; 그리고 이것이 왜 데모크리토스의 가르침이 에피쿠로스 철학처럼 시대철학(Zeitphilosophie)이 아닌, 전혀 다른 철학인지 말해주는 것이다.

> "만일 이것〔원자들의 편위〕이 일어나지 않는다면, 그것들 모두는 〔……〕
> 허공에서 아래로 떨어질 것이다.
> 원자들에 대한 원자들의 어떤 충돌도, 충격도
> 없을 것이고, 따라서 자연은 아무것도 창조하지 못할 것이다."
>
> V. 221ff.

세계가 창조되고, 원자는 그 자신 즉 다른 원자와 관계하므로, 그것의 운동은 타자존재(Anderssein)를 예속시키는 운동인 직선 운동을 전제하지 않고, 후자〔직선의 운동〕로부터 벗어나 휘어지며, 자기 자신과 관계한다. 감각적으로 표상한다면 원자 각각은 직선으로부터 벗어나 휘어지면서 그 자신과만 관계한다.

"따라서 나는 반복해서 말한다,
원자들이 미세하게 편위한다고, 아주 미세하게……
그렇지 않으면 우리는 진실에 위배되는 사선(obliquos) 운동을 생각하게 된다." V. 243ff.

"또 모든 운동이 연결되어 있어서
새로운 운동이 고정된 질서의 옛것으로부터 나온다면,
원자들이 편위하지 않고,
운명의 속박을 깨뜨릴 새로운 운동을 시작하지 않는다면,
그리고 인과의 무한한 사슬을 저지하지 않는다면 :
지상의 모든 생명체들이 가지고 있는
이 자유의지의 원천은 무엇이란 말인가?
운명에 의해 빼앗긴 이 의지(voluntas)는 어디서 오는 것인가,
무엇에 의해 우리는 볼룹타스(voluptas)가 이끄는 곳으로 나아가는가?"
V. 251ff.

"때로 사람들은 자신의 의지로
그들의 사지(Glieder, 四肢) 안에서, 질료 덩어리로 하여금
방향을 바꾸도록 강제한다."[22] V. 281f.

직선으로부터의 편위(declinatio a recta via)는 **자유의지**(arbitrium)이고, 특정한 실체이며, 원자의 진정한 질이다.

"따라서 동일한 것을 우리는 원자들에서도 인정해야만 한다 :

---

22. 이 구절 앞에는 '비록 많은 사람들이 외적인 힘에 의해 자신의 의지에 반하도록 강제됨에도 불구하고, 그들의 가슴에는 이 외적인 힘에 맞서 싸우는 힘이 있다' 는 내용이 있다. – 역자주

그것들의 무게와 충돌 외에도
운동의 또 다른 원인이 있는데,
그것은 우리에게 내재한 힘에서 찾을 수 있다.
왜냐하면 무(nichts)로부터는 아무것도 생산되지 않기 때문이다.
단순히 다른 원자들의 외적인 충격에 의해 결정되는 것을
막는 것은 무게다.
그러나 정신 안에는
그 모든 행동과 운동들을 통제하고
그것을 예속시키고 강제하는
어떤 필연성도 없다.
원자들의 미세한 편위는
어떤 결정된 장소에서도 시간에서도 일어나지 않기 때문이다."

V. 284ff.

이러한 편위(declinatio), 이러한 클리나멘(clinamen)은 어떤 규정된 장소나 시간을 갖지 않는다. 그것은 감각적 질이 아니라 원자들의 영혼이다.

허공에서는 무게의 차이가 사라진다. 다시 말해서 운동의 어떤 외적인 제약도 없으며, 대자존재의(fürsichseiende) 내재하는 절대적 운동 자체만이 있을 뿐이다.

"언제건 어느 대상에 대해서건
허공은 그것에 어떤 저항도 할 수 없고,
그 본성상 자유롭게 지나가도록 할 수밖에 없다.
그래서 고요하고 조용한 허공을 통해서는
모든 사물들이 동일한 속도로 움직여야만 한다." V. 235ff.

루크레티우스는 이것을 감각적인 조건들에 의해서 제한되는 운동

과 대비해서 강조했다.

"물체가 물이나 얇은 공기를 통과해서 낙하할 때
그것들은 자신들의 무게에 따라 속도를 갖는다 ;
왜냐하면 물과 얇은 공기는 낙하하는 물체들의 속도를
동일하게 감소시킬 수 없고,
더 무거운 것을 더 빨리 통과시키기 때문이다." V. 230ff.
"당신은 그 점을 보지 않는가? 비록 많은 사람들이
외적인 힘에 의해 유도되고, 때로는 자신들의 의지에 반하여 나아가고
무모하게 돌진하도록 강제됨에도 불구하고,
사람들의 가슴에는 이러한 힘에 맞서고 저항하는
어떤 것이 있다는 것을...." V. 277ff.

위에서 인용된 행들을 보라.

이 힘, 이 편위(declinare)는 원자들의 반항이고, 고집이며, 가슴 속의 어떤 것이다. 이 힘은 세계에 대한 자신의 관계를 개개의 개체들이 이분된 기계적인 세계와 맺는 관계로 특징지우지 않는다.

제우스가 쿠레테스(Kureten)의 사납게 날뛰는 전쟁춤 아래서 자라났듯이, 이 세계도 원자들의 떠들썩한 전쟁놀이 아래 있는 셈이다.

루크레티우스는 로마 정신의 실체를 노래했다는 점에서 진정한 로마적 서사 시인(Heldendichter)이라고 할 수 있다 ; 호메로스Homerus의 쾌활하고 강하며 완전한 모습 대신에, 우리는 굳게 그리고 꿰뚫을 수 없도록 무장한 영웅, 그 외에 다른 질들을 갖지 않는 그러한 영웅을 갖게 되며, 모든 것에 대한 모든 것의 전쟁, 대자존재의 단단한 형식, 신과 떨어진 자연과 세계와 떨어진 신을 갖게 된다.

이제 우리는 원자들의 보다 직접적인 질들에 대한 규정에 이르게 된다 ; 우리는 이미 그것의 내적이고 내재하는 특정한 질들 ―사실 이

것은 차라리 그것의 실체라고 할 수 있는데 —을 살펴본 바 있다. 이러한 규정들은 루크레티우스에게는 매우 약하며, 대체로 에피쿠로스 철학 전체에서 가장 자의적이고, 그래서 가장 어려운 부분들 중 하나다.

1. 원자들의 운동

"우주에서 질료들은
지금보다 더 빽빽하게 찰 수 없으며,
더 넓은 간격으로 있을 수도 없다.
……………………………………………………
사물의 총합을 변화시킬 수 있는 어떤 힘도 존재할 수 없다."

V. 294f. 〔u. 303〕

"그리고 여기에 아무런 놀라움도 일으키지 않는 일이 있다:
비록 모든 원자들이 끊임없는 운동중에 있음에도,
그것들의 〔움직임의〕 총계가 움직이지 않는 것의 총계로 나타난다는 것.
…………〔……………………………………………………〕
왜냐하면 원자들의 모든 본성은
우리의 감각들 저 아래에 숨겨져 있으며 ; 따라서
당신은 그것을 볼 수 없고, 그것들의 운동도 볼 수 없기 때문이다.
실제 우리가 볼 수 있는 사물들조차도, 우리로부터 멀리 떨어져 있으면
가끔 그것들의 운동을 감추기도 한다."　　　　V. 308ff.

2. 모양(Figur, 형태)

"이제 원자들의 질에 대해 생각해보자.
그것들의 모양에서의 차이와 형태에서의 다양성에 한해서…
…………〔……………………………………………………〕 내가 보인 대로 그 다양성은

셀 수도 없으며 어떤 제한을 갖지도 않기 때문에[23]

그것들 모두가 상이나 모양에서 동일하다고는 할 수 없다."

V. 333ff.

"원자들은 매우 다양한 형태〔모양〕를 가지고 있음에 틀림없다.

왜냐하면 그것들은 매우 다양한 감각작용을 일으키기 때문이다."

V. 442f.

"〔…………〕 원자들은 유한한 수의 형태를 가지고 있다.

그렇지 않다면, **불가피하게**

어떤 원자들은 무한한 크기를 가지게 될 것이다.

단일한 원자의 작은 영역 안에서는

형태의 커다란 다양성이 있을 수 없다.

가령 원자들이 세 개의 미세한 부분들로 이루어졌다고 생각해 보자.

혹은 그것들을 몇 개 더해서 더 크게 만들 수 있다고 생각해 보자.

당신이 단일한 신체〔단일한 원자〕의 그 부분들을 가지고

한쪽을 잡아 위아래로, 그리고 좌우로 돌릴 때,

그리고 각각에서 전체 신체에 부여할 수 있는 형태들을

가능한 모든 방식으로 해볼 때,

그 형태들을 변화시키고 싶다면,

당신은 다른 부분들을 더해가야만 할 것이다 ; 그래서 다음과 같은 사실이 따라나온다.

당신이 형태들을 더 변화시키고자 한다면

같은 방식으로 배열은 다른 것들을 필요로 할 것이다.

그래서 **새로운 형태의 출현은 크기의 증가를 수반한다.**

당신은 원자들이 형태에 있어서

---

23. 그렇다고해서 형태에서의 다양성을 무한한 것으로 이해해서는 안 된다. 단지 그것은 '매우 많은 수'(a great number)일 뿐이다. 그 이유에 대해서는 아래서 인용되고 있는 479ff를 참조하라. – 역자주

무한하게 다르다고 생각할 수 없다.
그렇지 않으면 당신은 어떤 것에 대해 거대한 크기를 갖게 될 것인데,
그것은 위에서 내가 불가능한 것이라고 증명한 것이다."

V. 479ff.

형태의 다양성은 무한하지 않지만, 동일한 형태의 입자들이 무한히 존재해서, 이들의 끊임없는 충돌로 세계가 형성되고 신체들〔사물들〕이 생겨난다(corpuscula ejusdem figurae infinita sind, e quorum perpetuo concursu mundus est resque gignuntur)는 에피쿠로스 철학의 교의(Dogma)는 원자들이 자신들의 질에 대해, 그리고 세계의 원리들로서 자기 자신들에 대해 갖는 지위에 대한 가장 중요하고 내재적인 고려라고 할 수 있다.

"어떤 것에 대해서든 항상 그보다 더 뛰어난 것이 있다."

V. 507.

"그래서 좋은 것들은 더 좋은 것들을 산출하고,
반대로 나쁜 것들은 더 나쁜 것으로 나아갈 수도 있다.
사물들은 또한 계속해서 더 추악하고 불결한 것으로 되는 것도 당연할 것이다." 〔등등〕 V. 508ff.

"이러한 일이 일어나지 않고, 사물들이
각 극단에서의 한계들에 묶인다면, 당신은
질료들의 상이한 형식들에
대해서도 어떤 한계를 인정해야 하기 때문이다." V. 512ff.

"이제 내가 이것에 대해 가르친 바에 대해, 나는 그와 관련된,
그리고 그것으로부터 신용을 얻을 수 있는 어떤 사실을 연결시키고자 한다:
비슷한 형태들을 가진 원자들은
수에 있어서 무한하다.

형태들의 다양성은 유한하므로,
비슷한 형태들(을 가진 원자들)의 수는 무한해야만 한다.
그렇지 않으면 질료의 총합이 유한하게 될 것인데,
이는 내가 앞서 그렇지 않다는 것을 보인 바 있다."[24] V. 522ff.

원자들의 거리, 차이는 유한하다 ; 유한하지 않다고 생각한다면, 원자들은 스스로 매개되어 이상적 다양성(ideale Mannigfaltigkeit)을 포함하게 될 것이다. 반발로서, 자신에 대한 부정적 관계(Beziehung)로서, 원자들의 무한성은 유사한 것들의 무한성(quae similes sint, infinitas)을 생산하고, 그것들의 무한성은 자신들의 질적 차이와는 아무런 관계도 갖지 못한다. 원자들의 형식에 있어서 다양성을 무한하다고 생각한다면, 각 원자는 자신 안에서 부정된 타자를 포함하게 될 것이고, 그렇게 되면 라이프니츠의 모나드들(Monaden)처럼 세계 전체의 무한성을 나타내는 원자들이 되고 말 것이다.

"그래서 모든 것의 공급을 유지하기 위해
온갖 종류의 근본 원자들이 무한한 수로 존재한다는 것은 명백하다."
V. 568f.

"그래서 근본 원자들 사이에서 행해진 전쟁은
동등한 항들 위에서 무한히 계속된다.
여기저기서 사물들 안에 있는 생명력들이
승리하고 다음엔 패배한다. 장례의 비가(悲歌)는

---

24. 이 다음 구절에는 "내 시에서 우주는 도처에서 끝없이 연쇄 충돌하고 있는 질료 입자들의 무한성과 함께 생각되어야만 한다는 것을 보인 바 있는 것이다"는 내용이 연결되어 있다. 형태들의 수가 무한하지 않으므로, 비슷한 형태를 가진 원자들의 수마저 무한하지 않다면, 우주의 질료의 총합 또한 무한하지 않게 된다. 그러나 이것은 무한한 크기의 허공에 무한한 질료가 있다는 생각에 위배된다. 따라서 형태들이 무한하지는 않다고 해도 원자들의 수는 무한해야 하는 것이다. – 역자주

처음 태어나 빛을 볼 때의
어린 아이의 성마른 울음소리와 섞인다.
아이의 그러한 울음소리와 섞인
죽음의 행렬과 어두운 장례식의 비탄이
들리지 않는 어떤 밤도 낮을 따라오지 않고,
어떤 새벽도 밤을 따라나오지 않는다." V. 574ff.

"어떤 사물이 더 많은 질들과 힘들을 가질수록
그것은 서로 다른 원자들과 다양한 형태들의
더 큰 양을 가지고 있다는 것을 말해준다." V. 587ff.

"완전한 평화를 위해 신들은 그 본성상
우리 문제들로부터 완전히 분리되고 자유로워져서
충만한 만족과 불멸의 삶을 누려야만 한다.
모든 근심과 위험으로부터 자유로워지기 위해서
자신의 권능 안에 있으며, 우리로부터는 아무 영향도 받지 않아야 한다.
그들은 우리의 재능에 매혹되지도 않고, 분노에 의해서 영향 받지도 않는다." V. 646ff.

"[……] 원자들은 빛에 자신을 드러내지 않는다." V. 796.

"색깔이 원자들에게 거부되는 유일한 질이라고
생각하지 말라. 그것들은
따뜻함과 차가움, 그리고 불같은 열 또한 가지고 있지 않다.
원자들은 소리도 없이, 맛도 결여한 채 움직인다.
그들의 신체는 자신들의 어떤 향기도 발하지 않는다." V. 842ff.

"전체 생명이 살아남을
강력하고 확실한 불멸의 토대를 세우고자 한다면
원자들로부터 멀리 떨어져야 한다;
모든 것들이 완전히 무로 돌아가는 것을 보지 않으려면…"
V. 861ff.

"사람들은 다음과 같은 사실을 알 수 있을 것이다.

원자들은 어떤 고통을 겪지도 않는다는 것,
그리고 스스로 어떤 즐거운 경험도 하지 않는다는 것을.
왜냐하면 그것들은 고통을 겪거나
생을 주는 어떤 과일을 수확하는 기쁨을 느끼게 하는
어떤 일차적인 입자도 가지고 있지 않기 때문이다.
그래서 그것들은 감각을 부여받을 수 없다."

V. 967ff.

"동물들이 느낄 수 있도록 하기 위해서
우리가 감각들에 그들의 원자들을 귀속시킨다면… 〔등등〕"

V. 973f.

그리고 그에 대한[25] 답은 다음과 같다.

"그것들〔원리들, 원자들〕이 완전히 가멸적인 존재인 인간들과 닮았다면,
그것들 또한 다른 입자들로 이루어져 있어야만 하며,
그 입자들은 또 다른 것들로, 그리고 그 다른 것들은 또 다른 것들로,
끝없이 계속된다." V. 980ff.[26]

〔제3권〕

"우선 나는 그것〔정신〕이 매우 섬세하고
작은 원자들로 되어 있다고 주장한다〔………〕" V. 180f.
"그러나 그토록 빨리 움직이는 것은

---

25. 루크레티우스의 시에서 앞의 구절은 다음과 같은 질문으로 연결되어 있다. "인간 종족에 그 특징을 부여해 주는 그러한 원자들에 대해서는 무어라고 말할 것인가?" (V. 974 u. 975) – 역자주

26. 이 뒷장이 수고에서 유실된 것으로 보인다.

극히 둥글고 매우 미세한 씨앗들로 구성되어야만 한다".

V. 187f.

"왜냐하면 그것〔꿀〕의 질료 조직이
서로 강하게 응집되어 있기 때문에 느리게 흐른다.
그것은 부드럽고 미세하며, 둥그런 원자들로 이루어지지 않았기 때문이다."

V. 194ff.

"〔…〕 그것들이 더 무겁고 거칠수록〔둥글지 않을수록〕,
더 단단하게 묶인다."

V. 202f.

응집의, 특정한 무게의 부정.

"〔……………〕 정신과 영혼의 본성은
극히 작은 씨앗들로 구성되어 있음에 틀림없다.
그것들이 이동할 때 어떤 무게의 손실도 일어나지 않기 때문이다.
그러나 이 본성이 단일한 요소로 되어 있다고 생각해서는 안 된다.[27]
인간이 죽을 때,
열과 혼합된 일종의 엷은 어떤 것이 떠나고,
열은 그와 함께 공기를 실어나른다.
공기와 섞이지 않은 어떤 열도 없는 것이다."

V. 229 ff.

"이미 살펴보았듯이 정신은
삼중의 것으로 구성되어 있다 ; 그러나 이 세 가지 것들이
감각을 일으키는 데 충분한 것은 아니다. 왜냐하면 그것들 중 어느 것도
감각을 일으키는 운동을 만들 수 없고,

---

27. 영혼불멸성을 주장하는 몇몇 철학이나 신학이 그 근거로 들거 있는 것이 바로 영혼의 단일성이다. 여러 작은 부분체들의 복합이라고 할 수 있는 육체는 그 부분적인 신체들이 해체됨으로써 사라지게 되지만, 영혼은 복합체가 아닌 단일체이므로 해체되지 않고 영원하다고 생각한 것이다. 그러나 원자론에서는 영혼 역시 여러 원자들의 복합체일 뿐이므로, 영원할 수 없다. – 역자주

우리 정신 안에서 사유를 만들 수는 더더욱 없기 때문이다.
그래서 우리는 완전히 이름을 갖지 않은
네번째 것을 덧붙여야 한다.
어떤 것도 이것보다 빨리 움직일 수 없고,
더 얇고, 더 작은 것으로 구성되지도,
더 부드러운 것으로 구성되지도 않는다." V. 238ff.
"그러나 보통 이 운동〔감각을 전하는 운동〕이 끝나는 곳은
신체의 표면이다 ; 그래서 우리는 생명을 유지한다." V. 257f.
"우리가 죽어서는 두려워할 어떤 것도 없다는 것,
실존하지 않는 사람은 고통을 느낄 수 없다는 것,
죽음 그 불멸이 우리의 가멸적 삶을 취할 때,
우리가 전에 태어났는지 여부는 아무런 차이도 만들지 못한다는 것."
V. 880ff.〔=867~869 Diels〕.

우리는 에피쿠로스 철학에서 불멸하는 것은 죽음이라고 말할 수 있다. 원자와 허공, 우연, 임의, 조성(Zusammensetzung)은 그 자체로〔즉 자적으로〕 죽음이다.

"만일 죽은 뒤 야수에 의해 찢기는 것이
고통스러운 일이라면,
나는 땔감 위에 올려져 뜨거운 불꽃 안에서 오그라드는 것,
혹은 꿀 안에 갇혀 질식하는 것,
혹은 차가운 대리석 위에서 뻗뻗하게 굳는 것,
혹은 무거운 흙더미 아래 깔리는 것이 어떻게 고통스럽지 않은지에 대해 알지 못한다." V. 901.〔=888~893 Diels〕.
"사람들은 그들 마음 안에 자신을 누르는
무거운 짐이 있다는 것을 분명히 느낀다.
그들이 이러한 부담의 원인을 알 수 있다면,

그래서 고통의 많은 부분이 어디서 온 것인지를 안다면,
그들 대부분은 지금처럼 살려고 하지 않을 것이다.
각자는 자신이 진정으로 원하는 것을 알지 못하며
자신의 짐을 내려놓을 수 있는 항상 변동하는 장소를 찾는다."

V. 1066ff.

제3권의 끝

주지하다시피 에피쿠로스주의자들에게는 우연이 지배적인 범주이다. 이것의 필연적인 결과는 관념은 단지 상황(Zustand)으로서만 고려된다는 것이다. 이 상황은 본래 우연적인 존립(Bestehen)이다. 세계의 가장 내적인(innerste) 범주인 원자와 원자의 결합 등은 이 때문에 멀리 내쫓기고, 이미 흘러가버린 상황으로 간주된다. 우리는 동일한 것을 경건파들(Pietisten)과 초자연주의자들(Supernaturalisten)에게서도 발견한다. 세계의 창조, 원죄, 부활, 모든 것들의 규정(Bestimmung) 그리고 파라다이스와 같은 그들의 신적인 규정들은 관념의 영원하고, 무시간적이며, 내재적인 규정이 아니라 하나의 상황일 뿐이다. 에피쿠로스가 그의 세계의 관념성, 즉 허공을 세계 창조를 〔위한 상황으로〕 만들었듯이, 초자연주의자들 역시 전제없음, 다시 말해서 파라다이스에 있는 세계의 관념에 형체를 부여했던 것이다.

에피쿠로스 철학 · 다섯번째 노트[1]

V Epikureische Philosophie · *Fünftes Heft*

세네카Luc. Annaeus Seneca, 『저작집』Werke Bd. I~III. Amsterdam, 1672

편지9. 제2권. 25쪽. "너는 에피쿠로스가 자신의 편지들 중 하나에서 현자는 자기 만족적이므로 친구를 필요로 하지 않는다고 생각하는 사람들을 왜 꾸짖는가에 대해 알고 싶어한다. 이것은 스틸포(Stilpo)와 최고선(höchste Gut)은 무감함〔냉정함〕이라고 믿는 사람들에 대해서 에피쿠로스가 질책한 것이다."

"〔……〕 에피쿠로스 자신이 … 비슷한 말을 했다. '자신이 가진 것을 가장 큰 부로 생각하지 않는 사람은 그 누구든지, 그가 비록 세계 전체의 주인이라고 할지라도 행복하지 못하다.'" 같은 책, 30쪽.

"〔……〕 그〔에피쿠로스〕는 다음과 같이 덧붙였다 : '메트로도로스와 나는 매우 큰 축복을 받아서〔행복하여〕 이 유명한 그리스의 땅에서 사람들이 우리를 잘 알지 못하고, 우리에 대해 들어보지도 못했다고 해도 전혀 괴롭지 않다.'" 편지 79. 317쪽.

---

1. 다섯번째 노트는 온전한 형태로 남아 있지 않다. 표지를 포함해서 시작 부분은 유실되었고, 남아 있는 부분도 몇 쪽은 유실되었다. 소련에서 1956년에 발간한 맑스-엥겔스의 『초기저작집』에서는 이 부분을 여섯번째 노트에 포함시켰다. 여섯번째 노트 역시 표지와 인용된 저자들의 목록이 유실되어 있었기 때문이다. 그러나 1968년에 발간된 *MEW*(Marx/Engels, *Werke*, Ergänzungsband, Erster Teil, Berlin, 1968)에서 맑스의 인용 표시 등을 근거로 해서 이 부분이 다섯번째 노트로 묶여야 한다는 주장이 제기되고 있으며, 이 번역은 이것을 따랐다. -역자주

"[……] 에피쿠로스 자신이 말한 대로, 그는 쾌락을 추구하도록 강압하는 것이 후회되거나, 더 큰 고통을 피하기 위해서 작은 고통을 받아들여야만 할 때는 가끔 쾌락에서 물러서 고통을 찾기조차 했다." 세네카, 『현자들의 여가에 관한 책』*Buch von der Muße des Weisens*, 제1권, 582쪽.

"[……] 에피쿠로스는 다음과 같이 말했다 : 현자는 자신이 팔라리스(Phalaris) 황소의 불 속에 있다고 해도 이렇게 외칠 것이다. '즐거운 일이야. 나는 아무렇지도 않다구.' 에피쿠로스는 고문을 당하는 것도 즐겁다고 말할 것이다." 편지 66. [제2권]. 235쪽. 그리고 편지 67. 248쪽.

"[……] 우리는 에피쿠로스의 저작들에서 언급되는 두 개의 선을 발견할 수 있는데, 그의 최고선은 이 두 가지, 즉 고통이 없는 신체와 번민이 없는 정신으로 이루어진다." 편지 66. 241쪽.

"[……] 그[에피쿠로스]는 자신이 방광과 아랫배의 염증 때문에 생긴 심한 고통, 더 이상 증가하는 것이 불가능할 정도로 심한 그 고통을 견뎌내야 했지만 ; '그럼에도 여전히 행복한 날이었다' 고 말했다." 편지 66. 242쪽.

"나는 …… 에피쿠로스의 뛰어난 말들을 기억한다. ……' 이 작은 정원은 …… 너의 식욕을 자극하기보다는 누그러지게 할 것이다. 이 정원은 매번 마실 때마다 갈증을 키우지 않고, 어떤 치료비도 요구하지 않는 자연적 치료를 통해 그 갈증을 완화시킬 것이다. 나는 이러한 즐거움 안에서 나이들어 왔다. 그런데 나는 완화[경감]될 수 없으나 그것을 멈추기 위해서도 어떻게 해서든 사람들이 만족시켜야만 하는 욕망들에 대해서 네게 말하고자 한다. 연기될 수도 있고, 단련되고 저지될 수도 있는 예외적인 욕망들에 대해서 다음 한 가지는 염두에 두어야 한다 : 이런 종류의 쾌락은 자연적[본성적]인 것이지만 필연적인 것은 아니다. 너는 결코 쾌락에 빚지지 않았다. 그것에 얼마가 쓰여졌든지 간에 그것은 자발적으로 기부된 것이다. 위(胃)는 명령을 듣지 않고, 요구하고 성가시게 조른다. 그러나 위가 부담되는 채권자인 것은 아니다. 네가 줄 수 있는 것이 아니라 줘야 하는 것만을 준다면, 위는 조금이나마 만족할 것이다." 편지 21. 80~[81]쪽.

"[……] 너희가 게으름의 후원자로 받아들이고, 유약함과 나태함과 쾌락적인 것을 가르치는 사람이라고 생각하는 에피쿠로스는 다음과 같이 말했다 : '행운은 현자에게 좀처럼 일어나지 않는다.'" 『현자의 흔들리지않음에 대하여』*Über die Unerschüterichkeit des Weisen* 제1권. 416쪽.

"에피쿠로스는 죽음을 두려워하는 사람에 대해서만큼이나 그것을 열망하는 사람에 대해서도 비난했다 : '너의 삶의 방식이 너로 하여금 죽음을 향해 가도록 만들 때, 삶에 싫증이 났다는 이유로 죽음을 향해 달려가는 것은 어리석은 일이다.' 그리고 다른 구절에서는 다음과 같이 말했다 : '네가 삶의 평화를 빼앗는 것이 죽음에 대한 공포를 통해서일 때, 죽음을 찾아나서는 것만큼 어리석은 일이 또 어디에 있겠는가?' 다음 구절도 참조하라 : '사람들이 아무런 생각도 없어서, 아니 아예 미쳐서, 죽음에 대한 공포로 인해서 많이들 죽게 되는 것이다.' 편지 24. 95쪽.

"나는 다음과 같은 에피쿠로스의 가르침이 순수하고 올바르며, 매우 엄격한 사유에 근접한 것이라고 생각한다(그리고 나는 이것을 내 동료들에게 대항해서 주장하기도 했다) : 쾌락은 작고 그리 중요하지 않은 역할에 한정된다 ; 그리고 그는 우리가 덕에 부여하는 법칙을 쾌락에 부여했다. 그는 쾌락을 본성〔자연〕에 따르라고 했는데, 〔사실〕 본성〔자연〕에는 아주 작은 쾌락으로도 충분하다. 그렇다면 그것은 무엇인가? 쾌락을 한가함이나 대식(大食)과 관능의 계속되는 변동쯤으로 생각하는 사람은 나쁜 사건(Sache)에 대한 좋은 변호인을 찾는 셈이다. 그리고 그가 혹하는 이름에 끌려 쾌락에 도달하게 되면, 그는 자신이 들은 것이 아니라 가지고 온 쾌락에 자신을 내맡기는 것이다." 등등. 『행복한 삶에 대하여』*Über das glückliche Leben*, 제1권, 542쪽.

"〔……〕 친구들 … 우리의 에피쿠로스가 그들(노예들)에게 부여했던 이름." 편지 107. 〔제2권〕. 526쪽. "〔…〕 에피쿠로스, 스틸포의 비판가 〔…〕" 편지 9. 30쪽.

"〔……〕 에피쿠로스가 동일한 것을 말했다는 점을 기억해야 한다. …… **'현자만이 호의를 베풀 줄 안다는 것.'**" 편지 81. 326쪽.

"〔……〕 에피쿠로스는 다음과 같이 말했다. '어떤 사람들은 다른 사람의 도움 없이 진리를 향해서 싸워나간다. 이 사람들 중에서도 그는 자기 자신의 길을 간다.' 그는 특별히 이 사람들을 칭찬했는데, 그것은 이들이 자신의 내부로부터 나온 충동으로 인해 앞으로 나설 수밖에 없는 사람들이기 때문이었다. 그는 다시 말하기를 '또다른 사람들은 외부로부터의 도움을 필요로 한다. 이러한 사람들은 누군가가 그들을 이끌어주지 않는다면 더 나아가지도 못하고, 이끄는 대로 충실히 따르는 사람들이다'. 에피쿠로스는 메트로도로스가 이런 사람들 중의 하나라고 말한다. 이런 유형의 사람도 뛰어날 수는 있지만, 기껏해야 이류(zweiten Ranges)일 뿐이다." 편지 52. 〔176〕~177쪽. "또 다른 부류의 사람들——이 사람들을 경시해서는 안 된다——도 발견된다. 이들은 자신들을 인도하는 사람들 없이도, 보조와 격려를 통해서 올바른 것으로 나아갈 수 있는 사람들이다. 이들은 세번째 부류의 사람들이다." 같은 책, 같은 쪽.

"쾌락을 가르치는 자인 에피쿠로스는 정해진 날에 아주 쉽게 자신의 굶주림을 해결하곤 했다. 왜냐하면 그는 풍성하고 순수한 쾌락이 자신에게 부족한 것인지, 혹은 얼마만큼 부족한 것인지 궁금해 했으며, 만약 그렇다면 그 부족한 양이 큰 노력의 대가를 지불하고서라도 얻을 가치가 있는 것인지에 대해 알고 싶었기 때문이다. 에피쿠로스는 카리누스(Charinus)의 집정관이었던 폴리에누스Polyaenus에게 보낸 유명한 편지에서 그러한 생각을 말했다. 실제로 그는 그리 멀리 나아가지도 못했던 메트로도로스가 먹는 일에 아스(As)[2]를 다 써버렸던 반면에, 자신은 1아스도 들지 않았던 것을 자랑스러워했다. 그만한 비용으로 배가 부를 수 있다고 생각하는가? 물론이다. 그리고 거기에는 믿을 수 없이 흘러지나가 버려서 때때로 다시 생각해야 하는 그러한 쾌락이 아니라 견고하고 확실한 쾌락까지 있다. 비록 물과 보리죽, 보리빵 부스러기 등이 기쁨을 주는 식사는 아니라고 해도, 이런 종류의 음식에서도 끌어낼 수 있고, 어떤 운명의 불친절함(Ungunst)도 빼앗을 수 없을 정도로 자신의 욕구를 줄이면서 끌어낼 수 있는 최고의 쾌락이 있기 때문이다." 편지 18. 67~68쪽.

---

2. 고대 로마의 화폐 이름. - 역자주

"에피쿠로스가 자신의 그 유명한 말을 했던 사람은 그[이도메네우스 Idomeneus]였는데, 에피쿠로스는 그에게 퓌토클레스Pythokles를 부유하게 만들어주되, 세속적이고 꺼림칙한 방식으로 하지는 말라고 했다. '만약 네가 퓌토클레스를 부유하게 만들고 싶거든, 그에게 돈을 보태주지 말고 그의 욕망을 줄여주거라.'" 편지 21. 79쪽.

참고. 스토배우스, 『설교』*Sermonen* XVII. "네가 누군가를 부유하게 만들고 싶다면, 그에게 돈을 더 주지 말고, 그가 자신의 어떤 욕망들로부터 자유로워지게 해주거라."

"'필연성(Notwendigkeit) 아래서 사는 것은 안 된 일이다. 필연성 아래에 살아야 할 어떤 필연성도 없는 것이다.' 왜 그런 필연성은 없을까? 자유에 이르는 많은 짧고 단순한 길들이 사방에 있다 ; **아무도 삶 안에 갇힐 수 없다는 점에서 신에게 감사하자. 에피쿠로스는 우리가 그러한 필연성들을 쫓아내버릴 수 있다**고 말했다. [...]" 편지 12. 42쪽.

"'다른 모든 결점에도 불구하고, 바보 역시 이것을 가지고 있다. 그는 항상 살기 위한 준비가 되어 있다.' ... 그러나 네가 이미 늙었을 때, 살기 위해 준비하는 것보다 천한 것은 무엇이겠는가? 그것이 모두에게 잘 알려져 있는 에피쿠로스의 표현이 아니라면, 이러한 언표(Äußerung)의 창시자가 누구인지 그 이름을 말하지 않았을 것이다. ..." 편지 13. 47쪽.

"'가장 적은 부유함을 필요로 하는 자가 가장 큰 부를 향유하는 것이다'는 에피쿠로스가 한 말이다." 편지 14. 53쪽.

"에피쿠로스는 다음과 같이 말했다 : '만약 네가 본성[자연]에 따라 산다면, 너는 결코 가난하지 않을 것이다 ; 네가 공상(Einbildung)에 따라 산다면, 너는 결코 부유하지 못할 것이다.' 본성[자연]의 필요는 아주 작은 반면 공상의 필요는 한없이 크다." 편지 14. 60쪽.

"부의 획득은 많은 사람들에게 고난(Mühe)의 끝이 아니라 그것의 새로운 형식일 뿐이다." 편지 17. 64쪽.

"내가 에피쿠로스에 대해 알려주겠다. '통제되지 않는 분노는 광기를 낳는다.' 네가 알아야만 하는 이 말의 참뜻은 너 자신에게 노예와 적이 함께 있다는 것이다. 실제로 가능한 모든 인격들(Personen)에게 이러한 감정(Affekt, 정동)이 타오른다 ; 감정은 증오에서 나오는 것만큼이나 사랑에서 솟아 나오며, 농담이나 놀이에서보다 결코 덜하지 않다. 그 감정이 발생하는 근거가 어떤 것인지보다는 그것이 관통하는 정서가 어떤 것인지가 중요하다. 불에 대해서 비슷한 이야기를 할 수 있다 : 불꽃이 얼마나 큰가는 중요하지 않으며, 어디에 불이 났는지가 중요하다. 왜냐하면 단단한 물체들은 큰 불을 받아들이지 않지만, 반대로 건조하고 인화성이 강한 물건들은 작은 불꽃을 큰 화재로 만들 수 있기 때문이다." 편지 18. 68~69쪽.

" — 에피쿠로스에 대해서 — 그[에피쿠로스]는 다음과 같이 말했다 : '너는 무엇을 먹고 마실까보다도 누구와 먹고 마실까에 대해 미리 주의해야 한다. 친구 없이 고기를 먹는 것은 사자나 늑대의 삶과 다를 바 없기 때문이다.'" 편지 19. 72쪽.

"그[에피쿠로스]는 다음과 같이 말했다 : '누구도 자신이 이 세계에 태어났던 것과 다른 방식으로 이 세계를 떠나지 않는다' … 만약 그가 태어났을 때처럼 근심없이 죽게 된다면, 그는 지혜를 얻은 것이라고 할 수 있다." 편지 22. 84쪽.

"나는 에피쿠로스에 대해서 … 네게 이런 말을 해줄 수 있다: '항상 삶을 다시 시작하는 것은 성가신 일이다'." 편지 23. 87쪽.

"'인간이 자신의 욕망을 이러한 한계들[빵과 물 등 본성이 요구하는 것, 참고. 편지 110. 548쪽]에 제한했을 때, 그는 주피터(Jupiter)의 행복에 도전할 수 있다." 편지 25. 97쪽.

"에피쿠로스는 다음과 같이 말했다 : '죽음이 우리에게 다가오는 것과 우리가 그것으로 나아가는 것, 둘 중에 더 편한 것을 생각하라.'" 편지 26. 101쪽.

"부는 자연의 법에 따라 조형된 가난이다." 편지 27. 105쪽.

"'잘못에 대해 아는 것이 구원의 시작이다.' 이 에피쿠로스의 말은 내가 볼 때 무척 뛰어난 것이다." 편지 28. 107쪽.

"자신의 학문 동료에게 보내는 글에서 에피쿠로스는 다음과 같이 말했다. '이 글은 많은 사람들을 위한 것이 아니라 당신을 위한 것입니다 ; 실제로 우리들 각자는 서로에 대한 청중으로 충분하기 때문입니다.'" 편지 7. 21쪽.

"나는 여전히 에피쿠로스를 숙독하고 있다 : '네가 진정한 자유를 향유하고 싶다면, 철학의 하인이 되어야 한다.' 자기 자신을 철학에 예속시키는 자는 계속해서 기다리지 않고, 그 자리에서 해방된다. 왜냐하면 철학에 대한 봉사 자체가 자유이기 때문이다." 편지 8. 24쪽.

"그들을 위대한 사람으로 만들어 주는 것은 에피쿠로스 학파가 아니라 그와의 교제[그와의 공동 생활]이다." 편지 6. 16쪽.

"그래서 나는 에피쿠로스의 다음과 같은 말이 가장 적절한 것이라고 생각한다 : '죄가 우연히 감추어지는 것은 아마 가능하겠지만, 확신(Sicherheit)이 감추어진 채로 있는 것은 불가능하다.'" 편지 97. 480쪽.

"나는 이 문제에 대해 생각하고 있던 이도메네우스Idomeneus에게 보낸 에피쿠로스의 편지를 읽었다. 에피쿠로스는 그에게 어떤 강한 영향력이 생겨나서 그의 자유를 앗아가기 전에 가능한 빨리 퇴각의 북을 두드리라고 말했다. 그러나 그는 또한 어떤 일이 제 때에, 그리고 적절하게 수행될 수 있을 경우에만 그 일을 시도해야 한다는 것을 덧붙였다. 오랫동안 모색했던 바로 그 때가 되면 일어나서 그 일을 해야 한다. 에피쿠로스는 우리가 도망할 때 잠자는 것을 금했으며, 우리가 때가 되기 전에 지나치게 서두르지 않고, 때가 되었을 때 꾸물거리지 않는다면, 가장 힘든 상태로부터 잘 벗어날 것이라고 기대했다." 편지 22. 82쪽.

"현명한 사람이라면 누구도 신을 두려워하지 않는다. 왜냐하면 이익이 되는 것을 두려워하는 것은 어리석은 짓이며, 두려워하는 것에 대해서는 누구도 사랑하지 않을 것이기 때문이다. 결국 당신, 에피쿠로스는 신을 무력하게 만들었다. 당신은 신에게서 모든 무기와 권능을 빼앗았고, 누구도 신을 두려워하지 않도록 신을 무력하게 만들었다. 그래서 당신은 견고하고 넘어설 수 없는 벽에 둘러싸여 있고, 더 이상 인간(der Sterblichen)과 관계할 수도, 조망할 수도 없는 신을 두려워할 이유가 없었다. 신은 무언가를 주거나 혹은 해를 가할 가능성을 갖고 있지 않다. 이 세계와 저 하늘의 사이에서 어떤 생물체도 없이, 어떤 사람도, 그 어떤 것도 없이, 그는 혼자서 그 위나 주변에서 무너져 내리고 있는 세계의 파멸로부터 벗어나고자 하며, 소망을 들어준다든지 하는 일도 없고, 우리에 대해서는 어떤 관심이나 신경도 쓰지 않는다. 그러나 내 생각에 당신은 자신이 진심으로 신을 아버지로서 영예롭게 생각하는 것처럼 보이고 싶어한다 ; 그렇지 않고 만약 당신이 그로부터 아무런 은혜도 입지 않았고 — 오히려 원자들 덕이고 — 이것들이 아무런 계획도 없이 우연하게 당신을 형성했다는 이유로 그에게 감사하지 않는다면, 왜 당신이 신을 영예롭게 생각하겠는가? 아마도 당신은 신의 고귀함과 그 독특한 본질 때문이라고 말할 것이다. 내가 그것을 인정한다고 해도, 분명히 당신은 그것을 어떤 희망이나 보상에 의해서도 유도하지 않았다. 결과적으로 그 자체를 위해서 싸울 가치가 있는, 당신을 끄는 가치를 가진 어떤 것이 〔따로〕 있는 것이다 : 그것은 바로 도덕적〔인륜적〕 선이다." 『은혜에 대하여』*Über die Wohltaten*, 제4권 19장. 719쪽(Bd. I).

"에피쿠로스는 '이러한 모든 원인들은 존재할 수 있다' 고 말했다. 그러면서 다른 몇 가지 설명을 시도했다 ; 그는 이것들〔여러 가능한 설명들〕 중 한정된 한 가지만을 강변하는 사람들을 비난했는데, 그것은 이들처럼 단지 추측을 따라서 어떤 것을 필연적인 것이라고 판단하는 것은 매우 경솔한 짓이기 때문이다. 그가 말하길 지진은 물에 의해서 유발될 수도 있다. 물이 땅을 침식하고 일부분을 쓸어간다면 땅은 약화될 것이기 때문이다 ; 손상을 입지 않은 부분들이 더 이상 지탱할 수 없을 때 일어난다. 공기의 압력은 땅을 움직일 수 있다. 아마도 다른 공기가 외부로부터 흘러 들어올 때 공기는 진동하게 될 것이다. 급작스럽게 일부분이 압력으로 무너지면 그것은 흔들리고 운동하게 된다. 그것은 지상의 어떤 부분에 의해서 기둥처럼 받쳐지고 있는 것이다 ; 그것들이 손상을 입고 붕괴된다면, 그 위에 있는 무게로 인해 진동하게 될 것이다. 아마도 뜨거운 공기는 불로 바뀔 것이고 번개처럼 아래로 내리칠 것이다. 그리고 이것은 그 길에 있는 것들에 큰 손상을 가할 것이다. 아마도 어떤 강풍은 습지에 있거나 고여 있던 물을 움직이게 만들 것이다. 결과적으로 운동 자체를 증가시키는 공기의 진동이나 충격으로 땅은 아래위로 흔들릴 것이다. 그는 지진의 경우에 공기의 운동보다 더 큰 중요성을 갖는 원인은 없다고 말했을 정도다." 『자연에 관한 물음들』*Fragen der Natur*, 제4권, 20장. 802쪽(Bd. II).

"이 문제에 관해서는 특히 두 학파가 의견을 달리하는데, 그들은 에피쿠로스 학파와 스토아 학파다 ; 그러나 그 다른 방식에도 불구하고 이들은 모두 한가함〔국가에 대해 지나치게 관심을 보이지 말 것〕을 지시했다. 에피쿠로스는 다음과 같이 말했다: '현명한 사람은 특별한 상황이 아니면 국가에 아무런 관심도 보이지 않는다.' 제논Zeno은 다음과 같이 말했다 : '국가가 방해한다면 국가에 관여를 해야 한다.' 전자가 원리상 한가함을 원했다면, 후자는 상황에따라 그것을 원했다." 『현자들의 한가함에 대하여』*Von der Muße des Weisen*, 30장, 574쪽(Bd. I).

"에피쿠로스의 쾌락은 평가하기 어렵다. 〔……〕 그것이 얼마나 메마르고 무미건조한지, 그것은 그들이 욕망(Begierden)에 대한 그 어떤 방어나 핑계를 찾기 위해 단순한 이름에 매달리기 때문이다. 그래서 그들은 자신들이 그 열등함(Schlechtigkeit) 속에서 가졌던, 다시 말해서 잘못에 대한 부끄러움(Scheu) 속에서 가졌던 유일한 장점마저 잃어버렸던 것이다. 왜냐하면 이제 그들은 자신들이 이전에는 얼굴을 붉혔던 것을 칭찬하며, 악덕(Lester)을 찬양하는데, 그것은 부끄러운 게으름이 영예로운 외투로 가려져 있는 것으로, 젊은 사람들조차 그것에서 힘을 얻을 수 없기 때문이다." 『행복한 삶에 관하여』*Über das glückliche Leben*, 12장. 541쪽(Bd. I).

"이 모든 사람들〔플라톤, 제논, 에피쿠로스〕은 그들이 어떻게 살았는지에 대해서 말하지 않고, 사람들이 어떻게 살아야 하는지에 대해서 말했다." 18장. 550쪽. a.a.O.

"신은 은혜를 베풀지도 않고 영적 고요 속에 머물면서, 우리에 대해서 걱정하거나 근심하지도 않고, 세계에 대해 외면하므로, 신은 뭔가 다른 일을 하거나 (에피쿠로스가 지복이라고 말하는 것인데) 아무 일도 하지 않는다. 그에게 선한 행위가 부정한 행위보다 더 큰 감동을 주는 것은 아니다." 『은혜에 대하여』, 제4권, 4장, 699쪽(Bd. I).

"이 구절에서 우리는 사람들이 과거에 대해 감사할 줄 모른다고, 그리고 그들이 받은 선을 기억 속에 간직하지 않고, 어떤 향유도 이제 더 이상 취해질 수 없는 것〔과거〕보다 더 확실한 것은 없는데도 〔사람들이〕 그것을 향유에 포함시키지 않는다고 항상 불평하는 에피쿠로스에게 훌륭한 증명을 보여주어야만 한다." 『은혜에 대하여』, 제3권, 4장. 666쪽(Bd. I).

"우리는 소크라테스와 함께 논쟁을 벌이고, 카르네아데스Karneades와 함께 의심하고, 에피쿠로스와 함께 쉬고, 스토아와 함께 인간적 본성을 넘어서고, 견유학파와 함께 기이하게 살아가고 ; 자연스러운 과정으로 어떤 시대의 사회에서나 똑같이 적응해 나갈 수 있다." 『삶의 짧음에 대하여』*Über die Kürz des Lebens*, 512쪽(Bd. I).

"이 점에서 우리는 연회에서나 철학을 하고 덕이 쾌락의 하녀 역할이나 하는 에피쿠로스 학파의 제멋대로인 무리들과 갈등 관계에 있다. 그들은 쾌락에 순종하고 시중들며, 그것을 우러러 본다." 『은혜에 대하여』, 제4권, 2장, 697쪽(Bd. I).

"그러나 따르는 것은 복종하는 자에게 고유한 것이고, 지배하는 것은 명령하는 자에게 고유한 것인데, 어떻게 덕이 자신이 따르는 쾌락을 지배할 수 있겠는가?" 『행복한 삶에 대하여』, 2장. 538쪽(Bd. I).

"당신들〔에피쿠로스주의자들〕에게 쾌락은 신체를 한가하게 쉬게 하는 것, 그리고 잠든 사람들처럼 아무런 근심이 없는 것, 두꺼운 베일로 자신들을 가리는 것, 당신들이 영혼의 평온함(Seelenruhe)이라고 부르는 충일한 명상, 정신의 긴장을 완화하는 것, 정원의 그늘에서 음식과 음료를 들면서 약해진 신체를 강하게 만드는 것 등이다 ; 〔하지만〕 우리에게 쾌락은 비록 우리 자신이 피곤하다고 해도 그것을 통해 다른 사람들의 피곤을 감소시킬 수 있다면, 그리고 비록 위험하다고 해도 그것이 다른 사람들을 위험으로부터 자유롭게 할 수 있다면, 또 부담스럽다고 해도 다른 사람들의 고뇌와 곤궁함이 경감될 수 있다면 그러한 선한 행동을 수행하는 것이다." 『은혜에 대하여』, 제4권, 13장. 713쪽(Bd. I).

"경험과 훈련이 부족한 사람들에게는 끝없는 내리막 길이 있다 ; 그러한 사람들은 에피쿠로스의 카오스—공허하고 끝이 없는 그러한 카오스로 굴러 떨어질 것이다." 편지 72. 274쪽(Bd. II).

"에피쿠로스주의자들은 철학이 자연철학(Naturphilosophie)과 도덕철학(Moralphilosophie)의 두 부분으로 이루어져 있다고 생각한다 ; 논리학은 중요하게 생각하지 않았다. 그래서 그들이 사실들에 의해 모호한 생각들을 구분할 것과 진리의 가면 아래 숨겨진 오류들을 해명할 것을 요구받았을 때, 그들 자신도 자기들이 '판단과 규칙들에 관한 가르침' 라고 부른 영역을 도입하였는데, 이것은 논리학의 다른 이름이라고 할 수 있다 ; 그러나 그들은 이것을 자연철학의 보조물 정도로 생각하였다." 편지 89. 397쪽.

"에피쿠로스적 신은 자신에게 할 어떤 일도, 그리고 다른 이들에게 할 어떤 일도 가지고 있지 않았다." 『황제 클라우디우스의 죽음에 대하여』*Über den Tod des Kaiser Claudius*, 851쪽(Bd. II).

"당신은 이렇게 말한다 : '당신이 내게 권해주는 것이 여유(Muße, 한가함)입니까, 세네카? 당신은 곧 에피쿠로스의 가르침으로 떨어지겠군요.' 나는 당신에게 여유를 권해주었지만, 그것은 체념하는 그런 행동들보다 훨씬 더 크고 아름다운 활동들을 당신이 행하는 한에서 그런 것이다." 편지 68. 251쪽.

"나는 에피쿠로스가 자주 노래하는 다음과 같은 주장들을 따르고 말할 정도로 어리석지는 않다. 즉 지옥(Unterwelt)에 대한 공포가 근거없는 것이라든지, 익시온Ixion이 그의 바퀴 위에서 돌지 않았다든지, 시지푸스Sisyphus가 바위를 언덕까지 밀고 간 일이 없다든지, 사람의 창자는 매일 잘게 없어지고 다시 성장한다는 것은 잘못된 것이라든지. 아무도 케르베로스(Cerberus)를 두려워하고, 암흑이나 유령의 해골을 두려워할 정도로 유치하지는 않다. 죽음은 우리를 소멸시키거나 자유롭게 할 것이다. 만약 우리가 자유롭게 된다면, 무거운 짐이 거두어들여진 뒤 좋은 것이 남을 것이고, 우리가 소멸된다면 아무것도 남아 있지 않을 것이다 : 좋은 것과 나쁜 것 모두 없어질 것이다." 편지 24. 93쪽.

끝(Finis)

스토배우스Joh. Stobäus, 『격언』과 『선집』*Sentenzen und Eklogen etc.* Genf, 1609.

"필요한 것을 쉽게 얻을 수 있게 해주고, 필요하지 않은 것을 얻기 어렵게 한 것은 풍성한 자연 덕택이다.

네가 누군가를 부유하게 만들고 싶다면, 그에게 더 많은 돈을 줄 것이 아니라 어떤 욕망들로부터 그를 자유롭게 해주어라.

절제는 지성(Verstand, 오성)을 통해 저속한 쾌락을 억누르는 덕이라고 할 수 있다.

지성을 가지고 쾌락의 저속한 향유에 대한 갈망을 억누르고, 자연적 궁핍과 고통을 견디어내는 것은 절제의 본성이다." 『절제에 관하여』, 설교 XVII. 157쪽.

"우리는 두 번 태어나는 것이 아니라 단 한 번 태어나며, 삶이 그리 길지 않다는 것도 필연적인 것이다. 다음 날에 대한 아무런 힘도 갖고 있지 않은(qui ne crastinum diem quidem in tua potestate habes) 바로 당신이 순간을 미루고 있다. 모든 사람의 삶은 머무적거림(Zaudern)을 통해서 낭비되는데, 이러한 이유로 우리 모두는 어떤 여유도 갖지 못하고 죽는 것이다." 『절약에 관하여』*Über die Sparsamkeit*, 설교, XVI. 155쪽.

"나는 내 작은 신체에 대해서 기뻐한다. 나는 물과 빵을 가지고 있는 것이다. 그리고 나는 값비싼 기쁨에 대해서는 조금도 신경 쓰지 않는데 , 그 이유는 그것들 자체 때문이 아니라 그것들 뒤에 따라나오는 불유쾌한 것들 때문이다.

쾌락을 가지고 있지 않아서 슬플 때 우리는 쾌락의 필요를 느낀다. 그러나 우리가 이것을 감각을 통해서 경험하지 않았을 때는 그 필요를 느끼지 않는다. 그것은 외적인 괴로움을 만들어내는 것이 본성적인 쾌락이 아니라, 공허한 외양을 향한 노력이기 때문이다." 『절제에 관하여』, 설교 XVII, 158쪽.

"현자들에게는 법이 존재하는데, 그것은 그들이 어떤 잘못도 행하지 않기 때문이 아니라, 어떤 잘못된 것도 그들에게는 일어나지 않기 때문이다."

『국가에 관하여』*Über den Staat*, 설교 XLI. 270쪽.

"죽음은 우리에게 아무것도 아니다. 왜냐하면 해체된 것은 아무것도 느낄 수 없기 때문이다. 그리고 어떤 느낌도 갖지 않는 것은 우리에게 아무 것도 아니기 때문이다." 『죽음에 관하여』*Über den Tod*, 설교 CXVII. 600쪽.

"데모스 가르게티오스Demos Gargettios의 에피쿠로스는 다음과 같이 주장했다 : '조금에 만족하지 않은 사람은 그 어떤 것에 대해서도 만족하지 않는다.' 그는 자신이 빵과 물만 있다면 그 누구와도 지복에 대해서 논쟁할 준비가 되어 있다고 말했다." 『절제에 관하여』, 설교 XVII, 158쪽.

"이러한 이유로 에피쿠로스 역시 야망이 있고 영예를 추구하는 사람들은 고요함 속에 살 것이 아니라, 본성에 따라 정치와 공적인 문제에 참여해야 한다고 생각했다. 왜냐하면 그들 본성이 그러한데도 자신들이 추구하는 것을 얻지 못한다면, 그들은 활동하지 않음 때문에 더 불안하고 마음을 상하게 될 것이기 때문이다. 그러나 공적인 일에 적합한 사람을 참여시키는 게 아니라 〔단지〕 활동하지 않을 수 없는 사람을 참여시키는 것은 어리석은 짓이라고 할 수 있다 ; 내적인 차분함과 불안정함의 양이 많으냐 적으냐에 따라 측정되어서는 안 되며(securitatem animi anxietatemque metiri), 사람이 행한 것 중에서 좋은 것과 추한 것에 따라서 측정되어야 하는 것이다. 좋은 일을 등한히 하는 것은 나쁜 것을 행하는 것보다 결코 덜 고통스럽거나 덜 불안한 것(molestum est et turbulentum)이 아니다." 『확고함에 관하여』*Über die Beharrlichkeit*, 설교 XXIX. 206쪽.

"누군가가 다음과 같이 말했을 때 : '현자는 사랑에 의해 영향받지 않을 것이다. 이것에 대한 증거는 … 에피쿠로스다.…', 그〔크리시포스〕는 이렇게 말했다 : '나는 이것을 증명으로 삼는다. 왜냐하면 … 무감한 에피쿠로스가 … 사랑에 영향받지 않았다면 (현자는 확실히 그것에 영향받지 않을 것이기 때문이다)' (ne sapiens quidem eo capietur)."[3] 『감각적 쾌락과 사랑에 관하여』

---

3. 이 곳과 그 아래에 맑스는 파손된 그리스어 텍스트에 대한 스토배우스의 라틴어 번역 문장들을 삽입해 놓았다.

Über Sinnenlust und Liebe, 설교 LXI, 393쪽.

"그러나 우리는 쾌락이 본성에 맞는 것이 아니라 본성에 맞는 것 ——정의, 자제와 관대함—— 을 따르는 것이라고 생각하는 지겨운 철학자들에 집중할 것이다. 그렇다면 에피쿠로스가 말했듯이, 왜 영혼은 신체의 작은 행복들에 대해서도 기뻐하고 평온을 발견하게 되는가[……?]" 『과도함에 대하여』 *Über die Unmäßigkeit*, 설교 VI. 81~82쪽.

"에피쿠로스는 신들이 인간을 닮았다고 생각했지만, 그들 모두는 그 상(Abbilder)들이 갖는 본성의 순수함 때문에 사유를 통해서만 지각될 수 있다고 [생각했다]. 그런데 그 자신이 본성상 파괴될 수 없는 네 가지 실체들을 [가정했다] : 원자들, 허공, 무한한 것, 그리고 **동질적 입자들** ; 이것들[동질적 입자들]은 **호뫼오메리아(Homöomerien)**와 **요소들(Elemente)**로 불린다." 『자연학 선집』*Physische Eklogen*, 제1권. 5쪽.

"에피쿠로스는 필연성과 자유로운 결단, 운명에 의해서 [인도되었다]. 운명에 대하여 그들[피타고라스주의자들]은 다음과 같이 말하곤 했다 : '그 안에는 확실히 신적인 어떤 것이 들어 있다. 왜냐하면 어떤 사람들은 신성으로부터 더 나아지리라는 혹은 더 나빠지리라는 영감을 받기 때문이다 ; 그리고 이것에 따라서 어떤 이들은 분명 행복하고, 다른 어떤 이들은 불행하기 때문이다. 그러나 미리 숙고하지 않고 우연히 행동하는 사람들이 때로 성공하는 반면에, 미리 숙고하고 어떤 것이 올바른 것인지 고려하는 사람들이 성공하지 못하기도 한다. 그러나 운명은 다른 형태로 자신을 드러내는데, 어떤 사람들은 재능을 부여받고 목적을 가지고 있는 반면, 다른 이들은 재능이 없으며 반대되는 본성을 가져서 해를 끼치게 된다 ; 전자는 서둘러 판단한다고 해도 자신이 목표했던 모든 대상을 얻는 반면, 후자는 서두르지 않고 판단한다고 해도 그들의 사유가 목적을 갖지 못하고 혼란하므로 자신들의 목표를 이루지 못한다. 그런데 이러한 불행은 외부로부터 부여된 것이 아니라 본유적인 것이다." 『자연학 선집』 제1권, 15~16쪽.

"[…] 에피쿠로스는 (시간을) 우발적 사건(Akzidens), 즉 운동의 동반자(Begleiterin) [운동을 수반하는 사건]라고 (불렀다)." 같은 책, 19쪽.

"에피쿠로스는 존재자들의 근본 원리들(Grundprinzipien)이 사유를 통해서 지각가능한 신체들이며, 그 신체들은 어떤 비어 있는〔허공〕 부분도 갖지 않고, 창조되지 않은 것이며, 파괴되지도 않는 것이어서, 손실되거나 변질되지 않는다고 〔말했다〕. 그러한 신체는 원자라고 불리는데, 그것은 그 신체가 가장 작은 것이기 때문이기보다는 더 나누어질 수 없는 것이고, 감각되지 않는 것이고, 허공을 포함하고 있기 때문이다." 『자연학 선집』, 제1권, 27쪽.

"에피쿠로스는 이 신체들은 지각불가능하다고, 그리고 근본적 신체들은 단순하며, 이것들〔근본적 신체들〕로 이루어진 신체들은 무게를 갖는다고 〔말했다〕; 원자들은 움직이고, 때로는 직선으로 떨어지고, 때로는 직선으로부터 편위한다; 그리고 위로 향하는 운동은 충돌과 반발을 통해서 일어난다." 『자연학 선집』, 제1권, 33쪽.

"에피쿠로스는 … 색깔이 있는 신체들도 어둠 속에서는 아무런 색깔도 갖지 않는다고 〔말했다〕." 『자연학 선집』, 제1권, 35쪽.

"〔…〕 에피쿠로스는 원자들이 그 수에서 무한하고, 허공은 그 크기(범위)에서 무한하다고 〔말했다〕." 『자연학 선집』, 제1권, 38쪽.

"에피쿠로스는 다음과 같은 이름들 모두를 바꾸어 쓸 수 있는 것으로 했다 : 허공(Leere), 장소(Ort), 공간(Raum)." 『자연학 선집』, 제1권, 39쪽.

참고. D[iogenes] L[aertius] 〔디오게네스 라에르티오스〕. "〔…〕 만약 〔…〕 우리가 허공과 공간, 그리고 감지할 수 없는 것이라고 부르는 것이 존재하지 않는다면〔…〕" 헤로도토스Herodotus에게 보내는 편지, 32쪽.

"에피쿠로스는 두 종류의 운동을 〔구분하였는데〕, 그것은 직선 운동과 직선에서 편위하는 운동이다." 『자연학 선집』, 제1권, 40쪽.

"에피쿠로스는 세계가 여러 방식으로, 다시 말해서 동물로, 식물로, 다른 많은 방식으로 파멸할 수 있다고 〔말했다〕."[4] 『자연학 선집』, 제1권, 44쪽.

"다른 모든 사람들은 세계가 생기있게 되고, 섭리에 의해 인도된다고

---

4. 복합체들은 해체되어 동물도 될 수 있고, 식물도 될 수 있고, 다른 어떤 것으로 될 수도 있다는 에피쿠로스의 말에 대한 것으로 보인다. – 역자주

〔생각했다〕; 그러나 레우키포스Leukipp, 데모크리토스, 에피쿠로스는 이 〔가정들〕 중 어떤 것도 인정하지 않았고, 세계는 이성에 의해 부여된 것이 아닌 본성〔자연〕을 통해 원자들로부터 생겨난 것이라 말했다." 『자연학 선집』, 제1권, 47쪽.

"에피쿠로스는 어떤 세계들의 끝(Ende)은 성기고 다른 세계들의 끝은 조밀하며, 또 어떤 세계들은 활동적이지만 다른 세계는 움직이지 않는다고 〔말했다〕." 『자연학 선집』, 제1권, 51쪽.

스토배우스의 다음 구절은 에피쿠로스에 속하지는 않지만 아마도 가장 고상한 것 중의 하나일 것이다.

"아버지시여, 이것들 말고(touton choris) 아름다운 것들이 있습니까? 오직 신뿐입니다."(토우톤 코리스라고 말할 때, '이것들' 이란 스케마, 크로마, 소마를 가리킨다.[5]) "나의 아들아, 더 **위대한 것은 신의 이름이란다**." 스토배우스, 『자연학 선집』, 제1권, 50쪽.

"에피쿠로스의 스승인 메트로도로스는 …원인(Ursache)은 원자들과 요소들(die Elemente)이라고 〔말했다〕." 같은 책, 52쪽.

"〔…〕 레우키포스, 데모크리토스와 에피쿠로스는 모든 방향으로 무한히 무한한 세계가 있다고 〔말했다〕; 무한한 세계들을 주장한 사람들 중의 하나인 아낙시만드로스Anaximander는 그것들은 서로 같은 거리에 있다고 〔말했다〕; 그런데 에피쿠로스는 세계들 사이의 거리는 부등하다고 말했다." 같은 책, 54쪽.

"에피쿠로스는 태양이 경석(輕石)과 스펀지 같은 큰 흙덩어리로, 자신의 구멍을 통해서 불을 내뿜는 것이라고 말했다." 같은 책, 56쪽.

위에 있는 『자연학 선집』, 제1권, 5쪽에서 인용한 구절은 쇼바하

---

5. 스케마(Schema)는 '형태', 크로마(Chroma)는 '색깔', 소마(Soma)는 '신체'를 뜻한다.

Schaubach에 의해 인용된 구절보다도 두 종류의 원자가 더 있다는 견해를 확신하는 것처럼 보인다. 『자연학 선집』의 이 구절에서 호뫼오메리아들(Homöomerien)은 원자들, 허공과 나란히 파괴될 수 없는 원리로 제시되었다 ; 그것들은 에이돌라(eidola)[6]가 아니라 다음과 같은 것으로 설명되었다 : αἱ δὲ λέγονται ὁμοιομερεῖαι χαὶ στοιχεῖα[7] 그래서 현상(Erscheinung)의 기초인 원자들이 호뫼오메리아들을 갖지 않는 요소들로서 존재하고, 자신들이 기초인 신체들의 성질들(Eigenschaften)을 갖는다고 보는 것은 이 구절에 따른 것이다. 이것은 어떤 경우든 간에 잘못된 것이다. 마찬가지로 메트로도로스도 원자들과 요소들을 원인으로 제시했던 것이다. lib. I. 52쪽.

클레멘스 알렉산드리누스[알렉산드리아의 클레멘스]Clemens Alexandrinus, 『저작집』

Köln, 1688

"에피쿠로스 또한 자신의 주요 가르침들(Hauptlehren)을 데모크리토스로부터 도둑질해왔다." 『문집』*Teppiche*, 제4권, 629쪽.

"[…] 신들을 마치 인간의 정념들에 사로잡힌 것처럼 그런 호메로스는 신성에 대해서 알고 있었던 것처럼 보인다. 그럼에도 불구하고 에피쿠로스는 그를 그리 존경하지 않았다." 『문집』, 제4권, 604쪽.

"에피쿠로스도 고통의 제거가 쾌락이라고 말했다 ; 하지만 그는 처음에 저절로 자신에게 당겨지는 것이 선택될 뿐이라고 말했다. 그의 생각은 확실히 동요하고 있었다. … 실제로 에피쿠로스와 키레네 학파(Kyrenaiker)는 쾌락이 우리에게 고유한 첫번째의 것이라고 말했다 ; 왜냐하면 덕이 도입되고,

---

6. 모상(Abbilder).

7. 그것들은 호뫼오메리아들과 요소들이라고 불린다.

쾌락을 만드는 것도 쾌락을 위한 것이기 때문이다." 『문집』 제2권, 415쪽.

"에피쿠로스는 영혼의 모든 기쁨은 선행하는 육체(Fleisch)의 감각으로부터 온다고 생각했다. 메트로도로스는 그의 책 『외적인 관계에서 생겨난 것보다는 우리 안에 근원을 갖는 행복에 관하여』*Über die Tatsache, da das Glück seinen Ursprung mehr in uns selbst als in den äußer Verhältnissen hat*에서 다음과 같이 말했다 : 육체의 건강한 상태와 그 상태를 지속하는 것에 대한 확실한 희망 외에 무엇이 영혼의 선이겠는가?" 『전집』, 제2권, 417쪽.

"실제로 에피쿠로스는 그가 생각하기에 현명한 사람은 '이익을 위해 다른 사람에게 그른 행동을 하지 않을 것이다' 고 말했다 ; 왜냐하면 '그는 자신이 숨은 채 있을 수 있다는 어떤 보증도 얻을 수 없기 때문이다' . 그렇다면 만일 에피쿠로스의 말을 따를 경우 그가 들키지 않고 숨어 있을 수 있다는 것을 안다면, 그 사람은 악한 행동을 할 것이다." 『문집』 제4권, 532쪽.

클레멘스Clemens에게 미래 세계에 대한 희망 또한 유용성의 원리(Nützlichkeitsprinzip)로부터 자유롭지 못할 것이라는 사실은 피할 수 없는 것이었다.

"[…] 어떤 사람이 선한 행동에 대한 신의 보상을 희망해서 그릇된 행동을 하는 것을 삼간다면, 그는 자발적으로 선한 행동을 한 것이 아니다(ne hic quidem sua sponte bonus est). … 왜냐하면 두려움이 그 사람을 올바르게 만들듯이 보상도 그렇게 하기 때문이다 ; 아니 [올바르게 만들기보다는] 올바르게 보이게 만들기 때문이다." 같은 책, 같은 쪽.

"[…] 진리보다 쾌락을 훨씬 높이 평가했던 에피쿠로스 역시 사유에서의 선(先)개념(gebildete Vorstellung, anticipationem)을 가정했다 ; 그리고 그는 선개념을 어떤 자명한 것, 그리고 정확한 상을 가진 것에 기초한 개념으로 정의했다 ; 그리고 선개념 없이는 그 누구도 조사하거나 의문을 갖거나, 판단하거나 심지어 논쟁할 수도 없다고 주장했다." 『문집』, 제2권, 365~366쪽.

클레멘스는 다음과 같이 덧붙였다:

"만일 확신(Glaube)이라고 하는 것이 논의되고 있는 것에 관한 사유에서의 선개념에 다름 아니라고 한다면" etc.

이로부터 확신(fides)의 의미를 어떻게 이해해야 하는가(intelligi debet)가 나온다.

"데모크리토스는 결혼과 출산을 배척했는데, 그 이유는 그로 인해 많은 성가신 일들이 일어날 것이고, 더 필요한 일들에 대해서는 소홀하기 쉽기 때문이었다. 에피쿠로스 역시 선을 고뇌와 고통이 없는 곳, 즉 쾌락에 위치시키고자 하는 다른 모든 사람들처럼 이것에 동의했다." 『문집』, 제2권, 421쪽.

"[…] 그러나 이와 달리 에피쿠로스는 그리스인들만이 철학을 할 수 있다고 생각했다 […]." 『문집』, 제1권, 302쪽.

"메노이케우스Menoikeus에게 보내는 편지에서 에피쿠로스는 다음과 같이 말했다: '어리다고 해서 철학하는 것을 늦추어서는 안된다.' 등등." 『문집』, 제4권, 501쪽. Cf. Diogenem Laertium ad Menoeceum epistulam[8]

"[…] 그러나 에피쿠로스주의자들 또한 자신들이 비밀스런 가르침(arcana)을 가지고 있어서, 모든 사람들이 그들 저작을 읽도록 허용될 수는 없다고 말했다." 『문집』, 제5권, 575쪽.

클레멘스 알렉산드리누스에 따르면 사도 바울은 에피쿠로스를 염두에 두고 다음과 같이 말했다:

"'**그리스도를 따르지 않고, 사람들의 가르침과 세계의 원리**(der Welt Satzung)**를 따라서** 철학과 헛된 속임수로 너를 망치지 않도록 주의하라' ; 모

---

8. 디오게네스 라에르티오스, 메노이케우스에게 보내는 편지.

든 철학에 그런 낙인을 찍은 것이 아니라, 바울이 「사도행전」에서 언급한, 신의 섭리를 폐기하고 쾌락을 신성시하는 에피쿠로스 철학과 요소들에 영예를 부여하고 그것들에 대한 작용인(Urkraft, efficient cause)을 상정하지 않으며 창조주에 대한 어떤 눈도 갖지 못한 그런 철학들에 낙인을 찍은 것이다." 『문집』, 제1권, 295쪽.

신에 관해 공상하지(phantasierten) 않는 철학들을 배척한 것은 아주 잘된 일이다.

이제 우리는 이 구절들을 더 잘 이해하며, 바울이 모든 철학을 염두에 두고 있었다는 것을 안다.

에피쿠로스 철학 · 여섯번째 노트

VI Epikureische Philosophie · *Sechstes Heft*

루크레티우스, 『사물의 본성에 관하여』

제4권

"〔…………〕 사물들의 상 〔…………〕
바깥 껍질 같은 것이 계속해서 대상의 표면에서 벗겨져 나와
공기 중을 통해 날아오는 것." V. 34ff.

"모상(Abbild)이 그것이 나온 신체의
형태와 모습을 띠고 있어서
사람들은 그것을 필름이나 표피 같다고 말한다."

V. 49f.

"같은 방식으로 상들은
공간을 계산할 수 없는 시간 안에 움직여야만 한다;
첫째로 그것들을 움직이는 데는 아주 먼 곳에서의
아주 작은 자극으로도 충분하고
가벼워 아주 빨리 움직일 수 있기 때문이며,
다음으로 그것들의 조직은 아주 촘촘하고 단단해서
어떤 것이든 쉽게 통과하고
가로막는 공기를 빠져 나오듯이 쉽게 새어나온다."

V. 192ff.

"[………………] 우리는 인정해야만 한다 :
사물들이 눈을 때려서 보이게 하는
입자들을 방출한다는 것을.
강으로부터 냉기가 흘러나오고, 태양으로부터 온기가 흘러나오고,
바다로부터 연안의 벽들을 먹어치우는 물결들이 오듯이,
대상들로부터 어떤 계속되는 흐름들이 흘러나온다.
온갖 종류의 소리들이 대기를 통해 끊임없이 밀려온다.
바닷가를 걸을 때, 소금 맛이 나는 짠물이 우리 입에 들어가고,
쑥을 섞은 음료를 마시면, 쓴맛이 느껴진다.
모든 대상들로부터 사방으로 흘러나오는 질료들의 흐름이 있다.
이 흐름은 쉬지 않고, 중단이 없다.
그것은 우리의 감각이 항상 깨어있고, 모든 것들이
항상 쉽게 보여지고, 냄새 맡아지며, 들리기 때문이다."

V. 217ff.

"더욱이 우리는 항상 알아야 한다 : 우리가 어둠 속에서
어떤 형태(Figur)를 손으로 만질 때, 우리가
밝은 낮에 보는 것과 동일한 형태를 가졌다는 것을.
그래서 감촉과 시각은 비슷한 근거에 기인한 것이라는 사실을."

V. 231ff.

"**보는 것은 상들(Bilder)을 통해서 야기된 것이라는 사실**,
이것들 없이는 어떤 것도 보여질 수 없다는 사실을 알 수 있다."

V. 238f.

"그것이 우리가 각 대상들의 거리를
알 수 있는 이유다 ; 충격을 전해주는 더 많은 공기가 상들 앞에 있고,
흐름이 우리 눈에 더 오래 머물수록,
더 멀리 떨어진 원형(Urbild)이 보일 것이다.
물론 이 모든 것들은 너무 빨리 일어나서
우리는 그 대상의 본성과 거리를 동시에 알게 된다." V. 251ff.

"거울의 상(Bilde des Spiegels)에 대해서도 비슷한 일이 일어난다.
우리 눈에 다다르기까지, 그것은
그것 자체와 우리 눈 사이에 있는 공기들을
밀치고 몬다. 우리는 거울을 보기 전에
이것을 느끼게 된다. 하지만 우리가
거울 자체를 보게 되었을 때, 바로 그 즉시
우리로부터 그것으로 날아가고, 반사된 상이
다시 우리 눈으로 반사되어 돌아온다.
그 앞에 놓인 많은 다른 공기들을 밀치면서…
우리는 상 이전에 이것을 지각하는데,
그래서 이 상은 거울로부터 약간 떨어져 있는 것으로 보이게 된다."

V. 280ff.

제5권

"〔……………………………〕 수세기 동안 지탱해온
세계의 모든 물질과 구조는 붕괴할 것이다." V. 96f.
"체험(Erlebnis)보다 이성이 당신에게 이것을 확신시키기를…
바로 세계는 천지를 뒤흔드는 소리와 함께 붕괴될 것임을."

V. 109f.

"우리가 그 부분들과 가지들을 알고 있는 사물들은
태어나고 죽는 질료로 구성되기 때문에,
우리는 이 사물들도 확실히
태어나고 죽는 것에 종속된다는 것을 안다. 〔…………〕
…………………………………………………………
〔………………… 나는 안다〕, 하늘과 땅 또한
그것들이 태어난 날을 가졌으며, 끝나는 날을 기다리고 있음을."

V. 241ff.

"결국 너는 알게 될 것이다. ……………………………

……………〔……………………………………………〕

신들의 사원과 상들(Bilder)이 부서지고 무너지는 것을.

어떤 신성한 권력도 운명의 한계들을 늘릴 수 없고,

자연의 법칙에 대해서는 어떤 싸움도 불가능하다는 것을."

V. 307ff.

"〔다음의〕 몇 가지 것들은 영원히 존속한다.

첫째, 자신에 대한 공격을 격퇴하고,

어떤 것도 자신을 통과해서

부분들로 해체하지 못하게 하는 단단한 신체들.

우리가 앞서 묘사했던 본성을 가진

질료의 원자적인 입자 같은 것 ;

둘째, 그 긴 시간 동안 지속하는 사물들,

어떤 공격도 그것을 가격할 수 없는 것 ; 허공처럼.

건드려지지 않은 채로 남아 있고, 어떤 것도 그것을 때릴 수 없는 것 ;

셋째, 해소되고 사라질 수 있는

〔자신을 둘러싸고 있는〕 어떤 공간도 없는 것.

사물들의 합계의 영원한 총합.

그것 밖에서는 그 요소들이 튀어나갈

아무런 장소도 존재하지 않으며,

그것에 충격을 주고 파괴할 수 있는 어떤 것도 존재하지 않는 것."

V. 352ff.

"죽음에 이르는 문은 결코 닫혀 있지 않다.

하늘에게도, 태양에게도, 땅에게도, 바다의 저 깊은 물에게도.

그것은 열린 채로 있다. 그 거대한 입을 벌리고서

그것들을 기다리고 있다." V. 374ff.

"그 옛날 사람들은 깨어있을 때, 심지어 잠이 들어서도

뛰어난 미에 대한 감으로 탁월한 형상과 놀랄 만한 조각들을 통해
신에 대한 통찰을 가지고 있었다.
그들은 이것들에 감각들을 부여한다.
자신들의 사지를 옮기고, 도도한 말들을 하며,
자신들의 훌륭한 미와 강한 힘을 옮기는 것처럼 보이기 때문이다.
그들은 이것들에 영원한 생명을 부여한다.
왜냐하면 그 상들은 항상 불변의 형식(형상)을 가진 채로 새로워지고,
그들이 생각하기에 그러한 힘을 가진 상들은
어떤 힘에 대해서도 굴복하지 않을 것이기 때문이다.
그들은 이것들의 운명을 가멸적인 것들보다
훨씬 우월한 것이라고 생각했다.
이것들 중 어떤 것도 죽음에 대한 공포로 뒤틀리지 않고,
꿈속에서도 아주 작은 노고도 없이
수많은 기적들을 행하기 때문이다." V. 1168ff.

제6권[1]

아낙사고라스의 누우스(nous)가 소피스트들에게서 운동을 시작하고(여기서 누우스는 실제로는 세계의 비존재가 된다), 이 직접적인 다이몬적(dämonenhaft) 운동이 소크라테스의 다이몬(Daimon)에서는 그 자체로 객관적인 것으로 되듯이, 소크라테스에게서 실천적 운동은 플라톤에게는 보편적이고 이념적인 것이 되고, 누우스는 이데아들의 영역까지 확장된다. 아리스토텔레스에게서 이 과정은 다시금 개별성(Einzelnheit) 안에서 포착된다. 그러나 이 개별성은 참으로 개념적인 개별성이다.

---

1. 남아 있는 수고에는 루크레티우스의 『사물의 본성에 대하여』의 제6권에서 인용되고 있는 글이 없다.

그 자체로 철학을 구체(Konkretion)로까지 고양시키고 추상적 원리들을 총체성 안에서 포착하는, 그래서 직선적 과정을 깨뜨리는 결절점들(Knotenpunkte)이 철학사에 존재하듯이, 철학이 그 눈을 외적 세계로 돌려 파악하기를 멈추고 한 명의 실천적인 사람으로서 세계와 음모를 꾸미는, 그리고 아멘테스(Amenthes)의 투명한 왕국으로부터 나와서 자신을 세속적인 사이렌(Sirene)의 가슴으로 내던지는, 그러한 순간들도 존재한다. 자신을 견유학파(Kyniker)처럼 개로 위장하든, 알렉산드리아 학파처럼 성직자의 옷 안에 두든, 혹은 에피쿠로스 학파처럼 향긋한 봄옷 안에 두든 간에, 그것은 철학의 사육제(Fastnachtszeit)였다. 캐릭터 마스크〔분장 가면〕를 써야만 한다는 것은 철학에게 본질적인 것이다. 전설에서 인간을 창조할 때 자기 뒤에 내던져진 돌들에 대해 데우칼리온(Deukalion)[2]이 그랬듯이, 철학은 그 심장이 세계의 창조(Schaffung)에 착수할 때 자신의 시선(Augen)을 뒤쪽으로 돌린다(철학을 낳은 어머니의 뼈는 빛나는 눈이다[3]) ; 그러나 하늘에서 불을 훔쳤던 프로메테우스가 집을 짓고 땅에 정착하기 시작했듯이, 자신을 세계 전체로 확장한 철학은 현상 세계(erscheinende Welt)를 향해 방향을 바꾸었다. 지금 헤겔 철학이 그렇다.

철학이 하나의 완성된 총체적인 세계를 이루기 위해 폐쇄적으로 되는 동안에, 이 총체성의 규정은 철학의 발전 일반에 의해 조건지워진

2. 프로메테우스의 아들로, 아내인 피라Pyrrha와 함께 홍수에서 살아남은 인류의 조상이 됨. – 역자주

3. 그리스 신화에 따르면 최고의 신 제우스는 프로메테우스와 에피메테우스가 만든 인간들을 쓸어버리기 위해 물벼락을 내렸다. 그것을 미리 내다보았던 프로메테우스는 잡혀 가기 전 아들 데우칼리온에게 거대한 방주를 만들도록 지시한다. 홍수가 끝나고 데우칼리온이 아내 피라와 땅에 발을 딛었을 때 땅은 이미 쑥대밭이 되어 있었다. 그들이 하늘을 향해 예전의 생명력을 돌려달라고 빌자 지혜의 신 아테네가 이런 암시를 준다. "너희 어머니의 뼈를 찾아 뒤로 던지면 소원이 이루어질 것이다." 어머니란 곧 대지였으며, 뼈란 돌을 의미했다. 데우칼리온과 그의 아내가 뒤로 돌아 돌을 던지자 번갈아가며 남자와 여자가 생겨났다는 이야기가 있다. – 역자주

다〔제약된다〕. 이는 그 발전이 철학과 현실(Wirklichkeit)이 맺는 실천적 관계가 갖는 형식의 조건이기도 한 것과 마찬가지다 ; 그래서 세계의 총체성 일반은 자기 안에서 분할되고, 이 분할은 정점에 이를 때까지 수행된다. 왜냐하면 정신적 실존은 자유로워지고 보편성으로까지 풍성해졌으며, 심장의 고동은 그 자체로 모든 유기체에 고유한 구체적 방식이면서 차이〔구별〕로 되었기 때문이다. 세계의 분할은 그 국면들이 총체성들일 때 비로소 총체적[4]이다. 그래서 그 자체로 총체적인 철학과 대면하고 있는 세계는 갈기갈기 찢겨진 세계이다. 따라서 이러한 철학의 활동은 찢겨진 채로, 그리고 모순적인 것으로 나타난다 ; 그것의 객관적 보편성은 그것이 생명을 갖는 개별적 의식의 주관적 형식으로 돌아간다. 그러나 우리는 거대한 세계 철학(Weltphilosophie) 후에 따라나오는 이 폭풍에 의해[5] 잘못 인도되어서는 안 된다. 보통의 하프는 어떤 손가락에 의해서도 연주되지만, 아에올루스(Aeols)[6]의 하프는 몰아치는 폭풍에 의해서만 연주된다.

이러한 역사적 필연성을 통찰하지 못하는 사람은 총체적인 철학 이후에도 사람들이 살 수 있다는 것을 당연한 귀결로서 부인할 수밖에 없다. 그렇지 않으면 그는 그 자체로 한도(Maß)의 변증법을, 자신을 이해하는 정신의 최고의 범주로서 간주하고 우리의 스승을 잘못 이해하는 몇몇 헤겔주의자들처럼, 중용(**Mittelmäßigkeit**)이라는 것이 절대 정신의 정상적인 현현(Erscheinung)이라고 주장해야 한다 ; 그러나 자신을 절대자의 정규적인 현현인 체 하는 중용은 한도없는 것, 다시 말해서 한도없는〔절도없는〕 겉치레로 전락하고 만다. 이러한 필연성 없이는 어떻게 아리스토텔레스 이후에 제논과 에피쿠로스, 심지어 섹스투스 엠피리쿠스조차 나타날 수 있었는지, 헤겔 이후에 어떻게 최근 철학자

---

4. '총체적' (total)이라는 낱말에 대한 해독은 명확하지 않다.
5. 여기에 쓰인 'aber' 〔durch〕는 확실치 않다.
6. 바람의 신 – 역자주

들의 시도들 — 대부분 빈곤하기 짝이 없는 — 이 행해졌는지를 파악할 수 없게 된다.

시대에 내키지 않는 감정을 가진 그런 사람들은 온 마음을 다하는 장군들의 견해에 반대한다. 그들은 군사력을 줄이고 분산시키며, 실재적인 욕구를 가진 자들과의 평화 협정을 맺음으로써 손실들을 보상할 수 있다고 생각한다. 반면에 아테네가 파괴의 위험에 직면했을 때, 테미스토클레스Themistokles는 아테네 사람들에게 도시를 완전히 버리고 바다에 다른 요소들로 새로운 아테네를 세우자고 설득했다.

우리는 그러한 대격변(Katastrophen) 이후에는 철의 시대가 오며, 그것이 거인들의 투쟁에 의해 특징지워질 때는 행복해지겠지만, 위대한 예술을 절룩거리며 쫓아가는 세기들을 닮는다면 비통하게 될 것이라는 점을 잊어서는 안 된다. 그러한 세기들은 신들의 아버지인 제우스의 이마에서 팔라스(Pallas)[7] 아테네가 나오듯 카라라의(karrarischem) 대리석에서 나온 밀랍과 석고, 구리로 형을 뜨는 것에 몰두할 것이다. 그러나 그 자체로 총체적인 철학과 그것의 주관적인 전개〔발전〕 형식들에 이어지는 시대들은 거인적이다. 그 이유는 그들의 통일성인 불화가 거대하기 때문이다. 그래서 로마 이후에 스토아와 회의주의, 에피쿠로스 철학이 나온 것이다. 그들의 시대는 불행한 철의 시대였는데, 왜냐하면 그들의 신들은 죽었고, 새로운 여신은 여전히 운명의 암울한 형상을, 순수한 빛 혹은 순수한 어둠의 모습을 드러내고 있기 때문이다. 여신의 모습에는 여전히 대낮의 색들(Farben)이 결여되어 있다.

〔그러나〕 불행의 핵심은 그 자체로 충족되어 있는, 그리고 모든 측면에서 관념적으로 형성된 시대의 영혼, 즉 정신적 모나드(Monad)가 그것 없이 준비된 어떤 현실에 대해서도 인식하지 못하도록 된 점이다. 따라서 그러한 불행 속에서의 행운은 철학이 주관적 의식으로서 현실에 대해 관계하는 양상(Modalität)으로서의 주관적 형식이다.

---

7. 지혜와 공예의 여신. – 역자주

가령 에피쿠로스와 스토아 철학은 그 시대의 행운이다 ; 그래서 보편적 태양이 졌을 때, 나방은 개인의 램프 불빛을 찾는다.

철학사가에게 더욱 중요한 또 다른 측면은 이러한 철학의 방향전환, 즉 살과 피로의 변화(化體說[8])가 총체적이고 구체적인 철학이 태어날 때의 반점(斑點)으로서 자기 안에 가지고 있는 규정에 따라 변화한다는 점이다. 동시에 이것은 자신들의 추상적 일면성 안에서 다음과 같이 결론을 내리는 사람들에 대한 반대다. 즉 헤겔은 소크라테스에 대한 유죄판결을 공정하다고, 다시 말해서 필연적인 것이라고 생각했기 때문에, 그리고 죠르다노 부르노Giordano Bruno는 장작더미의 연기나는 불길 위에서 자신의 정신의 불(Geistesfeur)에 대해 속죄해야 했기 때문에, 헤겔의 철학은 자기 자신에 판결(Urteil)을 내린 것이라고 결론을 내리는 사람들에 대한 반대다. 그러나 철학적 견지에서 중요한 것은 이러한 측면을 끌어내는 것이다. 왜냐하면 이러한 방향 전환의 규정적 방식(Weise)으로부터 우리는 철학의 진행과정(Verlaufs)의 내재적 규정성과 세계사적 성격을 역으로 추론할 수 있기 때문이다. 전에는 성장(Wachstum)으로 나타났던 것이 이제는 규정성이 되고, 즉자적으로 존재하는 부정성(Negativität)이었던 것은 부정(Negation)된다. 여기서 우리는 주관적인 요점으로 이끌려 나온 철학의 커리큘럼 약력을 집약적으로 보게 된다. 마치 영웅의 죽음으로부터 그 생애사를 추측할 수 있듯이……

나는 에피쿠로스 철학이 〔세계와〕 맺는 관계를 그리스 철학의 그와 같은 형식으로 간주한다. 그러므로 선행하는 그리스 철학들에서 에피쿠로스 철학의 생애를 조건짓는〔제약하는〕 계기들(Momente)을 뽑아내는 대신에, 후자〔에피쿠로스 철학〕로부터 전자〔그리스철학〕를 역으로 추론해서 그것이 자신의 고유한 지위를 갖도록 표현할 수 있다면, 이것 또한 나의 정당화에 기여할 수 있을 것이다.

---

8. 화체설(Transsubstantiation) : 빵과 포도주가 그리스도의 살과 피로 되는 것. –역자주

플라톤 철학의 주관적 형식을 몇 가지 특징들로 더 깊이 있게 정의하기 위해서, 나는 바우어 교수가 그의 논문『플라톤주의에서의 기독교적인 것』*Das Christliche im Plationismus*에서 제시한 몇 가지 견해들을 좀더 면밀하게 검토해 보고자 한다. 그래서 우리는 동시에 상반되는 견해들을 더 명확히 하면서 결론에 도달하게 될 것이다.

『플라톤주의에서의 기독교적인 것 혹은 소크라테스와 그리스도』*Das Christliche des Platonismus oder Sokrates und Christus*, 바우어D.F.C. Baur, 튀빙엔(Tübingen), 1837.

바우어는 24쪽에서 다음과 같이 말한다 :

"소크라테스 철학과 기독교는 그 출발점을 고려해 볼 때, 마치 자기인식(Selbsterkenntnis)과 죄의식(Sündenerkenntnis)처럼 서로 관계하고 있다."

이런 방식으로 제시된 소크라테스와 그리스도 사이의 비교는 우리에게 증명되어야 하는 것과는 반대의 것, 즉 소크라테스와 그리스도 사이의 유비와는 반대되는 것을 정확히 묘사하고 있는(dergestellt)[9] 것처럼 보인다. 자기인식과 죄의식은 당연히 일반적인 것과 특수한 것, 말하자면 철학과 종교로 서로 관계된다. 이러한 입장은 고대나 현대의 모든 철학자들에 의해 받아들여졌다. 이것은 확실히 두 영역의 통일(Einheit), 다시 말해서 하나의 관계맺음(Beziehung)이기보다는 먼저 영원한 분리일 것이다. 왜냐하면 모든 분리는 하나인 것〔단일체〕의 분리이기 때문이다. 이것은 철학자가 종교의 스승에 대해 관계하는 것처럼 단지 철학자 소크라테스가 그리스도에 대해 관계된다는 것을 의미할 뿐이다. 유사성이나 유비가 은총과 소크라테스의 산파술이나 반어

9. 이 단어 뒤에 다음의 내용이 지워져 있다. "이미 근본적으로 매우 임의적이고 피상적인 관계라는 사실을 (묘사하는 것처럼 보인다). 이러한 관계는 확실한 차이점은 있지만, 어떠한 공통점도 없다는 것을 의미한다."

사이에서 만들어진다면, 이것은 유비가 아니라 모순을 극단까지 몰고 가는 결과를 가져올 뿐이다. 바우어에 의해 그리고 헤겔에 의해 이해되고 있는 것으로서의 소크라테스적 반어—인간의 보편적 지성(gemeine Menschenverstand)을 포착해서 그것을 잡다한 진부함 밖으로 끌어내, 자기만족적인 아는 체가 아니라 지성 안에 내재하는 진리 속으로 들어가게 하는 변증법의 덫(Falle)으로서의 소크라테스적 반어—는 단지 보통의 의식에 대해 주관적 의식이 관계하는 철학의 형식일 뿐이다. 철학이 소크라테스에게서 반어적인 인간들의 그리고 현자들의 형식을 갖는다는 사실은 그리스 철학의 기본적 성격과 현실에 대한 태도로부터 나온다. 우리는 일반적으로 내재하는 형식, 즉 철학으로서의 반어를 쉴레겔Fr. v. Schlegel에게서 배웠다. 그러나 객관성과 내용에 관해 인간의 보편적 지성(Menschenverstand)을 경멸하고 증오했던 헤라클레이토스Heraclitus 역시 그 못지 않은 아이러니스트다. 비록 어떤 사람도 물 없이는 살 수 없다는 것을 모든 그리스인들이 알고 있었음에도 불구하고 '모든 것은 물이다' 고 가르쳤던 탈레스Thales도 역시 아이러니스트다. 피히테Fichte 역시 니콜라이Nicolai조차 그 자신이 어떤 세계도 창조할 수 없다는 것을 깨달았음에도 불구하고, 세계를 창조하는 자아(Ich)를 말했다는 점에서 아이러니스트다. 경험적 인간에 반대해서 내재성을 역설하는 그 어떤 철학자도 마찬가지다.

이와 반대로 은총 그리고 죄의식에 있어서는, 은총을 받고 죄의식에 이르는 것뿐 아니라, 은총을 주고 죄의식으로부터 다시 살아난 것조차 경험적인 사람이다.

따라서 소크라테스와 그리스도 사이에 유비가 있다면, 그것은 틀림없이 소크라테스는 인격화된 철학이고 그리스도는 인격화된 종교라는 사실에 있을 것이다. 그러나 여기서 문제는 철학과 종교 사이의 보편적인 관계가 아니다 ; 문제는 오히려 합체된(inkorporierte) 종교〔인간의 모습을 한 종교〕에 대해 합체된 철학〔인간의 모습을 한 철학〕이 갖는 관계다. 그들이 서로에 대해 어떤 관계를 갖는다는 것은 매우 막연한 진리이거나 혹은 문제의 보편적 조건이지, 답의 특수한 근거는 아니다. 소크라테스에게 있는 그리스도적 요소의 존재를 밝히려는 이러한 노력 속에서 두 사람 사이의 관계, 다시 말해서 그리스도와 소크라테스의 관계는 종교의 스승에 대해 한 철학자가 갖는 일반적 관계 이상으로 정의되지 않는다 ; 소크라테스의 이데아, 플라톤 공화국의 보편적인 도덕적 구조가 이데아의 보편적 구조에 결부될 때 그리고 역사적 개인으로서의 그리스도가 주로 교회에 관련지어질 때 바로 동일한 공허함이 드러난다.[10]

바우어가 받아들이는 헤겔의 다음과 같은 의견[11] 즉 공화국에서 플라톤이 주관성의 침입 원리에 대항해서 그리스 〔국가〕의 실체성을 주장했다는 것이 옳다면, 플라톤은 그리스도와 정반대 입장이 되는 셈이다. 왜냐하면 그리스도는 존립하고 있던 국가에 대항해서 주관성의 이러한 요소를 역설했기 때문이다. 그리스도에게 국가는 단지 세속적인 것으로, 따라서 신성하지 못한 것으로 그려지고 있는 것이다. 플라톤의 공화국이 이데아적인 것으로 남아 있는 반면 기독교 교회가 실재성을 성취했다는 사실은 실재적 차이가 아니며, 반대로 플라톤의 이데아가 실재성을 뒤따르는 반면 기독교의 그것은 실재성에 선행한다는 것이 실재적인 차이라고 할 수 있다.

일반적으로는 플라톤 안에 기독교적인 요소가 있다고 말하는 것보다 기독교 안에 플라톤적인 요소가 있다고 말하는 것이 훨씬 정확할 것이다. 특히 초기의 교부들, 예를 들면 오리게네스Origenes, 에레니우스Herennius 등은 역사적으로도 부분적이나마 플라톤 철학으로부터 유래했던 것이다. 철학적 관점에서 볼 때 플라톤의 공화국에서 제1의

---

10. 이 뒤에 다음과 같은 내용이 있었는데, 줄을 그어 지웠다. "따라서 플라톤의 공화국이 그 자신의 산물인 반면, 교회는 그리스도와는 완전히 다른 어떤 것이라는 중요한 사실이 간과되었다."

11. G.W.F. Hegel, *System der Philosophie*. Dritter Teil. "Die Philosophie des Geistes." §552.

신분이 지적인 신분이나 현자였다는 사실은 중요하다. 기독교의 로고스(Logos)에 대한 플라톤의 이데아의 관계(38쪽), 자신의 기원적 상으로 인간이 거듭나는 것과 플라톤적 상기(Wiedererinnerung)가 갖는 관계(40쪽), 기독교에서의 죄로 인한 타락과 플라톤에서의 영혼의 타락(Fall der Seelen)(43쪽), 영혼의 선실존(Präexistenz)에 관한 신화 등은 동일한 것들이다.

플라톤적 의식에 대한 신화의 관계.

플라톤적 영혼의 윤회(Seelenwandrung). 별자리들과의 관계.

바우어는 83쪽에서 이렇게 말한다:

"어떤 고대철학도 플라톤주의만큼 많은 종교적 성격을 갖고 있지 않다."

이것은 또한 플라톤이 "철학의 과제"를 신체로부터 영혼을 리시스(lysis), 아팔라게(apallage), 코리스모스(chorismos)[12] 하는 것으로, 그리고 죽음과 멜레탄 아포스네스케인(meletan apothneskein)[13]으로 규정한다는 사실로부터도 나온다.

"최후에 철학에 부여되는 이러한 구원의 힘은 확실히 플라톤주의의 일면성(das Einseitige)이다[…]."

한편으로 사람들은 어떤 고대철학도 플라톤적인 것만큼 종교적인 성격을 갖지 못했다는 바우어의 견해를 받아들일 수 있을 것이다. 그러나 이것은 단지 어떤 철학자도 더 큰 종교적 영감을 가지고 철학을 가르치지 않았다는 것만을, 그리고 어느 누구에게도 철학이 더 큰 규정성과 종교적 숭배의 형식을 갖지 않았다는 것만을 의미할 뿐이다. 아리스

12. 구원하는 것(Erlösung), 자유롭게 만드는 것(Befreiung), 구별하는 것(Absonderung).
13. 죽음을 향해 노력하는 것.

토텔레스나 스피노자, 헤겔과 같은 강력한 철학자들의 경우 그들의 태도 자체는 더욱 보편적인 형식을 갖는 것이었으며, 경험적 감정(Gefühl)에는 발을 덜 들여놓았다 ; 그러나 그 덕분에 테오리아(theoria)를 가장 좋은 것, 토 헤디스톤 카이 아리스톤(to hediston kai anston)[14]으로 격찬할 때, 혹은 『페리 테스 퓌세오스 조이케스』*peri tes physeos zoikes*[15]에서 자연의 이성을 존중할 때의 아리스토텔레스의 영감, 영원성의 관점에서의 숙고와 신의 사랑, 인간 정신의 자유에 대해서 말할 때의 스피노자의 영감, 그리고 이데아의 영원한 실현(Verwirklichung) 및 정신적 우주(Geisteruniversum)의 장엄한 유기체(Organismus)를 설명할 때의 헤겔의 영감, 즉 이 세 철학자들의 영감은 더 순수하고, 따뜻하며, 일반적인 교양있는 정신에 더 이롭다. 그러므로 플라톤의 영감이 엑스타시(Ekstase)에서 정점을 이루는 반면에 다른 철학자들〔아리스토텔레스, 스피노자, 헤겔 등〕의 영감은 과학의 순수한 이상적 불꽃으로 타오르는 것이다 ; 따라서 플라톤의 영감이 개별적인 감정을 넣어두는 따뜻한 병에 불과한 반면에 다른 이들의 영감은 세계사적 발전〔전개〕에 생명을 부여한 정신이 되었다.

그래서 한편으로 종교적 발전의 정점으로서 기독교 안에 다른 초기 철학들보다도 플라톤 철학의 주관적 형식을 상기시키는 점들이 더 많이 존재한다고 인정하더라도, 똑같은 이유로 다음과 같은 사실들도 동등하게 주장되어야 할 것이다. 즉 어떤 철학에도 종교적인 것과 철학적인 것 사이의 적대가 더 분명히 표현될 수는 없다고 하는 사실. 왜냐하면 플라톤 철학에서는 철학이 종교의 규정안에서 나타나지만, 다른 고대 철학에서는 종교가 철학의 규정 안에서 나타나기 때문이다.

더욱이 영혼의 구원 등에 대한 플라톤의 견해는 아무것도 보여주지 못했는데, 그것은 모든 철학자들이 영혼을 그 경험적 한계〔얽매임〕

---

14. 가장 즐겁고 가장 좋은 것.
15. 『동물의 본성에 관하여』.

으로부터 자유롭게 하기를 원하기 때문이다 ; 종교와의 유비는 단지 철학의 결핍을 보여주는 것에 불과하다. 다시 말해서 이것〔영혼의 해방〕은 철학의 과제로서 생각되고 있지만, 단지 해법의 조건에 불과한 것, 단지 시작의 시작일 뿐인 것이다.

결국 플라톤이 이 구원의 힘을 최종적으로 철학에 부여하는 것은 그의 결점이나 일면성이 아니다 ; 오히려 그를 신앙의 교사가 아니라 철학자로 만든 것이 바로 일면성이다. 그것〔구원의 힘을 철학에 돌리는 것〕이 플라톤 철학의 일면성이 아니라 일면성에 의해서만이 플라톤 철학은 철학일 수 있는 것이다. 그것은 방금 비난받았던 철학 과제의 정식(定式)——이것이 철학 자체는 아니다——을 그가 다시 지양할 수 있게 해주는 것이다.

"이 안에, 철학을 통해서 인식된 것에 개인의 주관성과는 독립된〔즉 객관적인〕 토대를 제공하기 위한 노력 안에, 왜 플라톤이 최고의 도덕적이고 종교적인 이해를 가진 진리들을 설명할 때 그것들에 신화적 형식을 부여했는지에 대한 이유가 있다." S. 94.

이러한 방식으로 규정되는 그 어떤 것이 있는가? 이 해답은 이유에 대한 이유〔근거에 대한 근거〕의 문제를 그 핵심으로서 포함하고 있지는 않은가? 제기되는 문제는 다음과 같은 것이다 : 왜 플라톤은 철학을 통해 인식된 것에 적극적이고, 무엇보다도 신화적인 토대를 제공하고 싶은 욕망(Bestreben)을 느꼈을까? 그런 욕망은 철학자가 자신의 체계 안에서 이데아의 영원한 능력 안에서 객관적인 힘을 찾지 못했을 때 그가 이야기할 수 있는 가장 가치있는 것이다. 그래서 아리스토텔레스는 신화화하는 것을 공허한 말(Kenologisieren)이라고 불렀던 것이다.[16]

표면적으로 이 물음에 대한 해답은 플라톤 체계의 주관적인 형식 속에서, 대화적 형식 속에서, 그리고 반어 속에서 발견될 수 있다. 어떤 개인의 의견 표명(Ausspruch)을, 그리고 다른 의견이나 개인들에 반대해서 그 의견 표명을 가치있게 만들기 위해서는 주관적인 확신을 객관적인 진리로 만들어주는 어떤 지지대(Halt)가 필요하다.

그러나 그렇게 되면 더 심층적인 문제가 제기된다 : 왜 이러한 신화화가 주로 도덕적〔인륜적〕 — 종교적인 진리들을 설명하는 대화들에서 주로 발견되며, 순전히 형이상학적인 『파르메니데스』에서는 발견되지 않는가? 질문은 다음과 같은 것이다 : 왜 적극적 토대가 신화적인 것이며 신화들에 의지하고 있는가?

바로 여기가 알이 뛰어나오는 지점(hüpfende Punkt des Eies)이다.[17] 규정적이고, 인륜적이며, 종교적인 혹은 『티마이오스』*Timäus*에서처럼 자연철학적인 질문들을 설명하면서 플라톤은 자신의 절대자에 대한 부정적 해석이 충분치 않다는 것을 알았다 ; 여기서 모든 것들을 하나의 어두운 밤, 헤겔에 따르자면 모든 암소들이 검게 되는 그러한 어두운 밤에 잠기게 하는 것으로는 충분치 않다 ; 이 점에서 플라톤은 절대자에 대한 적극적인〔실증적인〕 해석(Auslegung)을 택하는데, 그것 자체의 기초를 이루는 형식이 신화와 알레고리(Allegorie)인 것이다. 절대자가 한편에 있고, 제한된 적극적 현실이 다른 한편에 있다. 그럼에도 적극적인〔실증적인〕 것이 항상 보존되는 곳에서, 이 적극적인 것은 절대적인 빛을 발하기 위한 매체가 되고, 절대적인 빛은 굴절되어 전설적인 색채극(Farbenspiel)이 된다. 유한하고 적극적인 것은 그 자신과는 다른 타자〔절대자〕를 암시한다. 그것은 자기 안에 영혼을 가지고 있는데, 그 변태(變態, Verpuppung)는 경이롭기까지 하다 ; 전체 세계는 신화들의 세계가 된다. 모든 형태는 하나의 수수께끼다. 이것은 비슷한 법칙의 제약을 통해서 최근에도 다시 돌아왔다.

---

16. 독역본의 설명에 따르면 이러한 대조가 아리스토텔레스에게서 직접적으로 확인되지는 않는다고 한다. 아마도 맑스는 아리스토텔레스의 『형이상학』*Metaphysica* I. 9, 991a 21 an. 227에 대해서 말하고 있는 것 같다. – 역자주
17. 영역자는 "여기서 우리는 이 수수께끼에 대한 답을 얻는다"고 번역했다. – 역자주

절대자와 그것의 신화적이고 우의적인(allegorisches) 복장에 대한 이러한 적극적〔실증적〕 해석은 초월성(Transzendenz)의 철학의 원천(Springquell)이고 심장 박동인데, 동시에 이 초월성은 내재성과의 본질적인 관계를 갖는다. 이는 초월성이 본질적으로 내재성을 절단하는 것과 같다. 여기가 플라톤 철학과 모든 적극적 종교, 주로 기독교가 친족관계(Verwandtschaft)를 갖는 곳이다. 이때 기독교는 완성된 초월성의 철학인 것이다. 또 여기에 역사적 기독교와 고대철학의 역사 사이에 만들어질 수 있는 더 심오한 관계를 가능케 하는 관점이 있다. 플라톤이 그 자체로 한 개별자인 소크라테스[18]를 거울, 말하자면 지혜의 신화로 보았던 것이나 그를 죽음과 사랑의 철학자라고 불렀던 것은 절대자에 대한 이러한 적극적 해석과 관련이 있다. 그것은 플라톤이 역사적인 소크라테스를 부정했다는 의미가 아니다; 절대자에 대한 적극적인 해석은 그리스 철학의 주관적 성격과 현자를 규정하는 것에 관련된다.

죽음과 사랑은 부정적 변증법의 신화다. 왜냐하면 변증법은 내적인 단순한 빛이며, 사랑의 날카로운 눈이고, 물리적으로 파괴되는 신체에 의해 압박당하지 않는 내적 영혼이며, 정신의 내적 거주지이기 때문이다. 따라서 변증법에 관한 신화는 사랑이지만, 변증법은 다수와 그것들의 경계들을 휩쓸어버리고, 자율적인 형식들을 무너뜨리며, 모든 것들을 영원성의 바다에 잠기게 하는 급류이기도 한 것이다. 그래서 변증법에 관한 신화는 죽음이다.

따라서 변증법은 죽음이지만 동시에 생명력의 운반체이고, 정신의 정원에서의 개화(Entfaltung)이며, 정신적 불(Geistesfeuers)의 꽃을 피어나게 하는, 작은 씨앗들이 들끓고 있는 잔 안에 있는 거품들이다. 그래서 플로티누스Plotinus는 그것을 신과의 직접적인 합일을 위한 영혼의 하플로시스(haplosis, 단일화)의 수단이며, 죽음과 사랑, 그리고 동시에 아리스토텔레스의 테오리아(theoria)와 플라톤의 변증법이 결합되

18. "소크라테스" 뒤에 대략 세 줄 정도의 여백이 있다.

는 표현이라고 불렀다. 그러나 플라톤과 아리스토텔레스에게서 이러한 규정들이 내재적 필연성으로부터 전개되지 않고 미리 결정됨에 따라, 플로티누스에게 그것들의 경험적이고 개별적 의식으로의 잠김은 하나의 상황〔조건〕으로, 바로 **엑스타시**의 상황으로 나타난다.

리터Ritter는 (자신의 『고대철학사』*Geschichte der Philosophie alter Zeit*, 제1부, 함부르크, 1829에서) 어떤 반대되는 도덕적 거드름을 피우면서 데모크리토스와 레우키포스에 대해서, 주로 원자론에 대해서 이야기 한다(나중에는 프로타고라스Protagoras, 고르기아스Gorgias 등에 대해서도 이야기한다). 모든 것들에 대해 자신의 도덕적 탁월성을 향유하는 것보다 쉬운 것은 없다 ; 모든 것들 중에서도 죽은 사람을 다룰 때가 가장 쉽다. 데모크리토스의 박식함(Vielwissen) 조차도 도덕적 비난을 받는다(563쪽). 그는 다음과 같이 말한다.

"영감을 가장한 연설의 저 높은 기세가 어떻게 삶과 세계에 대한 그의 견해의 기초를 이루는 저 낮은 성향과 그토록 날카롭게 대조를 이루어야만 하는가." S. 564

확실히 어떤 역사적 소견(Bemerkung)도 없다! 왜 성향은 견해의 기본이 되어야 하고, 반대로 정확한 방법의 견해와 통찰은 성향의 기본이 되어서는 안 되는가? 후자의 원리가 훨씬 역사적일 뿐 아니라 철학자의 성향을 철학의 역사에서 고려할 수 있는 유일한 것이다. 우리는 정신적 인격의 형성 안에서 체계로서 우리에게 펼쳐진 것을 보게 된다. 말하자면 우리는 그의 세계의 중심에서 살아 서 있는 데미우르고스Demiurgos[19]를 보게 되는 셈이다.

---

19. 플라톤 철학에서의 조물주. – 역자주

"데모크리토스의 근거 역시 동일한 내용을 가지고 있다. 즉 생성되지 않는 어떤 근원적인 것이 가정되어야만 한다는 것이다. 왜냐하면 시간과 무한성은 생성된 것이 아니므로 그것들의 기원을 찾는 것은 무한한 것의 시초를 찾는 것이 되기 때문이다. 우리는 여기서 모든 현상들의 기원의 문제에 대한 궤변론적 거부만을 볼 수 있을 뿐이다." S. 567

나는 리터의 이같은 주장 속에서 데모크리토스적 규정의 근거와 관련된 문제에 대한 도덕적 거부만을 볼 수 있을 뿐이다 ; 무한한 것은 원자 안에 원리로서 정립되고, 이는 원자의 규정 안에 포함된 것이다. 그 근거를 찾는 것은 당연히 개념의 규정을 지양하는 것이 될 것이다.

"데모크리토스는 원자에 오직 한 가지의 물리적 성질만을 부여했다. 그것은 바로 무게(schwere[20])다… 우리는 여기서 다시 무게를 계산하는 것에 대한 수학의 적용가능성(Anwendbarkeit)을 구원하고자 하는 수학적 관심을 재인식할 수 있다." S. 568

"그래서 원자론자들은 그 운동을 필연성으로부터 연역한다. 이때 그들은 필연성을 무규정적인 것(das Unbestimmte)으로 되돌아가는 운동의 무근거성(Grundlosigkeit)으로 생각하면서 그렇게 한다." S. 570

[IX, 19] "그런데 데모크리토스는 어떤 모상이 인간에게 다가온다(만난다)고 생각했다 ; 이것들 중 어떤 것들은 이로운 결과를 가져오지만 다른 것들은 해로운 결과를 가져온다[21] ; 이러한 이유로 그는 이성이 주어진(vernunftbegabte) 모상들만 만나기를 빌었다. 그러나 이것들은 크고 거대하며, **파괴하기 매우 어렵지만 파괴가 불가능한** 것은 아니다 ; 그것들이 보여지

---

20. 수고에는 'wäre' 로 되어 있다.
21. 이 부분까지는 독일어로 되어 있고, 나머지는 모두 그리스어로 되어 있다.

기도 하고, 소리를 내기도 해서 사람들에게 미래를 말해 준다고 했다. 이러한 모상들의 표상(Vorstellung)으로부터 고대인들은 신이 있다고 생각했던 것이다〔……〕" 섹스투스 엠피리쿠스, 『수학자에 반대하여』*Gegen die Mathematiker*, 311쪽.

[20] "아리스토텔레스는 사람들에게서 신에 관한 표상이 두 가지 요소, 즉 영혼의 과정과 천체 현상들로부터 생긴다고 말했다. 잠자고 있을 때 영혼의 신적인 고취와 예언들 때문에 영혼의 과정들로부터 〔신의 표상이 생긴다〕. **[21]** 그는 잠들어 영혼이 자율적으로 되면, 〔영혼은〕 자신의 본성을 버리고 미래를 예감하고 예고하기 때문이라고 말했다. … 이런 이유로 그는 사람들이 신을 그 자체로 영혼과 닮았고 가장 뛰어난 지성을 가진 어떤 것으로 짐작한다고 말했다. 이것은 천체 현상에 대해서도 마찬가지다." 같은 책, 311쪽.

[25] "에피쿠로스는 사람들이 자고 있는 동안 나타나는 환상적 표상들로부터 신의 표상을 얻는다고 믿는다. 왜냐하면 잠들어 있는 동안 인간을 닮은 큰 모상들이 나타나면 인간들은 실제로 자신을 닮은 신과 같은 어떤 것이 있다고 추측하기 때문이라고 그는 말했다." 같은 책, 312쪽.

[58] "〔……〕 어떤 사람들은 말하기를 에피쿠로스가 대중들에 관한 한 신이 있음을 인정했지만, 사물들의 본성에 관한 한에서는 그렇지 않았다고 한다." 같은 책, 319쪽.

a) 영혼. 『수학자에 반대하여』, 321쪽.

[218] "〔…〕 아리스토텔레스는 신이 비신체적인 것이고 하늘의 한계라고 주장했으며, 스토아 학파는 신이 더러운 것에조차 들어가 있다고 했고, 에피쿠로스는 신이 인간의 형상(Menschengestalt)을 하고 있다고 했으며, 크세노파네스Xenophanes는 신이 무감각한 구(Ball)라고 했다 … **[219]** 에피쿠로스는 '지복을 누리고 불멸하는 것은 자신이 어떤 곤란함을 느끼지도 않을 뿐더러 다른 이들에게 그것을 일으키지도 않는다' 고 말했다." 『퓌론주의에 대한 개요』*Pyrrhonische Hypotyposen*, 제3권, 155쪽.

[219~221] " 시간을 사건의 사건(Akzidens der Akzidenzien ; 프토마 심프토마톤symptoma symptomaton)으로 규정하기를 원했던 에피쿠로스에게 다

른 많은 것들을 제외하고서도 다음과 같은 반론에 제기될 수 있다. 실체(Substanz)로서 행동하는 모든 것은 기체(基體, Substrate) 즉 근저에 있는 주체에 속한다; 그러나 우발적〔사건적〕이라고 불리는 것은 그것이 실체로부터 분리되지 않기 때문에 아무런 영속성(Konsistenz)도 갖지 못한다. 왜냐하면 저항하는 신체들을 제외하고는 어떤 저항(Widerstand; 안티티피아antitypia)도 없으며, 물러나는 것과 허공 등을 제외하고는 어떤 굴복(헤이시스; heixis, 퇴각)도 없기 때문이다." 〔『수학자에 반대하여』, 제4권, 417쪽.〕[22]

[240] "그래서 물체(**Körper**)가 크기와 형태, 저항과 무게의 조성물로 생각되어야만 한다고 말한 에피쿠로스는 실존하는 물체가 비실존하는 물체로 이루어져 있다고 생각하도록 강요한다. … **[241]** 따라서 시간이 존재하기 위해서는 사건들이 있어야만 했다; 그러나 사건들이 존재하기 위해서는 기초가 되는 상황(Umstand)이 있어야만 한다; 만약 기초가 되는 상황이 존재하지 않는다면 시간 또한 결코 존재할 수 없는 것이다."

[244] "그래서 이것이 시간이라면, 에피쿠로스는 시간이 그것들의 사건들이라고 말했다."

(위에서 그것들이라고 말한 것은 아우톤(auton)[23]으로 헤메라(hemera), 닉스(nyx), 호라(hora), 키네시스(kinesis), 모네(mone), 파토스(pathos), 아파테이아(apatheia)[24] 등을 가리킨다.),

"그렇다면 에피쿠로스에 따르면 시간은 자신의 고유한 사건이 될 것이다." 『수학자에 반대하여』, 〔제4권〕, 420~421쪽.

헤겔에 따르면(『전집』, 제14권, 492쪽), 판단의 기준으로서 객관적

---

22. 이 단락은 독일어로 쓰여 있고, 그리스어는 괄호를 써서 삽입했다.

23. 독(獨) ihre, 영(英) Its.

24. 헤메라부터 차례로 낮, 밤, 시간, 운동, 정지, 감정, 무감함.

으로 얻은 것을 평가해 볼 때, 에피쿠로스의 자연철학은 대단한 칭찬을 받을 만한 것은 못된다고 하지만, 역사적 현상들은 그런 칭찬을 별로 필요로 하지 않는다는 점을 생각해 본다면 자신의 원리의 비일관성들을 모든 범위에 걸쳐 그 자체로 설명되도록 만드는 〔에피쿠로스의〕 솔직하고 참된 철학적 일관성이야말로 존경할 만한 것이다. 그리스인들은 모든 것들을 빛나게 만드는, 말하자면 그 본성의 순수한 빛—그 빛이 아무리 희미한 것이라고 해도— 안에서 꾸밈없이 드러내는, 그러한 위대한 객관적인 소박함 덕택에 우리의 영원한 스승으로 남을 것이다.

우리 시대는 특히 최대의 죄, 정신과 진리에 반대되는 죄를 짊어지고, 철학에 있어서조차 죄 많은 현상을 출현시키고 있다. 바로 통찰 뒤에는 숨겨진 의도가 깃들어 있고, 사정(Sache) 뒤에는 숨겨진 통찰이 깃들어 있기 때문이다.

에피쿠로스 철학 · 일곱번째 노트

VII Epikureische Philosophie · *Siebtes Heft*

키케로

I. 『신들의 본성에 관하여』 *Über die Natur der Götter*

II. 『투스쿨란 논집』 *Tuskulanische Gespräche* 5권[1]

키케로, 『신들의 본성에 관하여』

제1권

8장[, 18] "벨레유스Vellejus는 그들〔에피쿠로스주의자들〕에게 익숙한 그런 확고한 태도로, 어떤 것에 대해서도 의심을 갖고 있지 않은 것처럼 보이기 위해서 아무것도 두렵지 않다고 〔말했다〕. 마치 그가 신들의 집회에서, 그리고 에피쿠로스가 말하는 간세계(Intermundien)에서 지금 막 내려온 것처럼…", 등등.

13장[, 32] 안티스테네스Antisthenes의 입장도 매우 훌륭하다 :

"자신의 책 『자연론』*Über die Natur*에서 그는 대중들의 믿음에는 많은

---

1. 일곱번째 노트라고 쓰여 있는 책자에는 키케로의 『투스쿨란 논집』으로부터의 인용이 들어있지 않다. 맑스가 표지에 『투스쿨란 논집』을 써놓기는 했지만 본문에는 그 책으로부터의 인용이 없으며, 오히려 표지에 쓰여있지 않은 키케로의 『최고선과 최대악에 대하여』으로부터의 인용이 있다.

신들이 존재하지만, 자연에는 **단 하나의 신**만이 존재한다〔…〕"

14장 [, 36]. 스토아 학파 제논은 이렇게 말했다 :

"헤시오도스Hesiod의 『신들의 계보』*Theogonie*에 대한 해석에서 그는 신들에 대한 관습적이고 통속적인 생각들을 버렸다. 왜냐하면 그는 주피터(Jupiter)나 주노(Juno), 베스타(Vesta) 혹은 그밖에 신으로 불리는 그 어떤 것들에 대해서도 신들로 간주하지 않았으며, 이러한 이름들은 생명이 없고 말이 없는 것들에 어떤 의미를 부여한 것이라고 가르쳤기 때문이다."

15장 [, 41]. 스토아 학파의 크리시포스Chrysippus는 이렇게 말했다 :

"〔그의 『신들의 본성에 관하여』의〕 제2권에서 그는 오르페우스Orpheus와 무사이오스Musäus, 헤시오도스, 그리고 호메로스를 제1권에서 그가 말한 불멸의 신들과 조화시키고자 했다. 이러한 교의들에 관한 어떤 개념도 가지고 있지 않았던 가장 오래된 시인들조차 진정한 스토아주의자들인 것처럼 만든 것이다."

"이 점에서 바빌론의 디오게네스(Diogenes der Babylonier)가 그를 따르고 있는데, 디오게네스는 『미네르바에 관하여』 *Über Minerva*라는 자신의 책에서 주피터로부터의 처녀신의 탄생을 신화로부터 분리하여 자연학(Physiologie)으로 이전시켰다."

16장 [, 43]. "〔…〕 그〔에피쿠로스〕만이 다음과 같은 사실, 즉 우선 신들은 틀림없이 존재한다는 것, 왜냐하면 자연 자체가 모든 인간들의 정신에 그들에 관한 관념을 심어주기 때문이라는 사실을 알았다. 신들에 관한 가르쳐지지 않은 선개념(Vorbegriff)을 가지고 있지 않은 민족이나 종족이 어디에 있단 말인가? 그러한 선개념을 에피쿠로스는 프롤렙시스(prolepsis)라는 말로 나타냈는데, 어떤 것도 그것 없이는 이해될 수도, 연구될 수도, 토론될 수도 없는 그러한 미리 지각된 개념이라고 할 수 있다. 이러한 주장의 유의미성과 유용성을 우리는 천재적인 저작인 에피쿠로스의 『규칙과 판단에 관하여』

*Über die Regel und das Urteil*에서 배울 수 있다."

17장 [, 44] "……신들은 존재한다고 이해되어야만 한다. 그것은 우리가 본능적으로, 본유적으로 그들에 대한 관념을 가지고 있기 때문이다 ; 본성상 모든 인간들이 공유하는 믿음은 필연적으로 사실임에 틀림없다. …… **[45]** 이것이 그러하다면, 에피쿠로스의 그 유명한 격언은 참되게 다음과 같은 사실을 표명하고 있다. 즉 '영원하고 복된 것은 그 스스로 곤란함을 겪지도 않을 뿐 아니라 다른 이들에게도 그것을 야기하지 않는다. 따라서 어떤 분노나 호의도 알지 못하는데, 그것은 이러한 모든 것들이 약함에 속하는 것들이기 때문이다.' 〔……〕 뛰어난 것들은 〔…〕 무엇이든지 그 정당한 존경을 명한다. 〔…〕"

18장 [, 46] "본성으로부터 모든 민족들의 인간들은 다른 것이 아닌 인간적 형상을 가지고 있는 것으로 신의 관념을 유도한다. … 그러나 최초의 인상으로 모든 것들을 환원하지 않기 위해서, 이성 자신이 또한 그것을 분명히 해야 한다. **[47]** … 어떤 형상(Gestalt)이 … 인간적 형상보다 더 아름다울 수 있겠는가? **[48]** … 이로부터 신들은 인간의 형상을 하고 있다는 결론이 나온다. **[49]** 그런데 그 형상은 신체가 아니라 유사신체(Quasikörper)이고, 피를 가지고 있는 것이 아니라 유사피(Quasiblut)를 가지고 있다."

[18-19장] "에피쿠로스는 … 신들의 힘과 본성은 그와 같아서 우선 그것은 감각들이 아니라 지성에 의해서 파악되어야 하며, 에피쿠로스 자신이 스테렘니아(steremnia)[2]라고 부른 것처럼 고체들로서 혹은 수(Zahl)로서가 아니라, 유사성(similitudine)과 전이(transitione)로 파악되는 상(Bilder)으로서 이해되어야 한다고 가르쳤다."

19장. "유사한 상들의 끊임없는 연쇄가 무수한 원자들로부터 나와 신들을 향해가기 때문에 우리의 정신은 커다란 쾌락을 가지고 이러한 상들을 주시하고, 그를 통해 복되고 영원한 존재의 본성에 대한 이해에 도달한다. **[50]** 더욱이 거기에는 가장 세심하게 주의를 기울여서 탐구해야 할 최고의 힘을

---

2. 단단한 물체(고체).

가진 무한성의 원리가 있다 ; 그리고 우리는 자연이 그러한 성질의 것이어서 항상 유사한 것들(Gleiches)은 유사한 것들에 상응한다는 것을 이해해야 한다. 이것이 에피쿠로스가 이소노미아(isonomia)라고 부른 것, 즉 균등한 분배의 원리인 것이다. 이러한 원리로부터 **가멸적 존재**(mortalium)**의 전체 수가 매우 많다면, 불멸적 존재**(immortalium)**의 수도 적지 않아야 한다**는 결론, 그리고 파괴의 힘들이 셀 수 없이 많다면, 보존의 힘들 역시 무수히 많아야 한다는 결론이 따라나온다. 당신들 스토아 학파는 우리 발부스(Balbus)에게 신들의 생활 양식이 어떤지, 어떻게 날들을 보내는지에 대해 물었다. **[51]** 그들의 생활이 모든 좋은 것들 중에서도 가장 행복하고 풍성한 것이라는 사실은 명백하다. 왜냐하면 신은 아무것도 하지 않으며, 모든 일이나 수고로부터 자유롭고, 노동도 하지 않으며, 자신의 지혜와 덕 안에서 기뻐하고, 절대적 확실성을 가지고 자신이 항상 가장 크고 영원한 쾌락을 향유할 것이라는 사실을 알기 때문이다."

20장. [, 52] "우리는 정당하게 이 신을 행복하다고 말하지만, 당신들의 신은 매우 고생스럽다. 바로 다음과 같은 것 때문이다. 만일 세계 자체가 신이라면, 단 한 번도 쉬지 않고 하늘의 축을 중심으로 해서 엄청난 속도로 돌고 있는 것보다 평안하지 못한 일이 어디 있겠는가? 휴식이 없다면 어떤 행복도 없다. 만일 세계 안에 그것을 통치하고 지배하면서, 별들의 운행 경로를 돌보고, 계절을 바꾸며, 사물들의 질서를 유지시키며, 땅과 바다를 지켜보고, 인간들의 행복과 생명을 지켜주는 어떤 신이 존재한다면, 그는 실제로 진저리나고 수고로운 일에 휘말린 것이다. **[53]** 우리는 행복이 마음의 평온함과 모든 의무들로부터의 완전한 면제에 있다고 생각한다. 왜냐하면 우리에게 휴식을 가르쳤던 그는 세계가 그것을 만들어낼 어떤 제작자도 필요로 하지 않고 자연에 의해 만들어졌다는 것도 가르쳤으며, 당신들이 신적인 기술 없이는 생산될 수 없다고 말했지만, 자연은 너무도 쉽게 무수한 세계를 생산해왔고, 생산하고 있으며, 생산할 것이라는 사실 또한 가르쳤기 때문이다. 당신들은 어떻게 자연이 어떤 지성도 없이 이 모든 것을 할 수 있는지를 알 수 없기 때문에, 당신들 같은 비극적 시인들은 비판을 전개하지도 못하고 신에 의지했던 것이다. **[54]** 만일 당신들이 모든 방향으로 뻗어나간 그 거대하고 무제한적인 공간, 즉 정신이 자신의 운동을 멈추게 하는 어떤 궁극적 한계도 알지 못한 채 멀리 날아갈 수 있는 그 거대한 공간을 생각해보기만 한다면, 당신들은 확실히 그[신]의 활동을 요구하지 않을 것이다. 이러한 거대한 길이와 폭, 그리고 높이 안에 무수한 원자들의 비행이 있다. 이 **원자들은 비록 허공에 의해 분리되기는 하지만 서로 응집해서 각 형태를 취하며, 이것의 끊임없는 계열**(Folge)**들로부터**, 당신들이 풀무(Blasebläge)나 모루(Ambosse) 없이는 생겨날 수 없을 것이라고 믿었던, 사물들의 형식과 형태가 생겨난다. **당신들은 낮이나 밤이나 두려워해야만 하는 영원한 지배자를 우리에게 정립시켰다. 모든 것들을 내다보고, 생각하며, 주의깊게 지켜보고 있고, 모든 것을 자신의 관심의 대상으로 생각하고 있는 신을 누가 두려워하지 않을 수 있단 말인가?** **[55]** 이것의 결과는 무엇보다도 당신들이 에이마르메네(heimarmene)[3]라고 부르는 것, 바로 무슨 일이 일어나든지 그것은 영원한 진리와 끊임없는 인과사슬의 결과라고 하는 숙명적인(schicksalhafte) 필연성이다. 그러나 도대체 늙은 여인네들, 모든 것들은 숙명에 따라 일어난다고 하는 무지한 늙은 여인네들의 생각을 가지고 있는 철학에 무슨 가치를 부여해줄 수 있겠는가? 다음으로는 당신들의 만티케(mantike)[4] 라틴어로는 디비나티오(divinatio)라고 하는 것에 대해서 말해보겠다. 당신들의 말을 듣자면 우리는 미신으로 물들어 있어서, 내장으로 점치는 사람, 새로 점을 치는 사람, 예언가, 점쟁이, 해몽가 등을 신봉하는 사람들임에 틀림없다. **[56]** 그러나 에피쿠로스는 우리를 이러한 미신의 공포로부터 해방시켜줬고, 미신에 사로잡히지 않고 자유롭게 되도록 해주었다. 그래서 우리는 우리가 이해하는 바대로 자신들에게 아무런 수고로움도 만들지 않고, 다른 이들에게도 그것을 야기하지 않는 존재들[신들]에 대해 어떤 두려움도 갖지 않는다. 오히려 우리는 숭고하고 위대한 자연에 경건한 존경심을 갖는 것이다."

---

3. 숙명.
4. 점(占), 예언술.

21장. 이에 대한 코타Cotta의 반대가 이어진다.

[58] "나는… 당신의 설명이 가장 명료하고, 사유에 있어 풍부할 뿐 아니라, 당신 학파의 통상적인 것보다 잘 정립된 것이라고 생각한다."

23장 [, 62] "당신은 신들이 존재함을 우리가 인정해야 하는 이유로 모든 민족과 종족의 인간들이 그 사실을 믿는다는 점을 들었다. 그러나 그것은 동시에 나약한 주장이며, 잘못된 것이다." …… (신들의 존재를 부정했던 프로타고라스의 책들이 대중들의 집회에서 불태워지고, 프로타고라스 자신은 국외로 추방된 사실을 이야기 한 후, 코타는 계속해서 〔다음과 같이 말했다 :〕) **[63]** "이로부터 나는 많은 사람들이 처벌받을 것이라는 의심을 떨쳐버릴 수 없기 때문에 그러한 견해를 표명하는 것을 삼가게 되었다고 생각한다."

24장 [, 66] "데모크리토스나 그 이전의 레우키포스가 다음과 같은 괴이한 주장을 하기 때문이다. 즉 어떤 미세한 입자들이 존재하는데, 어떤 것들은 부드럽고, 어떤 것들은 거칠며, 어떤 것들은 둥글고, 어떤 것들은 모났으며, 어떤 것들은 갈고리 모양으로 굽었다고 한다. 하늘과 땅이 이것들로부터 창조되었는데, 이것은 **자연에 의해 강제된 것이 아니라, 어떤 우발적인 충돌에 의한** 것이라고 한다. … **[67]** 그렇다면 이것은 사실인가? 나는 행복에 관해서는 당신들이 말하는 어떤 것도, 즉 신조차 한가하게 쉬지 않고서는 행복을 누리지 못한다는 것도 부정하지 않는다. … 그래서 나는 모든 것이 분할 불가능한 신체들로부터 만들어지는 것이라는 당신의 주장을 인정한다; 그러나 이것은 우리를 더 나아가게 하지 못한다. **[68]** 왜냐하면 우리는 신들의 본성을 알고자 하기 때문이다. 그들이 원자들로 이루어져 있다는 것을 인정한다면, 신들은 영원하지 못할 것이다. 원자들로 이루어진 것은 어느 때에 생겨나는 것이기 때문이다 ; 그러나 만약 그들이 생겨나는 존재들이라면, 그들이 생겨나기 이전에는 어떤 신도 없는 셈이 된다. 그리고 만약 신들이 생겨나는 시점이 있다고 하면, 당신들이 플라톤의 세계에 대해서 논쟁을 펼쳤던 것처럼 그들이 멸하는 시점 또한 있어야 한다. 그렇다면 당신들이 신을 의미하는 것으로 사용했던 복되고 영원한 것을 당신들은 어디에서 발견할 것인가? 이것을 해명하려고 할 때 당신들은 덤불 숲(Dickicht) 속으로 빠져들 것이다. 왜냐하면 당신들은 신들이 신체를 갖지 않고 유사신체를 가졌으며, 피를 갖지 않고 유사피를 가졌다고 말했기 때문이다."

25장 [, 69]. "이것은 당신의 학파에 자주 있는 일이다. 당신은 비판에서 벗어나고자 할 때는 도저히 있을 것 같지 않은 것을 예증하기 위해 끌어들인다. 그래서 그것을 뻔뻔스럽게 주장하느니 차라리 논쟁 지점을 버리는 것이 더 낫다. 가령 에피쿠로스는 만약 원자들이 그 무게에 의해서 아래로만 운동한다면 원자들의 운동은 필연성에 의해 규정될 것이므로 우리는 무언가를 할 수 있는 어떤 힘도 갖지 못할 것이라는 사실을 알았다. 그래서 그는 **필연성을 피할 수 있는 수단**을 고안해내었는데, 이것은 **명백히 데모크리토스로부터 벗어난** 것이다 ; 그는 말하기를 무게와 중력에 의해 수직으로 낙하하는 동안에 원자가 미세하게 편위한다고 했다. **[70]** 그러나 이렇게 주장하는 것은 자신이 변명하기를 원하는 것을 방어할 수 없는 것보다도 훨씬 부끄러운 일이다."

순수한 그리스 철학을 마감하는 세 개의 그리스 철학 체계들인 에피쿠로스, 스토아, 회의주의가 자신들 체계의 주요 계기들을 미리 발견되었던 것인 양 과거로부터 취했다는 사실은 본질적으로 주목할 만한 현상이다. 그래서 스토아 학파의 자연철학은 넓게 보아 헤라클레이토스적이며, 그 논리는 아리스토텔레스의 것을 닮았다. 그래서 키케로는 이미 다음과 같이 지적했던 것이다 :

"스토아 학파 사람들은 실질적으로는 소요학파의 사람들(Peripatetikern)과 일치하지만, 말(Worten)에서 다른 것이다." 『신들의 본성에 관하여』, 제1권, 7장, 〔16〕.

에피쿠로스의 자연철학은 기본적으로는 데모크리토스적이고, 윤리학은 키레네 학파의 것과 유사하다. 끝으로 회의주의파는 철학자들 중에서도 박식한 사람들(Gelehrten)로 그들의 작업은 기존의 이용 가능한 다양한 주장들을 대치시키고 함께 모은 것이다. 그들은 동등하게 하고 고르게 하는 박식한 시선으로 기존의 체계들을 뒤돌아 보고, 그것을 통해 모순과 대립을 드러낸다. 그들의 방법은 엘레아 학파(eleatischen)와 소피스트들, 그리고 전(前)아카데미(vorakade-mischen) 사람들의 변증법 속에서 그 일반적인 원형(Prototyp)을 발견할 수 있다. 그러나 그럼에도 불구하고 이들〔스토아, 에피쿠로스, 회의주의 등〕의 체계들은 독창적이며 하나의 완결된 전체들이다.

그러나 그들은 단지 자신들의 학문을 위해 이미 만들어진 건축 재료를 발견한 것이 아니다 ; 그들의 정신왕국들(Geisterreiche)의 살아 있는 정신들 자체가 말하자면 예언자들로서 재료들에 선행했다. 그들의 체계에 속한 인격들(Persönlichkeiten)은 역사적 인물들이었고, 체계는 말하자면 체계에 통합되었다〔육화되었다 Inkorporierte〕. 아리스티포스Aristippus, 안티스테네스Antisthenes, 소피스트들(Sophisten)과 그 밖의 사람들이 그랬다.

이것을 어떻게 이해해야 할 것인가?[5]

'영양을 공급하는 영혼' 에 대한 아리스토텔레스의 언급 :

"이것은 다른 것들로부터 분리된 채로 존립할 수 있다. 그러나 가멸적(sterblichen) 본질〔최소한 가멸적 존재〕의 경우에 다른 것들은 이것과 분리된 채로 존립할 수 없다." 아리스토텔레스, 『영혼에 관하여』*Über die Seele*, 제2권, 제2장.

이 언급은 에피쿠로스 철학과 관련하여 반드시 기억해야만 하는데, 그것은 한편으로는 그것 자체를 이해하기 위해서고, 다른 한편으로는 에피쿠로스 자신의 명백한 불합리함과 그에 대한 후대 비평가들의

5. 수고(Handschrift)에는 이 질문과 다음 단락 사이에 분리선이 그어져 있다.

미숙함을 이해하기 위해서이다.

그에게 개념의 가장 일반적인 형식은 원자이다 ; 왜냐하면 이것은 가장 일반적인 존재 자체로서, 그 자체로 구체적인 것이며 유(Gattung)이고, 그의 철학 개념의 구체화(Konkretionen)와 고차적 특수화(Besonderungen)에 대해서는 그 자체가 하나의 종(Art)이다.

그래서 원자는 추상적인 즉자존재(Ansichsein), 예를 들자면 사람의, 현자의, 신의 즉자존재다. 이것들은 동일한 개념의 고차적이고 질적인 순차적 규정들(Fortbestimmungen)이다. 따라서 이 철학의 발생적인(genetischen) 전개 안에서 특히 베일 Bayle이나 플루타르크 Plutarch처럼 어떻게 한 사람이, 현자가, 신이 원자들로 구성될 수 있는가라는 미숙한 질문을 던져서는 안 된다. 다른 한편으로 이 질문은 에피쿠로스 자신에 의해 정당화되는 것처럼 보인다. 왜냐하면 고차적인 전개에서 가령 신은 더욱 작고 미세한 원자들로 이루어진다고 그가 말했기 때문이다. 이에 대해서는 에피쿠로스 자신의 의식(Bewußtsein)이, 그의 체계에 대한 후세 사람들의 비과학적인(unwissenschaftliche)[6] 의식이 그런 것처럼 자신에게 부과된(aufgedrungnen) 그의 원리의 더 나아간 규정들(Weiterbestimmungen)과 관계하고 있다는 사실에 주목할 필요가 있다.

예를 들어 신 등의 경우에 만일 그가 체계 안에 필연적인 가지(Glied)로 도입한 더 나아간 형식 규정(Formbestimmung)에 의해서 추상된 그것의 존립, 그것의 즉자존재에 대한 물음이 제기된다면, 보편적인 존립(allgemeine Bestehn)은 원자이고, 다수의 원자들이라고 주장된다 ; 그러나 정확히 신의 개념 안에, 그리고 현자의 개념 안에서 이러한

---

6. 영역자는 "비과학적인 의식"(unwissenschaftliche Bewußtsein)은 맑스가 잠깐 실수한 것이며, "과학적인(wissenschaftliche) 의식"으로 고쳐 읽어야 한다고 주장하고 있다. 그러나 독어본과 일어본에는 별다른 주를 달지 않고 있으며 "unwissenschaftliche"(일역에서는 '비학문적인'으로 번역했음)를 그대로 사용하고 있다. – 역자주

존립은 어떤 고차적 형식 안에 잠겨 있었다. 그의 특수한 즉자존재는 체계의 전체 안에서 정확히 그의 더 확대된 개념 규정이며 필연성이다. 이것 바깥에 있는 어떤 존재에 대해서 물음이 제기된다면 그것은 원리의 낮은 단계와 형식으로 퇴보하는 것이다.

그러나 에피쿠로스는 계속해서 이런 식으로 되돌아가고 있는데, 그것은 그의 의식이 그의 원리처럼 원자론적이기 때문이다. 그의 자연의 본질은 또한 그의 현실적 자기의식의 본질이기도 하다. 그를 내모는 본능과 이 본능적인 본질의 더 나아간 규정들은 그에게 다시 다른 것들과 나란히 있는 하나의 현상과 같은 정도의 것이다. 그리고 자신의 철학적 사유(Philosophieren)의 고차적 영역으로부터 그는 다시 가장 보편적인 영역으로 돌아가 잠긴다. 그것은 주로 대자존재(Fürsichsein)로 주장된 것으로서의 존립이 그에게 모든 존립의 형식이기 때문이다.

철학자의 본질적 의식은 자신의 고유한 현상적 지식으로부터 분리되지만, 이 현상적 지식 자체는 말하자면 자신의 고유한 내적 충동(Treiben)에 대한, 그리고 사유하는 사상(Gedanken)에 대한 자신의 독백 안에서 그의 의식의 본질인 원리에 의해 제약된다.

철학적인 역사기술(Geschichtschreibung)은 인격—그것이 흡사 그의 체계의 초점과 형태처럼 설령 철학의 정신적 인격이라고 해도—에 관심을 갖지 않으며, 심리적으로 세세하게 따지는 것과 명석함을 과시하는 것 따위에는 더더욱 관심을 갖지 않는다. 역사기술은 각 체계 안에서의 규정들 자체와 전체 체계에 퍼져 있는 현실적 결정화를, 철학자들이 자신들을 알고 있는 한에서 벌이는 증명들과 논쟁에서의 정당화들로부터, 그리고 철학자들의 자기 서술(Darstellung)로부터 구별해야 한다 ; 그리고 암암리에 영향을 미치고 있는 현실적인 철학적 지식의 두더지를, 말하기 좋아하고 외향적이며 그런 모든 전개(Entwicklung)의 그릇이고 에네르기인 주체가 지니고 있는 다양한 행위의 현상학적인(phänomenologischen) 의식으로부터 구별해야 한다. 이러한 의식의 분리 속에서 그것의 통일성은 정확히 상호적인 거짓말로 드러난다.[7] 역사상의 철학 서술에 있어서 이 **비판적 계기**는 자신의 역사적 실존을 매개하는 체계의 과학적인 서술을 위해 필수적이다. 이 매개를 간과해서는 안 되는데, 그 이유는 〔그 체계의〕 실존이 역사적인 것이기 때문일 뿐 아니라, 그것이 또한 철학적인 것으로 주장되기 때문이며 따라서 그것의 본질에 따라서 전개되어야만 하기 때문이다. 최소한 철학은 권위와 선한 신념의 철학으로 받아들여져야만 한다. 비록 그 권위가 민족의 것이고, 그 신념이 수세기 동안 형성된 것이라 해도… 증명은 그 철학의 본질을 드러냄으로써만 가능하다. 철학사를 쓰는 사람은 누구나 두 가지[8] 즉 비본질적인 것으로부터 본질적인 것을, 내용으로부터 서술을 분리시킨다. 그렇지 않으면 단지 베낄 수만 있을 뿐이며, 번역은 물론이고 주석을 달거나 지울 수조차 없게 된다. 그는 단지 사본에 대한 모방자가 될 뿐이다.

오히려 물어야 할 것은 다음과 같은 것이다. 어떻게 개인과 현자, 신의 개념들과 이 〔각각의〕 개념들에 특정한 규정들이 그 체계 안에 들어가고, 어떻게 그것으로부터 자신들을 전개하는가?

키케로, 『최고선과 최대악에 대하여』 *Vom höchsten Gut und Übel*

제1권

6장 [, 17]. "우선 … 그[에피쿠로스]가 특히 자랑스럽게 생각하는 자연학(Physik)에서 시작해보자. 무엇보다도 여기서 그는 완전히 문외한이다. … 데모크리토스는 원자들이 매우 단단한 것이어서 나누어질 수 없고, 천장이나 바닥, 중간, 그리고 시작이나 끝도 없는 무한한 크기의 허공에서 움직인다고

---

7. 이 문장의 마지막 두 단어(Lüge nachgewiesen)는 정확하게 읽기 힘든 상태다.

8. "두 가지"(In beidem)는 해독하기 힘든 상태로 되어 있다.

… 생각했다. 이 원자들은 운동을 해서 서로 충돌하기도 하고, 서로 결합하기도 한다. 그리고 이 과정으로부터 존립하고 있고 우리가 지각하는 사물들의 세계가 생겨난다. 더욱이 원자들의 이러한 운동은 어떤 출발점에서 시작하는 것이 아니라 영원성으로 진행된 것이다. **[18]** 그〔에피쿠로스〕는 분할불가능하고 단단한 이 동일한 신체들은 자신들의 무게로 인해 직선으로 낙하하며, 이것은 모든 신체들의 자연스런 운동이라고 … 주장했다. **[19]** 그러나 거기서 이 명민한(scharfsinnigen) 인물은, 앞서 말한 것처럼 만일 모든 것들이 수직으로만 낙하한다면, 어떤 원자도 다른 원자와 만날 수 없을 것이라고 느꼈다. 그래서 그는 자신이 고안한 생각을 도입했는데, 그것은 바로 원자가 미세하게 편위한다는 것, 가능한 한 최소한의 편위를 한다는 것이었다. 이를 통해서 원자들의 복합체들(Komplexionen)과 결합(Kopulation), 그리고 유착(Adhäsionen)이 만들어지며, 그 결과 세계와 그 안의 모든 부분들이 생겨난다고 말했다. … 〔그러나〕 그 편위 자체는 자의적인 허구다(왜냐하면 에피쿠로스가 원자들은 **원인없이** 편위한다고 말하기 때문인데, 자연학자에게 어떤 것이 원인없이 일어난다고 말하는 것보다 굴욕적인 것은 없다). … **[20]** 박식하고 기하학에 정통했던 데모크리토스는 태양이 거대한 크기를 갖는다고 생각했다; 〔그러나〕 아마도 그〔에피쿠로스〕는 태양이 직경 2피트 정도의 크기를 갖는다고 생각했을 것이다. 왜냐하면 그는 그것이 보이는 것만큼의 크기, 혹은 그것보다 약간 크거나 작은 정도의 것이라고 말했기 때문이다. **[21]** 따라서 에피쿠로스가 데모크리토스의 가르침을 변경시킨 것은 그것을 악화시킨 것이다. 그가 받아들이고 있는 것들, 그 운동이 시각뿐 아니라 사유의 원인이기도 한 원자들, 허공, 그리고 **그들이 에이돌라(eidola)라고 부르는 영상(Bilder)** 등은 모두 데모크리토스에게 속하는 것들이다. 그들이 아페이리아(apeiria)라고 부르는 무한자(Unendlichkeit) 역시 전적으로 데모크리토스에게 온 것이다. 그리고 매일 생기고 사라지는 무수한 세계들도 마찬가지다.

7장 [, 22]. "로지케(logike)라고 부르는 … 철학의 두번째 부문에서도 당신들의 스승은 … 완전히 무방비 상태이고 의지할 곳 없는 상태다 : 그는 정의를 없애버렸다. 그는 분할(Einteilung)이나 분절(Gliederung)에 대해서도 가르치지 않는다 ; 그에게는 추론의 규칙도 없다. 그리고 딜레마를 풀 수 있는 방법이나 모호함의 잘못을 범하지 않게 해줄 수 있는 어떤 방법도 제공해주지 못한다. 사물에 대한 판단에서 그는 감각(Sinnen)을 믿는다. 일단 감각들이 허위의 것을 진리로 받아들이면 모든 가능한 판단 기준들은 그에게 있어 파괴되는 것으로 보인다. … **[23]** 그는 자신이 말한 대로 자연〔본성〕 스스로가 쾌락과 고통의 느낌을 좋다고 하거나 거부한다는 사실을 강조한다. 선택과 회피의 모든 행동들은 이것으로 귀착된다. 〔…〕"

9장 [, 29]. "〔…〕 에피쿠로스는 이것을 쾌락 속에서 찾았다 ; 그는 쾌락이 최고의 선이며, 고통이 최대의 악이라고 주장했다. 그는 이것을 다음과 같이 보였다 : **[30]** 모든 생물은 그것이 태어나자마자 쾌락을 쫓고, 최고의 선으로서 그것 안에서 기뻐한다. 반면에 최대의 악으로서 고통으로부터 멀어지고자 하며, 가능한 한 그것을 피하고자 한다. 자연 자신이 공평하고 순수하게 판단하는 곳에서 그것은 손상되지 않는다. 그래서 그는 쾌락은 원하고 고통은 피하게 된다는 것을 보이고자 하는 논쟁에 대한 어떤 필연성도 인정하는 것을 거부했다. … 그래서 자연 자체가 어떤 것이 자연〔본성〕에 부합하는 것이고 어떤 것이 반하는 것인지를 규정한다는 것이 필연적이다. 〔…〕"

11장 [, 37]. "그래서 고통의 제거는 쾌락을 가져온다고 할 수 있다. 에피쿠로스는 결과적으로 쾌락과 고통 사이에 있는 느낌의 중립적 상태 같은 것은 없다고 말한 셈이다."

12장 [, 40]. "그러한 상황에 있는 사람은 무엇보다도 죽음과 고통에 대한 모든 공포에 대항할 수 있는 정신적 힘을 반드시 가져야만 한다. 그는 죽음이라는 것이 전혀 느낄 수 없는 것이라는 사실, 그리고 고통이란 그 지속 기간이 길면 가벼운 것이고, 고통이 강하다면 그것은 짧을 것이라는 사실, 그래서 고통의 강함은 그 지속 기간이 짧음과 계속되는 감소에 의해 보상될 것이라는 사실을 알 것이다. **[41]** 더욱이 신의 지배에 대해 어떤 두려움도 없고, 과거의 쾌락이 사라지지 않아서 회상 속에서 계속 그것을 즐기는 사람이 있다고 해보자. 그렇게 되면 어떻게 더 나은 삶이 그에게 가능하겠는가? … **[42]** 그러나 그것은 최고의, 궁극의, 그리고 최종의 선으로 그리스인들이 텔로스(telos)라고 부르는 것인데, **이것은 그 자체로 다른 어떤 것에 대한 수단이 아니라 다른 모든 것들이 그것으로 소급되는**(그것의 수단이 되는) **것이므로, 우리는 이것을 최고의 선으로 이해해야만 한다. 따라서 최고의 선은 즐겁게 (angenehm)** 사는 것이다."

13장 [, 45]. "〔…〕〔욕망들에 대한〕 어떤 분류(Einteilung)가 에피쿠로스의 것보다 더 유용하고 좋은 삶을 사는 데 더 적합할 수 있겠는가? 그가 첫번째 그룹으로 분류한 것은 자연적〔본성적〕이면서 필연적인 것이고, 두번째는 필연적이지는 않지만 자연적인 것이며, 세번째는 자연적이지도 필연적이지도 않은 것이다. 필연적인 욕망은 거의 수고로움이나 비용이 들지 않으며, 자연적인 욕망 역시 자연이 풍부함을 가지고 있으므로 자연[본성]을 만족시켜 줄 수 있는 만큼의 적은 양만 있으면 되고 쉽게 구할 수 있다. 그러나 〔세번째의 것인〕 헛된 욕망들에는 어떤 한계나 제한도 없다."

18장 [, 57]. "당신이 쾌락에 빠진 사람으로 비난한 에피쿠로스는 현명하게 그리고 영예롭고 공정하게 살지 않고서는 그 누구도 즐겁게 살아갈 수 없다고, 그리고 즐겁게 살지 않고서는 그 누구도 현명하게, 그리고 영예롭고 공정하게 살 수 없다고 말했다. … **[58]** 하물며 분열되고 불화에 빠진 영혼은 순수하고 자유로운 쾌락을 누릴 수 없다고 했다. 〔…〕"

19장 [, 62]. "에피쿠로스는 현자를 항상 행복한 사람으로 제시했기 때문이다 : 그의 욕망들은 경계들 안에 있고 ; 죽음에 대해 무관심하며 ; 불멸의 신에 대해서 공포를 갖지 않고 올바른 생각을 가지고 있으며 ; 그것이 더 낫다면 세상을 떠나는 것에 대해서도 망설이지 않는다. 그래서 자신이 경험하는 쾌락이 고통보다 덜 중요하게 되는 계기가 없으므로 그는 영속적인 쾌락을 향유한다; 그는 감사하는 마음으로 과거를 기억하기 때문에, **그것이 얼마나 위대하고 즐거운 것인지를 아는 그러한 것의 완전한 실현으로서 현재 (Gegenwart)를 파악하며**, 미래에 의존하지 않는다 ; 그는 그것을 기대하기는 하지만 **현재 속에서 자신의 진정한 향유를 찾는다** … 그리고 그는 어리석은 사람들의 삶과의 비교를 통해서 얻는 중요치 않는 쾌락을 쫓지도 않는다. 더욱이 현자들이 마주치게 되는 어떤 고통도 그렇게 극심한 것은 아니다. 그는 슬픔보다는 기쁨의 원인을 더 많이 가지고 있는 것이다. **[63]** 다시 말해서 에피쿠로스는 다음과 같은 뛰어난 말을 했다. '현자는 운(Schicksal)에 의해 그렇게 휘둘리지 않으며, 크고 중대한 문제들을 자신의 통찰과 이성으로 다스린다' ; 그리고 '무한한 삶으로부터 얻어낼 수 있는 쾌락은 우리가 그 한계를 아는 삶으로부터 얻어낼 수 있는 쾌락보다 더 큰 것이 아니다.' 당신의 학파가 그렇게 강조하는 변증법에 대해서 그는 더 나은 삶이나 사유에 도움을 줄 수 있는 힘이 그것에 있다고 생각하지 않는다. 그는 자연학을 매우 중요하다고 생각한다. … 우리가 모든 사물들의 본질에 대해 알게 되면, 미신으로부터 벗어나게 되며, 죽음에 대한 공포로부터 자유로워지고, 간혹 무시무시한 유령이 생겨나는 원인인 무지에서 생기는 혼동으로부터도 보호받을 수 있다 ; 끝으로 자연이 요구하는 것을 배우는 것은 확실히 우리를 인륜적으로도 더 낫게 만들 것이다.…"

자연이 이성적이라는 것을 우리가 인식하는 한에서 자연에 대한 우리의 의존은 멈추게 될 것이다. 자연은 더 이상 우리 의식에 대한 공포(Schrecken)가 아니며, 그 직접성(Unmittelbarkeit) 속에서 의식의 형식을 자연의 형식에 대한 대자존재로 만든 사람은 정확히 에피쿠로스라고 할 수 있다. 자연이 의식된 이성(bewußten Vernunft)으로부터 완전히 자유롭게 될 때, 그리고 그 자체로 이성인 것으로 간주될 때, 그것은 이성의 완전한 소유물(Eigentum)이 된다. 자연에 대한 모든 관계 맺음(Beziehung)은 동시에 그 자체로 소원해짐(Entfremdetsein) 그 자체이다.

[19장, 64]. "다른 한편으로 사물의 본성에 대한 완전한 이해없이는 우리 감각의 판단에 대한 어떤 고려도 옹호될 수 없다. 더욱이 우리가 정신적으로 지각하는 모든 것들은 감각들로부터 생겨난 것이다 : 그래서 에피쿠로스의 가르침이 말해주는 것처럼 모든 감각들이 참된 것이 아니라면 어떤 확실한 지식도 불가능할 것이다. 감각의 정당함을 부정하고 어떤 것도 지각될 수

없다고 말하는 사람들은 감각들의 증거를 배제한 채로는 자신들 주장을 설명하는 것조차 할 수 없을 것이다. … 그래서 자연학은 죽음에 대한 공포와 대결하게 해주는 용기와 종교에 대한 공포에 저항할 수 있는 해법을 제공해준다 〔…〕."

20장 [, 65]. "〔…〕 에피쿠로스는 다음과 같이 말했다 … : '지혜가 행복을 위해 준비해준 모든 것들 중에서 우정보다 더 위대하고, 더 풍요로우며, 더 기쁨을 주는 것은 아무것도 없다' … **[68]** 에피쿠로스는 다음과 같이 빛나는 말을 했다 : '우리에게 영속하는 모든 공포와 오래 지속되는 악을 극복할 수 있는 용기를 주는 그 동일한 지식은, 우정이야말로 이 생의 기간에 우리의 가장 강력한 보호자라는 사실을 깨닫게 해준다'".

21장 [, 71]. "만일 내가 말한 모든 것들이 … 전적으로 자연의 원천에서 얻어진 것이라면 ; 만일 나의 모든 이야기가 감각들의 공평하고 탓할 수 없는 증명에 토대하는 것으로 확증을 가지고 하는 것이라면…"

[72] "결코 에피쿠로스는 학식이 없는 사람이 아니다. 정말로 무지한 사람들은 어린 시절에 알지 못했음을 부끄러워해야만 하는 그러한 것들을 늙어서까지 암송하고 있는 사람들인 것이다."

제2권

2장 [4], 같은 책. "왜냐하면 그는 자신이 어떤 것을 정의하는 것〔한정하는 것〕에 대해 찬성하지 않는다고 말했기 때문이다. 〔…〕"

7장 [21]. (에피쿠로스의 키리아 독새kyriai doxai[9]로부터 나온 구절). "관능이 그 속에서 쾌락을 예비하는 그러한 것들이 신과 죽음, 고통에 대한 공포로부터 그들을 구원해줄 수 있고, 그들에게 자신들의 욕망에 한계를 지울 것을 가르칠 수 있다면, 우리는 그것들을 비난할 하등의 이유도 없다. 왜냐하면 그것들은 모두에게 쾌락을 풍족하게 제공해 주며, 어떤 곳에서도 고통이나 슬

9. 주요 가르침.

픔, 다시 말해서 악에 노출되지 않을 것이기 때문이다."

26장 [, 82]. "당신이 말한 것들 안에서 나는 다음과 같은 에피쿠로스의 말을 깨달을 수 있었다 : 우정은 쾌락으로부터 분리되지 않는다. 그리고 그것 없이는 우리가 안전하게 살 수 없으며 공포로부터도 자유로울 수 없어 결국 즐겁게 살 수 없기 때문에, 우정은 양성될 가치가 있다."

31장 [, 100]. "왜냐하면 그〔에피쿠로스〕가 … 다음과 같이 썼기 때문이다.… : '죽음은 우리에게 아무런 영향도 미칠 수 없다 : 왜냐하면 해체된 것들은 감각할 수 없고 : 감각할 수 없는 것은 우리에게 어떤 영향도 미칠 수 없기 때문이다.' 〔…〕."

제3권

1장 [, 3]. "에피쿠로스 자신이 다음과 같이 말했다. 〔…〕 : '쾌락에 대해 논증(Beweisfuhrung)할 필요는 전혀 없다. 〔…〕'"

Karl

역자해제

인명사전

색인

맑스와 에피쿠로스 : 유물론에 반하는 유물론*

Marx und Epikur

고 병 권

1. 백 투 더 퓨처

영화 「터미네이터2」에 등장하는 사이보그 T-2000은 자신의 신체와 비슷한 크기의 어떤 것도 될 수 있다. 필요하다면 팔을 날카로운 칼로 만들고, 위장하기 위해 타일 바닥이 되기도 한다. 덩치가 비슷하다면 다른 사람이 될 수도 있다. 총량의 변화 없이 질료들의 배열과 배치를 바꾸는 것만으로 무엇이든 될 수 있는 이 괴물은 결정된 운명을 지키라는 임무를 지니고 미래로부터 날아왔다.

똑같은 괴물이 이번에는 과거로부터도 날아온다. 그러나 원자로 불리는 이 괴물은 결정된 운명과 영원한 우상의 파괴를 목적으로 날아온 것이다. 원자는 사람들이 생각하듯 고고학자들이나 찾아 다니는 '단단한 보석'이 아니다. 오히려 그것은 '떠들썩한 전투'로 '세계를 내적으로 찢어내는' 전사이며, 쇠사슬에 묶여서도 제우스에게 고개를 쳐드는 프로메테우스다. 따라서 원자를 만나기 위해서 우리는 이미 존재했던, 그 미래로 돌아가야 한다. 백 투 더 퓨처(Back To The Future)!

어떤 사상의 탄생을 한 철학자의 이름 아래 두는 것이 온당한 일은 아니지만, 어떻든 역사는 원자론의 탄생에 관한 모든 영광을 아브데라의 데모크리토스Democritus에게 돌렸다. 소크라테스와 그 제자들은

---

* 이 글은 역자가 『진보평론』 창간호에 실은 글을 수정 보완한 것임.

끔찍이도 싫어했지만[1] 그 박식함으로 그리스에 명성을 떨쳤던 데모크리토스는 세계가 '원자들(atoms)과 허공(void)으로만 구성되어 있다'고 선언했다.

그러나 그의 선언은 반향이 없는 메아리로 그리스 시대를 통과하고 말았다. 그가 자신의 후계자를 만난 것은 백여 년이 지난 뒤였다. 에피쿠로스Epicurus라는 유물론자가 다시 데모크리토스의 선언을 되뇌인 것이다. "세계는 원자들과 허공으로만 구성되어 있다." 그러나 고대 철학의 황혼녘에 날개를 편 미네르바는 그의 스승이 가졌던 영광조차도 나눠갖지 못했다. 사람들은 그를 단순한 쾌락주의자로 몰아세웠으며, 학자들은 그가 데모크리토스와 공유하고 있는 지반을 표절이라고 불렀고, 그가 새롭게 내놓은 학설들을 위대함에 대한 변덕과 타락이라고 비난했다. 그러나 누가 알았을까, 에피쿠로스야말로 새로운 도약임을, 그의 선언이야말로 유물론의 전통에서 하나의 커다란 지진이 될 것임을, 그의 스승마저도 안전치 못한 그 커다란 도전을…….

참으로 유물론을 가지고 세계를 뒤흔드는 지진을 만들어낸 사상가는 맑스Marx였다. 2천년이 지나서야 사상은 자신의 사건을 만난 셈이다. 1840년부터 1841년 사이에 쓴 맑스의 박사 학위 논문인 「데모크리토스와 에피쿠로스 자연철학의 차이」[2](이하 「논문」)는 2천년을 사이에 둔 유물론자들의 조우라 할 만하다.

맑스는 이 논문에서 그동안 묻혀 왔던 에피쿠로스 철학의 독창성을 높이 평가하고 원자론의 첫 발설자라는 것을 제외하고는 모든 유물론의 영광이 에피쿠로스에게 돌아가야 한다고 주장했다. 무엇이 그로

---

1. 디오게네스 라에르티오스Diogenes Laertius가 전하는 바에 따르면, 플라톤은 데모크리토스를 끔찍이도 싫어해서 데모크리토스의 책을 모두 불태워 버리기를 원했다고 한다. (Russel, B., 한철하 역, 『서양철학사』, 대한교과서, 1995, 118쪽 참조)
2. K. Marx, "Differenz der demokritischen und epikureischen Naturphilosophie", *Marx Engels Werke*, Ergänzungsband, Schriften bis 1844, (Berlin, 1981). 이하에서 인용할 경우에는 인용 부분이 나와 있는 이 책의 쪽수를 괄호 안에 표기했다.

하여금 이 2천년 전의 사상가에게 모든 영광을 보내도록 만든 것일까? 어떤 점이 맑스를 그토록 놀라도록 만든 것일까?

2. 차이 : 데모크리토스와 에피쿠로스

맑스가 에피쿠로스 연구를 시작한 것은 1839년 초로 보인다. 우리는 그가 논문을 쓰기 전에 작성한 「에피쿠로스 철학에 관한 노트」[3](이하 「노트」)라는 일곱 권의 노트를 통해 에피쿠로스 철학에 대한 그의 연구 동기와 과정을 미루어 짐작할 수 있다. 에피쿠로스에 대한 연구 동기는 직간접적으로 헤겔 철학과 관련된 것으로 보인다.

맑스는 이 시기에 헤겔의 『논리학』과 『엔치클로페디』, 『철학사강의』 등을 집중적으로 연구한 것으로 보인다. 특히 브루노 바우어Brno Bauer는 맑스가 학위 논문의 주제를 설정하는 데 있어 상당한 역할을 한 것으로 알려져 있다. 바우어 등이 속한 이른바 청년 헤겔 학파는 헤겔의 『철학사』를 읽으면서 자신들의 시대적 정신에 부합되는 '자기정신' 을 주제로 다루고 있는 후기 그리스철학에 관심을 가지고 있었다(김진, 1990 : 25).

후기 그리스철학, 에피쿠로스 학파나 스토아 학파 등이 속했던 이른바 헬레니즘 시대의 철학을 저물어가는 고대철학의 끄트머리로 치부하는 통념과 달리, 헤겔은 그 독자성을 인정하고 철학사에서 하나의 '정신적 시민권' 을 인정했다(30쪽). 이 점에서 분명히 헤겔은 하나의 출발점일 수는 있었을 것이다.

그러나 헤겔은 곧바로 에피쿠로스의 인식론을 진부한 것으로 비판

---

3. K. Marx, "Epikuireische Philosophie", *Marx Engels Werke*, Ergänzungsband, Schriften bis 1844, (Berlin, 1981), pp. 16~255. 이하에서 인용할 경우에는 인용 부분이 나와 있는 이 책의 쪽수를 괄호 안에 표기했다.

하고, 에피쿠로스가 우연성을 주도적인 원리로 만듦으로써 모든 법칙의 필연성과 세계의 목적을 부정했다고 비판한다.[4] 그에게 한 사상이 갖는 특이성이란 다음으로 넘어가기 위한 '반(反)'에 불과한 것이다. 그는 자신이 딛고 나갈 한 계단이 갖고 있는 독자성과 시민권에 대해서 이야기했을 뿐이다.

그러나 맑스는 그 길을 따라가지 않았다. 맑스에게 에피쿠로스 철학은 독자적인 특이성을 갖는 것임은 물론이고 잊혀져 있던 위대한 전통이었다. 에피쿠로스 철학이 헤겔에게는 오늘이 있기 위해서 딛고 나가야 했던 불가피한 과거의 시간이었던 반면, 맑스에게는 오늘을 넘어서기 위해서 만나야 했던 미래의 시간이었던 것이다. 이것은 어떻게 가능했을까?

그 비밀은 아마도 맑스의 논문에서 에피쿠로스의 철학에 대한 가장 탁월한 주석가로 평가되고, 「노트」 4권과 6권[5]에서 자세히 인용되고 있는 루크레티우스Lucretius에게 있는 것으로 보인다. 맑스는 루크레티우스를 접하게 되면서 에피쿠로스에 대한 그의 유물론적 해석에 완전히 매료된 것 같다. 루크레티우스의 『사물의 본성에 대하여』*De rerum natura*는 유물론의 전통을 통해 맑스가 헤겔로부터 벗어나게 해주었을 뿐 아니라 그것을 급진적으로 변형시킬 수 있는 힘을 제공했다. 때때로 '자기의식'이라는 관념적 용어들이 「논문」의 중요한 자리를

---

4. G.W.F. Hegel, *Vorlesungen über die Geschichte der Philosophie II*. Hegel－Werke Bd. 19, (Frankfurt 1971), Philosophie des Epikur : s. 297～335 (김진, 1990 : 57에서 재인용).

5. 김진에 따르면 발견된 노트들 중 다섯 권의 표지에는 분명하게 1, 2, 3, 4, 7권이 표기되어 있었다. 그런데 MEGA 제1판의 편집자가 베를린에 있는 SED 문고에서 발견된 표지 없는 원고를 정리하면서 임의로 순서를 정했고, 이후 출판물이 이것을 따르면서 5권과 6권이 바뀌었다고 한다. 그의 연구를 참조하면 이 글에서 인용되는 노트 6권은 실제로는 5권이 되는 셈이지만, 일단은 MEW에 맞추어 그냥 6권으로 표기했다. 영어판 전집(*Collected Works*, Vol. 1. [Progress 1975]) 역시 MEW의 편집에 따랐다. 자세한 내용은 김진(1990 : 52) 참조.

비집고 들어오기도 하지만, 맑스가 소개하고 있는 원자론은 그러한 용어조차 유물론적 시각에서 재배치하고 있다.

우리는 에피쿠로스로 향하는 맑스의 발걸음이 설혹 헤겔에서 출발한 것이라고 하더라도 그가 그 사상의 위대함을 발견하게 된 것은 헤겔에게서 가장 멀리 떨어짐으로써 가능했다고 말해야 할 것이다. 그가 에피쿠로스의 위대함을 발견한 곳은 헤겔이 그토록 싫어했던 유물론의 전통 속에서였다. 이 점에서 우리는 맑스의 초기 저작들에 대한 루크레티우스의 영향력을 확인해 볼 필요가 있을 것이다. 아니, 루크레티우스적 전통, 유물론적 전통에서 맑스의 초기 저작들을 다시 독해해 볼 필요가 있다.

유물론적 전통을 통해서 에피쿠로스의 사상은 헤겔 변증법에 빚지지 않고서도, 바로 데모크리토스와의 비교를 통해서 자연스럽게 빛을 발하게 되었다. 이후 얼마되지 않아 헤겔에 대한 맑스의 급진적 비판이 가능했던 것도 이와 무관치 않을 것이다. 헤겔에게 진 빚이 많았다면 맑스의 비판이 그토록 날카로울 수는 없었을 것이다. 채권자 앞에서 채무자는 날카롭지 못하기 때문이다.

우리는 헤겔을 그리 많이 염두에 두지 않고서도 맑스의 「논문」을 읽어나갈 수 있다. 데모크리토스와 에피쿠로스의 선명한 대비를 통해서도 유물론은 충분히 자신의 사상을 드러낸다. 「논문」 제1부에서 맑스는 데모크리토스와 에피쿠로스 철학을 동일시했을 때의 난점들에 대해 말한다. 비록 「논문」의 제1부의 4장과 5장이 유실되기는 했지만, 3장까지 그는 두 철학자가 같은 지식을 같은 방식으로 가르침에도 불구하고 진리와 인간지식의 확실성, 대상의 진리에 대한 이론적 판단, 사유와 존재의 상호 관계 등에서 정반대의 입장을 취하고 있음에 주목하고, 특히 데모크리토스의 모순적 입장에 대해 이야기한다.

데모크리토스는 한편으로는 감각적인 현상(나타남, Erscheinung)만이 진정한 대상이라고 주장하지만, 다른 한편으로는 감각의 객관성을 부정하고 그것이 주관적인 가상(Schein)일 뿐이라고 본다. 유물론자로서 초월성을 믿을 수는 없었지만 또한 감각에도 확실성의 믿음을 주기는 어려웠던 탓이다. 그렇다 보니 그는 진리에 대해 매우 불만족스런 태도를 취할 수밖에 없었다. 유물론자로서 경험적 관찰의 중요성을 인정해서 세계 곳곳을 방랑했지만 그가 진리라고 말할 수 있는 것은 없었다. "그가 진리로 생각한 지식에는 내용이 없었고, 내용이 있는 지식에는 진리가 없었다"(40쪽). 그럼에도 그에게 필연성은 포기할 수 없는 가장 중심적인 범주였다.

반면에 에피쿠로스는 감각들을 참된 것의 고지자라고 주장하고 감각에 대항하는 것이 무모한 일이라고 비판한다(Epicurus, 1998 : 18). 또 진리란 먼 곳 어디에 숨어 있는 것이 아니라 그의 곁에, 바로 그의 정원에 있는 것이며, 삶에 즐거움을 주는 것이라고 생각했다. 그는 필연성에 대한 어떤 주장도 거부했는데, 그가 볼 때 원인은 여럿일 수 있으며 성급한 판단은 독단을 불러올 뿐이었기 때문이다.

맑스는 이러한 대조적인 태도가 두 사람의 철학을 더 이상 동일하게 보기 힘들게 한다고 생각했다. 남아 있는 제1부는 단지 차이만을 보여준다. 그러나 제1부의 '일반적 차이'라는 망원경으로 우리가 볼 수 있는 것은 아무것도 없으며, 제2부의 '세부적 차이'라는 현미경을 통해서만 놀랍고 때로는 당혹스러운 사건을 목격할 수 있을 것이다. 맑스는 현미경으로나 볼 수 있을 미세한 차이에서도 세계를 가르는 거대한 균열을 발견해내는 사람이야말로 유물론자라고 생각했던 것일까? 맑스의 「논문」의 제2부는 데모크리토스와 에피쿠로스의 원자론이 갖는 세부적인 차이들을 세밀하게 구분해내고 있다.

3. 클리나멘 : 자유의 정신

「논문」 제2부의 첫번째 장을 장식하는 것은 원자들의 직선으로부터의 편위(declination), 즉 클리나멘(clinamen)이다. 데모크리토스는 원자들의 허공에서의 운동을 두 가지로 기술하였다. 첫번째는 수직 낙하하는 직선 운동이며, 두번째는 원자들간의 충돌에 따른 직선 운동이다. 그런데 에피쿠로스는 그 중간에 직선으로부터 벗어나는 편위 운동을 집어넣었다. 클리나멘이란 접선으로부터 이탈하는 곡선의 미분각이다. 원자가 직선으로부터 갑자기 벗어난다는 이 편위 운동은 에피쿠로스 당시의 사람들이나 이후의 주석가들에게 곧잘 농담으로 받아들여지곤 했다(71쪽).

그러나 데모크리토스의 말대로 원자들이 중력을 받아 평행한 수직 낙하만 한다면 그것들은 어떻게 서로 충돌할 수 있을까? 사람들은 결국 에피쿠로스가 원자들의 충돌을 설명하기 위해서 이러한 편위 운동을 집어넣었다고 생각했다. 즉 근거는 없지만 필요에 의해서 편위 운동을 전제했다는 것이다. 그리고 자유를 강조하고 필연을 거부하는 에피쿠로스가 운명에 맞서는 자유를 설명하기 위해 편위 운동을 전제했다고 말하기도 했다(74쪽).

그러나 '충돌을 설명하기 위해서' 편위를 전제했다면 그때 편위는 자유의 원리가 될 수 없다. 왜냐하면 강제된 만남, 강제된 연결이야말로 자유에 반대되는 것이기 때문이다. 편위 없이는 원자들이 만날 수 없으므로 편위가 있어야 한다는 것은 편위를 자유의 원리로 만들기는커녕 강제의 원리로 만들 수 있다. 편위는 만남을 위해서 필요하다기보다는 차라리 강제된 만남에서 벗어나기 위해서 필요하다는 것이 진실에 가까울 것이다. 하지만 원자들이 편위 없이도 만난다면 편위는 원자들의 충돌을 설명하는 데 있어서도 불필요한 것이 될 것이다. 이런 모순들은 편위 자체를 고려하기보다는 편위를 다른 원리를 설명하는 데 있어 필요한 도구, 요구되는 원리 정도로 생각하기 때문에 생기는 것이다.

이 점에서 맑스는 루크레티우스가 제대로 이해하고 있었듯이 고려될 문제는 바로 편위 운동 그 자체라고 주장했다(74쪽). 편위 운동은 원자들간의 충돌 이전에 원리로서 정립되며, 그 원리에 따라서 원자들의 충돌, 다시 말해 세계의 모든 사건이 일어나는 것이다. 따라서 편위 운동은 어쩌다 일어나는 우연적 운동[6] 혹은 이차적이고 부차적인 운동이 아니다. 맑스는 편위 운동이야말로 근본적인 원리이며 에피쿠로스의 자연학 전체를 관통하는 법칙이라고 주장한다(77쪽). 에피쿠로스는 데모크리토스가 말한 원자들의 운동에 또 다른 하나의 운동을 첨가시킨 것이 아니라 근본적인 원리 자체를 바꾸었던 것이다. 일반적인 자연학의 관점에서는 매우 불합리해 보이는 이 편위 이론이 어떻게 자연학적인 정당성을 얻을 수 있는지에 대해서는 뒤에서 살펴보기로 하고, 우선은 편위 운동을 원리 자체로 바라볼 때 어떤 일이 벌어지는지부터 알아보자.

이른바 마주침의 유물론(Althusser, 1996)이 이렇게 해서 생겨난다. 그리고 세계는 필연적 목적으로부터 해방된다. 세계의 제1원리나 세계의 기원에 대한 물음은 척결된다(Althusser : 41). 세계란 원자들의 클리나멘과 그로 인한 우발적인 마주침의 결과물일 뿐이다. 따라서 세계는 어떤 의미나 목적을 가지고 만들어지지 않았다. 의미나 목적은 사건 이후에 부여된 것에 불과하다. 여기서 관념론과 유물론이 나누어진다. 관념론자들은 세계가 어떤 목적이나 의식의 자기 운동의 결과라고 생각한다. 세계란 신이든 절대정신이든 어떤 본질의 자기 실현에 다름 아니라는 것이다. 그러나 마주침의 유물론자들은 세계가 여러 힘들간의 충돌로 생겨난 사건들의 집합일 뿐이라고 생각한다. 세계의 목적을 조작하는 것은 종교나 미신의 몫이다.

알튀세가 여행객의 비유를 들어 관념론과 유물론을 구분한 것은 매우 적절하다. 그에 따르면 관념론자는 역사의 출발역에서 종착역에

---

6. 우리는 편위 운동, 즉 클리나멘이 '돌발적'이라고 해서 단순히 우연(contingency)이라고 말해서는 안된다. 그것은 단지 생각할 수 있는 시간, 지각할 수 있는 시간보다도 더 짧은 시간에 일어나기 때문에 그렇게 보일 뿐이다. (G. Deleuze, 1990a : 270) 맑스가 "가능한 최소의 공간과 시간에서 일어난다"(76쪽)고 말했을 때, 우리는 그것을 우연이라기 보다는 규정할 수 없음(unbestimmt, unassignable)이라고 이해해야 한다.

이르기까지 모든 역을 다 꿰고 있는, 다시 말해 역사의 기원과 목적을 아는 사람이다. 반면 유물론자는 달리는 기차에 올라탄 사람으로 어떤 목적도 알지 못하며 오히려 예기치 못한 방식으로 사건들에 끼여드는 사람이라고 할 수 있다(Althusser: 133, 167). 대개의 출장 여행이 그렇듯이 '목적을 위한 과정'으로 정립된 여행은 따분하고 졸립다. 관념론자인 여행객은 버스나 기차 안에서 신문을 보거나 잠을 잔다. 그러나 유물론자인 여행객은 달리는 기차에 올라탄 사람으로, 끊임없이 주위를 두리번거리며, 재미있는 일이 벌어지는 곳, 혹은 아름다운 경치가 있는 곳이라면 어디서든 버스에서 내려 참여하고 새로운 여행을 시작한다.

그러나 유물론자의 여행은 항상 떠들썩하다. 그의 여행은 답사라기보다는 전쟁에 가깝다. 클리나멘과 그것으로 인해 원자들이 충돌하는 세계는 흡사 전쟁터다! "세계는 떠들썩한 전투, 적대적 긴장이 흐르는 작업장이고 대장간"이다. "그늘진 곳에 떨어지는 태양 광선조차 이러한 전쟁의 이미지다."(277쪽) 떠들썩한 전쟁이 벌어지는 전쟁터. 그런데 클리나멘이 만들어내는 전쟁터에서 살아남지 못하는 것이 있다. 그것이 바로 불멸하는 존재, 영원한 존재다! 영원한 것은 없다. 모든 영원한 것들은 죽음을 맞이 한다. 맑스는 에피쿠로스 철학으로부터 '영원한 것의 죽음'(291쪽)[7]을 끌어낸다. 그것이 마주침에 의해서 생겨났다면 그것은 다른 마주침, 다른 충돌에 의해서 깨어진다(Lucretius, 1997 : I. 580~583ff). 원자들로 구성되어 있는 한 어떤 세계, 어떤 국가의 법들도 영원하지 못하다. 어떤 원자들이 날아와 그들의 뒤통수를 때릴지 모른다. '패는 다시 분배되고 주사위가 던져질 날이 올 것이다'(Althusser : 47).

---

7. 이 표현은 맑스가 이념이나 범주를 영속적으로 파악하는 형이상학적 방법을 비판하면서 『철학의 빈곤』에서 다시 사용한다. 불변하는 것은 없으며 모든 것은 '생성'한다. 불변하는 것이 있다면 그것은 바로 불변하는 것이 없다는 사실, 바로 "불멸하는 것들의 죽음(mors immortalis)". (K. Marx, 1988a : 115).

결정론을 비웃으며 주사위를 던지는 거대한 자유정신[8]! 맑스가 「논문」의 1841년 서문에서 말한 '제우스에 맞서는 프로메테우스'의 정신!(20쪽) "원자의 저항과 고집", "원자의 가슴에 있는 어떤 것"(283쪽), '원자들의 영혼'(282쪽), 이 모든 것들이 클리나멘이다. 클리나멘은 자유의 정신이고 거대한 저항의 정신이며 원자들의 영혼이다.

영혼이라니! 맑스는 관념론으로 돌아서는 것일까? 영혼의 물질성을 믿지 않는 조급한 유물론자들에게 이 주장은 충분히 당혹스러우리라. 클리나멘이 영혼이라는 관념의 외피를 뒤집어쓰고만 역사에 등장할 수 있었던 저간의 사정은 뒤에서 이야기하기로 하고, 우리는 무엇보다도 클리나멘의 내재성(immanence)에 주목해야 한다.

클리나멘이란 스피노자의 코나투스처럼[9] 개체에 내재하고 있는 욕망이다. 그것은 자신을 강제하는 초월적인 존재에 맞서 총체화를 거부하는 특이적인 본질이다. 때문에 그것은 초월적인 전체(Whole), 존재(Being), 일자(the One)와 대결한다(Deleuze : 267). 전체나 존재, 일자가 세계를 지배하는 것은 원자들의 충돌, 마주침이 응고의 과정에 들어갔을 때 뿐이다. 원자들의 흐름이 특유의 유동성을 상실할 때 전체와 존재, 일자, 총체나 구조 따위가 지배자로 군림한다. 원자들의 운동이 응고되면 세계는 존재의 왕국에 들어서며, 조건에 따라 각각의 특성을 부여받는 존재들로 구성된다(Althusser : 76~77).

그러나 응고는 영원하지 않으며 원자들은 다시 클리나멘과 그로

---

8. 니체는 고정불변의 딱딱한 원자를 찾아나서는 원자론자들의 태도를 조롱하면서(1994a : 376~377, 1994b : 207), 결정론에 맞서는 자유정신을 강조했지만(1995 : 301), 주사위 놀이와 자유정신은 에피쿠로스의 원자론이 강조하는 것이기도 하다.

9. 들뢰즈Deleuze는 클리나멘, 원자들의 영혼을 스피노자의 코나투스(conatus)로 이해하자고 말한다(Deleuze, 1990a:269). 코나투스란 개체가 자신을 실존하게 한 원인이 더 큰 외부적 원인에 의해 파괴되지 않도록 기울이는 노력을 말한다(Spinoza, 1990:139~140). 스피노자는 이러한 노력이 의식된 형태를 욕망(cupiditas)이라고 불렀다. 코나투스란 외부 원인에 맞서 자신을 실존하게 하려는 내재적인 에너지이고 욕망이다. 그것은 또한 총체화를 거부하는 특이적(singular) 본질이라고도 할 수 있다(Althusser : 56).

인한 충돌로 허공으로 흩어지고 다른 관계 안에서 모이게 된다. 사태를 안정화시켰다고 생각한 사람들에겐 항상 우발적으로, 하지만 원자들의 역학상 지극히 당연하게 사건(événement)이 발생한다. 사건이 발생하면 모든 의미들은 다시 부여된다. 단순히 돈 덩어리를 많이 가졌을 뿐인 중세의 상인과 자본가가 다르며, 중세의 제화공과 근대 자본주의에서의 제화공이 다른 의미를 갖게 된다. 원자들은 계속 진동한다.

하지만 여전히 가시지 않는 의문이 있다. 클리나멘의 운동은 도대체 어떻게 가능한 것일까? 원자들은 어떻게 스스로를 비틀 수 있을까? 영혼의 힘으로? 이제 우리는 클리나멘이 뒤집어 쓰고 있는 관념론적 외피에 대해 해명해야 할 때가 되었다.

맑스는 이 점에서 매우 흥미로운 변증법을 전개하고 있다. 그는 원자들이 운동을 하게 되면 그것은 더 이상 점이 아니라 선이라고 말한다(74쪽). 점은 모든 직선 안에서 지양된다. 그것이 쇳덩이의 운동이든 빵조각의 운동이든 낙하하는 운동은 직선일 뿐이다. 선이 되면 점의 특성은 의미가 없다. 개체의 성격은 상실되며 점은 선의 방정식에 의해 결정된다. 점으로서의 원자, 그 자체는 이제 실존하지 않게 된다. 그러나 원자는 곧바로 직선을 부정하면서 편위 운동을 하게 된다. 직선이 개별 원자에 대한 부정이라면, 곡선의 각을 만들어내는 편위는 직선에 대한 부정인 셈이다.

우리가 이 진술을 변증법의 측면에서만 이해한다면 논리상으로는 그럴듯하지만 의미는 여전히 모호하다. 원자의 자기의식이 벌이는 신비적 운동? 변증법은 사건을 자주 신비화시킨다![10] 우리는 맑스의 주장을 다른 시각에서 접근해볼 필요가 있다. 원자들이 벌이는 운동 역학은 개별원자로부터 도출될 수 없다는 것, 그리고 클리나멘의 부드러운 곡

---

10. 베르그송Bergson은 변증법을 '헐렁한 양복'이라고 말했는데, 그것은 "모두의 몸이 다 들어가지만 어느 누구에게도 어울리지 않는 옷"이기 때문이다. 어느 누구의 특이성(singularity)도 포착할 수 없기 때문에 그것은 항상 모호하다(Deleuze, 1996a : 58).

선의 운동은 직선적 운동의 역학에서 이해될 수 없다는 것. 이때 우리는 원자들이 벌이는 운동의 새로운 역학을 만날 수 있게 된다. 세르Serres는 루크레티우스에 대한 책에서 이 새로운 역학의 관점에서 원자들의 클리나멘을 이해할 수 있게 해주었다(Serres, 1977).

4. 원자들의 폭포 : 고체에서 액체와 기체로

세르는 클리나멘이 불합리하게 받아들여질 수밖에 없는 4가지 이유를 든다(Serres : 9~11). 첫째는 논리적 불합리성으로, 클리나멘이 모든 사물의 존재에 앞서서 자기 원인으로 정당화 없이 도입됐다는 점, 둘째는 기하학적 불합리성으로, 루크레티우스 정의는 (유클리드 기하학으로는) 이해될 수 없는 것이며, 셋째는 역학적(mécanique) 불합리성으로 외부적 힘이 없다면 운동이 계속된다는 관성의 원리와 충돌하는 것이고, 넷째로는 물리적 불합리성으로 실험을 통해 보여줄 수 없다는 것이다.

그러나 원자들의 폭포(cataracte atomique)가 만들어지면 사태는 돌변한다. 루크레티우스는 '원자(그 자체)를 제외하고 극복할 수 없는 고체성이란 없다'고 말했다(Serres, 1977 : 12). 폭포가 되면 원자는 흐르는 유체(fluid)가 된다. 문제는 '흐름'으로 돌변하고 단단한 고체 역학은 유체 역학에 자리를 내주어야 한다. 그 딱딱한 자동차들이 만들어내는 교통의 '흐름'을 보자. 개별 자동차는 더 이상 문제가 되지 않으며, 중요한 것은 움직임(move)과 정지(rest), 빠름과 느림의 흐름일 뿐이다.[11] 신호등은 그 흐름에 대한 미분 방정식을 풀어야 한다. '원자'를 다루는 역학이 아니라 '흐름' 자체를 다루는 역학이 필요한 것이다.

에피쿠로스의 '원자들의 비' '원자들의 폭포'로부터 맑스가 말하

---

11. 이와 관련해서 스피노자는 참으로 탁월한 철학자다. 스피노자처럼 운동과 정지, 빠름과 느림을 통해 사물을 이해한 철학자도 드물 것이다(Spinoza, 1990 : 82).

는 '노동자들의 흐름'에 이르기까지 '유체역학'이 작동한다. 유체역학 모델은 아르키메데스에서 토리첼리Torricelli에 이르기까지 정통 과학사에서는 배제되고 변방으로 계속 밀려나왔다(Serres, 1977 : 11~12). 그것은 이 모델이 안정적인 것, 영원한 것, 동일한 것, 불변적인 것에 맞서는 생성과 이질성의 모델이었다는 사실과 무관치 않다(Deleuze and Guattari, 1987 : 361).

유체 역학은 매끄러운 공간에 대한 흐름을 다룬다. 고체 역학에서 지배적인 것이 점이라면 유체 역학에서 지배적인 것은 흐름이다. 전자에서 선은 두 점 사이를 잇는 것에 불과하지만, 후자에서는 점이 흐르는 선에 종속된다(Deleuze and Guattari : 478). 맑스가 말하는 점과 선의 역전, 직선과 곡선의 역전과 대립!

국가는 이러한 '흐름'을 어떤 식으로든 포획하고 그것을 계산가능한 형태로 바꾸어야 했다. 모든 움직임들이 하나의 정교한 척도로 포착되어야 했다. '평행하게 내리는 비는 모두 지구의 중심을 향해서만 떨어져야 했다'. 로마가 수로를 만들면서 사용한 방식, 바로 '도관과 파이프, 둑을 이용해서 흐름들을 포획하고, 유체를 고체 안에 가두는' 방식이 국가에게는 필요했다(Deleuze and Guattari : 363).

농촌에서 발생한 노동력의 흐름을 어떻게 도시의 공장으로 안정적으로 흐르게 할 수 있을까? '노동력의 흐름의 운동에 대한 조절, 그 흐름을 수로와 도관들로 분배하는 것'. 때로는 강제적인 인력 동원으로, 때로는 유기체적인 회사를 형성해서 국가는 흐름을 통제했다(Deleuze and Guattari : 368). 맑스의 『자본론』 1권의 '시초축적에 관한 장'들 곳곳에 흐름들의 분배가 나타난다(Marx, 1994 : 897 이하). 농촌에서 발생한 노동력의 흐름은 '피와 불의 입법'이 형성한 도관을 따라 도시의 공장을 향해 흘러갔다. 어디 노동력의 흐름뿐이겠는가, 화폐의 흐름, 정보의 흐름, 에너지의 흐름, 그리고 근본적으로 욕망의 흐름!

그러나 흐름은 항상 수도관을 뚫고 새기 시작하며, 새로운 소용돌이를 만들기 시작한다.[12] 프리고진Prigogine의 비선형 열역학에 대한 연구들은 평형에 대한 작은 교란이 얼마나 위험한 상태를 만들어내는지, 그리고 그것이 결국 어떻게 새로운 질서의 창출로 나가는지를 보여준다(Prigogine, 1994, 1996). 클리나멘은 필연성의 쉐마(schéma), 영원한 것, 불변의 것을 깨고 난류(turbulence)를 들여온다.

맑스가 그의 「노트」에서 바다에 새로운 아테네를 건설하자는 테미스토클레스Themistocles 이야기를 높이 평가했던 것은 자유를 위한 투쟁과 해양 모델 사이의 어떤 관계를 말해주는 것은 아닐까?(320쪽). 아테네가 파괴의 위협에 처했을 때 테미스토클레스의 반대자들은 군사력을 축소하고, 그것을 분할함으로써 평화협정을 맺어 손실을 보상할 수 있다고 생각했다. 그러나 테미스토클레스는 파괴의 위협에 처해 있는 아테네를 버리고 바다에 새 요소로 새로운 아테네를 건설하자고 사람들을 설득했다. 맑스는 카타스트로피(catastrophes, 하나의 난류, 새로운 소용돌이) 이후에는 (새로운 질서를 결정하는) '철의 시간'이 온다는 점을 지적하고, 그것이 거대한 투쟁으로 특징지워질 때 그 시간은 행복하게 되며, 그렇지 못할 때 비통해질 것이라고 덧붙였다.

자유를 향한 거대한 투쟁은 왜 바다를 향했을까? 비릴리오Virilio는 『속도와 정치』*Vitesse et politique*에서 프롤레타리의 해양적 기원과 그 모델을 보여주었다(Deleuze, 1996b : 158). 해양은 대지의 고체성과 대립한다. "자신을 대지 위에 붙박는 탯줄을 끊는다면 프롤레타리아트 또는 노동자는 도처에서 한 사회 안에 작동하는 경제적이고 상업적인 이해의 본질을 드러내고 그것을 변형시킬 수 있는 조건을 재구성할 수 있다"(Deleuze, 1996b : 159).

사실 액체마저도 완전히 자유로운 것은 아니다. 들뢰즈는 소련의 유물론자 베르토프Vertov의 영화에서 "에피쿠로스적 유물론의 클리나멘"을 발견한다(Deleuze, 1996b : 166). 베르토프는 액체적 이미지의 제약마저 넘어서며, 그것을 기체적 지각으로 발전시킨다. 분자들, 원자들

---

12. 에피쿠로스는 천체들, 세계가 소용돌이로부터 생겨났다고 말한다(Epicurus : 84).

은 자유를 획득하면서 발생기호가 된다. 문자소(gramme), 기억 흔적소(engramme), 사진소(photogramme). 그것은 단순한 운동의 선을 넘어서 '진동'들을 추출해낸다(Deleuze, 1996b : 169). 인상주의 화가 쇠라의 점묘화를 보라. 원자들은 화소가 되어 대상들을 만들어내고 하나의 세계를 창조한다.

자유로워진 유체들의 흐름! 그런데 맑스는 「논문」에서 클리나멘을 설명하면서 왜 '원자들의 영혼' 혹은 '자기 의식' '주체성' 등 관념론적인 단어들을 사용해야만 했을까? 그것은 바로 에피쿠로스 자연학이 정통 과학의 역사에서 밀려나면서 과학 밖에 서 있는 과학의 지위를 차지했던 것과 무관치 않다. 세르는 이에 대한 매우 흥미로운 대답을 들려준다. "우리는 차라리 (에피쿠로스의 사실들이 속한) 자연을 자연의 밖, 즉 영혼과 주체 안에 위치시킨다." 그러나 "물론 그 반대를 긍정하는 것이 유물론을 기초짓는 것이다. 왜냐하면 원자들은 영혼들이 아니며, 영혼 그 자체가 원자적이기 때문이다. 클리나멘에 대한 비물리적 해석은 (오히려) 관념론적 본질이다."(Serres, 1977 : 141)

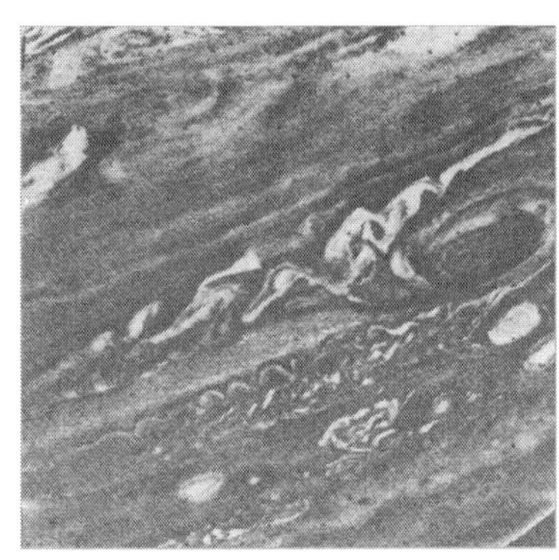

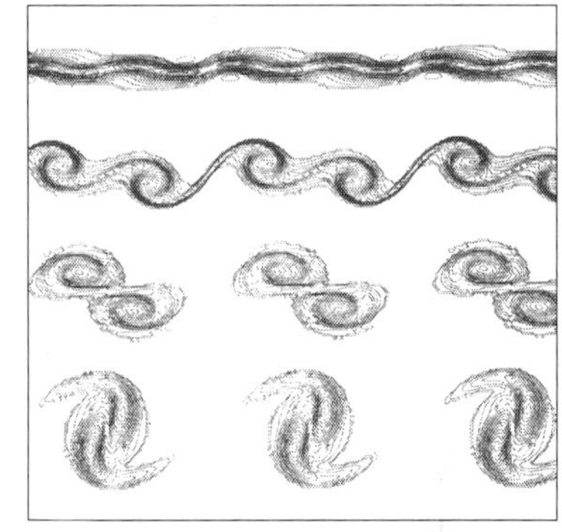

그림 왼쪽 유체 흐름에서의 질서의 출현. 이 사진은 목성의 대기에 있는 대규모의 소용돌이를 보여주고 있다. **그림 오른쪽** 제임스 라일리James Riley, 랄프 멧트칼프Ralph Metcalfe는 컴퓨터 시뮬레이션을 통해 혼합층의 작은 교란이 어떻게 여러 형태의 소용돌이를 만들어내는지를 보여주었다. (그림은 프리고진, 이철수 역, 『있음에서 됨으로』(존재에서 생성으로), 민음사, 1994, 34~35쪽)

고체 역학, 대지에 발을 묶는 족쇄 안에서 유체 역학, 유체들의 흐름은 자신의 자유를 대지 밖에서 찾을 수밖에 없었던 것이다. 그러나 그것이 대지를 떠나 천상으로 올라간 것은 아니다. 오히려 유물론은 천상마저도 지상으로 끌어내린다. 원자론자들은 영혼을 말하는 것, 정신을 말하는 것에 어떤 망설임도 없다. 세계가 원자들과 허공으로 이루어진 이상 무(無, 허공)라고 말할 수 없다면 우리는 영혼 역시 원자로 이루어진 것이라고 말해야 한다. 그것은 단지 종류가 다른 원자로 구성되어 있을 뿐이다. 관념론자들은 영혼이나 정신을 말하기 때문에 자신의 이름을 부여받은 것이 아니라, 그것의 물질성을 거부하고 비물질적으로 비물리적으로 해석하기 때문에 그런 이름을 부여받은 것이다. 그렇다면 유물론자들은?

5. 영원성을 깨뜨리는 영원성

니체는 원자론의 시도가 '고정불변의 원인'을 찾으려는 형이상학적인 것이라고 비난했지만[13](Nietzsche, 1994 : 376~377), 맑스는 에피쿠로스의 원자론을 통해서 고정불변하는 것의 죽음, '영원한 것의 죽음'을 깨달았다(98쪽, 291쪽). 사실 맑스의 저서들은 이후에도 일관되게 형이상학과의 전투를 벌이고 있다.

형이상학은 세계를 이분하고 '이 세계'(차안, this world)의 변화와 유동성에 대비되는 영원불변성의 세계(피안, that world)에 진리를 위치

13. 사실 니체가 에피쿠로스에 대해 보인 호의적 태도는 지금까지 충분히 검토되지 못하고 있다. 가령 니체는 『즐거운 지식』에서 이렇게 말하고 있다. "그렇다. 나는 에피쿠로스라는 인물을 누구보다도 달리 느끼고 있으며, 그것을 자랑스러워하고 있다. 에피쿠로스에 관하여 무엇을 듣고 무엇을 읽어도, 나는 거기에서 고대의 오후의 행복을 음미하게 된다."(Nietzsche, 1995 : 104~105) 에피쿠로스와 니체의 관계에 대해서는 이 부분에 대해 발터 카우프만Walter Kaufmann이 붙인 주석을 참조하는 것도 좋다.

시킨다. 형이상학자들은 영원불변성의 세계만을 참된 세계, 즉 실재계(real world)라 부르며 그 세계에 비추어 이 세계를 평가절하 한다. 그러나 우리는 형이상학자들이 현실에 개입하지 않는다고 말해서는 안된다. 그들이 '이 세계'를 평가절하 하는 방식이 곧 그들이 '이 세계'에 개입하는 방식이다. '이 세계'는 '저 세계'를 닮도록 노력해야 하며 현실은 논리학을 위해 봉사해야 한다.

보편적 국가에 대한 형이상학적 환상을 비판한 『헤겔법철학비판』과 피안적 진리를 차안의 진리로 세우고자 하는 그 책의 「서문」, 정치경제학의 형이상학을 비판한 『철학의 빈곤』, '모든 단단한 것들의 죽음'을 말한 『공산당 선언』 등 형이상학은 맑스의 저작들에서 일관된 비판의 대상이 되고 있다.

그렇다면 '원자들'은 어떻게 형이상학의 비판을 벗어날 수 있을까? 원자들은 더 이상 분해되지 않는 영원한 것이 아니던가? 에피쿠로스가 말하는 원자들을 직접 본 사람은 아무도 없을 것이다. 그렇다면 우리는 세계가 원자들로, 그것도 죽지 않는 원자들로 구성되었다는 말을 믿어야 하는 것일까?

맑스의 「노트」에 인용된 루크레티우스의 글은 세 가지의 영원한 것에 대해 말하고 있다. 첫째는 질료를 이루는 원자들(atoms), 둘째는 움직이는 빈공간(void), 셋째는 그 두 가지가 이루는 우주의 총합이다(316쪽, Lucretius : II권, 352f). 이 세 가지의 '영원성'이 어떻게 '영원성'을 끝장낼 수 있는가? 이 모순적 과제는 가능한 것일까?

우선 우리는 적어도 두 개의 상이한 '영원성'과 대면하고 있다. 형이상학의 영원성은 '고정불변한 것'의 영원불멸성이지만, 에피쿠로스에게서 영원성은 '변화'의 영원성이라고 할 수 있다. 어떤 것이 사라지고 새로운 것이 만들어지는 일이 계속되기 위해서는 더 이상 사라지지 않는 어떤 요소가 있어야 한다고 생각했는데[14] 에피쿠로스는 그 요소를 '원자'라고 불렀다(Epicurus : 55).

세계는 원자들의 거대한 바다다! 니체에게 힘의 대양으로 보였던 세계가 원자론자들에게는 원자들의 대양으로 보였을 것이다. "세계란 증대하는 일도 없으며 감소하는 일도 없고, 소모하는 것이 아니라 변전하기만 하는, …자기 스스로의 한계 외에는 에워싸는 것이 없는, … 여기에 집적되는가 싶으면 저기서 감소하고, 스스로의 속으로 광포하게 밀려들고 넘쳐드는 대양"(Nietzsche, 1994a : 606~607). 원자들의 제한된 양만으로도 무한한 형상이 생겨난다. 한 형상이 생기는가 하면 어느새 흩어지고 다른 형상이 생겨난다. 원자들의 운동은 영원하다. 어떤 것이든 영원하고자 한다면 원자로 구성되는 것을 피해야 한다. 그러나 원자로 구성되지 않는 것은 실존(existence)할 수 없다. 실존하고자 하면 원자로 구성되어야 하며, 원자로 구성된 것들은 변화의 영원성으로 이어진다.

6. 원자들의 '표현'

모든 실존들은 원자로 구성되지만, 우리는 원자를 감각할 수 없다. 우리의 감각 작용마저도 원자들로 구성되는 까닭이다. 실존은 원자로 구성되지만 원자들 자체는 실존하지 않는다. 원자는 실존을 구성하는 요소(element)이지 실존은 아니기 때문이다.

맑스 「논문」의 제2부 3장은 이 문제에 관한 중요한 언급들을 하고 있다. '원리(archai)'로서의 원자와 '요소(stoicheia)'로서의 원자를 다루면서 맑스는 원자가 어떻게 분할 불가능한 '요소'이면서도 동시에 내재적인 '원리'인지 말하고 있다. 우선 원자는 앞서 말했듯이 모든 실존들을 구성하는 요소이다. 맑스는 에피쿠로스가 퓌토클레스에게 보내는 편지를 인용한다. "모든 것들은 신체(body)이거나 허공(void)이다.

---

14. 무로부터는 아무것도 생겨나지 않으므로 무언가 생겨나기 위해서는 완전한 무로 되돌아갈 수는 없다.

그리고 분할 불가능한 요소들이 있다"(92쪽, Epicurus : 90). 이 말은 허공과 대비되는 의미에서의 신체(원자)와는 다른 '분할 불가능한 요소 '라고 이름이 붙은 제2종의 원자 혹은 요소가 있는 것처럼 보이게 만든다. 그러나 맑스는 이러한 해석이 잘못된 것이라고 말한다.

맑스는 우선 신체와 허공은 '신체적인 것' (körperlich, corporeal)과 '비신체적인 것' (leeren, noncorporeal)의 구별이며, 신체적인 것은 '복합체' (compound)와 분할 불가능하고 변하지 않는 '요소들' (elements)로 나누어서 이해해야 한다고 말한다(92쪽). 다시 말하면 허공이 아닌 '신체적인 것' 은 개별 원자이거나 원자들의 복합체인 것이다. 따라서 원자는 실존하는 신체들을 구성하는 개별 요소를 가리키며, 실존하는 신체들은 '원자들의 복합체' 라고 이해할 수 있다.[15]

그렇다면 원자들로 하여금 복합체를 구성하게 하는 원리는 무엇일까? 신(神)일까? 원자들이라는 질료를 통해서 무언가를 만들고 싶은 신? 그러나 우리는 원자론자들의 첫번째 선언을 잊어서는 안 된다. "세계는 원자와 허공으로만 구성되어 있다." 원자를 넘어서는 초월적 존재, 원자의 운동을 조정하는 초월적 원리는 없다. 원리가 있다면 그것은 결국 원자들의 운동에 내재하는 것이다. 원자는 복합체를 구성하는 요소이면서 동시에 자신의 운동으로 '표현되는' 원리가 되어야 한다.

원자가 요소이면서 동시에 원리라는 주장은 미묘한 긴장을 유발한다. 「노트」 1권에서 이것은 일자와 다수, 절대적 이념과 구체적 경험 사이의 긴장으로 나타나고 있다(171~175쪽). 여기서 원자는 다시 한 번 관념론적 외피를 뒤집어 쓰고 있다. 원자의 원리는 절대적 이념으로 등장한다. 그러나 그 원리는 내용을 갖지 않는 텅 빈(nichtigen) 형식이며, 어떤 전제도 갖지 않는 것(Voraussetzunglose)이다. 아무런 기원도 목

---

15. 에피쿠로스가 「헤로도토스에게 보내는 편지」에서 물체들은 복합체와 구성요소로 나뉘며, 그 구성요소는 더 이상 나누어지지 않고, 변형되지 않는다고 말한 것(Epicurus, 1997: 55)은 이 구성요소들이 바로 원자임을 말한 것이라고 하겠다.

적도 없는, 무전제성으로서의 원리! 그것은 어떤 구체적 경험과도 필연적으로 충돌에 빠져들며, 결국 전투는 그 끝을 모르게 된다. 원자의 내적 변증법은 헤겔식 제국의 변증법과 닮기보다는 슈티르너 Stirner식의 아나키스트의 변증법, 지독한 부정의 변증법을 닮은 것처럼 보인다.

그러나 원자 자체는 헤겔도, 슈티르너도, 제국주의자도, 아나키스트도 아니다. 또 원자 자체는 정신도, 자유도, 이념도 아니다. 원자 자체는 그 어디서도 빛나지 않는다. 에피쿠로스가 원자를 찾아 '세계 절반' 을 돌아다닌 데모크리토스를 이해할 수 없었던 이유가 여기에 있다. 원자 그 자체는 어디서 찾아질 수 있는 성질의 것이 아니다. 원자 자체는 실존하는 것이 아니기 때문이다. 원자들이 충돌을 통해 복합체를 이루었을 때 비로소 실존이 생겨나고 의미가 부여된다. 헤겔이니 슈티르너니, 제국이나 아나키스트니 하는 것들도 원자들의 구성물일 뿐 원자 자체는 아니다.

에피쿠로스가 잘 이해하고 있었듯이, 원자론자에게 중요한 것은 원자 자체가 아니다. 원자들의 조성과 해체가 만들어내는 사건들의 의미를 이해하는 것, 그것이 표현하고 있는 각각의 고유성을 인식하는 것이야말로 중요한 것이다. 원자론자에게 중요한 것은 원자가 아니라 원자들의 충돌로 생겨난 사건들이다!

우리가 '구성요소로서의 원자' 와 '원리로서의 원자' 의 논의에서 놓치기 쉬운 것은 '구성요소' 와 '원자' 사이에 놓여 있는 '표현' 이라는 방법이다. 개별 원자들과 그것들의 복합체를 이해하는 데 있어 '표현의 철학자' 스피노자의 논의는 큰 도움을 준다. 스피노자에게 '원자' 에 상응하는 것은 '실존' 을 구성하고 있는 '가장 단순한 신체' (simplest body)라고 할 수 있다.[16](Spinoza: 84, Deleuze, 1990b: 207). 가장 단순한 신체란 바로 실존을 구성하는 '요소' 다.

우리가 어떤 양태(mode)의 실존을 이야기할 때, 그것이 다른 양태들과의 관계 속에서만 실존할 수 있다고 말한다면, 그 말은 이미 한 양태의 실존 속에는 다른 양태와 관련된 요소들이 들어있다는 것을 의미한다. 가령 학생이라는 양태는 선생과 학교, 교과서, 다른 학생들, 교육을 뒷받침 해주는 여러 제도들 등 다른 양태와의 관계 속에서만 실존을 획득한다. 우리는 한 양태의 실존에 매우 많은 수(a great number)의 요소들이 들어있다는 것을 금방 이해할 수 있다. 매우 많은 요소들이 들어있다는 것은 실존이 매우 많은 수의 요소들을 지닌 조성체(composition)[17]임을 말해 준다.

'매우 많은 수'의 요소들은 어떤 관계 아래서 조성을 이루고 있다. 하나의 관계는 그 관계가 표현하고 있는 어떤 본질에 상응한다. 가령 중세의 농노는 그 구성 요소들이 영주와 영지, 장원 경제제도 등과의 관계 속에서 하나의 조성체, 농노라고 불리는 조성체를 이룸으로써 실존할 수 있는 것이다. 그리고 이때 중세의 농노를 만들어낸 관계들은 어떤 중세적 본질에 상응하고 있으며, 그 본질을 표현하고 있다.

여기서 흥미로운 전환이 일어난다. 보통의 관념론에서는 실존을 본질의 '경향'으로부터 설명한다. 본질이 실존하려는 경향을 갖기 때문에 실존이 일어난다는 것, 다시 말해서 본질이 실존의 원인이며 실존

---

16. 물론 스피노자가 말하는 가장 단순한 신체와 원자(atom)를 곧바로 동일시할 수는 없을 것 같다. 원자론자들의 원자는 실존하는 최소 단위지만, 스피노자의 '가장 단순한 신체'는 '극한치' 내지 '미분소'로서 그 자체로는 실존하지 않고 다만 실존을 조성하는 것이다. 스피노자는 분명히 원자론을 의식하고 있었으므로 다음과 같은 말을 내뱉었다. "자연 안에는 허공이 존재하지 않는다. 여기에 대해서는 다른 곳에서 논의하겠다." (spinoza, 1990 : 33 [에티카, 제1부, 정리 15의 주석]) 그는 허공의 존재가 존재의 일원성을 깨뜨린다고 보았기 때문이다. 아마도 스피노자가 원자론을 어떻게 이해했는지는 별도의 연구 주제가 될 것이다. 그리고 박사논문을 쓰던 시기에 이미 스피노자에 대해 상당한 연구를 진행했던 맑스가 그로부터 어떤 영향을 받았는지도 흥미로운 연구 주제가 될 것이다. 그렇지만 그의 이론과 원자론이 들어 맞지 않는다고 하더라도, 원자들이 복합체를 조성해서 실존을 이루는 방식이 그가 말하는 '가장 단순한 신체들의 조성체'로서의 실존에서 드러나는 '표현'과 다르지 않다는 주장을 봉쇄하는 것은 아니다.
17. 신체가 여러 요소로 구성된 복합체이고 죽으면 분해될 수 있듯이 실존하는 영혼 역시 복합체이다. 우리가 다른 개념과 관계 맺지 않는 한 어떤 개념도 떠올릴 수 없다는 사실을 생각해 보라.

을 결정한다는 주장이다. 그러나 스피노자의 생각은 다르다. 본질은 실존을 결정하지 않는다. 만약 본질이 실존을 결정한다면 실존의 파괴에 대해서도 본질은 책임과 운명을 공유해야 할 것이다. 그것은 본질 스스로의 영원성을 심각하게 훼손하는 일이다. 여기서 스피노자의 생각은 원자론을 매우 닮아 있다. 그에 따르면 실존은 다른 실존과의 관계를 통해서 생겨나며, 가장 단순한 신체들이 운동해서 새로운 관계 속으로 들어가면 새로운 실존이 나타나며, 그때의 새로운 관계는 어떤 새로운 본질에 상응한다는 것이다(Deleuze, 1990b : 208~210).

원자들의 충돌로 하나의 관계가 깨지고 다른 관계가 만들어지면, 이제 새로운 관계는 새로운 본질에 상응한다. 원자들의 충돌과 응고! 하나의 본질은 사라지는 것이 아니라 자신을 표현해 줄 실존을 갖지 못하게 된 것이다. 『헤겔법철학비판』에서 맑스는 헤겔이 실존의 차이와 본질의 차이를 혼동하고 있다고 비판하면서, '변질되면 다른 본질에 상응한다' 고 말했다(Marx, 1988b : 139). 중세까지 존재했던 '농민' 과 근대의 '공민으로서의 농민' 은 전혀 다른 본질에 상응한다. 중세까지 존재했던 농민의 본질이 사라지는 것이 아니라(본질이 사라지는 것은 불가능하다) 실존을 구성하는 관계가 바뀌어 더 이상 '표현' 되지 않는다는 것이고 이제는 다른 본질이 '표현' 된다고 할 수 있다.

따라서 어떤 '본질' 의 표현은 전적으로 '이 세계' 에서 이루어지는 원자들의 운동의 결과에 달려 있다. 어떤 심오한 본질도 자신의 운명을 예정하지 못한다. 오직 '이 세계' 에서의 투쟁과 그 투쟁의 결과로 만들어진 관계만이 어떤 본질의 표현 여부를 결정할 뿐이다. '저 세계' 에 있는 어떤 것도 영향을 미칠 수 없다. 원자들의 조성에 영향을 미치기 위해서는 그 어떤 것도 원자여야 한다. 원자만이 원자에 영향을 미칠 수 있기 때문이다. 만약 신이 영원하고자 한다면 원자로 구성되는 것을 피해야 한다. 그러나 원자로 구성되는 것을 피한다는 것은 이 세계로부터 완전히 떠나야 한다는 것을 의미한다. 신은 이 세계에서 완전히 추방된다(287~289쪽). 영원한 것들이여, 원자라는 괴물을 피하라!

7. 원자들의 질

이제 우리는 맑스가 '원자들의 질(quality)' 을 논하면서 그것을 원자들의 집합체(conglomeration)에 부여하고, 원자들의 조성(composition)과 관계해서만 이해할 수 있다고 말한 것을 이해할 수 있다. 우리가 어떤 질을 포착하기 위해서는 그것이 복합체여야 한다.

사실 원자의 질에 관한 논의에는 긴장의 요소가 들어 있다. 원자들이 감각적 공간에서 즉각적 차이를 보일 수 있고 차이를 갖기 위해서는 독특한 질을 가져야 한다. 그런데 질이나 특성은 영원한 것이 아니라 변하는 것이다. 따라서 질이나 특성을 갖는다는 주장은 '원자는 변하지 않는다' 는 원자론의 주장과 충돌하게 된다.

데모크리토스는 이 모순에 대한 별도의 고려 없이 현상 세계에서 드러난 차이만을 갖고 조밀함(density), 형태(shape), 배열(arrangement)을 원자의 질로 규정했다. 그에 반해 에피쿠로스는 질이 갖는 모순적 성격 때문에, 원자에 어떤 특성을 부여하자마자 그것은 원자의 개념에 의해 부정될 수밖에 없다는 것을 알았다.

원자 자체의 질을 말하기 위해서 에피쿠로스는 우선 위치(Large)와 배열처럼 원자들 '사이' 에서 논할 수 있는 특성을 제외하고, 원자 자체에 고유한 특성으로 크기(Größe), 형태(Gestalt), 무게(Schwere) 등을 들었다. 그는 이러한 특질들을 그 자체와 모순되는 방식으로 규정해 나갔다.

우선 원자들은 크기를 갖는다. 원자들이 크기를 갖지 않는다면 그것들이 아무리 모여도 어떤 크기를 만들어낼 수는 없을 것이기 때문이다. 그러나 원자들이 모든 크기를 가질 수 있는 것은 아니다. 그렇게 된다면 우리 눈에 보이는 원자들이 발견될 것이다.

둘째로 원자들은 다양한 형태를 갖는다. 왜냐하면 우리는 형태에 대한 매우 다양한 감각을 갖고 있기 때문이다(Lucretius, II, 479ff : 285쪽). 그러나 원자가 무한한 종류의 형태를 가질 수는 없다. 다른 것들로부터 구별되는 것의 특성으로서의 형태가 무한한 종류로 있다면, 어떤 원자는 그 무한한 종류의 원자들과 구별되는 형태를 갖기 위해서, 즉 자신 안에 다른 것들과의 무한한 차이를 갖기 위해서 무한히 커지지 않으면 안될 것이기 때문이다. 따라서 원자는 매우 많은 수의 형태를 가질 것이지만 무한한 종류의 형태를 갖지는 않을 것이라는 결론을 내릴 수 있다. 그렇다면 현실에서 경험하게 되는 무수하게 다양한 형태들은 어떻게 가능한가? 원자들이 무한한 종류의 형태를 갖지 않아도 원자의 수만 무수히 많다면 그것이 배열되고 쌓이는 방법에 따라 매우 많은 형태들이 생겨날 수 있다.

원자의 질에 대한 하나의 주장을 하고 그것에 반대되는 주장을 함으로써 그 모순적 성격을 드러냈던 에피쿠로스의 주장은 세번째로 무게를 주장할 때 더욱 선명하게 드러난다. 그는 무게를 특히 중요하다고 생각했는데, 그것은 무게야말로 다른 어떤 중심이나 전체로도 환원될 수 없는 자신의 고유성이기 때문이었다. 더구나 중력은 원자들의 당김과 밀쳐냄, 즉 조성체를 구성하고 해체함에 있어 매우 중요한 역할을 한다. 그러나 무게 역시 원자의 개념에 모순되기는 마찬가지다. 왜냐하면 무게는 질료 바깥에 위치한 이상적인 점으로서의 질료의 개별성이면서 동시에 그 자체로 차별적인(verschiedenes) 중량을 갖는, 중력의 실체적인 중심이라고도 할 수 있기 때문이다.

하나의 원자에 대해 생각할 때, 크기와 형태, 무게 등 원자의 질에 관한 논의는 필연적으로 모순에 빠져든다. 맑스는 본질과 실존 사이에서 원자 개념이 갖는 모순을 객관화했다는 점에서 에피쿠로스를 칭찬한다(90쪽). 우리가 이 모순을 해소하려면 원자의 질들을 조성체(Komposition)와 관련해서 적용해야 한다. 원자들이 다양한 크기와 실존, 무게를 갖는 것은 원자들이 어떻게 조성되어 있느냐에 따른 문제다. '매우 많은 수'의 원자들이 모였을 때, 그 조성의 변화에 따라 우리는 개별 원자들의 변화 없이도(원자론과 모순되는 변화 없이도) 크기와 형태, 무게의 차이 및 변화를 말할 수 있을 것이다.

8. 존재(Sein)에서 생성(Werden)으로

흥미로운 것은 이 조성체의 형성에서 허공(void)은 아무런 영향력도 행사하지 못한다는 사실이다. 영향력은 원자와 원자 사이에서만 행사된다. 이는 '존재하지 않은 것(無)으로부터는 아무 것도 나오지 않는다'는 에피쿠로스의 선언(Epicurus : 54)과도 통한다. 허공에서는 무거운 것이나 가벼운 것 모두 같은 속도로 움직인다. 허공이란 아무 힘도 행사하지 않기 때문이다. 무슨 힘을 행사한다면 그것은 더 이상 허공이 아니라 원자다.

이 점에서 영혼은 명백히 원자로 구성되어 있다. "허공은 영향을 주지도 받지도 않으며, 다만 다른 물체가 자신을 통과하도록 허락할 뿐이다. 영혼이 비물질적이라는 것은 헛소리다. 영혼이 비물질적이라면 어떤 영향을 주지도 받지도 않을 것이다."(Epicurus : 75~76)

여기서 원자와 허공의 매우 심오한 '차이'가 드러난다. 그 차이는 결국에 동일성으로 환원되는 '적대'보다도 심오하다. 원자와 허공은 서로 적대적이지 않다. 허공은 원자에 아무런 영향력도 행사하지 못하니 적대적이라고 말할 수도 없다. 그 둘은 완전히 다르다고 말할 수밖에 없다. 그러나 존재(Being), 일자(the One), 전체(Whole)를 내세우는 자들은 무(無)를 존재에 통합시킨다. 이들은 '존재는 무다'고 말하기도 한다(Deleuze, 1990a : 268).

에피쿠로스 철학에서 세계를 아우르는 존재나 일자는 있을 수 없다. 맑스는 무게에 관한 루크레티우스의 언급을 소개하면서 원자들의 '무게'로부터 놀라운 결론이 유도된다고 말한다(89쪽, 131쪽). 무게는 원자들에 내재한 속성이며, 중력의 실체적 중심이라는 사실로부터 "모든 것이 세계의 중심을 향해 싸운다는 생각을 포기해야" 하기 때문이다. 모두가 향해야 할 중심이란 없으며 중심은 '곳곳에' 있다. 원자들이 모이는 강렬도의 지대들이 모두 중력의 중심이 된다. 또한 중심은 계속 변화하고 이동한다. 문제는 존재나 일자로부터 벗어나는 것이며, 그것으로 환원되지 않는 다양성을 회복하는 일이다. 맑스는 "현존재(Dasein) 속에서의 자유가 아니라 현존재로부터의 자유"를 강조했다(98쪽). 차라리 우리는 '존재로부터의 자유'를 말해야 할지 모른다.

우리는 원자론을 통해 중요한 두 범주의 차이를 이해하게 된다. 그것은 바로 '존재(Being)'와 '생성(Becoming)'! 'Be동사'와 '접속사'는 각각 '존재의 관점'와 '생성의 관점'에서 만남이나 연결의 의미를 보여준다(Deleuze, 1990 : 267). 'A is B'라고 할 때, 'Be동사'는 A와 B를 동일화시키는 존재를 의미한다. 그러나 접속사는 동일하지 않은 것들 사이의 동맹이고 결합이다. 그것은 동일화를 꿈꾸는 것이 아니다. 루크레티우스는 "모든 사물들은 다양한 접속들, 무게들, 충돌들, 마주침들, 운동들에 의해서 만들어지고 작동한다"고 말했다(Lucretius, 1997 : 1권 632~635ff).

어떻게 접속되느냐에 따라 원자들은 상이한 것이 될(**becoming**) 수 있다. 맑스는 원자가 진정으로 모든 것이 될 수 있는 절대 질료(absoluten Materie)이며, 실체(substance)라고 말했다(97쪽). 모든 것은 원자들로부터 생겨나며 다시 원자들로 분해된다. 원자들은 '하늘과 바다, 땅, 강, 태양을 구성'한다(275쪽, Lucretius : II, 820f). 또 "하늘, 바다, 토지, 강, 태양을 구성하는 같은 원자들이 신체, 나무들, 동물들을 조성(구성)한다"(Lucretius : 1권, 820~823ff). 원자들은 땅이 될 수도 있고, 강이 될 수도 있고 바다가 될 수도 있으며, 산이 될 수도 있고, 나무가 될 수도, 동물이 될 수도 있다. 중요한 것은 생성이다. 무언가 생겨나는 것은 또한 다양해지는 것이다. 전체마저도 재배열을 통해서 다른 것이 된다. 변화하는 전체!

헤겔은 생성을 존재와 무의 통일로 이해한다(Hegel, 1994 : 102). 무엇인가 사멸하고 무엇인가 생겨나는 것을 생성이라고 이해할 때, 그것은 바로 자신 안에 무를 포함한 존재이기 때문이라는 것이다. 따라서 생성은 존재에서 무로, 무에서 존재로의 소멸이다. 이때 아무런 규정성도 없던 존재가 규정성을 갖게 되는데 이것이 바로 현존재다. 현존재란 바로 비존재(無)를 포함한 존재라는 것이다.

그러나 에피쿠로스 철학에서 이것은 불가능하다. 세계는 원자와 허공으로 구성되어 있고 이것은 서로를 절대 포함하고 있지 않다. 원자가 없는 곳이 허공이다. 따라서 무(無)인 허공은 원자들의 조성을 해체하는 데 아무런 영향력도 행사할 수 없다. 원자들의 조성을 깨는 것은 다른 원자들이다. 에피쿠로스가 앞에서 말했듯이 '무로부터는 아무 것도 나오지 않는다'. 존재는 무를 포함할 수 없다!

이것이 에피쿠로스가 죽음을 걱정하는, 죽음 앞에서 근심(Angst)을 가진 이들에게 보내는 충고다. 죽음이란 원자들의 분해일 뿐이다(Epicurus : 13). "우리가 존재하는 한 무(無)인 죽음은 우리에게 존재하지 않는다. 또한 죽음이 오면 우리는 더 이상 존재할 수 없다." 원자와 허공의 심오한 차이 때문이다. "죽음은 산 사람이나 죽은 사람 모두에게 아무 상관이 없다. 산 사람에게는 아직 죽음이 오지 않았고, 죽은 사람은 이미 존재하지 않기 때문이다"(Epicurus : 44).

프리고진의 뛰어난 책의 제목(Prigogine, 1994)이 말해주듯이 유물론은 '존재에서 생성으로' 옮겨가야 한다. 이때 시간은 '생성'의 편이다. 정확히 말하자면 '생성'이야말로 시간을 구성하고 가능하게 한다.

맑스가 「논문」의 제2부 4장에서 다루는 것이 바로 시간이다. 시간에 대한 태도야말로 데모크리토스와 에피쿠로스의 차이를 잘 드러내준다. 데모크리토스에게 있어서 시간은 별중요성을 갖지 않는다(100쪽). 오히려 데모크리토스는 시간을 부정하기 위해 시간을 설명했다. 원자들은 영원하며 원자 개념에 시간은 있을 수 없다. 영원한 것에서 시간은 더 이상 흐르지 않는다!

에피쿠로스 역시 원자들의 영원성이라는 측면에서는 시간을 배제했으나 그에게 중요한 것은 원자들의 배치였다. 본질의 영역에서 시간은 흐르지 않으나 원자들이 실존을 구성하는 영역, 그곳은 항상 변화와 사건의 영역이었다. 맑스는 에피쿠로스에게 "시간은 현상의 절대적 형식이었다"고 말한다(101쪽). 맑스는 이 문장에 "사물의 운동과 분리된 시간 그 자체는 존재하지 않는다"는 말을 주석으로 달았다(131쪽).

맑스는 시간이 사물들의 속성을 가능하게 해주는 "변화로서의 변화(change as change)"라고 말한다.[18] 들뢰즈는 에피쿠로스가 시간을 설명하기 위해 사용한 'symptoms'이라는 말의 적절한 번역어를 '사건(eventa)'이라고 했는데(Deleuze, 1990 : 276), 이 번역어를 사용한다면 에피쿠로스에게 시간은 '사건의 사건(event of event)'이라고 할 수 있을 것이다.

이 점에서 원자론, 유물론은 시간성을 내재하고 있다.[19] '역사', '시간'은 사건들의 집합으로서 존재한다. 그것은 '대문자 H'가 자신을 전개하는 '이야기'가 아니라, 예정에도 없는 사건들, 역사를 비트는 사건들, 세상을 뒤흔드는 지진들의 집합일 뿐이다. 따라서 역사 발전의 필연적인 진행을 밝혀준다는 것이야말로 '역사 유물론'에서 가장 멀리 있는 이야기라고 할 것이다.

9. 유물론에 반하는 유물론?

원자들과 허공이 있다! 허공을 가로지르는 원자들이 모여 하나의 텍스트가 되다가 다시 '적을 절멸시키기 위한 무기'가 되기도 한다. 단 한 개의 원자를 더하거나 빼지 않고 배열의 변화만으로도 완전히 다른 것이 될 수 있다. 하물며 다른 원자들이 다시 개입한다면야 그 변화가능성은 짐작할 수도 없다. 신마저도 안전하고자 한다면 원자를 피해야 한

---

18. 조성과 시간의 관계에 대한 맑스의 언급도 흥미롭다. "조성이 자연의 수동적 형식이라면 시간이야말로 자연의 능동적 형식이다"(101쪽).
19. 이 점에서 '역사 유물론'이라는 말은 불필요한 조어(造語)라는 생각도 든다. 유물론은 이미 시간에 관한 주장을 포함하고 있기 때문이다. 그러한 단어가 나오게 된 이유와 역사가 있다고 하더라도 어떻든 '역사 유물론'이라는 단어를 '역사에 대한 물질적 접근'이나 '물질에 대한 역사적 접근'으로 오해하거나 한정해서는 안 될 것이다.

다. 원자는 신도 어찌할 수 없는 괴물이다. 맑스는 「논문」의 제2부 5장에서 천체들(meteors)에 대한 논의를 전개하는데, 천체를 보며 영원성을 끌어내고 죽음에 대한 공포로부터 쉽게 종교에 빠져드는 사람들에게 천체들 역시 원자들의 구성물인 한 영원하지 못하다는 에피쿠로스의 말을 일깨워준다. "천체들이 영원하지 않다는 것은 필연적이고 어찌할 도리 없는 귀결이다" (106~108쪽, 111쪽).

유물론이 종교와 미신에 가장 강력한 반대자일 수 있는 것은 종교나 미신이 단순한 관념이나 의식이기 때문이 아니다. 헤겔철학이 아무런 물질성도 가지지 못했다면 맑스는 '해부용 칼'로 충분했을 것이다(Marx, 1988b : 190). 그러나 그것이 대중을 장악하고 영향력을 행사한다면 그것 또한 원자들로 이루어진 물질인 것이다. 그에게는 실재적인 파괴력을 갖는 원자들의 흐름, 바로 '무기'가 필요했던 것이다. 원자는 원자에 의해서, 무기는 무기에 의해 제압되어야 한다.

에피쿠로스에서 루크레티우스로, 그리고 맑스로 이어지는 유물론의 전통은 더 이상 정신을 비난하기 위해 물질을 동원하는 철학이 아니다. 그것은 정신이나 영혼도 그 나름의 속성[20]을 갖는 원자들로 구성되어 있다고 말할 뿐이다. 원자들의 복합체인 한 그것은 원자들의 동학, 유물론의 역학을 따른다.

'삶이 의식을 규정한다'고 맑스는 말한다. 그러나 삶과 의식의 관계는 인간이 '물질적 생활 자체를 생산하고', 이미 충족된 욕구 위에 '새로운 욕구'를 낳으며, 자신을 새롭게 생성시키는 인간이 다른 인간을 생성시킨다는 것, 사회적 관계가 하나의 생산력이라는 것 등의 전제 위에 인간이 의식을 가지며 그것 또한 물질적이라는 판단으로부터 나오는 것임을 맑스는 주지시키고 있다(Marx, 1989 : 66~71). 삶이 의식

---

20. 영혼을 이루는 원자들은 아주 작고 몸의 나머지 구조와 잘 조화될 수 있는 속성을 가지고 있다. 그것은 생각의 속도 이상으로 빨리 움직인다. 그것은 또한 자신의 운동을 통해 현실화되는 가능성으로 인해 스스로 감각의 속성을 지니기도 한다(Epicurus, 1998: 73~74).

을 규정하지만, 인간은 실천을 통해서 삶을 생산한다.

이 점에서 삶이야말로 생성(becoming) 되는 것이다. 그러나 또한 삶을 생산하는 인간 역시 '발전과정상의 인간' 이다(Marx : 66). 철학자들은 자주 인간 '본질' 을 말하고 인간을 역사 단계마다 존재했던 개인들 대신에 끼워넣어 역사의 추진력인 것처럼 묘사해왔다. 마치 분업에 포섭되지 않으면 완전한 '인간' 의 본질이라도 실현되는 것처럼, 마치 전체과정이 '인간' 의 자기소외 과정인 것처럼(Marx : 121).

역사에서 어떤 심오한 존재나 본질이 그 실현을 강제한다고 생각하는 것이야말로 관념론적인 것이다. 원자들의 마주침으로 사건이 생길 때, 하나의 관계가 맺어질 때 '표현' 되는 본질, 상응하는 본질이 있을 뿐이다. 모든 결정은 '저 세계' 가 아니라 '이 세계' 에서 일어난다. 중요한 것은 '이 세계' 에서 구체적으로 관계를 바꾸기 위한 실천과 투쟁일 뿐이다.

데모크리토스의 문제는 보편적이고 일반적인 어떤 것을 찾으려는 데 있었다. 그는 원자가 전체(Whole)로서의 자연에 대한 일반적이고 객관적인 표현이라고 생각했다. 그렇다 보니 원자는 추상적이고 순수한 범주가 돼버리고 능동적 원리가 되지 못했던 것이다(117쪽). 원자들은 그에게서 괴물이기를 멈추고 장식장 깊은 곳에 놓여있는 아름다운 보석이 되고 말았다.

그는 중요한 것이 원자를 발견하는 것이 아니라 그것의 배치를 바꾸어내는 능동적 실천이라는 것을 이해하지 못했던 것이다. 맑스가 모든 유물론자들에게 경고했던 것, 그것은 바로 대상과 현실, 감성이 단지 관조의 형식에서만 파악되고 실천적으로 파악되지 못하고 있다는 것이었다(Marx : 37). 포이어바흐에 관한 테제들에서 명백히 하듯이 '구태의연한' 유물론과 '새로운' 유물론을 가르는 가장 '중요한 것은 해석하는 것이 아니라 변혁시키는 것', 우리에게는 '해부용 칼이 아니라 적을 절멸시키기 위한 무기' 가 필요하다는 사실이다. 원자들은 이제 '낡은' 유물론자들을 향해 으르렁거리고 있다.

참고문헌

Althusser, L., 1996. "Le courant souterrain du matérialisme de la rencontre", 서관모 · 백승욱 편역, 『철학과 맑스주의』, 새길.

Deleuze, G., 1990a. *Logique du sens*, tr. by M. Lester, *The Logic of Sense*, Columbia University.

Deleuze, G., 1990b. *Spinoza et le problème de l'expression*, tr. by M. Joughin, *Expressionism in Philosophy: Spinoza*, Zone Books.

Deleuze, G., 1996a. *Le Bergsonism*, 김재인 역, 『베르그송주의』, 문학과 지성사.

Deleuze, G., 1996b, *Cinéma 1*, 주은우 · 정원 역, 『영화 1』, 새길.

Deleuze, G. and Guattari, F., 1987. *Mille Plateaux*, tr. by B. Massumi, *A Thousand Plateaus*, University of Minnesota.

Epicurus, 1998. 오유석 역, 『쾌락』, 문학과 지성사.

Hegel, G.W.F., 1994. 임석진 역, 『대논리학』 1권, 도서출판 벽호.

Lucretius, 1997. *De rerum natura*, tr. by R. Melville, *On the Nature of the Universe*, Clarendon Press.

Marx, K., 1975. *KARL MARX FREDERICK ENGELS Collected Works*, Vol. 1, Progress Publishers.

Marx, K., 1981. "Differenz der demokritischen und epikureischen Naturphilosophie", *Marx Engels Werke*, Ergänzungsband, Schriften bis 1844, Berlin.

Marx, K., 1981. "Epikuireische Philosophie", *Marx Engels Werke*, Ergänzungsband, Schriften bis 1844, Berlin, 노트1권~7권.

Marx, K., 1988a. 강민철 · 김진영 역, 『철학의 빈곤』, 아침.

Marx, K., 1988b, 홍영두 역, 『헤겔법철학비판』, 아침.

Marx. K., 1989, 김대웅 역, 『독일이데올로기』 I, 두레.

Marx. K., 1994. 김수행 역, 『자본론』 I(하), 비봉출판사.

Nietzsche, F., 1994a. 강수남 역, 『권력의지』, 청하.

Nietzsche, F., 1994b. 최승자 역, 『짜라투스트라』, 청하.

Nietzsche, F., 1995. 권영숙 역, 『즐거운 지식』, 청하.

Prigogine, I., 1994. *From Beings To Becoming*, 이철수 역, 『있음에서 됨으로』, 민음사.

Prigogine, I., 1996. *Order Out of Chaos*, 신국조 역, 『혼돈으로부터의 질서』, 고려원미디어.

Russel, B., 1995. 한철하 역, 『서양철학사』, 대한교과서.

Serres, M., 1977. *La naissance de la physique dans le texte de Lucrèce*, Minuit.

Spinoza, B., 1990., *Die Ethik*, 강영계 역, 『에티카』, 서광사.

고병권, 1997. 「니체사상의 정치사회학적 함의에 대한 연구」, 서울대 대학원 사회학과 석사논문.

김진, 1990. 『칼 마르크스와 희랍철학』, 한국신학연구소.

인명사전

Bibliographie

데모크리토스Democritus 그리스 북쪽 트라키아의 아브데라(Abdera) 출신으로 기원전 460년 경에 태어난 것으로 알려져 있다. 데모크리토스의 연대에 관한 기록은 정확하지 않다. 다만 그가 젊었을 때 아낙사고라스Anaxagoras가 늙었다고 말하고 있는 것으로 보아 기원전 420년 경에 활동했을 것으로 추정된다. 시대상으로만 보면 소크라테스나 소피스트들과 동시대인이라고 할 수 있다. 플라톤의 『대화편』에는 데모크리토스에 대한 기록이 하나도 없는데, 디오게네스 라에르티오스Diogenes Laertius에 따르면, 플라톤은 데모크리토스를 끔찍이 싫어하여 데모크리토스 책을 모두 태워버리기를 원했다고 한다. 맑스도 논문에서 말하고 있듯이 그는 널리 남방, 동방으로 지식을 찾아 여행을 했다. 페르시아를 방문했던 적이 있으며, 이집트에는 상당히 오래 머문 것으로 알려졌다. 그는 매우 박식한 인물로 알려졌으며, 특히 자연과학적 지식에 상당한 조예를 가졌던 것으로 알려져 있다.

디오게네스 라에르티오스Diogenes Laertius 서기 3세기에 활동한 인물로 고대철학자들의 전기를 많이 수집하여 남긴 사람이다. 그의 『철학자들의 생애와 사상』*Peri bion dogmaton kai apophthegmaton ton en philosophia eudokimesanton*은 그리스 철학에 대한 매우 중요한 문헌으로 꼽힌다. 에피쿠로스 생애에 대해서도 이 저서가 가장 중요한 기록이라고 할 수 있다. 그러나 에피쿠로스에 대한 그의 기록에는 소문들이나 전설들, 추문들이 많이 들어있는데, 그것들이 객관적 사실인지, 다른 학파에서 보낸 비난인지, 라에르티오스 자신의 견해인지 등이 모호해서 사실 확인 자료로서 부족한 점도 있다. 그는 많은 사상가들을 소개하고 있는데, 대부분 이차 문헌을 통해서 이해한 것으로 보인다. 하지만 그는 그것들을 어디서 인용했는지에 대해서는 밝히고 있지 않다.

레우키포스Leucippus 데모크리토스와 함께 원자론을 창시한 것으로 알려진 인물로, 밀레투스 출신이며 기원전 440년 경에 활동했을 것으로 추측된다. 그러나 레우키포스에 대해서는 알려진 바가 별로 없으며, 그가 실재한 인물인지에 대해서도 논란이 많다. 에피쿠로스는 그의 실존을 부인했고, 오늘날의 몇몇 학자들도 그에 동의하고 있다. 영국철학자 러셀Russel은 아리스토텔레스가 레우키포스를 자주 언급하고 있다는 점을 들어 신화적 인물은 아닐 것이라고 말했다. 그에 따르면 레우키포스는 과학적이고 합리주의적인 철학을 수행했으며, 파르메니데스Parmenides와 제논Zeno에게서 많은 영향을 받았다고 한다. 그러나 데모크리토스와 분리된 독자적인 업적을 찾아보기는 힘들고, 항상 데모크리토스와 함께 언급된다.

루시안Lucian 루시안은 서기 120년에서 180년까지 산 그리스의 저술가이자 수사학자로, 특히 풍자(satire)에 능했다. 『브리태니커』에 따르면, 그는 지금의 터키의 한 지역인 사모사타(Samosata)에서 태어났으며 수사학과 철학을 많이 연구했다. 그의 풍자는 주로 미신적 믿음과 허위적인 철학적 대화들을 향한 것이었다. 그는 매우 환상적인 이야기들을 많이 썼는데, 잘 알려진 것으로는 『신들의 대화』*Dialogues of the Gods*, 『사자(死者)들의 대화』 등이 있으며, 『진정한 역사』*True History*는 초기 시인들이나 역사가들에 의해서 사실로 제시된 허구들의 패러디다. 이 작품은 달에 대한 여행이 들어있을 정도로 놀랍다. 루시안의 작품들은 회의주의의 영향을 크게 받은 것으로 인정되고 있다.

루크레티우스Lucretius 『사물의 본성에 관하여』*De rerum natura*의 저자로 기원전 1세기 경에 활동한 시인. 그의 이름은 티투스 루크레티우스 카루스Titus Lucretius Carus. 사실 『사물의 본성에 관하여』와 이름 외에는 확실하게 알려진 것이 아무것도 없다. 에피쿠로스의 철학을 소개하고 있는 작품을 통해서 그의 윤리적인 태도를 알 수 있을 뿐이다. 그나마 조금 남아 있는 그에 대한 기록들도 사실 여부를 확인할 수 없다. 『브리태니커』에 따르면, 라틴 교부였던 제롬Jerome은 그의 기원전 94년에 대한 연대기에서 루크레티우스가 그 해에 태어났다고 말하고 있으며, 나중에는 미약(媚藥, love potion)을 먹고 미치게 되었다고 한다. 이후에 몇몇의 책들에서 그는 44세(BC 51~52)에 자살했다고 적혀 있다. 엘리우스 도나투스Aelius Donatus에 따르면 자신의 열일곱번째 생일(BC 54~53)에 루크레티우스가 죽었다고도 한다. 또 다른 기록은 키케로Cicero의 기록으로, 기원전 54년에 그의 형제에게 보낸 편지에서 루크레티우스가 이미 죽었다고 적고 있다. 자신의 삶에 대한 기록은 남아 있는 것이 없지만 그는 아름답고 훌륭한 문장들로 에피쿠로스의 자연학을 영원한 것으로 남게 만들었다.

세네카Seneca 기원전 3년에서 서기 65년 사이에 살았던 정치가이자 웅변가, 학자. 스페인에서 태어났으나 로마에서 정치적 생애를 보냈다. 그는 한때 로마 황제 클라우디우스Claudius에 의해 코르시카로 유배되었으나, 클라우디우스의 두번째 아내인 아그리피나에 의해 그녀의 아들의 개인교사로 임명되었다. 그녀의 아들이 바로 네로Nero 황제였으니, 세네카는 네로의 스승이었던 셈이다. 네로의 횡포가 심해지면서 새로운 황제를 옹립하려는 시도가 있었는데, 세네카는 이 음모에 공모했다는 이유로 사형이 언도됐다. 그의 주요 철학적 저술들은 중기 스토아 철학의 절충주의적 입장을 설명하고 있는 것들이다. 또 그는 섬세한 독창성을 가지고 그리스 비극들을 정리하기도 했다. 그에 대한 역사적 평가는 독설적인 웅변가에서부터 인간적이고 자유스러운 성향을 가진 정치가에 이르기까지 다양하다. 그리스도교가 퍼져나가면서 교부들은 그를 그리스도교 신자로 이해하기도 했고, 바울Paul과 어떤 관계가 있었을 것이라는 이야기조차 전해지고 있다.

섹스투스 엠피리쿠스Sextus Empiricus 서기 3세기 경에 살았던 인물로 고대 회의주의 철학자들 중 오늘날까지 작품이 남아 있는 유일한 인물이다. 퓌론주의에 대한 중요한 해설자로서 퓌론의 사상과 그리스 회의주의에 대한 여러 내용을 소개하고 있는 저술을 남겼다. 그의 회의주의는 『신의 존재를 믿는 것에 대한 논박』*Arguments Against Belief in a God*에서도 잘 드러난다. 그는 우리가 신에 관해 아무런 경험도 갖고 있지 못하므로 신의 존재는 자명한 것이 아니고 따라서 증명되어야 한다고 말한다. 그리고 그 증명이 불가능하다는 것을 보이기 위해 복잡한 논증을 전개한다. 17~18세기 많은 유럽의 학자들이 섹스투스 엠피리쿠스를 통해서 전해져 내려오는 고대 그리스의 회의주의에서 제기된 문제들과 대결했다. 그러나 그의 삶에 대해서는 그가 의사였다는 것, 그리고 그리스 회의주의의 쇠퇴기에 회의주의 학파에서 중심적인 역할을 하고 있었다는 것 외에는 기록이 거의 남아있지 않다.

쇼바하Schaubach 조안 콘라드 쇼바하(Johan Konrad Schaubach, 1764~1849). 천문학자로 고대 천문학의 역사를 연구하는 데 많은 노력을 기울였다.

스틸포Stilpo 스틸폰Stilpon이라고도 불리는 그리스 철학자. 기원전 380년에서 300년까지 살았던 인물로 알려져 있다. 『브리태니카』에 따르면, 그는 유클리드Euclid가 설립한 메가리안(Megarian) 학파의 철학자로, 이 학파의 학자들은 변증술에 높은 가치를 부여했고, 이후 스토아 학파의 논리에도 많은 영향을 미쳤다. 그러나 아쉽게도 스틸포의 글은 전해지지 않고 있으며, 다른 저서들에 의해서 간혹 언급되고 있는 정도다. 스틸포의 가장 유명한 제자는 스토아 학파의 창시자로 알려진 제논Zeno이다.

에피쿠로스Epicurus 기원전 342~341년 사이에 태어나 기원전 270~271년까지 살았던 인물로 알려져 있다. 그는 기원전 311년에 미틸레네(Mitylene)에 학교를 세웠고, 다음에는 람프사쿠스(Lampsacus)에 있었으며, 기원전 307년 이후에는 아테네에서 살았다. 특히 기원전 307~306년 경에 아테네에 있는 정원을 사들여 만든 그의 학교는 유명했다. 이 에피쿠로스의 정원에는 철학을 하는 제자들뿐 아니라 친구들, 그들의 아이들, 노예, 창녀들도 있었다. 노예나 창녀들이 있었다는 사실이 에피쿠로스의 반대자들에게 비방거리가 되었으나, 사실 그의 정원은 아름다운 우정이 넘쳐흘렀던 것으로 보인다. 러셀에 따르면 사람들은 여기서 아이들에게도 즐거운 편지를 썼으며, 어떤 권위도 보이지 않았고, 놀라우리만치 자연스럽고 꾸밈이 없었다고 한다. 에피쿠로스를 소개함에 있어 가장 자세한 기록은 디오게네스 라에르티오스의 『철학자들의 생애와 사상』 제10권이다. 이 책에는 맑스의 논문에서도 자주 인용되고 있는 세 편의 편지와 『중요한 가르침』이 들어 있다. 그는 약 300여 권의 책을 썼다고 되어 있지만, 남아 있는 것은 디오게네스 라에르티오스의 기록과 1888년 바티칸에서 발견된 경구들, 1752~54년 베수비오 산 근처의 헤르쿨라네움에서 발견된 『자연에 관하여』의 일부분 정도다. 그는 공포를 통해 사람들을 지배하는 종교와 미신에 반대했고, 삶을 즐거운 것으로 만들 수 있는 여러 지혜들을 설파했다. 그리고 맑스가 논문에서 주장하고 있듯이 데모크리토스와 함께, 정확히 말하자면 데모크리토스를 넘어서, 사상사에 유물론이라는 거대한 지진을 만들어냈다.

엠페도클레스Empedocles 기원전 493년에서 443년까지 살았다고 전해지고 있으나 확실한 것은 아니다. 그는 신비스러운 인물이었는데, 전하는 바에 따르면 변론가였으며, 의사였고, 예언자였고, 자연학자였다. 또 열렬한 오르페우스 교도이기도 했다. 전설에 따르면 그는 자기가 신인 것을 증명하기 위해 에트나(Etna)

화산의 분화구에 뛰어들어 죽었다고 한다. 그는 '모든 것은 항상 변화한다'는 헤라클레이토스Heraclitus와 '있는 것(존재)은 항상 있다(존재한다)'는 파르메니데스Parmenides의 주장 사이에 존재하는 긴장을 풀기 위해서 4원소설을 주장한 사람이다. 변화하지 않는 근본적인 존재를 말하면서도 세계에 일어나는 변화를 설명할 수 있는 틀을 제시한 것이다. 물론 그 이전에도 이오니아의 자연철학은 3개의 근본 원소(물, 공기, 불)를 제시한 바가 있다. 그는 여기에 흙을 더하여 4가지 원소가 서로 결합되고 분리됨에 따라 다양한 세계를 만들어낸다고 주장하였다. 이러한 그의 주장은 데모크리토스의 원자론에도 많은 영향을 끼쳤을 것으로 보인다.

제논Zeno과 스토아 학파 스토아 학파의 창시자는 기원전 3세기 초에 살았다고 하는 제논으로 알려져 있다. 제논의 학설은 맑스의 논문에서 지적되고 있듯이 견유학파와 헤라클레이토스를 절충한 것으로 받아들여졌다. 그러나 구체적인 내용들은 세기를 거치면서 차츰 변화를 겪게 된다. 서기 1세기, 2세기에 속하는 세네카Seneca와 마르쿠스 아우렐리우스 등에 이르면 많은 부분에서 제논의 생각과 차이가 나타난다. 그러나 변화가 거의 없는 영역도 있는데, 그것은 바로 윤리학의 영역이다. 윤리학은 스토아 학파에서 다른 모든 부문에 선행하는 가장 중요한 영역이라고 할 수 있을 것이다. 제논은 자연학이나 형이상학의 가치를 인정하기는 했지만, 그것들이 덕에 공헌하는 바가 있는 경우에 한해서였다. 스토아 학파의 신과 자연에 대한 생각은 매우 독특하며 중요하다. 그들은 신과 세계가 분리되어 있다는 생각에 반대했다. 그들은 영혼이 불로 이루어졌다고 생각했는데, 신이란 바로 세계의 영혼에 해당한다고 주장했다. 신적인 불Divine Fire은 우리 모두에게 내재하며, 만물은 자연Nature이라고 불리는 단일 체계의 부분이라고 할 수 있다. 그들에게 신과 자연, 섭리, 운명, 정신, 제우스는 모두 동일한 의미를 갖는다. 모든 사물에 신 혹은 자연이 내재한다는 생각은 이후 사상가들로부터 범신론이라는 비난을 받게 되지만, 다른 한편으로는 '초월성'의 철학에 맞서는 '내재성'의 철학의 중요한 자원이 되기도 했다.

크리시포스Chrysippus 기원전 280~207년 사이에 살았던 스토아주의 철학자다. 그는 705권의 책을 썼다고 알려져 있을 정도로 방대한 저술을 통해 스토아 철학을 조직적으로 만들었다. 특히 신, 선과 악의 문제, 불멸론 등에 대해 정교한 논리를 제공했다. 스토아 철학을 현학적이라고 비판하는 사람들은 그 죄과(?)를

크리시포스에게 돌리기도 한다. 다른 스토아 철학자들처럼 그도 논리학을 근본적인 것으로 여겼다. 또 윤리학을 매우 중시하기는 했지만, 후기 스토아 학파 철학자들처럼 윤리학을 배타적으로 중시하지는 않았다.

클레멘스 알렉산드리누스Clemens Alexandrinus 티투스 플라비우스 클레멘스(Titus Flavius Clemens, 알렉산드리아의 클레멘스). 150년 경에 아테네에서 태어나 202~203년 경에 알렉산드리아에 와서 219년 경 그곳에서 죽은 것으로 알려져 있다. 그는 거짓 '그노시스주의' (gnosism)에 맞서 참다운 '그노시스주의' 에 있는 그리스도교의 예지를 체계화하려고 노력했다. 그노시스주의는 성서적이고 기독교적인 요소와 그리스적이고 동방적인 요소가 융합된 일련의 흐름으로, (영적인) 지식(gnosis)이 신앙을 대신해서 구원의 수단이 된다는 주장이다. 클레멘스는 지나치게 신비화된 그노시스주의를 배격하면서도 신학을 이성을 통해 체계화하려고 노력했다는 점에서 최초의 그리스도교 학자라고 불릴 만하다. 그는 철학자들의 저서를 그리스도교를 위한 하나의 준비로 이해했으며, 그리스인들의 철학을 유태인들의 율법과 같은 것으로 생각했다. 단순히 믿기만 하는 것은 참다운 준비가 아니며 이해의 노력이 있을 때만이 진리를 얻을 수 있다고 주장했다.

키케로Cicero 기원전 106~43년까지 살았던 인물. 마르쿠스 툴리우스 키케로 Marcus Tullius Cicero. 로마의 정치가이자, 법률가, 학자, 작가. 그의 저술들로는 수사학이나 연설에 관한 것, 철학과 정치에 관한 것, 그리고 편지들이 남아 있다. 탁월한 연설과 뛰어난 수사로 오늘날에 이르기까지 그 명성을 전하고 있는 인물이다. 『브리태니커』에 따르면, 그는 에피쿠로스주의자인 파에드로스 Phaedrus(BC 140~70), 스토아주의자인 디오도토스Diodotus, 아카데미학파인 라리사의 필로Philo of Larissa로부터 배웠다. 이른바 당시 철학의 네 개 주요 학파 중 세 학파로부터 배운 것이다. 그는 자신을 아카데미 학파라고 불렀지만, 그것은 자신의 인식론 측면에서일 뿐이다. 윤리학에서는 스토아 학파에 끌렸고, 종교로 보자면 그는 불가지론자(agnostic)에 가까웠다. 하지만 딸의 죽음을 겪은 45세에는 신을 믿는 것처럼 보이기도 한다. 신을 찬미하는 유일한 기록은 『공화국』 *De republica*의 끝에 나오는 『스키피오의 꿈』*Somnium Scipionis*이다. 50대 이전에는 철학에 관한 책들을 별로 저술하지 않았다. 54세에 『공화국』*De republica*을 쓰기 시작했던 것으로 보인다. 그는 로마의 역사를 그리스 정치 이론의 관점에서 해석하려고 했다. 철학에 관한 대부분의 저서들은 기원전 45년 2월에서 44

년 11월 사이에 쓰여졌다. 『호르텐시우스』*Hortensius*(철학 공부에 대한 권고), 『아카데미카』*Academica*(아카데미 학파의 철학), 『최고의 선』*De finibus*, 『도덕적 책무』*De officiis* 등이 주요 저작들이다. 철학사 측면에서만 본다면 그가 갖는 중요성은 그리스 사상의 전달자라는 점에 있을 것이다.

퓌론Pyrrho과 회의주의 회의주의는 에피쿠로스주의나 스토아주의처럼 알렉산더 시대의 주요 흐름 중의 하나로, 그 대표적 인물은 퓌론이었다. 그는 알렉산더 군대에 종군한 적도 있으며, 엘리스(Elis)에서 기원전 275년에 죽은 것으로 알려져 있다. 그 이전에도 그리스 철학에서 회의(懷疑)의 문제는 계속 있었다. 퓌론은 그것을 더욱 조직화하고 형식화했으며, 회의주의를 감각에 적용하는 것을 넘어 도덕과 논리에도 적용하였다. 어떤 행위가 다른 행위보다 더 좋다고 말할 수 있는 합리적 근거를 찾을 수 없다는 것이 그의 주장이었다. 특히 그는 이교도들의 관습들을 많이 고찰했으며, 여기서 그들의 관습이 잘못됐다는 것은 증명할 수 없다고 생각했다. 그러나 자신이 의도했는지 여부는 확인할 수 없지만, 퓌론은 아무런 저술도 남기지 않은 것으로 알려져 있다.

플루타르크Plutarch 서기 46년에서 120년까지 살았던 인물로, 『영웅전』으로 유명하다. 그의 영웅전은 그리스와 로마의 융화를 위해서 이 두 나라 사람들 가운데 유명한 인물들을 서로 비교한 것이다. 그는 철학, 종교, 박물학, 도덕에 관한 많은 저작들을 남겼다. 그러나 맑스는 플루타르크가 그리스 철학에 대해 완전히 잘못 이해하고 있다고 비판하고 있다.

피에르 가쌍디Pierre Gassendi 프랑스 철학자(1592~1655)로 1617년에 엑스(Aix) 대학 교수가 되었으며, 과학과 철학을 주로 연구하였고, 1645년에는 파리에 있는 왕립학교(Collège Royal)의 수학 교수가 되었다. 가쌍디는 주로 천문학과 지도제작술(cartography)에 관한 저작들을 남겼으며, 그의 이론은 영국의 로크Locke나 프랑스의 콩디약Condillac에 앞서 근대 과학의 경험적 방법들에 영향을 끼친 것으로 추측된다. 『브리태니카』에 따르면 그는 아리스토텔레스의 이론에 대한 공격으로 명성이 높았으며, 에피쿠로스에 관한 유명한 저서인 『에피쿠로스의 생애와 인격』*De vita et Moribus Epicuri*을 1647년에 출판하기도 하였다. 그는 근대기에 에피쿠로스 철학에 대한 관심을 다시 불러일으킨 인물이라고 할 수 있다.

피에르 베일Pierre Bayle 『역사와 비평 사전』*Dictionnaire historique et critique*으로 유명한 철학자. 프랑스에서 태어나(1647) 네덜란드에서 죽었다(1706). 그는 스당(Sedan)에 있는 프로테스탄트 아카데미에서 철학을 가르쳤고(1675~81), 네덜란드의 로테르담(Rotterdam)으로 옮긴 뒤에는 철학과 역사를 가르쳤다. 기독교 전통에 많은 의문을 제기하고 무신론자들에게도 종교적 관용을 요구했으며, 반캘빈주의 정부였던 루이 14세에게도 호의적 태도를 가졌던 그는 결국 로테르담에서 교수직을 잃게 된다. 교수직을 잃은 후 그는 자신의 그 유명한 사전을 만드는 일에 전념했는데, 그 사전은 종교와 철학, 역사 등에 대한 많은 인용들과 일화들, 주석들, 주해 등을 담고 있는 매우 독창적인 백과사전이었다. 그는 철학적인 이성의 추론은 보편적인 회의주의로 나아가지만, 본성이 사람들로 하여금 맹목적 신앙을 갖게 한다고 생각했다. 그의 견해는 18세기에 매우 대중적인 인기를 누렸다.

찾아보기

Register

ㅇ

ㅈ

ㅎ